《说赢就赢——虚假诉讼案例指导》
《扫黑除恶——司法观点与辩护要点》

修订版

·上册·

民间借贷

新型疑难复杂案例精选

王朝勇 孙铭 施永宝 王冠舜 陆云英 王宝林 黄重取 王丽燕◎主编

中国经济出版社
CHINA ECONOMIC PUBLISHING HOUSE
·北京·

图书在版编目（CIP）数据

民间借贷：新型疑难复杂案例精选. 上册 / 王朝勇等主编. —修订本. —北京：中国经济出版社，2022. 8

ISBN 978-7-5136-6864-4

Ⅰ. ①民… Ⅱ. ①王… Ⅲ. ①民间借贷-经济纠纷-案例-中国 Ⅳ. ①D925. 105

中国版本图书馆 CIP 数据核字（2022）第 053709 号

策划编辑　杨　莹
责任编辑　赵嘉敏
责任印制　马小宾
封面设计　任燕飞

出版发行　中国经济出版社
印 刷 者　北京富泰印刷有限责任公司
经 销 者　各地新华书店
开　　本　787mm×1092mm　1/16
印　　张　25
字　　数　470 千字
版　　次　2022 年 8 月第 1 版
印　　次　2022 年 8 月第 1 次
定　　价　98. 00 元
广告经营许可证　京西工商广字第 8179 号

中国经济出版社 **网址** www. economyph. com **社址** 北京市东城区安定门外大街 58 号 **邮编** 100011

编委会

序　言

2020 年 8 月 18 日，最高人民法院审判委员会通过了《最高人民法院关于修改〈关于审理民间借贷案件适用法律若干问题的规定〉的决定》，进行第一次修正。《关于审理民间借贷案件适用法律若干问题的规定》（以下简称“规定”）第一次修正的主要内容包括：①将原来规定的 24%和 36%的利率上限调整为一年期贷款市场报价利率（LPR）的四倍；②将原来 24%～36%的利率规定删除；③取消无约定情形下年利率 6%的标准；④增加、完善职业放贷、高利转贷规定等。

2020 年 12 月 23 日，为了与《民法典》配套施行，最高人民法院审判委员会通过了《最高人民法院关于修改〈最高人民法院关于在民事审判工作中适用《中华人民共和国工会法》若干问题的解释〉等二十七件民事类司法解释的决定》，对规定进行了第二次修正，并于 2021 年 1 月 1 日起施行。规定第二次修正的主要内容包括：①按照《民法典》的规定，对原有条文表述进行了相应修改；②针对修正前后的利息保护问题进行了细化规定。

2020 年 11 月 9 日，最高人民法院还在征求金融相关部门意见的基础上，通过了《最高人民法院关于新民间借贷司法解释适用范围问题的批复》，明确将由地方金融监管部门监管的小额贷款公司等七类地方金融组织从规定适用对象范围中排除。

近年来，随着人民群众法律意识和法治观念的不断增强，公民、法人和其他组织之间发生民事纠纷后，选择向人民法院提起民事诉讼，通过法律途径保护权利、定分止争，已经成为解决民事纠纷、维护自身权益的重要途径。与此同时，部分个人和单位出于种种目的，故意捏造事实向人民法院提起虚假民事诉讼，意图骗取人民法院生效裁判文书，牟取不正当利益。此类行为不仅严重侵害他人合法权益，也扰乱了正常的诉讼秩序，损害了司法权威。在极少数民商事案件中，司法工作人员和当事人恶意串通，共同实施虚假诉讼行为，以达到帮助他人逃避合法债务、非法确认驰名商标、规避商品房或机动车限购政策等不正当目的，造成了恶劣影响。

实践中，以民间借贷为幌子，通过“虚增债务”“制造银行流水痕迹”“肆意认定违法”“胁迫逼债”“虚假诉讼”等各种方式非法占有公私财物的“套路贷”犯罪日益猖獗，方式复杂多样，具有很强的迷惑性和隐蔽性，人民群众很容易上当受骗，而司法机关也面临着甄别难、处理难的问题。2018年9月26日，最高人民法院、最高人民检察院联合公布《关于办理虚假诉讼刑事案件适用法律若干问题的解释》；最高人民法院发布《关于依法妥善审理民间借贷案件的通知》（法〔2018〕215号）；最高人民法院亦下发通知，要求在审理民间借贷纠纷中要加强对民间借贷行为与“套路贷”诈骗等犯罪行为的甄别；2019年4月9日，全国扫黑办首次举办新闻发布会，公开发布最高人民法院、最高人民检察院、公安部和司法部联合印发的《关于办理恶势力刑事案件若干问题的意见》《关于办理“套路贷”刑事案件若干问题的意见》等四个意见；最高人民法院、最高人民检察院、公安部、司法部联合印发《关于办理非法放贷刑事案件若干问题的意见》，并于2019年10月21日起施行；最高人民法院、最高人民检察院、公安部、司法部于2020年4月23日发布《关于依法严惩利用未成年人实施黑恶势力犯罪的意见》；2021年3月4日，最高人民法院、最高人民检察院、公安部、司法部印发《关于进一步加强虚假诉讼犯罪惩治工作的意见》，提出了加大对虚假诉讼、恶意诉讼、无理缠诉行为的惩治力度，自2021年3月10日起施行；2021年11月9日，最高人民法院正式发布《关于深入开展虚假诉讼整治工作的意见》，自2021年11月10日起施行。为便于读者理解和把握，我们从以下几个方面进行介绍：

一、虚假诉讼的定义

虚假诉讼是指单方或者与他人恶意串通，采取伪造证据、虚假陈述等手段，捏造民事法律关系，虚构民事纠纷，向人民法院提起民事诉讼的，或者以捏造的事实提起民事诉讼，致使人民法院基于捏造的事实作出裁判文书的，或者在未作出裁判文书的情况下，行为人具有虚假诉讼违法犯罪前科，或者多次以捏造的事实提起民事诉讼，或者具有致使人民法院采取保全措施、致使人民法院开庭审理、干扰正常司法活动等情形的，或者向人民法院申请执行以捏造的事实做出的仲裁裁决、公证债权文书，或者以捏造的事实对执行标的提出异议、申请参与执行财产分配的，均属于《刑法》规定的虚假诉讼犯罪行为。

二、“套路贷”的定义

“套路贷”是犯罪嫌疑人、被告人以非法占有为目的，假借民间借贷之名，虚构事实、隐瞒真相，与被害人签订“虚假、阴阳借款合同”等明显对其不利的各类合同，通过“制造资金走账流水”“肆意认定违约”“转单平账”等方式“强立债权”“虚增债务”，进而向被害人索要“虚高借款”的行为。犯罪嫌疑人、被告人在向被害人索“债”过程中，还往往采用暴力、胁迫、软暴力、虚假诉讼等非法手段。

“套路贷”表象是民间借贷，本质上是以此为幌子，诱骗或者迫使被害人陷入借贷圈套，通过各种方式非法占有被害人财物的犯罪行为。“套路贷”与以获取高额利息为目的的高利贷行为存在根本区别。

三、“套路贷”犯罪的表现形式

（1）制造民间借贷假象。犯罪嫌疑人、被告人往往以小额贷款公司、投资公司、咨询公司等名义对外宣传，吸引被害人借款，继而以违约金、保证金、中介费、行业规矩等各种名目诱骗被害人签订虚高借款合同、阴阳合同、空白合同，以及房屋抵押合同、房屋买卖委托书等明显不利于被害人的各类合同，制造民间借贷假象。有的犯罪嫌疑人、被告人还要求对前述合同办理公证手续，为之后的虚假诉讼准备证据。

（2）制造资金走账流水。为制造将全部借款交给被害人的假象，犯罪嫌疑人、被告人将虚高借款金额转入被害人的银行账户，制造与借款合同一致的银行流水。实际上，被害人并未取得或者并未完全取得转入银行账户内的前述钱款。

（3）单方造成违约。犯罪嫌疑人、被告人往往以设置各种违约条款、制造违约陷阱、刻意躲避还款等方式，使被害人不能依照合同还款，造成被害人违约。

（4）恶意垒高借款金额。在被害人无力偿还虚高借款时，由犯罪嫌疑人、被告人本人、本公司或者其指定的关联公司、关联人员为被害人偿还虚高借款，继而与被害人签订更高额的虚高借款合同，犯罪嫌疑人、被告人通过转单平账、以贷还贷的方式不断垒高借款金额。

（5）软硬兼施，恶意讨债。在被害人无力偿还虚高借款的情况下，犯罪嫌疑人、被告人通过暴力、胁迫、软暴力、虚假诉讼等手段索取债务。

“套路贷”犯罪的主要表现形式包括但不限于上述形式，凡是符合以民间借贷为幌子，非法占有他人财物本质特征的房贷、车贷、手机贷、校园贷、裸贷等，都应当认定为“套路贷”犯罪，应依法予以打击。

四、“套路贷”的社会影响

“套路贷”的蔓延，不仅直接侵害被害人的合法财产权益，而且其中掺杂的暴力、威胁、虚假诉讼等索款手段容易诱发其他犯罪，甚至造成被害人辍学、自杀、卖房抵债等严重后果，由此带来一系列社会问题。因此，如果民众有相关资金需求，一定要选择手续完备、证照齐全的正规公司借贷。在签订相关合同前，要注意多方核查公司经营资质等营业状况及涉诉情况。签订合同时，借贷人要对容易引起纠纷的还款时间、支付方式、利息等进行清晰、明确的约定。借贷人如果发现存在显失公正的格式化不平等条款，应拒绝签字，并提出交涉、要求修改；还款时尽量选择有迹可循的转账方式，并注意留言标明资金用途，如果采用现金方式还款，要注意让对方及时出具收条，切忌“空口无凭”。如果不幸陷入“套路贷”骗局，要注意及时拿起法律武器维护自身合法权益，不要出于好面子等心理或在不法分子恐吓下一味地忍气吞声，甚至在巨大的心理压力下走上“不归路”；如果遭遇不法分子的电话恐吓、深夜拍门等暴力催收，要尽快报警，并且要注意保留双方往来聊天记录、转账记录等关键证据，同时，积极出庭应诉，避免法官不能准确界定真实的借贷金额，进而影响被害人自身合法权益的有效保护。被害人要保护好自己，待自己脱身后及时向公安机关报警，并将相关的材料交给警方。同时，被害人要注意保存相关的证据，如借款时的通话录音、借款合同、银行转账、催款电话录音、短信或者聊天记录等。

在民间借贷纠纷案件中，以“套路贷”、虚假诉讼为主要表现特征的非法活动严重扰乱了经济金融秩序和社会秩序。如何甄别违法犯罪活动，防范化解各类风险，充分发挥民商事案件审判工作的评价、教育、指引功能，妥善且高效审理民间借贷纠纷案件，给司法工作人员带来了新的挑战。本书旨在通过精选的典型案例，以案说法，为当事人维权，公、检、法工作人员及律师办案，法考考生备考主观题，高校教学提供参考，并向中国人民大学虚假诉讼治理研究中心成立五周年献礼！

中国人民大学虚假诉讼治理研究中心执行主任　王朝勇

2022 年 8 月 5 日于京师律师大厦

法律咨询电话：13911652166、13720063789

法律咨询邮箱：cnlaw365@ 163. com

总目录

上　册

第一部分　民间借贷相关司法解释

下　册

第一部分　民间借贷——虚假诉讼相关司法解释

第二部分 扫黑除恶最新指导意见

第三部分　广东高院发布“套路贷”典型案例及相关新闻报道

第四部分　最高人民检察院发布指导性案例

目　录

第一部分　民间借贷相关司法解释

第一部分

民间借贷相关司法解释

最高人民法院关于审理民间借贷案件适用法律若干问题的规定

（2020年第二次修正）

（法释〔2020〕17号）

（2015年6月23日最高人民法院审判委员会第1655次会议通过，根据2020年8月18日最高人民法院审判委员会第1809次会议通过的《最高人民法院关于修改〈关于审理民间借贷案件适用法律若干问题的规定〉的决定》第一次修正，根据2020年12月23日最高人民法院审判委员会第1823次会议通过的《最高人民法院关于修改〈最高人民法院关于在民事审判工作中适用《中华人民共和国工会法》若干问题的解释〉等二十七件民事类司法解释的决定》第二次修正）

为正确审理民间借贷纠纷案件，根据《中华人民共和国民法典》《中华人民共和国民事诉讼法》《中华人民共和国刑事诉讼法》等相关法律之规定，结合审判实践，制定本规定。

第一条 本规定所称的民间借贷，是指自然人、法人和非法人组织之间进行资金融通的行为。

经金融监管部门批准设立的从事贷款业务的金融机构及其分支机构，因发放贷款等相关金融业务引发的纠纷，不适用本规定。

第二条 出借人向人民法院提起民间借贷诉讼时，应当提供借据、收据、欠条等债权凭证以及其他能够证明借贷法律关系存在的证据。

当事人持有的借据、收据、欠条等债权凭证没有载明债权人，持有债权凭证的当事人提起民间借贷诉讼的，人民法院应予受理。被告对原告的债权人资格提出有事实依据的抗辩，人民法院经审查认为原告不具有债权人资格的，裁定驳回起诉。

第三条 借贷双方就合同履行地未约定或者约定不明确，事后未达成补充协议，按照合同相关条款或者交易习惯仍不能确定的，以接受货币一方所在地为合同履行地。

第四条 保证人为借款人提供连带责任保证，出借人仅起诉借款人的，人民法院可以不追加保证人为共同被告；出借人仅起诉保证人的，人民法院可以追加借款人为共同被告。

保证人为借款人提供一般保证，出借人仅起诉保证人的，人民法院应当追加借款人为共同被告；出借人仅起诉借款人的，人民法院可以不追加保证人为共同被告。

第五条 人民法院立案后，发现民间借贷行为本身涉嫌非法集资等犯罪的，应当裁定驳回起诉，并将涉嫌非法集资等犯罪的线索、材料移送公安或者检察机关。

公安或者检察机关不予立案，或者立案侦查后撤销案件，或者检察机关作出不起诉决定，或者经人民法院生效判决认定不构成非法集资等犯罪，当事人又以同一事实向人民法院提起诉讼的，人民法院应予受理。

第六条 人民法院立案后，发现与民间借贷纠纷案件虽有关联但不是同一事实的涉嫌非法集资等犯罪的线索、材料的，人民法院应当继续审理民间借贷纠纷案件，并将涉嫌非法集资等犯罪的线索、材料移送公安或者检察机关。

第七条 民间借贷纠纷的基本案件事实必须以刑事案件的审理结果为依据，而该刑事案件尚未审结的，人民法院应当裁定中止诉讼。

第八条 借款人涉嫌犯罪或者生效判决认定其有罪，出借人起诉请求担保人承担民事责任的，人民法院应予受理。

第九条 自然人之间的借款合同具有下列情形之一的，可以视为合同成立：

（一）以现金支付的，自借款人收到借款时；

（二）以银行转账、网上电子汇款等形式支付的，自资金到达借款人账户时；

（三）以票据交付的，自借款人依法取得票据权利时；

（四）出借人将特定资金账户支配权授权给借款人的，自借款人取得对该账户实际支配权时；

（五）出借人以与借款人约定的其他方式提供借款并实际履行完成时。

第十条 法人之间、非法人组织之间以及它们相互之间为生产、经营需要订立的民间借贷合同，除存在民法典第一百四十六条、第一百五十三条、第一百五十四条以及本规定第十三条规定的情形外，当事人主张民间借贷合同有效的，人民法院应予支持。

第十一条 法人或者非法人组织在本单位内部通过借款形式向职工筹集资金，用于本单位生产、经营，且不存在民法典第一百四十四条、第一百四十六条、第一百五十三条、第一百五十四条以及本规定第十三条规定的情形，当事人主张民间借贷合同有效的，人民法院应予支持。

第十二条 借款人或者出借人的借贷行为涉嫌犯罪，或者已经生效的裁判认定构成犯罪，当事人提起民事诉讼的，民间借贷合同并不当然无效。人民法院应当依据民法典第一百四十四条、第一百四十六条、第一百五十三条、第一百五十四条以及本规定第十三条之规定，认定民间借贷合同的效力。

担保人以借款人或者出借人的借贷行为涉嫌犯罪或者已经生效的裁判认定构成犯罪为由，主张不承担民事责任的，人民法院应当依据民间借贷合同与担保合同的效力、当事人的过错程度，依法确定担保人的民事责任。

第十三条　具有下列情形之一的，人民法院应当认定民间借贷合同无效：

（一）套取金融机构贷款转贷的；

（二）以向其他营利法人借贷、向本单位职工集资，或者以向公众非法吸收存款等方式取得的资金转贷的；

（三）未依法取得放贷资格的出借人，以营利为目的向社会不特定对象提供借款的；

（四）出借人事先知道或者应当知道借款人借款用于违法犯罪活动仍然提供借款的；

（五）违反法律、行政法规强制性规定的；

（六）违背公序良俗的。

第十四条　原告以借据、收据、欠条等债权凭证为依据提起民间借贷诉讼，被告依据基础法律关系提出抗辩或者反诉，并提供证据证明债权纠纷非民间借贷行为引起的，人民法院应当依据查明的案件事实，按照基础法律关系审理。

当事人通过调解、和解或者清算达成的债权债务协议，不适用前款规定。

第十五条　原告仅依据借据、收据、欠条等债权凭证提起民间借贷诉讼，被告抗辩已经偿还借款的，被告应当对其主张提供证据证明。被告提供相应证据证明其主张后，原告仍应就借贷关系的存续承担举证责任。

被告抗辩借贷行为尚未实际发生并能作出合理说明的，人民法院应当结合借贷金额、款项交付、当事人的经济能力、当地或者当事人之间的交易方式、交易习惯、当事人财产变动情况以及证人证言等事实和因素，综合判断查证借贷事实是否发生。

第十六条　原告仅依据金融机构的转账凭证提起民间借贷诉讼，被告抗辩转账系偿还双方之前借款或者其他债务的，被告应当对其主张提供证据证明。被告提供相应证据证明其主张后，原告仍应就借贷关系的成立承担举证责任。

第十七条　依据《最高人民法院关于适用〈中华人民共和国民事诉讼法〉的解释》第一百七十四条第二款之规定，负有举证责任的原告无正当理由拒不到庭，经审查现有证据无法确认借贷行为、借贷金额、支付方式等案件主要事实的，人民法院对原告主张的事实不予认定。

第十八条 人民法院审理民间借贷纠纷案件时发现有下列情形之一的，应当严格审查借贷发生的原因、时间、地点、款项来源、交付方式、款项流向以及借贷双方的关系、经济状况等事实，综合判断是否属于虚假民事诉讼：

（一）出借人明显不具备出借能力；

（二）出借人起诉所依据的事实和理由明显不符合常理；

（三）出借人不能提交债权凭证或者提交的债权凭证存在伪造的可能；

（四）当事人双方在一定期限内多次参加民间借贷诉讼；

（五）当事人无正当理由拒不到庭参加诉讼，委托代理人对借贷事实陈述不清或者陈述前后矛盾；

（六）当事人双方对借贷事实的发生没有任何争议或者诉辩明显不符合常理；

（七）借款人的配偶或者合伙人、案外人的其他债权人提出有事实依据的异议；

（八）当事人在其他纠纷中存在低价转让财产的情形；

（九）当事人不正当放弃权利；

（十）其他可能存在虚假民间借贷诉讼的情形。

第十九条 经查明属于虚假民间借贷诉讼，原告申请撤诉的，人民法院不予准许，并应当依据民事诉讼法第一百一十二条之规定，判决驳回其请求。

诉讼参与人或者其他人恶意制造、参与虚假诉讼，人民法院应当依据民事诉讼法第一百一十一条、第一百一十二条和第一百一十三条之规定，依法予以罚款、拘留；构成犯罪的，应当移送有管辖权的司法机关追究刑事责任。

单位恶意制造、参与虚假诉讼的，人民法院应当对该单位进行罚款，并可以对其主要负责人或者直接责任人员予以罚款、拘留；构成犯罪的，应当移送有管辖权的司法机关追究刑事责任。

第二十条 他人在借据、收据、欠条等债权凭证或者借款合同上签名或者盖章，但是未表明其保证人身份或者承担保证责任，或者通过其他事实不能推定其为保证人，出借人请求其承担保证责任的，人民法院不予支持。

第二十一条 借贷双方通过网络贷款平台形成借贷关系，网络贷款平台的提供者仅提供媒介服务，当事人请求其承担担保责任的，人民法院不予支持。

网络贷款平台的提供者通过网页、广告或者其他媒介明示或者有其他证据证明其为借贷提供担保，出借人请求网络贷款平台的提供者承担担保责任的，人民法院应予支持。

第二十二条 法人的法定代表人或者非法人组织的负责人以单位名义与出借人签订民间借贷合同，有证据证明所借款项系法定代表人或者负责人个人使用，出借人请求将法定代表人或者负责人列为共同被告或者第三人的，人民法院应予准许。

法人的法定代表人或者非法人组织的负责人以个人名义与出借人订立民间借贷合同，所借款项用于单位生产经营，出借人请求单位与个人共同承担责任的，人民法院应予支持。

第二十三条　当事人以订立买卖合同作为民间借贷合同的担保，借款到期后借款人不能还款，出借人请求履行买卖合同的，人民法院应当按照民间借贷法律关系审理。当事人根据法庭审理情况变更诉讼请求的，人民法院应当准许。

按照民间借贷法律关系审理作出的判决生效后，借款人不履行生效判决确定的金钱债务，出借人可以申请拍卖买卖合同标的物，以偿还债务。就拍卖所得的价款与应偿还借款本息之间的差额，借款人或者出借人有权主张返还或者补偿。

第二十四条　借贷双方没有约定利息，出借人主张支付利息的，人民法院不予支持。

自然人之间借贷对利息约定不明，出借人主张支付利息的，人民法院不予支持。除自然人之间借贷的外，借贷双方对借贷利息约定不明，出借人主张利息的，人民法院应当结合民间借贷合同的内容，并根据当地或者当事人的交易方式、交易习惯、市场报价利率等因素确定利息。

第二十五条　出借人请求借款人按照合同约定利率支付利息的，人民法院应予支持，但是双方约定的利率超过合同成立时一年期贷款市场报价利率四倍的除外。

前款所称“一年期贷款市场报价利率”，是指中国人民银行授权全国银行间同业拆借中心自 2019 年 8 月 20 日起每月发布的一年期贷款市场报价利率。

第二十六条　借据、收据、欠条等债权凭证载明的借款金额，一般认定为本金。预先在本金中扣除利息的，人民法院应当将实际出借的金额认定为本金。

第二十七条　借贷双方对前期借款本息结算后将利息计入后期借款本金并重新出具债权凭证，如果前期利率没有超过合同成立时一年期贷款市场报价利率四倍，重新出具的债权凭证载明的金额可认定为后期借款本金。超过部分的利息，不应认定为后期借款本金。

按前款计算，借款人在借款期间届满后应当支付的本息之和，超过以最初借款本金与以最初借款本金为基数、以合同成立时一年期贷款市场报价利率四倍计算的整个借款期间的利息之和的，人民法院不予支持。

第二十八条　借贷双方对逾期利率有约定的，从其约定，但是以不超过合同成立时一年期贷款市场报价利率四倍为限。

未约定逾期利率或者约定不明的，人民法院可以区分不同情况处理：

（一）既未约定借期内利率，也未约定逾期利率，出借人主张借款人自逾期还款之日起参照当时一年期贷款市场报价利率标准计算的利息承担逾期还款违约责任的，人民法院应予支持；

（二）约定了借期内利率但是未约定逾期利率，出借人主张借款人自逾期还款之日起按照借期内利率支付资金占用期间利息的，人民法院应予支持。

第二十九条 出借人与借款人既约定了逾期利率，又约定了违约金或者其他费用，出借人可以选择主张逾期利息、违约金或者其他费用，也可以一并主张，但是总计超过合同成立时一年期贷款市场报价利率四倍的部分，人民法院不予支持。

第三十条 借款人可以提前偿还借款，但是当事人另有约定的除外。

借款人提前偿还借款并主张按照实际借款期限计算利息的，人民法院应予支持。

第三十一条 本规定施行后，人民法院新受理的一审民间借贷纠纷案件，适用本规定。

2020年8月20日之后新受理的一审民间借贷案件，借贷合同成立于2020年8月20日之前，当事人请求适用当时的司法解释计算自合同成立到2020年8月19日的利息部分的，人民法院应予支持；对于自2020年8月20日到借款返还之日的利息部分，适用起诉时本规定的利率保护标准计算。

本规定施行后，最高人民法院以前作出的相关司法解释与本规定不一致的，以本规定为准。

最高人民法院关于新民间借贷司法解释适用范围问题的批复

（2020 年 12 月 29 日）

中华人民共和国最高人民法院公告

《最高人民法院关于新民间借贷司法解释适用范围问题的批复》已于 2020 年 11 月 9 日由最高人民法院审判委员会第 1815 次会议通过，现予公布，自 2021 年 1 月 1 日起施行。

最高人民法院

2020 年 12 月 29 日

最高人民法院关于新民间借贷司法解释适用范围问题的批复

（法释〔2020〕27 号）

（2020 年 11 月 9 日最高人民法院审判委员会第 1815 次会议通过，自 2021 年 1 月 1 日起施行）

广东省高级人民法院：

你院《关于新民间借贷司法解释有关法律适用问题的请示》（粤高法〔2020〕108 号）收悉。经研究，批复如下：

一、关于适用范围问题。经征求金融监管部门意见，由地方金融监管部门监管的小额贷款公司、融资担保公司、区域性股权市场、典当行、融资租赁公司、商业保理公司、地方资产管理公司等七类地方金融组织，属于经金融监管部门批准设立的金融机构，其因从事相关金融业务引发的纠纷，不适用新民间借贷司法解释。

二、其他两问题已在修订后的司法解释中予以明确，请遵照执行。

三、本批复自 2021 年 1 月 1 日起施行。

最高人民法院关于修改《最高人民法院关于在民事审判工作中适用〈中华人民共和国工会法〉若干问题的解释》等二十七件民事类司法解释的决定（节录）

中华人民共和国最高人民法院公告

《最高人民法院关于修改〈最高人民法院关于在民事审判工作中适用《中华人民共和国工会法》若干问题的解释〉等二十七件民事类司法解释的决定》已于2020年12月23日由最高人民法院审判委员会第1823次会议通过，现予公布，自2021年1月1日起施行。

2020年12月29日

最高人民法院关于修改《最高人民法院关于在民事审判工作中适用〈中华人民共和国工会法〉若干问题的解释》等二十七件民事类司法解释的决定

（法释〔2020〕17号）

根据审判实践需要，经最高人民法院审判委员会第1823次会议决定，对《最高人民法院关于在民事审判工作中适用〈中华人民共和国工会法〉若干问题的解释》等二十七件司法解释作如下修改：

二十七、修改《最高人民法院关于审理民间借贷案件适用法律若干问题的规定》

1. 将引言修改为：

“为正确审理民间借贷纠纷案件，根据《中华人民共和国民法典》《中华人民共和国民事诉讼法》《中华人民共和国刑事诉讼法》等相关法律之规定，结合审判实践，制定本规定。”

2. 删除第十条。

3. 将第十一条修改为：

“法人之间、非法人组织之间以及它们相互之间为生产、经营需要订立的民间借贷合同，除存在民法典第一百四十六条、第一百五十三条、第一百五十四条以及本规定第十三条规定的情形外，当事人主张民间借贷合同有效的，人民法院应予支持。”

4. 将第十二条修改为：

“法人或者非法人组织在本单位内部通过借款形式向职工筹集资金，用于本单位生产、经营，且不存在民法典第一百四十四条、第一百四十六条、第一百五十三条、第一百五十四条以及本规定第十三条规定的情形，当事人主张民间借贷合同有效的，人民法院应予支持。”

5. 将第十三条修改为：

“借款人或者出借人的借贷行为涉嫌犯罪，或者已经生效的裁判认定构成犯罪，当事人提起民事诉讼的，民间借贷合同并不当然无效。人民法院应当依据民法典第一百四十四条、第一百四十六条、第一百五十三条、第一百五十四条以及本规定第十三条之规定，认定民间借贷合同的效力。

担保人以借款人或者出借人的借贷行为涉嫌犯罪或者已经生效的裁判认定构成犯罪为由，主张不承担民事责任的，人民法院应当依据民间借贷合同与担保合同的效力、当事人的过错程度，依法确定担保人的民事责任。”

6. 将第二十九条修改为：

“借贷双方对逾期利率有约定的，从其约定，但是以不超过合同成立时一年期贷款市场报价利率四倍为限。

未约定逾期利率或者约定不明的，人民法院可以区分不同情况处理：

（一）既未约定借期内利率，也未约定逾期利率，出借人主张借款人自逾期还款之日起参照当时一年期贷款市场报价利率标准计算的利息承担逾期还款违约责任的，人民法院应予支持；

（二）约定了借期内利率但是未约定逾期利率，出借人主张借款人自逾期还款之日起按照借期内利率支付资金占用期间利息的，人民法院应予支持。”

7. 将第三十二条修改为：

“本规定施行后，人民法院新受理的一审民间借贷纠纷案件，适用本规定。”

2020 年 8 月 20 日之后新受理的一审民间借贷案件，借贷合同成立于 2020 年 8 月 20 日之前，当事人请求适用当时的司法解释计算自合同成立之日起到 2020 年 8 月 19 日的利息部分的，人民法院应予支持；对于自 2020 年 8 月 20 日到借款返还之日的利息部分，适用起诉时本规定的利率保护标准计算。

本规定施行后，最高人民法院以前作出的相关司法解释与本规定不一致的，以本规定为准。

8. 条文顺序作相应调整。

本决定自 2021 年 1 月 1 日起施行。

根据本决定，《最高人民法院关于在民事审判工作中适用〈中华人民共和国工会法〉若干问题的解释》等二十七件民事类司法解释作相应修改后重新公布。

《中华人民共和国民法典》（节录）

（2020 年 5 月 28 日第十三届全国人民代表大会第三次会议通过）

第一编　总　则

第一章　基本规定

第七条　民事主体从事民事活动，应当遵循诚信原则，秉持诚实，恪守承诺。

第六章　民事法律行为

第一百四十六条　行为人与相对人以虚假的意思表示实施的民事法律行为无效。

以虚假的意思表示隐藏的民事法律行为的效力，依照有关法律规定处理。

第一百四十八条　一方以欺诈手段，使对方在违背真实意思的情况下实施的民事法律行为，受欺诈方有权请求人民法院或者仲裁机构予以撤销。

第一百四十九条　第三人实施欺诈行为，使一方在违背真实意思的情况下实施的民事法律行为，对方知道或者应当知道该欺诈行为的，受欺诈方有权请求人民法院或者仲裁机构予以撤销。

第一百五十条　一方或者第三人以胁迫手段，使对方在违背真实意思的情况下实施的民事法律行为，受胁迫方有权请求人民法院或者仲裁机构予以撤销。

第一百五十三条　违反法律、行政法规的强制性规定的民事法律行为无效。但是，该强制性规定不导致该民事法律行为无效的除外。

违背公序良俗的民事法律行为无效。

第一百五十五条　无效的或者被撤销的民事法律行为自始没有法律约束力。

第一百五十六条　民事法律行为部分无效，不影响其他部分效力的，其他部分仍然有效。

第一百五十七条　民事法律行为无效、被撤销或者确定不发生效力后，行为人因该行为取得的财产，应当予以返还；不能返还或者没有必要返还的，应当折价补偿。有过错的一方应当赔偿对方由此所受到的损失；各方都有过错的，应当各自承担相应的责任。法律另有规定的，依照其规定。

第二编　物　权

第二分编　所有权

第九章　所有权取得的特别规定

第三百一十一条　无处分权人将不动产或者动产转让给受让人的，所有权人有权追回；除法律另有规定外，符合下列情形的，受让人取得该不动产或者动产的所有权：

（一）受让人受让该不动产或者动产时是善意；

（二）以合理的价格转让；

（三）转让的不动产或者动产依照法律规定应当登记的已经登记，不需要登记的已经交付给受让人。

受让人依据前款规定取得不动产或者动产的所有权的，原所有权人有权向无处分权人请求损害赔偿。

当事人善意取得其他物权的，参照适用前两款规定。

第四分编　担保物权

第十六章　一般规定

第三百八十八条　设立担保物权，应当依照本法和其他法律的规定订立担保合同。担保合同包括抵押合同、质押合同和其他具有担保功能的合同。担保合同是主债权债务合同的从合同。主债权债务合同无效的，担保合同无效，但是法律另有规定的除外。

担保合同被确认无效后，债务人、担保人、债权人有过错的，应当根据其过错各自承担相应的民事责任。

第三编　合　同

第二分编　典型合同

第十二章　借款合同

第六百六十八条　借款合同应当采用书面形式，但是自然人之间借款另有约定的除外。

借款合同的内容一般包括借款种类、币种、用途、数额、利率、期限和还款方式等条款。

第六百七十条　借款的利息不得预先在本金中扣除。利息预先在本金中扣除的，应当按照实际借款数额返还借款并计算利息。

第六百七十九条　自然人之间的借款合同，自贷款人提供借款时成立。

第六百八十条　禁止高利放贷，借款的利率不得违反国家有关规定。

借款合同对支付利息没有约定的，视为没有利息。

借款合同对支付利息约定不明确，当事人不能达成补充协议的，按照当地或者当事人的交易方式、交易习惯、市场利率等因素确定利息；自然人之间借款的，视为没有利息。

第十三章　保证合同

第一节　一般规定

第六百八十二条　保证合同是主债权债务合同的从合同。主债权债务合同无效的，保证合同无效，但是法律另有规定的除外。

保证合同被确认无效后，债务人、保证人、债权人有过错的，应当根据其过错各自承担相应的民事责任。

第六百八十六条　保证的方式包括一般保证和连带责任保证。

当事人在保证合同中对保证方式没有约定或者约定不明确的，按照一般保证承担保证责任。

第六百八十七条　当事人在保证合同中约定，债务人不能履行债务时，由保证人承担保证责任的，为一般保证。

一般保证的保证人在主合同纠纷未经审判或者仲裁，并就债务人财产依法强制执行仍不能履行债务前，有权拒绝向债权人承担保证责任，但是有下列情形之一的除外：

（一）债务人下落不明，且无财产可供执行；

（二）人民法院已经受理债务人破产案件；

（三）债权人有证据证明债务人的财产不足以履行全部债务或者丧失履行债务能力；

（四）保证人书面表示放弃本款规定的权利。

第六百八十八条　当事人在保证合同中约定保证人和债务人对债务承担连带责任的，为连带责任保证。

连带责任保证的债务人不履行到期债务或者发生当事人约定的情形时，债权人可以请求债务人履行债务，也可以请求保证人在其保证范围内承担保证责任。

第六百八十九条　保证人可以要求债务人提供反担保。

第二节　保证责任

第六百九十一条　保证的范围包括主债权及其利息、违约金、损害赔偿金和实现债权的费用。当事人另有约定的，按照其约定。

第六百九十二条　保证期间是确定保证人承担保证责任的期间，不发生中止、中断和延长。

债权人与保证人可以约定保证期间，但是约定的保证期间早于主债务履行期限或者与主债务履行期限同时届满的，视为没有约定；没有约定或者约定不明确的，保证期间为主债务履行期限届满之日起六个月。

债权人与债务人对主债务履行期限没有约定或者约定不明确的，保证期间自债权人请求债务人履行债务的宽限期届满之日起计算。

第六百九十三条　一般保证的债权人未在保证期间对债务人提起诉讼或者申请仲裁的，保证人不再承担保证责任。

连带责任保证的债权人未在保证期间请求保证人承担保证责任的，保证人不再承担保证责任。

第六百九十四条　一般保证的债权人在保证期间届满前对债务人提起诉讼或者申请仲裁的，从保证人拒绝承担保证责任的权利消灭之日起，开始计算保证债务的诉讼时效。

连带责任保证的债权人在保证期间届满前请求保证人承担保证责任的，从债权人请求保证人承担保证责任之日起，开始计算保证债务的诉讼时效。

第六百九十五条　债权人和债务人未经保证人书面同意，协商变更主债权债务合同内容，减轻债务的，保证人仍对变更后的债务承担保证责任；加重债务的，保证人对加重的部分不承担保证责任。

债权人和债务人变更主债权债务合同的履行期限，未经保证人书面同意的，保证期间不受影响。

第六百九十六条 债权人转让全部或者部分债权，未通知保证人的，该转让对保证人不发生效力。

保证人与债权人约定禁止债权转让，债权人未经保证人书面同意转让债权的，保证人对受让人不再承担保证责任。

第六百九十七条 债权人未经保证人书面同意，允许债务人转移全部或者部分债务，保证人对未经其同意转移的债务不再承担保证责任，但是债权人和保证人另有约定的除外。

第三人加入债务的，保证人的保证责任不受影响。

第六百九十八条 一般保证的保证人在主债务履行期限届满后，向债权人提供债务人可供执行财产的真实情况，债权人放弃或者怠于行使权利致使该财产不能被执行的，保证人在其提供可供执行财产的价值范围内不再承担保证责任。

第六百九十九条 同一债务有两个以上保证人的，保证人应当按照保证合同约定的保证份额，承担保证责任；没有约定保证份额的，债权人可以请求任何一个保证人在其保证范围内承担保证责任。

第七百条 保证人承担保证责任后，除当事人另有约定外，有权在其承担保证责任的范围内向债务人追偿，享有债权人对债务人的权利，但是不得损害债权人的利益。

第七百零一条 保证人可以主张债务人对债权人的抗辩。债务人放弃抗辩的，保证人仍有权向债权人主张抗辩。

第七百零二条 债务人对债权人享有抵销权或者撤销权的，保证人可以在相应范围内拒绝承担保证责任。

第十五章 融资租赁合同

第七百三十五条 融资租赁合同是出租人根据承租人对出卖人、租赁物的选择，向出卖人购买租赁物，提供给承租人使用，承租人支付租金的合同。

第七百三十六条 融资租赁合同的内容一般包括租赁物的名称、数量、规格、技术性能、检验方法，租赁期限，租金构成及其支付期限和方式、币种，租赁期限届满租赁物的归属等条款。

融资租赁合同应当采用书面形式。

第七百三十七条 当事人以虚构租赁物方式订立的融资租赁合同无效。

最高人民法院关于适用《中华人民共和国民法典》物权编的解释（一）（节录）

（法释〔2020〕24号）

（2020年12月25日最高人民法院审判委员会第1825次会议通过，自2021年1月1日起施行）

第十四条 受让人受让不动产或者动产时，不知道转让人无处分权，且无重大过失的，应当认定受让人为善意。

真实权利人主张受让人不构成善意的，应当承担举证证明责任。

第十五条 具有下列情形之一的，应当认定不动产受让人知道转让人无处分权：

（一）登记簿上存在有效的异议登记；

（二）预告登记有效期内，未经预告登记的权利人同意；

（三）登记簿上已经记载司法机关或者行政机关依法裁定、决定查封或者以其他形式限制不动产权利的有关事项；

（四）受让人知道登记簿上记载的权利主体错误；

（五）受让人知道他人已经依法享有不动产物权。

真实权利人有证据证明不动产受让人应当知道转让人无处分权的，应当认定受让人具有重大过失。

第十六条 受让人受让动产时，交易的对象、场所或者时机等不符合交易习惯的，应当认定受让人具有重大过失。

第十七条 民法典第三百一十一条第一款第一项所称的“受让人受让该不动产或者动产时”，是指依法完成不动产物权转移登记或者动产交付之时。

当事人以民法典第二百二十六条规定的方式交付动产的，转让动产民事法律行为生效时为动产交付之时；当事人以民法典第二百二十七条规定的方式交付动产的，转让人与受让人之间有关转让返还原物请求权的协议生效时为动产交付之时。

法律对不动产、动产物权的设立另有规定的，应当按照法律规定的时间认定权利人是否为善意。

第十八条 民法典第三百一十一条第一款第二项所称“合理的价格”，应当根据转让标的物的性质、数量以及付款方式等具体情况，参考转让时交易地市场价格以及交易习惯等因素综合认定。

最高人民法院关于适用《中华人民共和国民法典》有关担保制度的解释（节录）

（法释〔2020〕28号）

第二条 当事人在担保合同中约定担保合同的效力独立于主合同，或者约定担保人对主合同无效的法律后果承担担保责任，该有关担保独立性的约定无效。主合同有效的，有关担保独立性的约定无效不影响担保合同的效力；主合同无效的，人民法院应当认定担保合同无效，但是法律另有规定的除外。

因金融机构开立的独立保函发生的纠纷，适用《最高人民法院关于审理独立保函纠纷案件若干问题的规定》。

第三条 当事人对担保责任的承担约定专门的违约责任，或者约定的担保责任范围超出债务人应当承担的责任范围，担保人主张仅在债务人应当承担的责任范围内承担责任的，人民法院应予支持。

担保人承担的责任超出债务人应当承担的责任范围，担保人向债务人追偿，债务人主张仅在其应当承担的责任范围内承担责任的，人民法院应予支持；担保人请求债权人返还超出部分的，人民法院依法予以支持。

第十七条 主合同有效而第三人提供的担保合同无效，人民法院应当区分不同情形确定担保人的赔偿责任：

（一）债权人与担保人均有过错的，担保人承担的赔偿责任不应超过债务人不能清偿部分的二分之一；

（二）担保人有过错而债权人无过错的，担保人对债务人不能清偿的部分承担赔偿责任；

（三）债权人有过错而担保人无过错的，担保人不承担赔偿责任。

主合同无效导致第三人提供的担保合同无效，担保人无过错的，不承担赔偿责任；担保人有过错的，其承担的赔偿责任不应超过债务人不能清偿部分的三分之一。

第十八条 承担了担保责任或者赔偿责任的担保人，在其承担责任的范围内向债务人追偿的，人民法院应予支持。

同一债权既有债务人自己提供的物的担保，又有第三人提供的担保，承担了担保责任或者赔偿责任的第三人，主张行使债权人对债务人享有的担保物权的，人民法院应予支持。

第十九条 担保合同无效，承担了赔偿责任的担保人按照反担保合同的约定，在其承担赔偿责任的范围内请求反担保人承担担保责任的，人民法院应予支持。

反担保合同无效的，依照本解释第十七条的有关规定处理。当事人仅以担保合同无效为由主张反担保合同无效的，人民法院不予支持。

第二十五条 当事人在保证合同中约定了保证人在债务人不能履行债务或者无力偿还债务时才承担保证责任等类似内容，具有债务人应当先承担责任的意思表示的，人民法院应当将其认定为一般保证。

当事人在保证合同中约定了保证人在债务人不履行债务或者未偿还债务时即承担保证责任、无条件承担保证责任等类似内容，不具有债务人应当先承担责任的意思表示的，人民法院应当将其认定为连带责任保证。

第二十六条 一般保证中，债权人以债务人为被告提起诉讼的，人民法院应予受理。债权人未就主合同纠纷提起诉讼或者申请仲裁，仅起诉一般保证人的，人民法院应当驳回起诉。

一般保证中，债权人一并起诉债务人和保证人的，人民法院可以受理，但是在作出判决时，除有民法典第六百八十七条第二款但书规定的情形外，应当在判决书主文中明确，保证人仅对债务人财产依法强制执行后仍不能履行的部分承担保证责任。

债权人未对债务人的财产申请保全，或者保全的债务人的财产足以清偿债务，债权人申请对一般保证人的财产进行保全的，人民法院不予准许。

第二十七条 一般保证的债权人取得对债务人赋予强制执行效力的公证债权文书后，在保证期间内向人民法院申请强制执行，保证人以债权人未在保证期间内对债务人提起诉讼或者申请仲裁为由主张不承担保证责任的，人民法院不予支持。

第二十八条 一般保证中，债权人依据生效法律文书对债务人的财产依法申请强制执行，保证债务诉讼时效的起算时间按照下列规则确定：

（一）人民法院作出终结本次执行程序裁定，或者依照民事诉讼法第二百五十七条第三项、第五项的规定作出终结执行裁定的，自裁定送达债权人之日起开始计算；

（二）人民法院自收到申请执行书之日起一年内未作出前项裁定的，自人民法院收到申请执行书满一年之日起开始计算，但是保证人有证据证明债务人仍有财产可供执行的除外。

一般保证的债权人在保证期间届满前对债务人提起诉讼或者申请仲裁，债权人举证证明存在民法典第六百八十七条第二款但书规定情形的，保证债务的诉讼时效自债权人知道或者应当知道该情形之日起开始计算。

第二十九条　同一债务有两个以上保证人，债权人以其已经在保证期间内依法向部分保证人行使权利为由，主张已经在保证期间内向其他保证人行使权利的，人民法院不予支持。

同一债务有两个以上保证人，保证人之间相互有追偿权，债权人未在保证期间内依法向部分保证人行使权利，导致其他保证人在承担保证责任后丧失追偿权，其他保证人主张在其不能追偿的范围内免除保证责任的，人民法院应予支持。

第三十二条　保证合同约定保证人承担保证责任直至主债务本息还清时为止等类似内容的，视为约定不明，保证期间为主债务履行期限届满之日起六个月。

第三十三条　保证合同无效，债权人未在约定或者法定的保证期间内依法行使权利，保证人主张不承担赔偿责任的，人民法院应予支持。

第三十四条　人民法院在审理保证合同纠纷案件时，应当将保证期间是否届满、债权人是否在保证期间内依法行使权利等事实作为案件基本事实予以查明。

债权人在保证期间内未依法行使权利的，保证责任消灭。保证责任消灭后，债权人书面通知保证人要求承担保证责任，保证人在通知书上签字、盖章或者按指印，债权人请求保证人继续承担保证责任的，人民法院不予支持，但是债权人有证据证明成立了新的保证合同的除外。

第三十五条　保证人知道或者应当知道主债权诉讼时效期间届满仍然提供保证或者承担保证责任，又以诉讼时效期间届满为由拒绝承担保证责任或者请求返还财产的，人民法院不予支持；保证人承担保证责任后向债务人追偿的，人民法院不予支持，但是债务人放弃诉讼时效抗辩的除外。

第三十七条　当事人以所有权、使用权不明或者有争议的财产抵押，经审查构成无权处分的，人民法院应当依照民法典第三百一十一条的规定处理。

当事人以依法被查封或者扣押的财产抵押，抵押权人请求行使抵押权，经审查查封或者扣押措施已经解除的，人民法院应予支持。抵押人以抵押权设立时财产被查封或者扣押为由主张抵押合同无效的，人民法院不予支持。

以依法被监管的财产抵押的，适用前款规定。

第三十九条　主债权被分割或者部分转让，各债权人主张就其享有的债权份额行使担保物权的，人民法院应予支持，但是法律另有规定或者当事人另有约定的除外。

主债务被分割或者部分转移，债务人自己提供物的担保，债权人请求以该担保财产担保全部债务履行的，人民法院应予支持；第三人提供物的担保，主张对未经其书面同意转移的债务不再承担担保责任的，人民法院应予支持。

第四十条 从物产生于抵押权依法设立前，抵押权人主张抵押权的效力及于从物的，人民法院应予支持，但是当事人另有约定的除外。

从物产生于抵押权依法设立后，抵押权人主张抵押权的效力及于从物的，人民法院不予支持，但是在抵押权实现时可以一并处分。

第四十四条 主债权诉讼时效期间届满后，抵押权人主张行使抵押权的，人民法院不予支持；抵押人以主债权诉讼时效期间届满为由，主张不承担担保责任的，人民法院应予支持。主债权诉讼时效期间届满前，债权人仅对债务人提起诉讼，经人民法院判决或者调解后未在民事诉讼法规定的申请执行时效期间内对债务人申请强制执行，其向抵押人主张行使抵押权的，人民法院不予支持。

主债权诉讼时效期间届满后，财产被留置的债务人或者对留置财产享有所有权的第三人请求债权人返还留置财产的，人民法院不予支持；债务人或者第三人请求拍卖、变卖留置财产并以所得价款清偿债务的，人民法院应予支持。

主债权诉讼时效期间届满的法律后果，以登记作为公示方式的权利质权，参照适用第一款的规定；动产质权、以交付权利凭证作为公示方式的权利质权，参照适用第二款的规定。

第四十五条 当事人约定当债务人不履行到期债务或者发生当事人约定的实现担保物权的情形，担保物权人有权将担保财产自行拍卖、变卖并就所得的价款优先受偿的，该约定有效。因担保人的原因导致担保物权人无法自行对担保财产进行拍卖、变卖，担保物权人请求担保人承担因此增加的费用的，人民法院应予支持。

当事人依照民事诉讼法有关“实现担保物权案件”的规定，申请拍卖、变卖担保财产，被申请人以担保合同约定仲裁条款为由主张驳回申请的，人民法院经审查后，应当按照以下情形分别处理：

（一）当事人对担保物权无实质性争议且实现担保物权条件已经成就的，应当裁定准许拍卖、变卖担保财产；

（二）当事人对实现担保物权有部分实质性争议的，可以就无争议的部分裁定准许拍卖、变卖担保财产，并告知可以就有争议的部分申请仲裁；

（三）当事人对实现担保物权有实质性争议的，裁定驳回申请，并告知可以向仲裁机构申请仲裁。

债权人以诉讼方式行使担保物权的，应当以债务人和担保人作为共同被告。

第六十五条 在融资租赁合同中，承租人未按照约定支付租金，经催告后在合理期限内仍不支付，出租人请求承租人支付全部剩余租金，并以拍卖、变卖租赁物所得的价款受偿的，人民法院应予支持；当事人请求参照民事诉讼法“实现担保物权案件”

的有关规定，以拍卖、变卖租赁物所得价款支付租金的，人民法院应予准许。

出租人请求解除融资租赁合同并收回租赁物，承租人以抗辩或者反诉的方式主张返还租赁物价值超过欠付租金以及其他费用的，人民法院应当一并处理。当事人对租赁物的价值有争议的，应当按照下列规则确定租赁物的价值：

（一）融资租赁合同有约定的，按照其约定；

（二）融资租赁合同未约定或者约定不明的，根据约定的租赁物折旧以及合同到期后租赁物的残值来确定；

（三）根据前两项规定的方法仍然难以确定，或者当事人认为根据前两项规定的方法确定的价值严重偏离租赁物实际价值的，根据当事人的申请委托有资质的机构评估。

第六十七条　在所有权保留买卖、融资租赁等合同中，出卖人、出租人的所有权未经登记不得对抗的“善意第三人”的范围及其效力，参照本解释第五十四条的规定处理。

最高法民一庭负责人答记者问，谈《关于审理民间借贷案件适用法律若干问题的规定》的修订

8 月 20 日，最高人民法院举行新闻发布会，发布新修订的《最高人民法院关于审理民间借贷案件适用法律若干问题的规定》（以下简称《规定》），民一庭负责人就有关问题回答了记者提问。

问 1：为什么将民间借贷利率司法保护上限确定为一年期贷款市场报价利率的“4 倍”？

答：这次修订民间借贷司法解释，我们将民间借贷利率司法保护上限由年利率 24%～36%调整为中国人民银行授权全国银行间同业拆借中心每月发布的“一年期贷款市场报价利率的 4 倍”。这样规定，主要考虑了我国社会经济发展状况、民间借贷利率司法保护的历史沿革、市场需求以及域外国家和地区的有关规定等因素。现在能够查到的最早的关于民间借贷的规定，是 1952 年 11 月 27 日我院答复最高人民法院东北分院《关于城市借贷超过几分为高利贷的解答》，其主要内容为“关于城市借贷利率以多少为宜的问题，根据目前国家银行放款利率以及市场物价情况私人借贷利率一般不应超过三分”。1991 年 8 月 13 日施行的《最高人民法院关于人民法院审理借贷案件的若干意见》第 6 条规定，民间借贷利率不得超过银行同类贷款利率的 4 倍。长期以来，这一规定为社会各界所知悉、所接受，各级人民法院依据这一司法解释审理了大量民间借贷案件。2015 年 9 月 1 日施行的《关于审理民间借贷案件适用法律若干问题的规定》也是将银行同类贷款利率的 4 倍作为考虑利率保护上限的一个重要因素。从行业主管部门来看，2001 年 4 月 26 日《中国人民银行办公厅关于以高利贷形式向社会不特定对象出借资金行为法律性质问题的批复》再次明确高利贷的认定标准为银行同类贷款利率的 4 倍。刚才贺小荣专委在新闻通稿中也提到，2002 年 1 月 31 日，中国人民银行下发并于同日施行的《关于取缔地下钱庄及打击高利贷行为的通知》第二条规定，民间个人借贷利率不得超过中国人民银行公布的金融机构同期同档次贷款利率的 4 倍。由此可以看出，我院司法解释和中国人民银行有关批复规定的利率保护上限基本是一致的，即银行同类贷款利率的 4 倍。因此，确定一年期贷款市场报价利率的 4 倍作为民间借贷利率司法保护上限有助于人民群众对此标准的理解和接受，也体现了司法政策的延续性，同时，这一标准也接近多数国家和地区的有关规定。

问2：此次司法解释的修订对认可企业间借贷行为的态度较前是否有变化？

答：民间借贷主体近几十年来发生了很大变化。在计划经济时代，民间借贷的主体几乎都是自然人。改革开放之后，借贷的主体逐渐从自然人之间、自然人与企业之间发展到企业与企业之间。2015年《最高人民法院关于审理民间借贷案件适用法律若干问题的规定》（以下简称《规定》）施行前，我国长期实行企业间借贷无效的司法政策，这对整顿金融市场秩序、防范和化解金融风险产生过积极的影响。但在我国市场经济不断深入发展完善的背景下，这种“一刀切”的做法，明显不适应改革开放以来我国经济发展的新形势。2015年制定的《民间借贷司法解释》，有限制条件地承认了企业之间借贷合同的效力，从价值取向和处理思路上来讲是积极的，效果也是好的。为了更好地促进中小微企业的发展，有效缓解“融资难”“融资贵”难题，对于利益相关企业之间基于友好合作、战略发展需要等目的，以自有闲置资金开展的非经常性、非经营性借贷，因有利于企业自身经营和市场经济发展，亦不损害社会公共利益、扰乱金融秩序，还是应当确认其民事法律行为的效力。但企业之间拆借资金的条件和范围过宽，又可能影响金融市场及金融体系的稳定和安全。此次修订司法解释，总的指导思想是缩小民间借贷范围，突出民间借贷以自有资金和禁止吸收他人资金转手放款这一特点，针对审判实践中有关企业套取银行贷款又转贷、企业向单位员工集资后又转贷等情况，第十四条将此作为“民间借贷合同无效”的一种情形，这样规定便于促进民间借贷平稳健康发展。

问3：此次修订增加了对“职业放贷人”的规定，能作一下具体介绍吗？

答：近几年，随着民间借贷的迅速发展，放贷人的职业化倾向越来越明显，出现了所谓“职业放贷人”，就是出借人的出借行为具有反复性、经常性，借款目的也具有营业性。2018年4月银保监会、公安部、国家市场监督管理总局、中国人民银行联合下发了《关于规范民间借贷行为维护经济金融秩序有关事项的通知》，明确“未经有权机关依法批准，任何单位和个人不得设立从事或者主要从事发放贷款业务的机构或以发放贷款为日常经营活动”。职业放贷人的行为，实际上变相违反了该规定，属于从事非法金融业务活动，如果数量、金额过大，可能会对正常金融秩序产生危害。2019年7月，最高人民法院与最高人民检察院、公安部、司法部联合制定了《关于办理非法放贷刑事案件若干问题的意见》，其中规定：“一、违反国家规定，未经监管部门批准，或者超越经营范围，以营利为目的，经常性地向社会不特定对象发放贷款，扰乱金融市场秩序，情节严重的，依照刑法第二百二十五条第四项的规定，以非法经营罪定罪处罚。前款规定中的‘经常性地向社会不特定对象发放贷款’，是指2年内向不特定多人（包括单位和个人）以借款或其他名义出借资金10次以上。贷款到期后延长还款期限的，发放贷款次数按照1次计算。”该规定是有关“职业放贷人”犯罪行为的认定标准。2019 年 11 月，《全国法院民商事审判工作会议纪要》第 53 条规定："未依法取得放贷资格的以民间借贷为业的法人，以及以民间借贷为业的非法人组织或者自然人从事的民间借贷行为，应当依法认定无效。同一出借人在一定期间内多次反复从事有偿民间借贷行为的，一般可以认定为是职业放贷人。民间借贷比较活跃的地方的高级人民法院或者经其授权的中级人民法院，可以根据本地区的实际情况制定具体的认定标准。"依据上述司法解释和司法政策性文件的规定，这次修订司法解释时，在第十四条"认定民间借贷合同无效"条款中，增加了第（三）项"未依法取得放贷资格的出借人，以营利为目的向社会不特定对象提供借款的"，就是对职业放贷行为作出的限定。

问 4：这次修订民间借贷司法解释，是如何处理与民法典的关系的？

答：大家知道，《中华人民共和国民法典》将于 2021 年 1 月 1 日施行。《民法典》颁布后，我院已经开始全面清理与《民法典》有关的司法解释。这次修订民间借贷司法解释，必然涉及与民法典的关系。考虑到民法典还有一段时间才能实施，与《民法典》有关的法律还属于现行有效的法律，我们在处理民间借贷司法解释与《民法典》的关系问题时，主要采取了以下方式：一是在内容上，《民法典》有明确规定或者《民间借贷司法解释》与《民法典》的规定不一致的，修改司法解释的规定，确保司法解释与《民法典》的规定保持一致。例如，《民法典》第六百八十条第二款规定，"借款合同对支付利息没有约定的，视为没有利息"。我们就将司法解释第二十五条第一款修改为"借贷双方没有约定利息，出借人主张支付利息的人民法院不予支持"。二是在文字表述上，与《民法典》的表述完全一致，把与《民法典》不一致或者不规范的表述全部修改。例如，将原司法解释中使用的"其他组织"改为"非法人组织"，将"有关条款"改为"相关条款"，将"根据"改为"依据"，等等。三是对于与《民法典》的内容没有实质冲突的内容，予以保留，等将来《民法典》实施后再进行修订。例如，在司法解释的引言部分，我们仍然保留了原来的内容，即"为正确审理民间借贷纠纷案件，根据《中华人民共和国民法通则》《中华人民共和国物权法》《中华人民共和国担保法》《中华人民共和国合同法》《中华人民共和国民事诉讼法》《中华人民共和国刑事诉讼法》等相关法律之规定，结合审判实践，制定本规定"。因为，在《民法典》实施之前，《民法通则》《合同法》《担保法》等法律都还是现行有效的法律，仍然应当作为制定司法解释的依据。只有等待民法典实施后，有关法律才失去效力，到时候，我们将再进行统一的修改。

来源：人民法院新闻传媒总社
记者：孙航
编辑：陈政

最高法发布新修订的《关于审理民间借贷案件适用法律若干问题的规定》(附全文)

8 月 20 日，最高人民法院举行新闻发布会，发布新修订的《最高人民法院关于审理民间借贷案件适用法律若干问题的规定》（以下简称《规定》）并回答记者提问。最高人民法院审判委员会副部级专职委员贺小荣，最高人民法院审判委员会委员、民一庭庭长郑学林，最高人民法院民一庭副庭长刘敏出席发布会并介绍相关情况。最高人民法院新闻发言人李广宇主持发布会。

据贺小荣介绍，根据 2020 年 8 月 18 日最高人民法院审判委员会第 1809 次会议通过的《关于修改〈关于审理民间借贷案件适用法律若干问题的规定〉的决定》，今天，最高人民法院正式发布新修订的《规定》。

民间借贷是除以贷款业务为业的金融机构以外的其他民事主体之间订立的，以资金的出借及本金、利息返还为主要权利义务内容的民事法律行为。长期以来，民间借贷作为多层次信贷市场的重要组成部分，凭借其形式灵活、手续简便、融资快捷等特点为人民群众生产生活带来了诸多便利，满足了社会多元化融资需求，一定程度上也缓解了中小微企业融资难、融资贵的问题。为了贯彻落实党的十八届三中全会关于金融体制改革的相关要求，最高人民法院于 2015 年 8 月颁布了《最高人民法院关于审理民间借贷案件适用法律若干问题的规定》。《规定》实施以来，既规范了民间借贷行为，统一了法律适用的标准，又解决了大量民间借贷纠纷案件中的实体与程序问题，受到国内外媒体广泛关注和高度肯定。社会各界普遍认为，该司法解释顺应了中国经济发展的趋势，符合中国金融改革的方向，落实了党的十八届三中全会关于金融体制改革的相关部署，对于加快民间借贷阳光化进程意义深远。但同时我们也应当看到，随着经济社会的发展变化，民间借贷也出现了一些新情况新问题，如利率过高、范围过宽、边界模糊等，部分全国人大代表、政协委员以及企业家代表多次提议对民间借贷司法政策进行修改完善。最高人民法院对此高度重视，自 2017 年开始先后赴浙江、江苏等地就民间借贷司法解释实施中存在的问题进行调研，广泛听取民营企业和个体工商户的意见，并于 2018 年 8 月发布《最高人民法院关于依法妥善审理民间借贷案件的通知》（法〔2018〕215 号），就妥善审理民间借贷纠纷案件、防范化解各类风险完善了相关的司法政策。

2020年以来，新冠肺炎疫情对我国经济和世界经济产生巨大冲击，我国很多中小企业和个体工商户面临前所未有的压力，而融资成本过大是重要原因之一。为了统筹推进常态化疫情防控和经济社会良性健康发展，持续增强市场主体的发展动力和活力，保持社会融资规模合理增长，推动综合融资成本明显下降，最高人民法院在认真调研和广泛听取人大代表、政协委员、企业家代表、专家学者和金融监管部门意见建议的基础上，依照《中华人民共和国民法典》的最新精神，决定对《规定》进行修改，主要有以下三个方面：

1. 尊重当事人意思自治，依法确认和保护民间借贷合同的效力

尊重当事人的意思自治，是处理民间借贷纠纷应当坚持的一项重要原则。民间借贷作为借款合同的一种形式，应当坚持自愿原则，即借款人与贷款人之间有权按照自己的意思设立、变更、终止民事法律关系。借贷双方可以就借款期限、利息计算、逾期利息、合同解除进行自愿协商，并自愿承受相应的法律后果。只有恪守自愿原则，才能充分发挥民间借贷在融通资金、激活市场方面的积极作用。同样，民间借贷作为民事主体从事的民事活动，不得违反法律、行政法规的强制性规定，不得违背公共秩序和善良风俗。在前期调研和征求意见的过程中，社会各界对于以“民间借贷”为名，未经金融监管部门批准而面向社会公众发放贷款的行为意见较大，此类行为容易与“套路贷”“校园贷”交织在一起，严重影响地方的金融秩序和社会稳定，严重损害人民群众合法权益和生活安宁。最高人民法院经认真研究后吸收了这一意见，在人民法院认定借贷合同无效的五种情形中增加了一种，即第十四条第三项“未依法取得放贷资格的出借人，以营利为目的向社会不特定对象提供借款的”应当认定无效。上述修改的依据是国务院1998年第247号令《非法金融机构和非法金融业务活动取缔办法》（2011年修订）第四条，即未经中国人民银行批准擅自从事非法发放贷款的活动是非法金融业务活动，属于依法应当取缔的范畴。此外，在与民营企业家和个体工商户座谈时，多数代表建议要严格限制转贷行为，即有的企业从银行贷款后再转贷，特别是少数国有企业从银行获得贷款后转手从事贷款通道业务，违背了金融服务实体的价值导向。最高人民法院审判委员会认真讨论后采纳了这一意见，决定对原司法解释第十四条第一项“套取金融机构信贷资金又高利转贷给借款人，且借款人事先知道或者应当知道的”合同无效情形，修改为《规定》第十四条第一项“套取金融机构贷款转贷的”，进一步强化了司法助推金融服务实体的鲜明态度。

2. 调整民间借贷利率的司法保护上限，推动民间借贷利率与经济社会发展水平相适应

民间借贷的利率是民间借贷合同中的核心要素，也是当事人意思自治与国家干预的重要边界。最高人民法院在认真听取社会各界意见并征求金融监管部门意见建议的基础上，经院审判委员会讨论后决定：以中国人民银行授权全国银行间同业拆借中心每月 20 日发布的一年期贷款市场报价利率（LPR）的 4 倍为标准确定民间借贷利率的司法保护上限，取代原《规定》中“以 24%和 36%为基准的两线三区”的规定，大幅度降低民间借贷利率的司法保护上限，促进民间借贷利率逐步与我国经济社会发展的实际水平相适应。以 2020 年 7 月 20 日发布的一年期贷款市场报价利率 3. 85%的 4 倍计算为例，民间借贷利率的司法保护上限为 15. 4%，相较于过去的 24%和 36%有较大幅度的下降。

大幅度降低民间借贷利率的司法保护上限，主要有以下几个方面的原因：

一是经济社会发展的客观要求。随着我国经济由过去的高速增长阶段向高质量发展阶段转变，金融及资本市场都应当为先进制造业和实体经济服务。从中长期看，激发小微企业等微观主体活力有助于促进经济高质量发展，最终有助于实体经济长期可持续发展。而民间借贷与中小微企业有着千丝万缕的联系，降低中小微企业的融资成本，引导整体市场利率下行，是当前恢复经济和保市场主体的重要举措。

二是规范民间借贷活动的客观需要。民间借贷的利率本属于当事人意思自治的范畴。借贷双方是否约定利息、约定多少利息，均应本着自愿原则并通过借款合同来完成。如果借款合同对支付利息没有约定的，视为没有利息。如果借贷双方在借款合同中约定的利息不违反国家有关规定，不违背公序良俗，依法应当予以保护。但是，如果当事人约定的利息过高，不仅导致债务人履约不能，还可能引发其他社会问题和道德风险，所以世界上绝大多数国家都设置了利率保护的上限。因此，大幅度降低民间借贷利率的司法保护上限，对于引导、规范民间借贷行为具有重要意义。

三是确保民间借贷平稳健康发展的需要。民间借贷作为国家正规金融的必要补充，不得违反法律，不得违背公序良俗。近年来，有的民间借贷以金融创新为名规避金融监管、进行制度套利，有的甚至与网络借贷、资管计划、场外配资、资产证券化、股权众筹等金融现象交织在一起，增加了民间借贷纠纷案件的涉众性和复杂性。从长远来看，大幅度降低民间借贷利率的司法保护上限，有利于互联网金融与民间借贷的平稳健康发展。

四是推动利率市场化改革的必然要求。理想的利率标准应当由市场来自发形成。随着互联网技术的快速发展和我国征信体系的不断完善，全社会的融资成本必然会逐

步下降，民间借贷的利率也将伴随着国家普惠金融的拓展而逐步趋于稳定。因此，过高的利率保护上限不利于营造利率市场化改革的外部环境，也不符合利率市场化改革的方向。

五是统一司法裁判标准的现实需求。近几年每年有两百余万件民间借贷纠纷案件涌入人民法院，在目前法律或者行政法规没有专门规范民间借贷利率标准、人民法院又不能“拒绝裁判”的情况下，如何划定利率的司法保护上限，是人民法院公平公正处理民间借贷案件的前提条件。故有必要顺应经济发展的趋势，适时对民间借贷司法解释进行修订，给民间借贷纠纷提供更为具体明确的裁判标准和救济渠道。

应当承认，民间借贷利率的司法保护上限也不是越低越好。长期以来，关于利率的司法保护上限一直是社会各界讨论民间借贷问题时争论的焦点。利率保护上限过高不仅达不到保护借款人的目的，且存在信用风险和道德风险。但利率保护上限过低也可能会出现两个结果：一是借款人在市场上得不到足够的信贷，信贷供给出现紧缺，加剧资金供需紧张关系。二是民间借贷从地上转向地下，地下钱庄、影子银行可能更为活跃。为补偿法律风险的成本，民间借贷的实际利率可能进一步走高。因此，将民间借贷利率的司法保护上限维持在相对合理的范围之内，是吸收社会各界意见后形成的最大公约数，更加符合当前中国经济社会发展的客观需要。

3. 认真贯彻落实民法典，促进民间借贷规范平稳健康发展

我国《民法典》第六百八十条明确规定“禁止高利放贷，借款的利率不得违反国家有关规定”。根据《中国人民银行法》的有关规定，国务院批准和国务院授权中国人民银行制定的各种利率为法定利率。法定利率的公布、实施由中国人民银行总行负责。实践中，中国人民银行制定的有关利率标准，均是规范约束受国家金融监管的金融机构的借贷活动，而对与金融机构无关的民间借贷利率，中国人民银行并无专门的规定。2002 年 1 月 31 日，中国人民银行下发并于同日开始施行的《中国人民银行关于取缔地下钱庄及打击高利贷行为的通知》第二条规定：“严格规范民间借贷行为。民间个人借贷活动必须严格遵守国家法律、行政法规的有关规定，遵循自愿互助、诚实信用的原则。民间个人借贷中，出借人的资金必须是属于其合法收入的自有货币资金，禁止吸收他人资金转手放款。民间个人借贷利率由借贷双方协商确定，但双方协商的利率不得超过中国人民银行公布的金融机构同期、同档次贷款利率（不含浮动）的 4 倍。超过上述标准的，应界定为高利借贷行为。”随着我国金融利率市场化改革的推进，中国人民银行逐步放开了金融机构的利率决策权，已取消公布基准利率，并于 2019 年 8 月 17 日发布公告决定改革完善贷款市场报价利率（LPR）形成机制。原《规定》中确定的 24%的利率即是按照当时基准利率 6%左右的 4 倍计算而出。现基准利率不复存在，

故有必要根据我国货币政策调控机制的改变对司法解释进行相应修改。

在这次司法解释修改的过程中，最高人民法院认真贯彻落实民法典关于“禁止高利放贷”的原则精神，并对相关条款作出对应调整。

一是继续执行更加严格的本息保护政策。即借款人在借款期间届满后应当支付的本息之和，超过以最初借款本金与以最初借款本金为基数、以合同成立时一年期贷款市场报价利率四倍计算的整个借款期间的利息之和的，人民法院不予支持。

二是当事人约定的逾期利率也不得高于民间借贷利率的司法保护上限。即借贷双方对逾期利率有约定的，从其约定，但以不超过合同成立时一年期贷款市场报价利率四倍为限。

三是当事人主张的逾期利率、违约金、其他费用之和也不得高于民间借贷利率的司法保护上限。即出借人与借款人既约定了逾期利率，又约定了违约金或者其他费用，出借人可以选择主张逾期利息、违约金或者其他费用，也可以一并主张，但总计超过合同成立时一年期贷款市场报价利率四倍的部分，人民法院不予支持。

民间借贷作为国家正规金融的有益补充，既需要规范，也需要保护。面对当前复杂严峻的经济形势，特别是在加快形成以国内大循环为主体、国内国际双循环相互促进的新发展格局之下，民间借贷市场的规模和范围仍将稳步增长。我们要以习近平新时代中国特色社会主义思想为指导，始终坚持新发展理念，牢牢把握扩大内需这个战略基点，大力保护和激发市场主体活力，推动经济高质量发展，扎实做好“六稳”工作，全面落实“六保”任务，为统筹疫情防控和经济社会发展工作提供更加有力的司法服务和保障。

《最高人民法院关于修改〈关于审理民间借贷案件适用法律若干问题的规定〉的决定》已于2020年8月18日由最高人民法院审判委员会第1809次会议通过，现予公布，自2020年8月20日起施行。

最高人民法院

2020年8月19日

附：

最高人民法院关于修改《关于审理民间借贷案件适用法律若干问题的规定》的决定

（2020年8月18日最高人民法院审判委员会第1809次会议通过，自2020年8月20日起施行）

根据审判实践需要，经最高人民法院审判委员会第1809次会议决定，对《关于审理民间借贷案件适用法律若干问题的规定》作如下修改：

一、将第一条修改为：

“本规定所称的民间借贷，是指自然人、法人和非法人组织之间进行资金融通的行为。

经金融监管部门批准设立的从事贷款业务的金融机构及其分支机构，因发放贷款等相关金融业务引发的纠纷，不适用本规定。”

二、将第二条修改为：

“出借人向人民法院提起民间借贷诉讼时，应当提供借据、收据、欠条等债权凭证以及其他能够证明借贷法律关系存在的证据。

当事人持有的借据、收据、欠条等债权凭证没有载明债权人，持有债权凭证的当事人提起民间借贷诉讼的，人民法院应予受理。被告对原告的债权人资格提出有事实依据的抗辩，人民法院经审查认为原告不具有债权人资格的，裁定驳回起诉。”

三、将第三条修改为：

“借贷双方就合同履行地未约定或者约定不明确，事后未达成补充协议，按照合同相关条款或者交易习惯仍不能确定的，以接受货币一方所在地为合同履行地。”

四、将第五条修改为：

“人民法院立案后，发现民间借贷行为本身涉嫌非法集资等犯罪的，应当裁定驳回起诉，并将涉嫌非法集资等犯罪的线索、材料移送公安或者检察机关。

公安或者检察机关不予立案，或者立案侦查后撤销案件，或者检察机关作出不起诉决定，或者经人民法院生效判决认定不构成非法集资等犯罪，当事人又以同一事实向人民法院提起诉讼的，人民法院应予受理。”

五、将第七条修改为：

“民间借贷纠纷的基本案件事实必须以刑事案件的审理结果为依据，而该刑事案件尚未审结的，人民法院应当裁定中止诉讼。”

六、将第九条修改为：

“自然人之间的借款合同具有下列情形之一的，可以视为合同成立：

（一）以现金支付的，自借款人收到借款时；

（二）以银行转账、网上电子汇款等形式支付的，自资金到达借款人账户时；

（三）以票据交付的，自借款人依法取得票据权利时；

（四）出借人将特定资金账户支配权授权给借款人的，自借款人取得对该账户实际支配权时；

（五）出借人以与借款人约定的其他方式提供借款并实际履行完成时。”

七、将第十一条修改为：

“法人之间、非法人组织之间以及它们相互之间为生产、经营需要订立的民间借贷合同，除存在《中华人民共和国合同法》第五十二条以及本规定第十四条规定的情形外，当事人主张民间借贷合同有效的，人民法院应予支持。”

八、将第十二条修改为：

“法人或者非法人组织在本单位内部通过借款形式向职工筹集资金，用于本单位生产、经营，且不存在《中华人民共和国合同法》第五十二条以及本规定第十四条规定的情形，当事人主张民间借贷合同有效的，人民法院应予支持。”

九、将第十三条修改为：

“借款人或者出借人的借贷行为涉嫌犯罪，或者已经生效的裁判认定构成犯罪，当事人提起民事诉讼的，民间借贷合同并不当然无效。人民法院应当依据《中华人民共和国合同法》第五十二条以及本规定第十四条之规定，认定民间借贷合同的效力。

担保人以借款人或者出借人的借贷行为涉嫌犯罪或者已经生效的裁判认定构成犯罪为由，主张不承担民事责任的，人民法院应当依据民间借贷合同与担保合同的效力、当事人的过错程度，依法确定担保人的民事责任。”

十、将第十四条修改为：

“具有下列情形之一的，人民法院应当认定民间借贷合同无效：

（一）套取金融机构贷款转贷的；

（二）以向其他营利法人借贷、向本单位职工集资，或者以向公众非法吸收存款等方式取得的资金转贷的；

（三）未依法取得放贷资格的出借人，以营利为目的向社会不特定对象提供借款的；

（四）出借人事先知道或者应当知道借款人借款用于违法犯罪活动仍然提供借款的；

（五）违反法律、行政法规强制性规定的；

（六）违背公序良俗的。”

十一、将第十六条修改为：

“原告仅依据借据、收据、欠条等债权凭证提起民间借贷诉讼，被告抗辩已经偿还借款的，被告应当对其主张提供证据证明。被告提供相应证据证明其主张后，原告仍应就借贷关系的存续承担举证责任。

被告抗辩借贷行为尚未实际发生并能作出合理说明的，人民法院应当结合借贷金额、款项交付、当事人的经济能力、当地或者当事人之间的交易方式、交易习惯、当事人财产变动情况以及证人证言等事实和因素，综合判断查证借贷事实是否发生。”

十二、将第十七条修改为：

“原告仅依据金融机构的转账凭证提起民间借贷诉讼，被告抗辩转账系偿还双方之前借款或者其他债务的，被告应当对其主张提供证据证明。被告提供相应证据证明其主张后，原告仍应就借贷关系的成立承担举证责任。”

十三、将第十八条修改为：

“依据《最高人民法院关于适用〈中华人民共和国民事诉讼法〉的解释》第一百七十四条第二款之规定，负有举证责任的原告无正当理由拒不到庭，经审查现有证据无法确认借贷行为、借贷金额、支付方式等案件主要事实的，人民法院对原告主张的事实不予认定。”

十四、将第十九条修改为：

“人民法院审理民间借贷纠纷案件时发现有下列情形之一的，应当严格审查借贷发生的原因、时间、地点、款项来源、交付方式、款项流向以及借贷双方的关系、经济状况等事实，综合判断是否属于虚假民事诉讼：

（一）出借人明显不具备出借能力；

（二）出借人起诉所依据的事实和理由明显不符合常理；

（三）出借人不能提交债权凭证或者提交的债权凭证存在伪造的可能；

（四）当事人双方在一定期限内多次参加民间借贷诉讼；

（五）当事人无正当理由拒不到庭参加诉讼，委托代理人对借贷事实陈述不清或者陈述前后矛盾；

（六）当事人双方对借贷事实的发生没有任何争议或者诉辩明显不符合常理；

（七）借款人的配偶或者合伙人、案外人的其他债权人提出有事实依据的异议；

（八）当事人在其他纠纷中存在低价转让财产的情形；

（九）当事人不正当放弃权利；

（十）其他可能存在虚假民间借贷诉讼的情形。”

十五、将第二十条修改为：

“经查明属于虚假民间借贷诉讼，原告申请撤诉的，人民法院不予准许，并应当依据《中华人民共和国民事诉讼法》第一百一十二条之规定，判决驳回其请求。

诉讼参与人或者其他人恶意制造、参与虚假诉讼，人民法院应当依据《中华人民共和国民事诉讼法》第一百一十一条、第一百一十二条和第一百一十三条之规定，依法予以罚款、拘留；构成犯罪的，应当移送有管辖权的司法机关追究刑事责任。

单位恶意制造、参与虚假诉讼的，人民法院应当对该单位进行罚款，并可以对其主要负责人或者直接责任人员予以罚款、拘留；构成犯罪的，应当移送有管辖权的司法机关追究刑事责任。”

十六、将第二十一条修改为：

“他人在借据、收据、欠条等债权凭证或者借款合同上签名或者盖章，但是未表明其保证人身份或者承担保证责任，或者通过其他事实不能推定其为保证人，出借人请求其承担保证责任的，人民法院不予支持。”

十七、将第二十三条修改为：

“法人的法定代表人或者非法人组织的负责人以单位名义与出借人签订民间借贷合同，有证据证明所借款项系法定代表人或者负责人个人使用，出借人请求将法定代表人或者负责人列为共同被告或者第三人的，人民法院应予准许。

法人的法定代表人或者非法人组织的负责人以个人名义与出借人订立民间借贷合同，所借款项用于单位生产经营，出借人请求单位与个人共同承担责任的，人民法院应予支持。”

十八、将第二十四条修改为：

“当事人以订立买卖合同作为民间借贷合同的担保，借款到期后借款人不能还款，出借人请求履行买卖合同的，人民法院应当按照民间借贷法律关系审理。当事人根据法庭审理情况变更诉讼请求的，人民法院应当准许。

按照民间借贷法律关系审理作出的判决生效后，借款人不履行生效判决确定的金钱债务，出借人可以申请拍卖买卖合同标的物，以偿还债务。就拍卖所得的价款与应偿还借款本息之间的差额，借款人或者出借人有权主张返还或者补偿。”

十九、将第二十五条修改为：

“借贷双方没有约定利息，出借人主张支付利息的，人民法院不予支持。

自然人之间借贷对利息约定不明，出借人主张支付利息的，人民法院不予支持。除自然人之间借贷的外，借贷双方对借贷利息约定不明，出借人主张利息的，人民法院应当结合民间借贷合同的内容，并根据当地或者当事人的交易方式、交易习惯、市场报价利率等因素确定利息。”

二十、将第二十六条修改为：

“出借人请求借款人按照合同约定利率支付利息的，人民法院应予支持，但是双方约定的利率超过合同成立时一年期贷款市场报价利率四倍的除外。

前款所称‘一年期贷款市场报价利率’，是指中国人民银行授权全国银行间同业拆借中心自2019年8月20日起每月发布的一年期贷款市场报价利率。”

二十一、将第二十八条修改为：

“借贷双方对前期借款本息结算后将利息计入后期借款本金并重新出具债权凭证，如果前期利率没有超过合同成立时一年期贷款市场报价利率四倍，重新出具的债权凭证载明的金额可认定为后期借款本金。超过部分的利息，不应认定为后期借款本金。

按前款计算，借款人在借款期间届满后应当支付的本息之和，超过以最初借款本金与以最初借款本金为基数、以合同成立时一年期贷款市场报价利率四倍计算的整个借款期间的利息之和的，人民法院不予支持。”

二十二、将第二十九条修改为：

“借贷双方对逾期利率有约定的，从其约定，但是以不超过合同成立时一年期贷款市场报价利率四倍为限。

未约定逾期利率或者约定不明的，人民法院可以区分不同情况处理：

（一）既未约定借期内利率，也未约定逾期利率，出借人主张借款人自逾期还款之日起承担逾期还款违约责任的，人民法院应予支持；

（二）约定了借期内利率但是未约定逾期利率，出借人主张借款人自逾期还款之日起按照借期内利率支付资金占用期间利息的，人民法院应予支持。”

二十三、将第三十条修改为：

“出借人与借款人既约定了逾期利率，又约定了违约金或者其他费用，出借人可以选择主张逾期利息、违约金或者其他费用，也可以一并主张，但是总计超过合同成立时一年期贷款市场报价利率四倍的部分，人民法院不予支持。”

二十四、将第三十一条删除。

二十五、将第三十二条改为第三十一条，修改为：

“借款人可以提前偿还借款，但是当事人另有约定的除外。

借款人提前偿还借款并主张按照实际借款期限计算利息的，人民法院应予支持。”

二十六、将第三十三条改为第三十二条，修改为：

“本规定施行后，人民法院新受理的一审民间借贷纠纷案件，适用本规定。

借贷行为发生在2019年8月20日之前的，可参照原告起诉时一年期贷款市场报价利率四倍确定受保护的利率上限。

本规定施行后，最高人民法院以前作出的相关司法解释与本解释不一致的，以本解释为准。”

本决定自2020年8月20日起施行。

最高人民法院关于审理民间借贷案件适用法律若干问题的规定

（2015年6月23日最高人民法院审判委员会第1655次会议通过，
根据2020年8月18日最高人民法院审判委员会第1809次会议
《关于修改〈关于审理民间借贷案件适用法律若干问题的规定〉
的决定》修正，自2020年8月20日起施行）

为正确审理民间借贷纠纷案件，根据《中华人民共和国民法通则》《中华人民共和国物权法》《中华人民共和国担保法》《中华人民共和国合同法》《中华人民共和国民事诉讼法》《中华人民共和国刑事诉讼法》等相关法律之规定，结合审判实践，制定本规定。

第一条 本规定所称的民间借贷，是指自然人、法人和非法人组织之间进行资金融通的行为。

经金融监管部门批准设立的从事贷款业务的金融机构及其分支机构，因发放贷款等相关金融业务引发的纠纷，不适用本规定。

第二条 出借人向人民法院提起民间借贷诉讼时，应当提供借据、收据、欠条等债权凭证以及其他能够证明借贷法律关系存在的证据。

当事人持有的借据、收据、欠条等债权凭证没有载明债权人，持有债权凭证的当事人提起民间借贷诉讼的，人民法院应予受理。被告对原告的债权人资格提出有事实依据的抗辩，人民法院经审查认为原告不具有债权人资格的，裁定驳回起诉。

第三条 借贷双方就合同履行地未约定或者约定不明确，事后未达成补充协议，按照合同相关条款或者交易习惯仍不能确定的，以接受货币一方所在地为合同履行地。

第四条 保证人为借款人提供连带责任保证，出借人仅起诉借款人的，人民法院可以不追加保证人为共同被告；出借人仅起诉保证人的，人民法院可以追加借款人为共同被告。

保证人为借款人提供一般保证，出借人仅起诉保证人的，人民法院应当追加借款人为共同被告；出借人仅起诉借款人的，人民法院可以不追加保证人为共同被告。

第五条　人民法院立案后，发现民间借贷行为本身涉嫌非法集资等犯罪的，应当裁定驳回起诉，并将涉嫌非法集资等犯罪的线索、材料移送公安或者检察机关。

公安或者检察机关不予立案，或者立案侦查后撤销案件，或者检察机关作出不起诉决定，或者经人民法院生效判决认定不构成非法集资等犯罪，当事人又以同一事实向人民法院提起诉讼的，人民法院应予受理。

第六条　人民法院立案后，发现与民间借贷纠纷案件虽有关联但不是同一事实的涉嫌非法集资等犯罪的线索、材料的，人民法院应当继续审理民间借贷纠纷案件，并将涉嫌非法集资等犯罪的线索、材料移送公安或者检察机关。

第七条　民间借贷纠纷的基本案件事实必须以刑事案件的审理结果为依据，而该刑事案件尚未审结的，人民法院应当裁定中止诉讼。

第八条　借款人涉嫌犯罪或者生效判决认定其有罪，出借人起诉请求担保人承担民事责任的，人民法院应予受理。

第九条　自然人之间的借款合同具有下列情形之一的，可以视为合同成立：

（一）以现金支付的，自借款人收到借款时；

（二）以银行转账、网上电子汇款等形式支付的，自资金到达借款人账户时；

（三）以票据交付的，自借款人依法取得票据权利时；

（四）出借人将特定资金账户支配权授权给借款人的，自借款人取得对该账户实际支配权时；

（五）出借人以与借款人约定的其他方式提供借款并实际履行完成时。

第十条　除自然人之间的借款合同外，当事人主张民间借贷合同自合同成立时生效的，人民法院应予支持，但当事人另有约定或者法律、行政法规另有规定的除外。

第十一条　法人之间、非法人组织之间以及它们相互之间为生产、经营需要订立的民间借贷合同，除存在《中华人民共和国合同法》第五十二条以及本规定第十四条规定的情形外，当事人主张民间借贷合同有效的，人民法院应予支持。

第十二条　法人或者非法人组织在本单位内部通过借款形式向职工筹集资金，用于本单位生产、经营，且不存在《中华人民共和国合同法》第五十二条以及本规定第十四条规定的情形，当事人主张民间借贷合同有效的，人民法院应予支持。

第十三条　借款人或者出借人的借贷行为涉嫌犯罪，或者已经生效的裁判认定构成犯罪，当事人提起民事诉讼的，民间借贷合同并不当然无效。人民法院应当依据《中华人民共和国合同法》第五十二条以及本规定第十四条之规定，认定民间借贷合同的效力。

担保人以借款人或者出借人的借贷行为涉嫌犯罪或者已经生效的裁判认定构成犯

罪为由，主张不承担民事责任的，人民法院应当依据民间借贷合同与担保合同的效力、当事人的过错程度，依法确定担保人的民事责任。

第十四条 具有下列情形之一的，人民法院应当认定民间借贷合同无效：

（一）套取金融机构贷款转贷的；

（二）以向其他营利法人借贷、向本单位职工集资，或者以向公众非法吸收存款等方式取得的资金转贷的；

（三）未依法取得放贷资格的出借人，以营利为目的向社会不特定对象提供借款的；

（四）出借人事先知道或者应当知道借款人借款用于违法犯罪活动仍然提供借款的；

（五）违反法律、行政法规强制性规定的；

（六）违背公序良俗的。

第十五条 原告以借据、收据、欠条等债权凭证为依据提起民间借贷诉讼，被告依据基础法律关系提出抗辩或者反诉，并提供证据证明债权纠纷非民间借贷行为引起的，人民法院应当依据查明的案件事实，按照基础法律关系审理。

当事人通过调解、和解或者清算达成的债权债务协议，不适用前款规定。

第十六条 原告仅依据借据、收据、欠条等债权凭证提起民间借贷诉讼，被告抗辩已经偿还借款的，被告应当对其主张提供证据证明。被告提供相应证据证明其主张后，原告仍应就借贷关系的存续承担举证责任。

被告抗辩借贷行为尚未实际发生并能作出合理说明的，人民法院应当结合借贷金额、款项交付、当事人的经济能力、当地或者当事人之间的交易方式、交易习惯、当事人财产变动情况以及证人证言等事实和因素，综合判断查证借贷事实是否发生。

第十七条 原告仅依据金融机构的转账凭证提起民间借贷诉讼，被告抗辩转账系偿还双方之前借款或者其他债务的，被告应当对其主张提供证据证明。被告提供相应证据证明其主张后，原告仍应就借贷关系的成立承担举证责任。

第十八条 依据《最高人民法院关于适用〈中华人民共和国民事诉讼法〉的解释》第一百七十四条第二款之规定，负有举证责任的原告无正当理由拒不到庭，经审查现有证据无法确认借贷行为、借贷金额、支付方式等案件主要事实的，人民法院对原告主张的事实不予认定。

第十九条 人民法院审理民间借贷纠纷案件时发现有下列情形之一的，应当严格审查借贷发生的原因、时间、地点、款项来源、交付方式、款项流向以及借贷双方的关系、经济状况等事实，综合判断是否属于虚假民事诉讼：

（一）出借人明显不具备出借能力；

（二）出借人起诉所依据的事实和理由明显不符合常理；

（三）出借人不能提交债权凭证或者提交的债权凭证存在伪造的可能；

（四）当事人双方在一定期限内多次参加民间借贷诉讼；

（五）当事人无正当理由拒不到庭参加诉讼，委托代理人对借贷事实陈述不清或者陈述前后矛盾；

（六）当事人双方对借贷事实的发生没有任何争议或者诉辩明显不符合常理；

（七）借款人的配偶或者合伙人、案外人的其他债权人提出有事实依据的异议；

（八）当事人在其他纠纷中存在低价转让财产的情形；

（九）当事人不正当放弃权利；

（十）其他可能存在虚假民间借贷诉讼的情形。

第二十条 经查明属于虚假民间借贷诉讼，原告申请撤诉的，人民法院不予准许，并应当依据《中华人民共和国民事诉讼法》第一百一十二条之规定，判决驳回其请求。

诉讼参与人或者其他人恶意制造、参与虚假诉讼，人民法院应当依据《中华人民共和国民事诉讼法》第一百一十一条、第一百一十二条和第一百一十三条之规定，依法予以罚款、拘留；构成犯罪的，应当移送有管辖权的司法机关追究刑事责任。

单位恶意制造、参与虚假诉讼的，人民法院应当对该单位进行罚款，并可以对其主要负责人或者直接责任人员予以罚款、拘留；构成犯罪的，应当移送有管辖权的司法机关追究刑事责任。

第二十一条 他人在借据、收据、欠条等债权凭证或者借款合同上签名或者盖章，但是未表明其保证人身份或者承担保证责任，或者通过其他事实不能推定其为保证人，出借人请求其承担保证责任的，人民法院不予支持。

第二十二条 借贷双方通过网络贷款平台形成借贷关系，网络贷款平台的提供者仅提供媒介服务，当事人请求其承担担保责任的，人民法院不予支持。

网络贷款平台的提供者通过网页、广告或者其他媒介明示或者有其他证据证明其为借贷提供担保，出借人请求网络贷款平台的提供者承担担保责任的，人民法院应予支持。

第二十三条 法人的法定代表人或者非法人组织的负责人以单位名义与出借人签订民间借贷合同，有证据证明所借款项系法定代表人或者负责人个人使用，出借人请求将法定代表人或者负责人列为共同被告或者第三人的，人民法院应予准许。

法人的法定代表人或者非法人组织的负责人以个人名义与出借人订立民间借贷合同，所借款项用于单位生产经营，出借人请求单位与个人共同承担责任的，人民法院应予支持。

第二十四条 当事人以订立买卖合同作为民间借贷合同的担保，借款到期后借款人不能还款，出借人请求履行买卖合同的，人民法院应当按照民间借贷法律关系审理。当事人根据法庭审理情况变更诉讼请求的，人民法院应当准许。

按照民间借贷法律关系审理作出的判决生效后，借款人不履行生效判决确定的金钱债务，出借人可以申请拍卖买卖合同标的物，以偿还债务。就拍卖所得的价款与应偿还借款本息之间的差额，借款人或者出借人有权主张返还或者补偿。

第二十五条 借贷双方没有约定利息，出借人主张支付利息的，人民法院不予支持。

自然人之间借贷对利息约定不明，出借人主张支付利息的，人民法院不予支持。除自然人之间借贷的外，借贷双方对借贷利息约定不明，出借人主张利息的，人民法院应当结合民间借贷合同的内容，并根据当地或者当事人的交易方式、交易习惯、市场报价利率等因素确定利息。

第二十六条 出借人请求借款人按照合同约定利率支付利息的，人民法院应予支持，但是双方约定的利率超过合同成立时一年期贷款市场报价利率四倍的除外。

前款所称"一年期贷款市场报价利率"，是指中国人民银行授权全国银行间同业拆借中心自2019年8月20日起每月发布的一年期贷款市场报价利率。

第二十七条 借据、收据、欠条等债权凭证载明的借款金额，一般认定为本金。预先在本金中扣除利息的，人民法院应当将实际出借的金额认定为本金。

第二十八条 借贷双方对前期借款本息结算后将利息计入后期借款本金并重新出具债权凭证，如果前期利率没有超过合同成立时一年期贷款市场报价利率四倍，重新出具的债权凭证载明的金额可认定为后期借款本金。超过部分的利息，不应认定为后期借款本金。

按前款计算，借款人在借款期间届满后应当支付的本息之和，超过以最初借款本金与以最初借款本金为基数、以合同成立时一年期贷款市场报价利率四倍计算的整个借款期间的利息之和的，人民法院不予支持。

第二十九条 借贷双方对逾期利率有约定的，从其约定，但是以不超过合同成立时一年期贷款市场报价利率四倍为限。

未约定逾期利率或者约定不明的，人民法院可以区分不同情况处理：

（一）既未约定借期内利率，也未约定逾期利率，出借人主张借款人自逾期还款之日起承担逾期还款违约责任的，人民法院应予支持；

（二）约定了借期内利率但是未约定逾期利率，出借人主张借款人自逾期还款之日起按照借期内利率支付资金占用期间利息的，人民法院应予支持。

第三十条　出借人与借款人既约定了逾期利率，又约定了违约金或者其他费用，出借人可以选择主张逾期利息、违约金或者其他费用，也可以一并主张，但是总计超过合同成立时一年期贷款市场报价利率四倍的部分，人民法院不予支持。

第三十一条　借款人可以提前偿还借款，但是当事人另有约定的除外。

借款人提前偿还借款并主张按照实际借款期限计算利息的，人民法院应予支持。

第三十二条　本规定施行后，人民法院新受理的一审民间借贷纠纷案件，适用本规定。

借贷行为发生在2019年8月20日之前的，可参照原告起诉时一年期贷款市场报价利率四倍确定受保护的利率上限。

本规定施行后，最高人民法院以前作出的相关司法解释与本解释不一致的，以本解释为准。

来源：最高人民法院

编辑：张瑾

最高人民法院关于审理民间借贷案件适用法律若干问题的规定（2015年修订）

《最高人民法院关于审理民间借贷案件适用法律若干问题的规定》已于2015年6月23日由最高人民法院审判委员会第1655次会议通过，现予以公布，自2015年9月1日起施行。

最高人民法院

2015年8月6日

最高人民法院关于审理民间借贷案件适用法律若干问题的规定

（2015年6月23日最高人民法院审判委员会第1655次会议通过）

为正确审理民间借贷纠纷案件，根据《中华人民共和国民法通则》《中华人民共和国物权法》《中华人民共和国担保法》《中华人民共和国合同法》《中华人民共和国民事诉讼法》《中华人民共和国刑事诉讼法》等相关法律之规定，结合审判实践，制定本规定。

第一条 本规定所称的民间借贷，是指自然人、法人、其他组织之间及其相互之间进行资金融通的行为。

经金融监管部门批准设立的从事贷款业务的金融机构及其分支机构，因发放贷款等相关金融业务引发的纠纷，不适用本规定。

第二条 出借人向人民法院起诉时，应当提供借据、收据、欠条等债权凭证以及其他能够证明借贷法律关系存在的证据。

当事人持有的借据、收据、欠条等债权凭证没有载明债权人，持有债权凭证的当事人提起民间借贷诉讼的，人民法院应予受理。被告对原告的债权人资格提出有事实依据的抗辩，人民法院经审理认为原告不具有债权人资格的，裁定驳回起诉。

第三条 借贷双方就合同履行地未约定或者约定不明确，事后未达成补充协议，按照合同有关条款或者交易习惯仍不能确定的，以接受货币一方所在地为合同履行地。

第四条　保证人为借款人提供连带责任保证，出借人仅起诉借款人的，人民法院可以不追加保证人为共同被告；出借人仅起诉保证人的，人民法院可以追加借款人为共同被告。

保证人为借款人提供一般保证，出借人仅起诉保证人的，人民法院应当追加借款人为共同被告；出借人仅起诉借款人的，人民法院可以不追加保证人为共同被告。

第五条　人民法院立案后，发现民间借贷行为本身涉嫌非法集资犯罪的，应当裁定驳回起诉，并将涉嫌非法集资犯罪的线索、材料移送公安或者检察机关。

公安或者检察机关不予立案，或者立案侦查后撤销案件，或者检察机关作出不起诉决定，或者经人民法院生效判决认定不构成非法集资犯罪，当事人又以同一事实向人民法院提起诉讼的，人民法院应予受理。

第六条　人民法院立案后，发现与民间借贷纠纷案件虽有关联但不是同一事实的涉嫌非法集资等犯罪的线索、材料的，人民法院应当继续审理民间借贷纠纷案件，并将涉嫌非法集资等犯罪的线索、材料移送公安或者检察机关。

第七条　民间借贷的基本案件事实必须以刑事案件审理结果为依据，而该刑事案件尚未审结的，人民法院应当裁定中止诉讼。

第八条　借款人涉嫌犯罪或者生效判决认定其有罪，出借人起诉请求担保人承担民事责任的，人民法院应予受理。

第九条　具有下列情形之一，可以视为具备合同法第二百一十条关于自然人之间借款合同的生效要件：

（一）以现金支付的，自借款人收到借款时；

（二）以银行转账、网上电子汇款或者通过网络贷款平台等形式支付的，自资金到达借款人账户时；

（三）以票据交付的，自借款人依法取得票据权利时；

（四）出借人将特定资金账户支配权授权给借款人的，自借款人取得对该账户实际支配权时；

（五）出借人以与借款人约定的其他方式提供借款并实际履行完成时。

第十条　除自然人之间的借款合同外，当事人主张民间借贷合同自合同成立时生效的，人民法院应予支持，但当事人另有约定或者法律、行政法规另有规定的除外。

第十一条　法人之间、其他组织之间以及它们相互之间为生产、经营需要订立的民间借贷合同，除存在合同法第五十二条、本规定第十四条规定的情形外，当事人主张民间借贷合同有效的，人民法院应予支持。

第十二条　法人或者其他组织在本单位内部通过借款形式向职工筹集资金，用于本单位生产、经营，且不存在合同法第五十二条、本规定第十四条规定的情形，当事人主张民间借贷合同有效的，人民法院应予支持。

第十三条 借款人或者出借人的借贷行为涉嫌犯罪，或者已经生效的判决认定构成犯罪，当事人提起民事诉讼的，民间借贷合同并不当然无效。人民法院应当根据合同法第五十二条、本规定第十四条之规定，认定民间借贷合同的效力。

担保人以借款人或者出借人的借贷行为涉嫌犯罪或者已经生效的判决认定构成犯罪为由，主张不承担民事责任的，人民法院应当依据民间借贷合同与担保合同的效力、当事人的过错程度，依法确定担保人的民事责任。

第十四条 具有下列情形之一，人民法院应当认定民间借贷合同无效：

（一）套取金融机构信贷资金又高利转贷给借款人，且借款人事先知道或者应当知道的；

（二）以向其他企业借贷或者向本单位职工集资取得的资金又转贷给借款人牟利，且借款人事先知道或者应当知道的；

（三）出借人事先知道或者应当知道借款人借款用于违法犯罪活动仍然提供借款的；

（四）违背社会公序良俗的；

（五）其他违反法律、行政法规效力性强制性规定的。

第十五条 原告以借据、收据、欠条等债权凭证为依据提起民间借贷诉讼，被告依据基础法律关系提出抗辩或者反诉，并提供证据证明债权纠纷非民间借贷行为引起的，人民法院应当依据查明的案件事实，按照基础法律关系审理。

当事人通过调解、和解或者清算达成的债权债务协议，不适用前款规定。

第十六条 原告仅依据借据、收据、欠条等债权凭证提起民间借贷诉讼，被告抗辩已经偿还借款，被告应当对其主张提供证据证明。被告提供相应证据证明其主张后，原告仍应就借贷关系的成立承担举证证明责任。

被告抗辩借贷行为尚未实际发生并能作出合理说明，人民法院应当结合借贷金额、款项交付、当事人的经济能力、当地或者当事人之间的交易方式、交易习惯、当事人财产变动情况以及证人证言等事实和因素，综合判断查证借贷事实是否发生。

第十七条 原告仅依据金融机构的转账凭证提起民间借贷诉讼，被告抗辩转账系偿还双方之前借款或其他债务，被告应当对其主张提供证据证明。被告提供相应证据证明其主张后，原告仍应就借贷关系的成立承担举证证明责任。

第十八条 根据《关于适用〈中华人民共和国民事诉讼法〉的解释》第一百七十四条第二款之规定，负有举证证明责任的原告无正当理由拒不到庭，经审查现有证据无法确认借贷行为、借贷金额、支付方式等案件主要事实，人民法院对其主张的事实不予认定。

第十九条　人民法院审理民间借贷纠纷案件时发现有下列情形，应当严格审查借贷发生的原因、时间、地点、款项来源、交付方式、款项流向以及借贷双方的关系、经济状况等事实，综合判断是否属于虚假民事诉讼：

（一）出借人明显不具备出借能力；

（二）出借人起诉所依据的事实和理由明显不符合常理；

（三）出借人不能提交债权凭证或者提交的债权凭证存在伪造的可能；

（四）当事人双方在一定期间内多次参加民间借贷诉讼；

（五）当事人一方或者双方无正当理由拒不到庭参加诉讼，委托代理人对借贷事实陈述不清或者陈述前后矛盾；

（六）当事人双方对借贷事实的发生没有任何争议或者诉辩明显不符合常理；

（七）借款人的配偶或合伙人、案外人的其他债权人提出有事实依据的异议；

（八）当事人在其他纠纷中存在低价转让财产的情形；

（九）当事人不正当放弃权利；

（十）其他可能存在虚假民间借贷诉讼的情形。

第二十条　经查明属于虚假民间借贷诉讼，原告申请撤诉的，人民法院不予准许，并应当根据民事诉讼法第一百一十二条之规定，判决驳回其请求。

诉讼参与人或者其他人恶意制造、参与虚假诉讼，人民法院应当依照民事诉讼法第一百一十一条、第一百一十二条和第一百一十三条之规定，依法予以罚款、拘留；构成犯罪的，应当移送有管辖权的司法机关追究刑事责任。

单位恶意制造、参与虚假诉讼的，人民法院应当对该单位进行罚款，并可以对其主要负责人或者直接责任人员予以罚款、拘留；构成犯罪的，应当移送有管辖权的司法机关追究刑事责任。

第二十一条　他人在借据、收据、欠条等债权凭证或者借款合同上签字或者盖章，但未表明其保证人身份或者承担保证责任，或者通过其他事实不能推定其为保证人，出借人请求其承担保证责任的，人民法院不予支持。

第二十二条　借贷双方通过网络贷款平台形成借贷关系，网络贷款平台的提供者仅提供媒介服务，当事人请求其承担担保责任的，人民法院不予支持。

网络贷款平台的提供者通过网页、广告或者其他媒介明示或者有其他证据证明其为借贷提供担保，出借人请求网络贷款平台的提供者承担担保责任的，人民法院应予支持。

第二十三条 企业法定代表人或负责人以企业名义与出借人签订民间借贷合同，出借人、企业或者其股东能够证明所借款项用于企业法定代表人或负责人个人使用，出借人请求将企业法定代表人或负责人列为共同被告或者第三人的，人民法院应予准许。

企业法定代表人或负责人以个人名义与出借人签订民间借贷合同，所借款项用于企业生产经营，出借人请求企业与个人共同承担责任的，人民法院应予支持。

第二十四条 当事人以签订买卖合同作为民间借贷合同的担保，借款到期后借款人不能还款，出借人请求履行买卖合同的，人民法院应当按照民间借贷法律关系审理，并向当事人释明变更诉讼请求。当事人拒绝变更的，人民法院裁定驳回起诉。

按照民间借贷法律关系审理作出的判决生效后，借款人不履行生效判决确定的金钱债务，出借人可以申请拍卖买卖合同标的物，以偿还债务。就拍卖所得的价款与应偿还借款本息之间的差额，借款人或者出借人有权主张返还或补偿。

第二十五条 借贷双方没有约定利息，出借人主张支付借期内利息的，人民法院不予支持。

自然人之间借贷对利息约定不明，出借人主张支付利息的，人民法院不予支持。除自然人之间借贷的外，借贷双方对借贷利息约定不明，出借人主张利息的，人民法院应当结合民间借贷合同的内容，并根据当地或者当事人的交易方式、交易习惯、市场利率等因素确定利息。

第二十六条 借贷双方约定的利率未超过年利率24%，出借人请求借款人按照约定的利率支付利息的，人民法院应予支持。

借贷双方约定的利率超过年利率36%，超过部分的利息约定无效。借款人请求出借人返还已支付的超过年利率36%部分的利息的，人民法院应予支持。

第二十七条 借据、收据、欠条等债权凭证载明的借款金额，一般认定为本金。预先在本金中扣除利息的，人民法院应当将实际出借的金额认定为本金。

第二十八条 借贷双方对前期借款本息结算后将利息计入后期借款本金并重新出具债权凭证，如果前期利率没有超过年利率24%，重新出具的债权凭证载明的金额可认定为后期借款本金；超过部分的利息不能计入后期借款本金。约定的利率超过年利率24%，当事人主张超过部分的利息不能计入后期借款本金的，人民法院应予支持。

按前款计算，借款人在借款期间届满后应当支付的本息之和，不能超过最初借款本金与以最初借款本金为基数，以年利率24%计算的整个借款期间的利息之和。出借人请求借款人支付超过部分的，人民法院不予支持。

第二十九条 借贷双方对逾期利率有约定的，从其约定，但以不超过年利率24%

为限。

未约定逾期利率或者约定不明的，人民法院可以区分不同情况处理：

（一）既未约定借期内的利率，也未约定逾期利率，出借人主张借款人自逾期还款之日起按照年利率6%支付资金占用期间利息的，人民法院应予支持；

（二）约定了借期内的利率但未约定逾期利率，出借人主张借款人自逾期还款之日起按照借期内的利率支付资金占用期间利息的，人民法院应予支持。

第三十条　出借人与借款人既约定了逾期利率，又约定了违约金或者其他费用，出借人可以选择主张逾期利息、违约金或者其他费用，也可以一并主张，但总计超过年利率24%的部分，人民法院不予支持。

第三十一条　没有约定利息但借款人自愿支付，或者超过约定的利率自愿支付利息或违约金，且没有损害国家、集体和第三人利益，借款人又以不当得利为由要求出借人返还的，人民法院不予支持，但借款人要求返还超过年利率36%部分的利息除外。

第三十二条　借款人可以提前偿还借款，但当事人另有约定的除外。

借款人提前偿还借款并主张按照实际借款期间计算利息的，人民法院应予支持。

第三十三条　本规定公布施行后，最高人民法院于1991年8月13日发布的《关于人民法院审理借贷案件的若干意见》同时废止；最高人民法院以前发布的司法解释与本规定不一致的，不再适用。

规范民间借贷，统一裁判标准
——杜万华就《最高人民法院关于审理民间借贷案件适用法律若干问题的规定》答记者问

为贯彻党的十八届四中全会提出的全面推进依法治国的重大战略部署，切实加强社会主义法治建设，充分保护人民群众和广大民事主体在民间借贷的合法权益，维护正常的资金融通秩序，最高人民法院根据《中华人民共和国民法通则》《中华人民共和国物权法》《中华人民共和国担保法》《中华人民共和国合同法》《中华人民共和国民事诉讼法》《中华人民共和国刑事诉讼法》等相关法律之规定，结合审判实践，经审判委员会五次专题讨论，通过了《最高人民法院关于审理民间借贷案件适用法律若干问题的规定》（以下简称《规定》）。值此司法解释公布之际，最高人民法院审判委员会专职委员杜万华就《规定》的有关问题接受了记者的采访。

问：请您具体给我们解释一下《规定》出台的具体原因是什么，该解释与1991年出台的《关于人民法院审理借贷案件的若干意见》相比最大的不同是什么？

答：谢谢你提这个问题。其实民间借贷由来已久，在我国几千年的历史里一直都存在民间借贷，延续到现在。在世界各国也存在民间借贷。对于民间借贷这种现象，官府进行管制也是长期的，比如说古代明清时期，利率不能超过三分，如果再高就以刑法手段处理。新中国成立以后，最高人民法院最早于20世纪50年代初对东北辽宁就有过一个关于民间借贷的批复，里面就确定了四倍利率这样一个做法，以后长期以来这个四倍利率一直在审判实践中运用，1991年，我院曾就民间借贷案件问题颁布了《关于人民法院审理借贷案件的若干意见》，当时制定那个解释的时候沿用了这个做法。

现在为什么在这样一个时代，要重新全面地修改制定民间借贷的司法解释呢？1991年的司法解释是根据1979年以来改革开放的情况，总结当时的审判经验作出的。这个规定对于推动我国的社会主义市场经济的发展和完善发挥了很大的作用。但是1991年以后，我国经济社会发生了翻天覆地的变化，特别是1993年我们确立了要建设中国特色社会主义以来，变化就更加巨大。我觉得这个变化产生了一种新的需求，至少有这么几点：

第一，民间借贷的内容发生了变化，以前老百姓的民间借贷主要是生活性借贷，例如生活缺钱，向朋友亲戚借点。生产经营性借贷所占的比重相对较低。但是经过改革开放，我们国民的财富在增长，因此民间借贷的内容也在发生变化。就目前来讲，生产经营性的借贷大幅度上涨，相反，生活性的民间借贷大幅度下降。大家生活的周围恐怕很少有朋友因为生活窘迫借款，这个所占的比重已经比较低。这是我们要考虑的一个因素。

第二，几十年来，民间借贷的主体发生了很大的变化，以前民间借贷的主体几乎都是自然人，在计划经济时代，很少有企业借贷的，在改革开放特别是 1993 年之后，借贷的主体逐渐地从自然人之间的借贷、自然人与企业之间的借贷发展到企业与企业之间的借贷，主体变化很多，甚至发展到企业的负责人以自然人的身份借贷，借贷以后又用于企业，这样的情况非常复杂。这是第二种变化，也是我们面对这样的情况需要考虑的现实。

第三，民间借贷大量出现以后，现在非法集资的现象在我国从南到北、从东到西非常普遍，因此，民间借贷与非法集资犯罪往往交叉，这种情况也比较多。怎样把这两方面的情形厘清，既要打击非法集资，因为非法集资所产生的恶果很大，会破坏我们的金融秩序、经济秩序，甚至危及社会稳定，但又不能说一刀切地将民间借贷都不要了，这会对我们的生产经营产生很大影响，怎么样厘清这个问题确实是当前司法工作中的难题，是需要考虑的。

第四，刚才所说的企业与企业之间的借贷已经非常普遍，以前企业间拆借是不合法的，但是出现了许多规避借贷行为被认定为无效的种种企业借贷运作模式，怎样规范企业之间的借贷，也是我们必须要着重考虑的一个问题。

第五，随着社会主义经济体制的改革不断深入，利率的市场化是一个必然的趋势，而且中央也在大力推进。在利率市场化的背景之下，出现了一些新情况，例如，央行在 2013 年 7 月就规定了不再公布同期贷款基准利率，而最高人民法院 1991 年公布的司法解释是要以同期贷款基准利率为标准，按四倍来计算借贷合同的利息是否受民事法律保护。一旦不公布同期贷款基准利率，大量的案子将没办法审理，所以在这种情况下，我们就不能不对以往的司法解释进行修改。这就是在这样的背景下制定《规定》的主要原因。

问：民间借贷因涉嫌非法集资而触犯刑事法律的现象是非常普遍的，在此类案件中，当事人既有权向公安机关报案要求追究犯罪嫌疑人的刑事责任，也有权向人民法院提起民事诉讼，请问《规定》如何协调刑事与民事的关系？

答：民间借贷的司法解释确实涉及民刑交叉的问题，在审判实践中，大量的民间借贷纠纷案件往往与非法吸收公众存款罪，还有集资诈骗罪等刑事案件交错。在这种情况之下，如何来协调处理刑事案件和民事案件是我们当前处理民间借贷纠纷中比较重要的一个问题。

在2014年3月，最高人民法院、最高人民检察院和公安部曾经共同颁布了《关于办理非法集资刑事案件适用法律若干问题的意见》。按照此意见，人民法院在审理民事案件中如果发现有非法集资的犯罪，应将案件移送公安机关或者检察机关。这一次我们制定司法解释的时候，实际上就对这个问题进行了重申，也就是重新把它规定到我们民事司法解释里面来。之所以如此规定，是因为非法集资案件涉及不特定的多数人的利益，在处理上应当坚持一体化解决的原则，防止有的受害人获得足额清偿而有的受害人却根本不能得到补偿的现象发生。因此，只要是涉及非法集资犯罪的案件，民事案件审理中发现了就要移送，法院就不再审理了，这是一种处理方式。

第二类处理方式，如果在审理民间借贷案件的过程中，涉及非法集资等犯罪的线索与材料，在这样一种情况下怎么办？比如有人非法集资，把非法集资来的钱又转贷给他人，后者转贷会形成民间借贷的案件，对这类案件怎么办？我们新的司法解释第六条作了规定，涉及非法集资线索的材料，我们应当移送到公安机关或者是检察机关，但是对于后面的民间借贷的那部分案件还要继续审理。

第三类情况，在审理非法集资的案件过程中，可能会涉及担保人的担保责任问题，我们在审理案件中不因为一部分当事人的非法集资犯罪就认定整个合同无效，担保人的担保责任也没了，这是不行的。遇到这种情况，只要当事人要起诉担保人，对这类案件，人民法院是应当予以受理的。

第四种情况，如果民间借贷的案件审理过程中，案件的基本事实需要刑事案件查清以后才能继续审理，这类案件就应当中止审理，因为犯罪事实的行为可能涉及民间借贷案件的基本事实，基本案件事实可能涉及主体、权利义务的确定等，这一类我们要先刑后民，先把刑事案件结案了，我们民事案件才能恢复审理。

问：在《规定》里提到有24%和36%这样两个数字，您刚才也说了民间借贷年利率以前是按照银行的同期利率四倍来计算，为何要作出这样的修订，请您再具体说一说。

答：你的问题涉及本次司法解释的核心问题，就是利率问题。为什么这么规定？我们本次规定利率有几个特点：第一，规定的利率是一个固定利率，而不是像以前是参照央行同期贷款基准利率。第二，我们划了“两线三区”。首先划了第一条线，就是民事法律应予保护的固定利率为年利率的24%。第二条线是年利率36%以上的借贷合同为无效，通过这两条线，划分了三个区域，一个是无效区，一个是司法保护区，一个是自然债务区。为什么考虑24%的利率？刚才在前面已经讲到，年利率四倍的历史源远流长，其实在古代的时候月利率两分，也就是大约24%的含义。我们在制定司法解释的时候就研究过从古到今利率的变化，特别是1990年以来央行颁布的整个利率的线索，我们研究发现，央行颁布的贷款基准利率变化比较大，最低是百分之二点几，最高是百分之十二点几，中间较多的是5%～8%，最后我们折中就选了6%，又参照传统四倍的含义，四六二十四，就是这样来的。因此，24%的利率是长期以来我们在审判实践中所确立的一个执法标准，实际上也是从古至今在民间利率方面的一条规则，不算我们的独创。

为什么要规定36%以上无效？按照1991年的司法解释，规定利率是银行贷款基准利率的四倍，超过部分不受法律保护。这个不受法律保护的含义，就是说你要向人民法院起诉，要求动用国家强制力来保护你所获得利息，超过四倍不保护，但是如果当事人愿意自动履行的，法院是认可的，如果当事人履行了以后，再反悔想要回来，法院是不支持的，1991年的司法解释是这个含义。我们总结这么多年来经济发展的情况发现，实体经济所创造的利润相应来说肯定没有这么高，如果我们不把高利贷控制住，对于实体经济，特别是对于中小微企业的发展是不利的。所以这次规定了年利率36%以上就无效，这个无效的含义是如果当事人原来自愿偿还了利息，基于合同无效，还可以要求返还，这是对1991年的司法解释重大的修改。规定36%以上无效，是基于现实社会的实际情况，经商相关主管部门，同时也参考了国外的一些立法例而划定的。国外有一些地区也规定，在利率无效的情况下是要返还的。对于24%～36%的这一部分，我们把它作为一个自然债务看待，如果要提起诉讼，要求法院保护，法院不会保护，但是当事人愿意自动履行，法院也不反对。

问：认定企业之间借贷行为合法有效，可以说是这部司法解释的亮点之一，之前司法实践一般都认定为是无效的，本规定在认定企业之间的拆借行为效力上是一律认定为合法有效，还是有一定的限制性条件？

答：这个问题实际上涉及如何认识企业之间的借贷问题。的确正如你说的，我们对于企业之间借贷的认识有一个发展过程，这与我们国家的经济体制改革、经济发展是相适应的。以往，企业与企业之间的借贷被认定为是无效的，为什么要认定无效呢？因为当时基于1996年央行发布的《贷款通则》，加之最高人民法院也作了一些司法解释，认为企业与企业之间的借贷会破坏金融秩序，因此在当时的情况下认定企业与企业之间借贷的合同是无效的，而且这个规则一直到现在都没有作废，但是随着经济的发展，特别是社会主义法治的不断健全和完善，这一规则出现了一些问题。第一，1999年合同法生效，合同法规定要认定合同无效只能依据国家的法律和行政法规。从现有的国家法律和行政法规来讲，没有明确规定企业与企业之间的借贷是无效的。当然《贷款通则》规定了，但是它属于一个部门规章，它的法律效力等级还没有上升到行政法规和法律的层面。合同法出现以后，就面临着法律上的冲突。第二，与物权法的冲突。2007年，我国颁布了《物权法》，按照《物权法》的规定，物权的权利人有权依法自由地处分自己的财产，货币资金当然是属于他的财产，他当然可以处分。但是，如果依据《贷款通则》，他就无权处分，显然这样的规则与《物权法》的规定有冲突。基于这样的情况，近年来，我们依据现有的法律作了调整，其实我们的实际案例已经突破了原来的规定。包括最高人民法院审理的案子，依据《合同法》《物权法》等规则，2005年以后陆续审结了一批企业与企业之间借贷的合同为有效合同的案件，示范效应是积极的，效果也很好。我们在总结审判工作所取得的经验基础上，明确规定了把企业与企业之间的借贷有条件地认定为有效。这次司法解释的第十一条对企业之间融资有效是作了一定界定的，法人之间、其他组织之间以及它们相互之间为生产经营需要订立的民间借贷合同，除存在《合同法》第五十二条和本规定十四条规定的情形以外，当事人主张合同有效的予以支持。根据这一条规定，企业与企业之间的合同有效是要限定这个合同是为生产和经营需要而订立的借款合同。如果一个生产经营性企业不搞生产经营，变成一个专业放贷人，把钱拿去放贷，甚至从银行套取现金再去放贷，是不行的。司法解释规定这样的合同就会被认定为无效。同时在解释中还规定了如果企业向其他企业借贷，或者从本单位职工集资，本来是为本单位的生产经营需要，但却没有投入企业经营，而去放贷，这也要认定为无效。所以我们这次对企业的放开是一个有限度的放开，企业之间如果有闲散资金，因为对方是为了生产经营需要，而不是为了借钱去放贷，这种合同应当是有效的，仅仅限于这个范围。这样做既解决了企业资金的短缺，又维护了我们国家的金融安全，国家金融不安全，我们经济发展就没保障。

问：现实生活中可能有的借款人在没有约定利息的情况下自愿支付利息，或者支付的利息超过了24%，但是没有超过36%，事后又反悔，能否向法院主张要求出借人返还已付的利息，《规定》如何平衡两者之间的利益？

答：我们现在规定的利息利率是24%，在24%以内当事人起诉到人民法院，人民法院对这类利息都要给予法律保护。当然在实践之中，确实有这样一个情况，有些当事人约定的利息超过24%，没有超过36%，因为36%就是无效，24%与36%之间的债务我们叫作自然债务。如果当事人依据合同，向人民法院起诉要求保护这个区间的利息，人民法院是不予法律保护的。所以起诉到法院不予以保护，但是这个合同如果约定利率以后，借款人按照合同的约定偿还了利息，这个偿还是有效的，如果偿还以后又反悔，向法院起诉要求返还超过24%部分利息的，不能支持。但超过36%的是无效，即使自愿给付了，也可基于合同无效要求返还。

问：我们注意到，《规定》特别强调，出借人向人民法院起诉时，应当提供债权凭证或者能够证明借贷关系存在的证据。这一规定是否与立案登记制相矛盾？

答：这一规定不仅与立案登记制不矛盾，而且还相辅相成。早在3000多年前的西周时期，人们把借贷契约称为“傅别”，西周的《周礼》就有“听称责以傅别”的记载，说的是官员审理借贷纠纷时必须要有凭据、证据。从司法实践情况看，民间借贷纠纷案件中，当事人为证明存在借贷关系所提交的证据多为借据、收据、欠条等债权凭证，这些大都属于书证范畴。当然，债权凭证的表现形式不仅限于《规定》已列明的“借据、收据、欠条”等形式，还包括能够证明借贷关系存在的其他证据，如短信、微信、博客、网上聊天记录等电子数据以及录音、录像等视听资料。总之，原告向法院起诉，必须提供相应的证据证明，这是民事诉讼的基本要求。只要符合《民事诉讼法》第一百一十九条规定的起诉条件的，人民法院都要受理。对于不符合法定起诉条件的，即使已经进行了立案登记，也不能进入实体程序，人民法院应当通知当事人补交相关证据材料。上述规定也有利于防止当事人滥用诉权。

问：民间借贷纠纷中，经常会有其他人在借条、欠条或者收据上签名，并容易引发纠纷。请问，《规定》是如何规范这一问题的？

答：经过调研，我们发现，审判实践中存在相当多的纠纷是由于在他人出具的借条或者欠条上签名而引发对民事责任承担的争执，进而引发矛盾形成诉讼。应当看到，传统的民间借贷更多地存在于熟人社会中，基于亲属、朋友、同事或者其他社会关系，他人或者作为借款人的保证人，或者作为借贷的见证人，或者作为中间人，或者出于其他原因而在借据上签字。然而，他人的签字是否意味着其应当承担保证责任，则存有争议。

正是由于民间借贷实践中，第三人在债权凭证或者借款合同中签字盖章的法律意义具有多种可能性，所以本司法解释才作出明确规定，包括三层意思：第一，仅有他人签名或者盖章的，不足以认定保证人身份，他人也就不承担保证责任。所谓“仅有”，是指既未在借款凭证或借款合同中表明保证人身份，也未在其中约定保证条款并指向签字或盖章人，同时也无其他证据证明该签字或盖章人为保证人。第二，只有在通过其他事实不能推定其为保证人的情况下，才能作出他人非为保证人的判断。第三，仅有第三人在其中签字或者盖章，但其中表明了签字或者盖章人是保证人，或者通过其他条款或事实能够推定出其为保证人的，则其应当对借款承担担保责任。

问：民间借贷中，借款人向他人借钱时一般要出具欠条，相应地，出借人起诉时也要持有欠条作为证明借贷关系存在的证据。仅仅提供借据或者银行的转账凭证，是否能够认定借贷关系已经发生？《规定》就借贷关系成立的举证证明责任问题有哪些新的内容？

答：您提的这个问题很有针对性和专业性。民间借贷案件的事实审查，是民间借贷案件审理的难点和重点。民间借贷案件的基本事实，包括借贷合意是否形成、款项是否交付、本金数额、利息约定等多个方面，其中借贷事实是否真实发生是民间借贷案件的首要基本事实，也是全案展开的基本依据。

民间借贷案件的事实认定，大多是由法官根据经验法则，通过对证据材料的审查和其证明力的认定、判断、取舍，并对比各方当事人不同证据的证明力，推断当事人之间既往发生的法律关系的事实过程。这一过程中所涵盖的经验法则的选择与运用，证据证明力的判断等，都很难通过明确的法律规则来实现，更多的是依靠法官的自由心证。正因如此，司法实践中对于借贷关系是否发生的基本事实作出判断和认定的标准，存在一定程度的差异。虽然完全统一法官心证结果在客观上不可能实现，但通过更精细化的指引，规范事实认定的方向和进路，却是十分必要和可行的。

随着民间借贷市场的不断发展壮大，且游离于正规金融体系之外，容易伴生非法集资、非法吸收公众存款、金融欺诈等违法犯罪行为，危害借款人利益，冲击金融市场秩序。另外，民间借贷主体的法律意识淡薄，交易法律手续不完备，借贷行为隐秘性强，也容易引起法律纠纷。现实中，原告提起诉讼往往仅依据借据等债权凭证或者仅依据金融机构转账凭证作为证明借贷关系已经发生的证据，如果被告抗辩已经偿还借款，或者被告抗辩转账系偿还双方之前借款或其他债务，在此情况下，就存在着证明责任的承担问题，而不能仅仅依据借据、收据、欠条等，简单地认定借贷关系已经发生以及已经发生的借贷关系的内容。为此，《规定》提出了有关举证责任分配的要求，即被告应当对其抗辩的主张提出相应的证据加以证明，而不能仅仅一辩了之。如果被告提供不出相应的证据，或者提供的证据不足以证明其主张的，则一般要认定借贷关系已经发生。当然，如果被告提供了证据证明其主张的，此时举证证明责任发生转移，应当由原告就借贷关系的成立承担举证证明责任。需要强调的是，对于当事人主张系现金交付的民间借贷，《规定》明确要求应当结合借贷金额、款项交付、当事人的经济能力、当地或者当事人之间的交易方式、交易习惯、当事人财产变动情况以及证人证言等事实和因素，综合判断查证借贷事实是否发生。这一规定也是近年来司法实践的经验总结，对于证据和事实认定起到了很好的指引作用，对广大法官甄别真实借贷关系，具有较强的针对性和可操作性，有利于实现维护借款人合法权益，遏制违法犯罪活动的法律效果。我们将这一经验进行修改与整合，吸收到司法解释中，作为民间借贷案件中事实审查的规定，从而明确了此类案件的举证责任、审查内容和审查标准。

问：我们注意到，《规定》特别强调要加大对虚假诉讼的防范和制裁，为什么如此关注这一问题？

答：经过调研发现，当前，民事审判领域存在许多虚假诉讼，在民间借贷案件中尤为突出。如何有效遏制民间借贷纠纷中的虚假诉讼，是摆在审判实践中的一个突出难题，也是亟待解决的一个课题。

虚假的民间借贷诉讼往往包裹在“合法”的外衣下，以正常合法的程序进入法院，造假者们通过精心设计各种骗局，以混淆视听迷惑法官，从而获得对其有利的判决。此类案件利益关系复杂，且往往使真正权利人的利益无法得到保障，一旦法院支持了虚假诉讼当事人的利益，则不但无法化解纠纷，反而更加激化了当事人之间的矛盾，极易引发和激化社会冲突。总之，虚假民间借贷诉讼既侵犯了真实权利人的利益，又浪费了有限的司法资源；既扰乱了正常的司法审判秩序，又影响了社会稳定。

虽然在《民事诉讼法》第一百一十二条中新增加了对虚假诉讼的规定，但实践中审判人员很难明确识别、认定虚假诉讼，而民诉法中“虚假诉讼构成犯罪的，依法追究刑事责任”的一般性规定，在刑法中也并没有相对应的条款，没有具体的罪名，也没有相应的处罚措施。立法的不完善致使虚假民间借贷诉讼的违法成本非常低，诉讼当事人恶意串通、虚构法律关系向法院提起诉讼所追求的不法利益，与当事人制造、参与虚假诉讼付出的成本的巨大差异对当事人作出不法行为产生了不当的激励。因此，必须加大对虚假诉讼的预防和打击，以维持诚实守信的诉讼环境。

如何识别虚假诉讼是遏制虚假诉讼所面临的首要问题。之前，法院对调解率的片面强调，容易给当事人虚假诉讼提供便利；法官对调解的偏好也使调解中对事实的查明大打折扣。在虚假民间借贷诉讼案件中，由于双方当事人之间系恶意串通，不存在激烈的诉辩对抗，而且有时提交给法院的证据可能就是双方共同伪造的，这就给法官鉴别虚假诉讼增加了难度。对于这一问题，各级法院在司法实践过程中形成了不同的处理方式，但也达成了基本共识，即应当在民间借贷案件审理过程中加大对证据的审查力度。《规定》结合了虚假民间借贷诉讼审判实践的调研结果，吸收了实践中有益的经验做法，采纳了综合判断的规范模式，并总结出了具体列举的可能属于虚假民间借贷诉讼的十种行为，以供审判人员审理案件时借鉴、参考。当然，正确识别虚假民间借贷诉讼还要求审判人员基于自身的审判经验和对生活的认知，结合借贷发生的原因、时间、地点、款项来源、交付方式、款项流向以及借贷双方的关系、经济状况等事实，综合判断是否属于虚假民事诉讼。

经审理发现属于虚假诉讼的，人民法院除判决驳回原告的请求外，还要严格按照《规定》的内容，对恶意制造、参与虚假诉讼的诉讼参与人依法予以罚款、拘留；构成犯罪的，必须移送有管辖权的司法机关追究刑事责任。

问：随着互联网金融的迅猛发展，许多民间借贷改变了传统的交易模式，而由网络交易快速完成。对于作为新生事物的P2P网络借贷，《规定》采取了哪些措施进行规制？

答：自从1979年孟加拉国经济学家穆罕默德·尤努斯最初提出P2P概念，并将小额信贷和互联网技术相连接以来，P2P网络借贷逐步进入了人们的视野，并于2007年正式进入我国。2013年以来，P2P网络借贷出现井喷式发展，在一年之内由最初的几十家增长到几千家，不仅实现了数量上的增长，借贷种类和方式也得到扩张。应该看到，P2P网贷有助于一般人群、小微企业获得所需的融资，弥补银行借贷的空白，帮助传统借贷中难以获得融资的企业和个人得到资金支持。我国已经形成了有别于国外P2P网贷模式的新特点，同时也产生了平台角色复杂、监管主体缺位、信用系统缺乏等新问题，其中最主要的是P2P利用投资理财为幌子，参与非法集资。据统计，2014年，P2P网络借贷平台涉嫌非法集资发案数、涉案金额、参与集资人数分别是2013年的11倍、16倍和39倍。

在当前涉及P2P网络借贷平台的法律规范缺失的情况下，为了更好地保护当事人的合法权益，进一步促进我国网络小额借贷资本市场良好发展，《规定》分别对于P2P涉及居间和担保两个法律关系时，是否应当以及如何承担民事责任作出了规定。按照《规定》中的条款内容，如果借贷双方通过P2P网贷平台形成借贷关系，P2P网络贷款平台的提供者仅提供媒介服务，则其对于民间借贷形成的债务不承担担保责任；如果P2P网贷平台的提供者通过网页、广告或者其他媒介明示或者有其他证据证明其为借贷提供担保，根据出借人的请求，人民法院应当判决P2P网贷平台的提供者承担担保责任。

今后，最高人民法院还将继续加强对P2P网络借贷平台法律规制的调研，密切关注这一新生事物的发展态势，结合行业特点和法律关系，制定更加充实详细的司法解释或者规范性文件，以司法的手段维护互联网对创业创新的支撑作用，推动各类要素资源集聚、开放和共享，为形成大众创业、万众创新的浓厚氛围提供有力司法保障。

问：实践中存在大量企业法定代表人以个人名义借贷用于企业生产经营，或者以企业名义借贷用于个人消费的现象，从而引发纠纷。请问，《规定》如何规范此类问题，在民事责任的承担方面作了哪些新的规定？

答：企业作为法律拟制的人，在社会经济生活中的一切活动均要通过其法定代表人来实施。一般来讲，按照法人的代表人制度理论，法定代表人的行为就可以认定为企业行为。但是根据同一理论，鉴于法定代表人自然人和代表人的双重身份，企业承受法定代表人行为的法律后果，必须是其行使“代表行为”的情况下，具体表现为以法人的名义行为和在授权的范围内行为。

《规定》出台以前，司法实践中一直认定企业间借贷无效，基于对企业间借贷无效的规避和对资金融通的需求，实践中出现的法定代表人以个人名义借贷用于企业生产经营的情况比较突出。为了保护出借人利益，《规定》明确法定代表人以个人名义签订借贷合同，但是所借款项用于生产经营的，出借人可以请求企业与个人共同承担责任。但也要看到，有的企业的法定代表人虽以企业名义借款，但所借款项却用于个人生活和消费，为避免企业合法权益遭到损害，对于出借人、企业或者其股东能够提出证据证明的，在诉讼中人民法院可以应出借人的请求将法定代表人列为共同被告或者第三人。作出这样的规定，能够有效防止法定代表人滥用代表权，能够达到均衡保护企业和出借人双方合法权益的目标。

问：实践中还有一种现象，就是借款人往往通过买卖合同作为民间借贷合同的担保。一旦发生纠纷后，出借人往往要求履行买卖合同，进而取得标的物的所有权。请您介绍一下此类案件的处理思路？

答：正如您刚才所讲，民间借贷实践中，借贷双方当事人通过签订买卖合同作为民间借贷合同的担保，是民间借贷中比较典型的纠纷类型。债权人为避免债务人无力偿还借款，往往与债务人签订买卖合同（以房屋买卖合同为主），约定债务人不能偿还债款本息的，则履行买卖合同。在最高人民法院出台《规定》之前，各地法院的处理方式千差万别，导致法律适用标准不一，影响了法律权威。此类案件的处理，关系到人民法院裁判的统一，关系到当事人切身利益的维护。同时，正确处理此类案件，对于防范虚假诉讼，健全担保规范，促进经济健康发展具有重要意义。

目前，从审判实践看，买卖与借贷交叉混合主要有两种类型：一是以买卖作为民间借贷的担保，二是双方既有真实的买卖关系同时又有借贷的法律关系。由于前者最为常见且问题最多，因此，《规定》仅针对前者作出相应的规范。对于以买卖合同作为民间借贷合同的担保，在借期届满后借款人无法偿还本金利息的，出借人往往要求履行买卖合同，进而达到其直接获取买卖标的物的目的。我们认为，此种情形下的买卖合同应当视为类似于担保合同，其效力依附于作为主合同的民间借贷法律关系。正因如此，出借人撇开主合同而要求直接履行作为从合同的买卖合同的，实际上是颠倒了主从合同关系。对此，人民法院应当按照民间借贷法律关系审理双方之间的纠纷。只有从程序上作出如此规定，才能使双方的权利义务关系真正回位到正确的实体关系中去。如果出借人坚持要求审理买卖合同的，则应当裁定驳回其起诉。

按照民间借贷法律关系审理作出的判决生效后，借款人不履行生效判决确定的偿还本息的金钱给付债务，出借人可以申请拍卖买卖合同标的物，以偿还债务。《规定》作出这样的制度设计，是对债务人不履行债务时依法处置担保物的必然安排，其目的在于保护债权人的合法权益不受侵害。但是，任何制度设计都要坚持公平、公正的原则，在保护债权人利益的同时，也不能忽视对债务人合法权益的依法保护，而通过拍卖程序有利于防止估价过高或者过低，损害另一方当事人利益。因此，《规定》要求，应当通过拍卖而非估价的方式处理标的物，以体现公平原则。此外，《规定》还特别强调，通过拍卖标的物所得的价款与应偿还借款本息之间的差额，借款人或者出借人有权主张返还或者补偿。这一规定能够在当事人之间实现利益平衡，体现了公正原则，从而真正完成从程序正义到实质正义的嬗变。

来源：《人民法院报》第一版

作者：罗书臻

最高人民法院 最高人民检察院 公安部 司法部关于办理“套路贷”刑事案件若干问题的意见

为持续深入开展扫黑除恶专项斗争，准确甄别和依法严厉惩处“套路贷”违法犯罪分子，根据刑法、刑事诉讼法、有关司法解释以及最高人民法院、最高人民检察院、公安部、司法部《关于办理黑恶势力犯罪案件若干问题的指导意见》等规范性文件的规定，现对办理“套路贷”刑事案件若干问题提出如下意见：

一、准确把握“套路贷”与民间借贷的区别

1. “套路贷”，是对以非法占有为目的，假借民间借贷之名，诱使或迫使被害人签订“借贷”或变相“借贷”“抵押”“担保”等相关协议，通过虚增借贷金额、恶意制造违约、肆意认定违约、毁匿还款证据等方式形成虚假债权债务，并借助诉讼、仲裁、公证或者采用暴力、威胁以及其他手段非法占有被害人财物的相关违法犯罪活动的概括性称谓。

2. “套路贷”与平等主体之间基于意思自治而形成的民事借贷关系存在本质区别，民间借贷的出借人是为了到期按照协议约定的内容收回本金并获取利息，不具有非法占有他人财物的目的，也不会在签订、履行借贷协议过程中实施虚增借贷金额、制造虚假给付痕迹、恶意制造违约、肆意认定违约、毁匿还款证据等行为。

司法实践中，应当注意非法讨债引发的案件与“套路贷”案件的区别，犯罪嫌疑人、被告人不具有非法占有目的，也未使用“套路”与借款人形成虚假债权债务，不应视为“套路贷”。因使用暴力、威胁以及其他手段强行索债构成犯罪的，应当根据具体案件事实定罪处罚。

3. 实践中，“套路贷”的常见犯罪手法和步骤包括但不限于以下情形：

（1）制造民间借贷假象。犯罪嫌疑人、被告人往往以“小额贷款公司”“投资公司”“咨询公司”“担保公司”“网络借贷平台”等名义对外宣传，以低息、无抵押、无担保、快速放款等为诱饵吸引被害人借款，继而以“保证金”“行规”等虚假理由诱使被害人基于错误认识签订金额虚高的“借贷”协议或相关协议。有的犯罪嫌疑人、被告人还会以被害人先前借贷违约等理由，迫使对方签订金额虚高的“借贷”协议或

相关协议。

（2）制造资金走账流水等虚假给付事实。犯罪嫌疑人、被告人按照虚高的“借贷”协议金额将资金转入被害人账户，制造已将全部借款交付被害人的银行流水痕迹，随后便采取各种手段将其中全部或者部分资金收回，被害人实际上并未取得或者完全取得“借贷”协议、银行流水上显示的钱款。

（3）故意制造违约或者肆意认定违约。犯罪嫌疑人、被告人往往会以设置违约陷阱、制造还款障碍等方式，故意造成被害人违约，或者通过肆意认定违约，强行要求被害人偿还虚假债务。

（4）恶意垒高借款金额。当被害人无力偿还时，有的犯罪嫌疑人、被告人会安排其所属公司或者指定的关联公司、关联人员为被害人偿还“借款”，继而与被害人签订金额更大的虚高“借贷”协议或相关协议，通过这种“转单平账”“以贷还贷”的方式不断垒高“债务”。

（5）软硬兼施“索债”。在被害人未偿还虚高“借款”的情况下，犯罪嫌疑人、被告人借助诉讼、仲裁、公证或者采用暴力、威胁以及其他手段向被害人或者被害人的特定关系人索取“债务”。

二、依法严惩“套路贷”犯罪

4. 实施“套路贷”过程中，未采用明显的暴力或者威胁手段，其行为特征从整体上表现为以非法占有为目的，通过虚构事实、隐瞒真相骗取被害人财物的，一般以诈骗罪定罪处罚；对于在实施“套路贷”过程中多种手段并用，构成诈骗、敲诈勒索、非法拘禁、虚假诉讼、寻衅滋事、强迫交易、抢劫、绑架等多种犯罪的，应当根据具体案件事实，区分不同情况，依照刑法及有关司法解释的规定数罪并罚或者择一重处。

5. 多人共同实施“套路贷”犯罪，犯罪嫌疑人、被告人在所参与的犯罪中起主要作用的，应当认定为主犯，对其参与或组织、指挥的全部犯罪承担刑事责任；起次要或辅助作用的，应当认定为从犯。

明知他人实施“套路贷”犯罪，具有以下情形之一的，以相关犯罪的共犯论处，但刑法和司法解释等另有规定的除外：

（1）组织发送“贷款”信息、广告，吸引、介绍被害人“借款”的；

（2）提供资金、场所、银行卡、账号、交通工具等帮助的；

（3）出售、提供、帮助获取公民个人信息的；

（4）协助制造走账记录等虚假给付事实的；

（5）协助办理公证的；

（6）协助以虚假事实提起诉讼或者仲裁的；

（7）协助套现、取现、办理动产或不动产过户等，转移犯罪所得及其产生的收益的；

（8）其他符合共同犯罪规定的情形。

上述规定中的“明知他人实施‘套路贷’犯罪”，应当结合行为人的认知能力、既往经历、行为次数和手段、与同案人和被害人的关系、获利情况、是否曾因“套路贷”受过处罚、是否故意规避查处等主客观因素综合分析认定。

6. 在认定“套路贷”犯罪数额时，应当与民间借贷相区别，从整体上予以否定性评价，“虚高债务”和以“利息”“保证金”“中介费”“服务费”“违约金”等名目被犯罪嫌疑人、被告人非法占有的财物，均应计入犯罪数额。

犯罪嫌疑人、被告人实际给付被害人的本金数额，不计入犯罪数额。

已经着手实施“套路贷”，但因意志以外原因未得逞的，可以根据相关罪名所涉及的刑法、司法解释规定，按照已着手非法占有的财物数额认定犯罪未遂。既有既遂，又有未遂，犯罪既遂部分与未遂部分分别对应不同法定刑幅度的，应当先决定对未遂部分是否减轻处罚，确定未遂部分对应的法定刑幅度，再与既遂部分对应的法定刑幅度进行比较，选择处罚较重的法定刑幅度，并酌情从重处罚；二者在同一量刑幅度的，以犯罪既遂酌情从重处罚。

7. 犯罪嫌疑人、被告人实施“套路贷”违法所得的一切财物，应当予以追缴或者责令退赔；对被害人的合法财产，应当及时返还。有证据证明是犯罪嫌疑人、被告人为实施“套路贷”而交付给被害人的本金，赔偿被害人损失后如有剩余，应依法予以没收。

犯罪嫌疑人、被告人已将违法所得的财物用于清偿债务、转让或者设置其他权利负担，具有下列情形之一的，应当依法追缴：

（1）第三人明知是违法所得财物而接受的；

（2）第三人无偿取得或者以明显低于市场的价格取得违法所得财物的；

（3）第三人通过非法债务清偿或者违法犯罪活动取得违法所得财物的；

（4）其他应当依法追缴的情形。

8. 以老年人、未成年人、在校学生、丧失劳动能力的人为对象实施“套路贷”，或者因实施“套路贷”造成被害人或其特定关系人自杀、死亡、精神失常、为偿还“债务”而实施犯罪活动的，除刑法、司法解释另有规定的外，应当酌情从重处罚。

在坚持依法从严惩处的同时，对于认罪认罚、积极退赃、真诚悔罪或者具有其他法定、酌定从轻处罚情节的被告人，可以依法从宽处罚。

9. 对于“套路贷”犯罪分子，应当根据其所触犯的具体罪名，依法加大财产刑适用力度。符合刑法第三十七条之一规定的，可以依法禁止从事相关职业。

10. 三人以上为实施“套路贷”而组成的较为固定的犯罪组织，应当认定为犯罪集团。对首要分子应按照集团所犯全部罪行处罚。

符合黑恶势力认定标准的，应当按照黑社会性质组织、恶势力或者恶势力犯罪集团侦查、起诉、审判。

三、依法确定“套路贷”刑事案件管辖

11. “套路贷”犯罪案件一般由犯罪地公安机关侦查，如果由犯罪嫌疑人居住地公安机关立案侦查更为适宜的，可以由犯罪嫌疑人居住地公安机关立案侦查。犯罪地包括犯罪行为发生地和犯罪结果发生地。

“犯罪行为发生地”包括为实施“套路贷”所设立的公司所在地、“借贷”协议或相关协议签订地、非法讨债行为实施地，为实施“套路贷”而进行诉讼、仲裁、公证的受案法院、仲裁委员会、公证机构所在地，以及“套路贷”行为的预备地、开始地、途经地、结束地等。

“犯罪结果发生地”包括违法所得财物的支付地、实际取得地、藏匿地、转移地、使用地、销售地等。

除犯罪地、犯罪嫌疑人居住地外，其他地方公安机关对于公民扭送、报案、控告、举报或者犯罪嫌疑人自首的“套路贷”犯罪案件，都应当立即受理，经审查认为有犯罪事实的，移送有管辖权的公安机关处理。

黑恶势力实施的“套路贷”犯罪案件，由侦办黑社会性质组织、恶势力或者恶势力犯罪集团案件的公安机关进行侦查。

12. 具有下列情形之一的，有关公安机关可以在其职责范围内并案侦查：

（1）一人犯数罪的；

（2）共同犯罪的；

（3）共同犯罪的犯罪嫌疑人还实施其他犯罪的；

（4）多个犯罪嫌疑人实施的犯罪存在直接关联，并案处理有利于查明案件事实的。

13. 本意见自 2019 年 4 月 9 日起施行。

最高人民法院关于依法妥善审理民间借贷案件的通知

（法〔2018〕215号）

各省、自治区、直辖市高级人民法院，解放军军事法院，新疆维吾尔自治区高级人民法院生产建设兵团分院：

民间借贷在一定程度上满足了社会多元化融资需求，促进了多层次信贷市场的形成和完善。与此同时，民间借贷纠纷案件也呈现爆炸式增长，给人民法院的审判工作带来新的挑战。近年来，社会上不断出现披着民间借贷外衣，通过“虚增债务”“伪造证据”“恶意制造违约”“收取高额费用”等方式非法侵占财物的“套路贷”诈骗等新型犯罪，严重侵害了人民群众的合法权益，扰乱了金融市场秩序，影响社会和谐稳定。为充分发挥民商事审判工作的评价、教育、指引功能，妥善审理民间借贷纠纷案件，防范化解各类风险，现将有关事项通知如下：

一、加大对借贷事实和证据的审查力度。“套路贷”诈骗等犯罪设局者具备知识型犯罪特征，善于通过虚增债权债务、制造银行流水痕迹、故意失联制造违约等方式，形成证据链条闭环，并借助民事诉讼程序实现非法目的。因此，人民法院在审理民间借贷纠纷案件中，除根据《最高人民法院关于审理民间借贷案件适用法律若干问题的规定》第十五条、第十六条规定，对借据、收据、欠条等债权凭证及银行流水等款项交付凭证进行审查外，还应结合款项来源、交易习惯、经济能力、财产变化情况、当事人关系以及当事人陈述等因素综合判断借贷的真实情况。有违法犯罪等合理怀疑，代理人对案件事实无法说明的，应当传唤当事人本人到庭，就有关案件事实接受询问。要适当加大调查取证力度，查明事实真相。

二、严格区分民间借贷行为与诈骗等犯罪行为。人民法院在审理民间借贷纠纷案件中，要切实提高对“套路贷”诈骗等犯罪行为的警觉，加强对民间借贷行为与诈骗等犯罪行为的甄别，发现涉嫌违法犯罪线索、材料的，要及时按照《最高人民法院关于在审理经济纠纷案件中涉及经济犯罪嫌疑若干问题的规定》和《最高人民法院关于审理民间借贷案件适用法律若干问题的规定》依法处理。民间借贷行为本身涉及违法犯罪的，应当裁定驳回起诉，并将涉嫌犯罪的线索、材料移送公安机关或检察机关，切实防范犯罪分子将非法行为合法化，利用民事判决堂而皇之侵占被害人财产。刑事判决认定出借人构成“套路贷”诈骗等犯罪的，人民法院对已按普通民间借贷纠纷作出的生效判决，应当及时通过审判监督程序予以纠正。

三、依法严守法定利率红线。《最高人民法院关于审理民间借贷案件适用法律若干问题的规定》依法确立了法定利率的司法红线，应当从严把握。人民法院在民间借贷纠纷案件审理过程中，对于各种以“利息”“违约金”“服务费”“中介费”“保证金”“延期费”等突破或变相突破法定利率红线的，应当依法不予支持。对于“出借人主张系以现金方式支付大额贷款本金”“借款人抗辩所谓现金支付本金系出借人预先扣除的高额利息”的，要加强对出借人主张的现金支付款项来源、交付情况等证据的审查，依法认定借贷本金数额和高额利息扣收事实。发现交易平台、交易对手、交易模式等以“创新”为名行高利贷之实的，应当及时采取发送司法建议函等有效方式，坚决予以遏制。

四、建立民间借贷纠纷防范和解决机制。人民法院在防范和化解民间借贷各类风险中，要紧密结合党和国家工作大局，紧紧依靠党委领导和政府支持，探索审判机制创新，加强联动效应，探索建立跨部门综合治理机制。要加大法制宣传力度，引导社会良好风气，认真总结审判经验，加强调查研究。

各级人民法院在审理民间借贷纠纷案件中发现新情况、新问题，请及时层报最高人民法院。

最高人民法院

2018年8月1日

天津市高级人民法院关于印发《天津法院民间借贷案件审理指南（试行）》的通知

（津高法〔2020〕22号）

第一、第二、第三中级人民法院，海事法院，各区人民法院，铁路运输法院，本院各相关部门：

《天津法院民间借贷案件审理指南（试行）》已经于2019年12月13日由高级人民法院审判委员会第33次会议审议通过，现予以印发。执行中如遇到问题，请及时报告高院民一庭。

天津市高级人民法院

2020年1月28日

天津法院民间借贷案件审理指南（试行）

为妥善审理民间借贷案件，统一全市法院裁判尺度，根据《中华人民共和国民法总则》《中华人民共和国合同法》《中华人民共和国物权法》《中华人民共和国担保法》《中华人民共和国民事诉讼法》《最高人民法院关于审理民间借贷案件适用法律若干问题的规定》以及《全国法院民商事审判工作会议纪要》等相关规定，结合我市审判工作实际，制定本审理指南。

一、诉讼主体和责任认定

1.【第三方收取借贷款项的诉讼主体和责任认定】出借人根据借款人指示，依约将款项直接支付给第三方收款人的，借款人应作为被告。实际收款人可依当事人申请，作为证人参与诉讼。

借款人对实际借款关系以及借款数额提出有事实依据的抗辩时，应追加实际收款人为第三人参加诉讼。

经审查，被告并非实际借款人的，依法向原告释明变更当事人，拒不变更的，判决驳回其诉讼请求。

2.【第三方支付借贷款项的诉讼主体和责任认定】出借人根据借贷合同约定，指示第三方将款项直接支付给借款人的，出借人应作为原告。实际付款人可依当事人申请，作为证人参与诉讼。借款人对实际借款关系以及借款数额提出有事实依据的抗辩时，应追加实际付款人为第三人参加诉讼。

经审查，原告并非实际出借人的，裁定驳回起诉。

3.【仅部分出借人起诉的诉讼主体和责任认定】出借人为两人以上，仅部分出借人对借款人主张权利的，如出借人的共同债权为可分之债，部分出借人仅就属于自己份额的借款向借款人主张权利的，予以准许。

如出借人的共同债权为不可分之债，仅部分出借人对借款人主张权利，要求借款人对全部出借人承担责任的，应当追加其他出借人为共同原告，但其他出借人明确表示放弃向借款人主张权利的除外。放弃债权的其他出借人对借款人另行提起诉讼的，不予受理。

4.【仅起诉部分借款人的诉讼主体和责任认定】借款人为两人以上，出借人仅对部分借款人主张权利的，应向出借人释明是否追加其他借款人为共同被告，出借人申请追加的，予以准许；出借人坚持不追加的，可予准许，但应依职权追加其他借款人为第三人参加诉讼。

5.【企业法定代表人或负责人以企业名义对外借款的诉讼主体和责任认定】企业法定代表人或负责人以企业名义与出借人签订民间借贷合同，所借款项实际用于企业法定代表人或负责人个人使用，出借人主张企业承担还款责任的，予以支持。但能证明出借人知道或者应当知道法人章程或者法人权力机构对法定代表人或负责人对外借款权限予以限制，或出借人与该企业法定代表人或负责人恶意串通，损害企业合法权益的除外。

企业因上述情形不承担还款责任，出借人依据民间借贷合同请求企业的法定代表人或负责人承担还款责任的，予以支持。

企业申请追加法定代表人或负责人为第三人的，根据案件审理需要，决定是否准许。出借人请求将企业法定代表人或负责人列为共同被告或者第三人的，应予准许。

6.【P2P 网络借贷平台的诉讼主体和责任认定】借贷双方通过 P2P 网络借贷平台签订借贷合同，出借人与平台成立居间合同关系，但平台明确承诺或依据现有证据可以推定其同意为借贷提供担保的除外。P2P 网络借贷平台因故意隐瞒与订立合同有关的重要信息或者提供虚假情况，给出借人造成财产损失的，应承担损害赔偿责任。

在案件审理中，为查清基本案件事实，可依法追加 P2P 网络借贷平台作为第三人参加诉讼。

二、举证证明责任与事实审查

7.【缺乏借贷合意直接证据的举证证明责任及审查方式】审理民间借贷案件，应对当事人之间的借贷合意及出借款项的实际交付进行严格审查。

原告仅依据转账凭证提起民间借贷诉讼，而被告明确提出双方不存在借贷关系的抗辩，并提供初步证据证明双方之间的款项往来系基于其他法律关系产生的，应对双方之间是否存在借贷合意进一步予以审查，并向原告释明应就支付相关款项的发生背景、具体用途、双方协商过程以及未签订书面借贷合同（借条、收条、欠条等债权凭证）的原因等进一步提供证据，原告拒绝进一步提供证据或补充提供的证据不足以证明双方有借贷合意的，判决驳回其诉讼请求。

如果被告仅提出双方不存在借贷关系的抗辩，但并未提供相应证据证明双方之间的款项往来系基于其他法律关系产生的，或被告直接承认原告主张的事实的，应依据《最高人民法院关于审理民间借贷案件适用法律若干问题的规定》（以下简称《民间借贷司法解释》）第十九条的规定，在排除虚假诉讼可能后，对原告的诉讼请求予以支持。

8.【现金交付的举证证明责任及审查方式】原告仅依据借据、收据、欠条等债权凭证提起民间借贷诉讼，并主张以现金形式完成交付，被告否认借贷事实发生的，应当根据债权凭证记载情况、当事人的实际支付能力、借贷金额的大小、资金来源、支付细节、交易习惯、当事人之间的关系以及当事人陈述的交易细节经过等因素，综合判断借贷事实是否真实发生。

根据查明案件事实的需要，可以要求原告继续补充提交证据，并传唤当事人本人、法定代表人或经办人到庭接受询问，必要时可依职权调查取证。经审查，现金交付事实缺乏证据证明的，依法驳回原告的诉讼请求。

9.【通过重新出具借据、确认函、对账单等方式确定借款本息的审查处理】借款人未偿还借款，出借人与借款人双方对前期借款本金和利息进行滚动结算后将利息计入本金，重新出具借据再计算利息的，依据《民间借贷司法解释》第二十八条第一款规定，分别认定各期本金，最终计算出最后一期的本息之和，再依据上述解释第二十八条第二款规定，判断最后一期的本息之和有无超过法定上限，即以最初的本金为基数，以年利率24%计算的整个借款期间的利息和最初的本金之和，超过24%的部分，不予保护。

借款人偿还部分款项后，利息的计算应当以本金数额减少后的实际数额为基数，不能以最初借款本金数额为基数。本金数额多次减少的，应分段予以计算。

原告依据借贷双方已形成确认函、对账单等主张债权的，应当审查具体构成明细，对本金和利息应当分别审查，超过24%的利息不予支持。

当事人既不能提供具体构成明细的相关证据，又不能说明合理事由的，对其主张不予支持。

10.【分别起诉同一借贷合同项下本息的审查处理】对当事人依据同一份借贷合同分多次起诉本金或利息的，应当在综合分析同一份借贷合同项下的本息是否具有不可分性、是否全部到期、分次主张合理性的基础上，对合同的签订和履行以及关联诉讼情况进行全面审查，以确定原告的诉讼请求是否应得到支持。

11.【网络支付方式的审查重点】对于通过支付宝、微信、手机银行等支付方式进行借款和还款的，加大依职权调取证据的力度，重点审查支付宝、微信、手机银行等相关支付媒介的账号的实名认证情况，绑定银行卡号及绑定时间，与对方的交易记录及资金去向等材料，准确认定借款是否实际发生等案件事实。

12.【未办理抵押登记的责任承担】出借人与抵押人签订抵押合同约定抵押人以其名下不动产为出借人的借款提供抵押担保，因抵押人原因未办理抵押登记手续的，出借人依据抵押合同请求抵押人办理抵押登记手续的，应予支持。

如因抵押物灭失或转让等原因导致无法办理抵押登记，出借人请求抵押人在抵押物的价值范围内承担民事责任的，应予支持，但抵押人承担责任的范围不应超过抵押权有效设立时所应承担的责任。

13.【约定案件受理费、诉讼保全担保费、服务费和咨询费等担负方式的审查及处理原则】出借人依据借贷合同约定，主张为实现债权所发生的必要费用（包括案件受理费、财产保全费、诉讼保全担保费、服务费、咨询费、管理费和配套费等）的，按照以下原则处理：

（1）案件受理费、财产保全费，按照《人民法院诉讼费缴纳办法》的相关规定，依法进行判定；

（2）诉讼保全担保费，一般不予支持；

（3）服务费、咨询费、管理费和配套费等属于《民间借贷司法解释》第三十条规定的其他费用，在审查借贷合同约定的效力、相关费用是否实际发生、费用是否合理的基础上，对其合理部分予以支持，但与利息、违约金合并计算后超过年利率24%的部分，不予支持。

14.【违背公序良俗的借贷合同无效】民间借贷案件的审理应当以维护正常交易秩序、维护家庭伦理道德、维护社会公序良俗和弘扬社会主义核心价值观为基本原则，民间借贷中存在下列情形之一的，应认定民间借贷合同无效，并判决驳回原告的诉讼请求：

（1）因非婚同居、不正当两性关系等原因形成的“精神损失费”“分手费”等债务；

（2）因赌博、吸毒等非法行为形成的债务；

（3）因“找关系”“托人情”等请托行为形成的债务；

（4）其他违背社会公序良俗和家庭伦理道德所形成的债务。

三、夫妻共同债务的审查重点

15.【共同举债意思表示的审查重点】认定是否存在夫妻共同举债的意思表示，重点审查以下几个方面：

（1）夫妻双方是否在借贷合同中作为债务人共同签字；

（2）非借款方事后是否补签还款方案、保证书或在庭审过程中表明对该债务进行追认；

（3）是否存在其他共同举债意思表示的情形，包括但不限于：非借款方作出口头承诺，或者通过电话、短信、微信、电子邮件等形式予以认可。

16.【家庭日常生活需要所负债务的审查重点】认定借贷款项是否属于家庭日常生活需要所负债务，重点审查以下几个方面：

（1）家庭日常生活需要应当考虑夫妻双方的职业、身份、资产、收入、兴趣、习惯、家庭人口等情况进行判断；

（2）借贷款项是否用于食品、衣着、家庭设备用品、维修服务、医疗保健、交通通信、文娱教育及服务、居住、其他商品和服务等八类家庭消费支出；

（3）家庭日常生活需要是否超过上一年度天津居民人均消费支出三倍；

（4）其他因家庭日常生活需要所负的债务。

17.【共同生产经营的审查重点】认定夫妻一方借款是否用于夫妻共同生产经营，重点审查以下几个方面：

（1）夫妻一方负债系用于个体工商户或农村承包经营户经营的；

（2）夫妻一方从事经营、投资，另一方虽未直接参与经营、投资但分享了经营、投资收益的；

（3）其他可被认定为夫妻共同生产经营的情形。

四、民间借贷与其他法律关系的认定

18.【争议的法律关系非借贷关系的处理】原告以民间借贷提起诉讼，人民法院经审理认为当事人之间争议的基础法律关系并非民间借贷的，应依据查明的法律关系进行审理，并向当事人释明变更诉讼请求。当事人拒绝变更的，裁定驳回起诉。

19.【原告以不当得利二次起诉的处理】原告以民间借贷提起诉讼，因未能证明与被告存在民间借贷合意而被法院驳回后，又以不当得利再次提起诉讼的，依法受理。原告应对不当得利的要件事实承担举证证明责任。

20.【借贷行为涉嫌犯罪，出借人起诉担保人的处理】借款人的借贷行为涉嫌犯罪，或者已被生效的判决认定为犯罪，出借人提起民事诉讼要求担保人承担担保责任的，区分以下情况处理：

（1）出借人单独起诉担保人承担民事责任的，予以受理；

（2）出借人同时起诉担保人和借款人的，告知出借人就借款人涉嫌犯罪的线索、有关材料向公安机关或者检察机关报案。出借人坚持起诉借款人和担保人，且符合《中华人民共和国民事诉讼法》第一百一十九条规定的受理条件的，应予受理。受理后，裁定驳回出借人对借款人的起诉，将借款人涉嫌犯罪的线索、有关材料移送公安机关或检察机关，并继续审理出借人对担保人的诉讼请求。

五、职业放贷、“套路贷”的审查及虚假诉讼防范

21.【职业放贷行为的审查】出借人未依法取得放贷资格，在一定期间内多次反复从事有偿民间借贷的，一般可以认定构成职业放贷行为。因职业放贷行为形成的民间借贷合同无效。

职业放贷行为具有营业性和营利性。审理民间借贷案件中，可以根据出借人在一定期间内放贷次数、同一原告或关联原告提起民间借贷案件数量、借贷合同约定格式化程度以及出借人是否公开推介、宣传或明示出借意愿、借款金额和利息等因素综合认定出借人是否具有营业性。同一原告或者关联原告在两年内向全市法院提起民间借贷案件 5 件以上，或者出借人在两年内向社会不特定人出借资金 3 次以上的，一般可以认定出借人的放贷行为具有营业性。借贷合同约定利息、服务费、咨询费、管理费、违约金等相关费用的，或者借款人已实际支付上述费用的，应认定出借人以营利为目的出借款项。

主要业务或日常业务不涉及放贷的出借人偶尔出借款项，或者出借人基于人情往来不以营利为目的出借款项，不构成职业放贷行为。

22.【职业放贷行为无效的法律后果】民间借贷合同被认定无效后，双方因合同取得的财产应当予以返还。借款人应当返还借款本金及占用资金期间的利息损失。利息损失，一般应按照全国银行间同业拆借中心公布的贷款市场报价利率计算，不能按照民间借贷合同中约定的高额利息标准计算。

出借人因从事职业放贷涉嫌刑事犯罪的，应当及时将相关线索和有关材料移送公安机关或者检察机关。

23.【“套路贷”的审查及处理】民间借贷是平等民事主体之间基于借贷合意达成的资金借用协议，出借人多以收取合法利息为目的，而不是以非法占有他人财产为目的。“套路贷”是出借人以非法占有他人财产为目的，在签订、履行借贷协议过程中实施虚增债务、强迫交易、虚假诉讼等行为，属于违法犯罪行为。经审查，符合《关于办理“套路贷”刑事案件若干问题的意见》中规定的情形时，裁定驳回原告起诉，并及时将相关线索和有关材料移送公安机关或者检察机关。

24.【虚假诉讼行为的审查及防范】民间借贷案件审理中，应当重点审查和防范是否存在虚假诉讼行为。依照《民间借贷司法解释》第十九条规定，审查借贷双方的关系、出借人经济状况、借贷原因、款项来源、交付方式、资金流向等基本事实。必要时，要求当事人本人或者经办人出庭接受询问，对于不符合常理的陈述和自认，结合查明的事实予以认定。

经审查属于虚假民间借贷诉讼，对于原告的撤诉申请不予准许，并判决驳回其诉讼请求。同时，根据虚假诉讼参与人的过错程度，以及情节的轻重，加大适用罚款、拘留等妨碍民事诉讼强制措施的处罚力度。虚假诉讼行为涉嫌刑事犯罪的，依法将相关线索和有关材料移送公安机关或者检察机关。

25.【关联案件检索】审理民间借贷案件，应当对是否构成职业放贷或虚假诉讼进行关联案件检索。

六、其他

本指南自 2020 年 2 月 1 日起执行。全市法院尚未审结的一审、二审案件可参考本指南进行审理。

浙江省高级人民法院　浙江省人民检察院 浙江省公安厅印发《关于办理“套路贷”相关刑事案件若干问题的纪要》的通知

（浙高法〔2019〕117号）

各市、县（市、区）人民法院、人民检察院、公安局：

省高级人民法院、省人民检察院、省公安厅于日前对办理“套路贷”相关刑事案件若干问题进行了讨论，形成了纪要，现予印发，请遵照执行。执行中遇有问题请及时报告上级主管部门。

关于办理“套路贷”相关刑事案件若干问题的纪要

为了持续深入开展扫黑除恶专项斗争工作，精准打击“套路贷”有关犯罪活动，根据法律和有关司法解释、规范性文件的规定，结合浙江实际，对办理“套路贷”相关刑事案件若干问题纪要如下：

一、准确界定“套路贷”的构成要素

1. 以非法占有为目的，假借民间借贷之名，以低息、无抵押、快速放贷等为诱饵，诱使或者迫使被害人签订“借贷”或变相“借贷”等相关协议，通过收取“家访费”“调查费”“保证金”“中介费”“行规费”“安装费”“利息”“砍头息”等一种或者多种费用，虚增贷款金额、制造虚假给付痕迹、恶意制造认定违约、多平台借款平账、毁匿还款证据等一种或者多种方式设置“套路”形成虚假债权债务关系的，属于“套路贷”。

“套路贷”案件通常伴有非法讨债的情形，但不是“套路贷”的构成要素。“套路”多少不影响“套路贷”的认定。没有使用“套路”的，不属于“套路贷”。

二、准确把握“套路贷”的本质

2. 以非法占有为目的，是“套路贷”的本质属性。在“套路贷”案件中，只要有“套路”，就可认定非法占有目的。

3. 行为人收取名目繁多的费用，虚增贷款金额、故意设置不平等条款等明显不符合民间借贷习惯，无论对方是否明知，均不影响行为人非法占有目的的认定。

三、准确认定“套路贷”的行为性质

4. 具备“套路贷”的构成要素，设置各种“套路”骗取他人财物的，以诈骗罪论处。

“套路贷”一般以合同形式表现，但不应以合同诈骗罪论处。诈骗不成，反被对方所骗的，不影响诈骗罪的认定。

四、准确区分一罪和数罪

5. 实施“套路贷”过程中，行为人以非法占有为目的，虚构事实、隐瞒全部或者部分真相，通过诉讼、仲裁等手段，骗取他人财物的，以诈骗罪定罪处罚。

6. 实施“套路贷”过程中，行为人针对同一人实施敲诈勒索、强迫交易、抢夺、抢劫、寻衅滋事等侵财型手段非法占有他人财物的，一般以牵连犯择一重罪处罚；针对不同人的，一般应数罪并罚。

7. 实施“套路贷”过程中，行为人通过实施故意杀人、故意伤害、绑架、非法拘禁、寻衅滋事等非侵财型手段非法占有他人财物的，一般应数罪并罚。

五、准确认定共同犯罪

8. 明知他人实施“套路贷”，帮助制定相关格式文本、传授如何制造虚假债务证据的方法或者提供其他帮助的，符合共同犯罪相关规定的，以诈骗罪共犯论处。

9. 仅参与采用非法手段讨债或以虚假事实提起诉讼、仲裁，构成犯罪的，以其具体行为构成的相关犯罪论处。

六、准确认定犯罪数额及既未遂论处情形

10. 在认定“套路贷”犯罪数额时，应准确把握“套路贷”犯罪非法占有他人财物的本质特征，予以整体否定性评价。

11. 实施“套路贷”违法犯罪行为所产生的“利息”“砍头息”，虽然表现形式是

利息，但实质是以非法占有为目的，假借民间借贷之名所产生的违法犯罪所得，均应计入犯罪数额。

12. “虚高债务”和以“利息”“砍头息”“保证金”“中介费”“家访费”“调查费”“服务费”“安装费”“违约金”等名目约定的费用，均应计入犯罪数额。已经被行为人实际占有的，以相关犯罪既遂论处；尚未实际占有的，可按相关犯罪未遂论处。

13. 行为人实际给付的“本金”，应视为实施“套路贷”的犯罪工具予以没收或追缴，但不计入犯罪数额。

如果被害人从行为人处收到的“本金”数额大于其后来实际交给行为人“利息”“费用”等累计的金额，则差额部分可以从被害人处追缴。在案件侦查过程中，公安机关应注重追缴差额部分。

如果行为人采用掩盖被害人已归还部分借款的事实，以借贷合同上借款金额提起诉讼、仲裁的，被害人已归还的部分借款金额应视为诈骗犯罪既遂的数额。借贷合同上借款金额不计入犯罪数额，但超过借贷合同金额的“利息”应当计入犯罪数额。如果行为人已经非法占有相应“利息”，则利息计入诈骗犯罪既遂数额；如果尚未非法占有相应“利息”，则“利息”计入诈骗未遂数额。

七、准确把握酌情从重处罚情节

14. 行为人实施“套路贷”造成被害人或者特定关系人自杀、死亡、精神失常或为偿还虚高债务而实施违法犯罪活动等严重后果的，对行为人酌情从重处罚。

15. 多个行为人实施“套路贷”造成同一被害人或特定关系人自杀、死亡、精神失常、为偿还虚高债务而实施违法犯罪活动等严重后果，若能确定具体行为人的，对相关行为人酌情从重处罚；若不能确定具体行为人的，对全部行为人酌情从重处罚。

八、坚决贯彻宽严相济刑事政策

16. 在办理“套路贷”相关刑事案件过程中，坚决贯彻宽严相济刑事政策。对于“套路贷”涉黑恶案件，在侦查、起诉、审判、执行各阶段体现依法从严惩处精神。

对于“套路贷”相关犯罪的主犯、“保护伞”或采用虚假诉讼手段实施“套路贷”的，要从严惩处；对从犯，特别是被动参与“套路贷”犯罪、年纪较轻且犯罪情节较轻或认罪态度好的，要从宽处罚。

认罪认罚从宽处罚是宽严相济刑事政策的一个重要方面，认罪认罚一般应从宽处罚；但认罪认罚是否从宽及从宽的幅度要综合考量。

九、施行日期

17. 本纪要自 2019 年 7 月 24 日起施行。

浙江省高级人民法院《关于依法严厉打击与民间借贷相关的刑事犯罪强化民间借贷协同治理的会议纪要》

各市、县、区人民法院、人民检察院、公安局（分局）、司法局、税务局、地方金融监督管理局：

为严厉打击与民间借贷相关的刑事犯罪，加强对非法民间借贷的协同治理，有效遏制民间借贷纠纷上升势头，切实保障人民群众合法权益，省高级人民法院、省人民检察院、省公安厅、省司法厅、省税务局、省地方金融监督管理局对民间借贷协同治理工作进行了专题研究，形成了纪要，现予印发，请遵照执行。执行中遇有问题请及时报告主管机关。

浙江省高级人民法院
浙江省人民检察院
浙江省公安厅
浙江省司法厅
国家税务总局浙江省税务局
浙江省地方金融监督管理局
2018 年 11 月 16 日

关于依法严厉打击与民间借贷相关的刑事犯罪强化民间借贷协同治理的会议纪要

为严厉打击与民间借贷相关的刑事犯罪，实现标本兼治、协同治理，有效遏制民间借贷纠纷上升势头，切实保障人民群众合法权益，促进社会公平正义，根据有关法律及司法解释，省法院、省检察院、省公安厅、省司法厅、省税务局、省地方金融监督管理局等单位对民间借贷协同治理工作进行了专题研究，并达成共识，纪要如下：

一、切实提高认识，高度重视民间借贷协同治理工作

民间借贷在一定程度上满足了社会多元化融资需求，促进了多层次信贷市场的形成和完善。但由于民间借贷存在交易不公开、不规范等特点，容易引发非法集资、高利转贷、虚假诉讼、“套路贷”、暴力催收等违法犯罪行为，严重危害金融秩序和社会稳定，增加妥善化解民间借贷纠纷的难度，也加剧了执行难。各有关单位要从深化依法治国实践的高度，充分认识依法严厉打击与民间借贷相关的违法犯罪行为、强化协同治理的必要性和紧迫性，紧紧围绕党和国家工作大局，依靠党委领导和政府支持，根据依法治理、分类处理、综合施策的原则，积极构建跨部门协同治理机制，共同遏制民间借贷案件高发势头。

二、建立“职业放贷人名录”制度，从严规制职业放贷人的诉讼行为

针对当前职业放贷高发等实际情况，人民法院要根据同一原告或关联原告在一段时间内所涉的民间借贷案件数量、利率、合同格式化程度等特征，结合各地实际，建立“职业放贷人名录”，进行重点管理，并每季度向公安、检察机关等协同治理单位通报情况。职业放贷人名录中有公职人员的，应当抄送当地纪检监察机关和当事人所在单位。

纳入“职业放贷人名录”，一般应当符合以下条件：

1. 以连续三年收结案数为标准，同一或关联原告在同一基层法院民事诉讼中涉及20件以上民间借贷案件（含诉前调解，以下各项同），或者在同一中级人民法院及辖区各基层法院民事诉讼中涉及30件以上民间借贷案件的；

2. 在同一年度内，同一或关联原告在同一基层法院民事诉讼中涉及10件以上民间借贷案件，或者在同一中级人民法院及辖区各基层法院民事诉讼中涉及15件以上民间借贷案件的；

3. 在同一年度内，同一或关联原告在同一中级人民法院及辖区各基层法院涉及民间借贷案件5件以上且累计金额达100万元以上，或者涉及民间借贷案件3件以上且累计金额达1000万元以上的；

4. 符合下列条件两项以上，案件数达到第1、2项规定一半以上的，也可认定为职业放贷人：

（1）借条为统一格式的；

（2）被告抗辩原告并非实际出借人或者原告要求将本金、利息支付给第三人的；

（3）借款本金诉称以现金方式交付又无其他证据佐证的；

（4）交付本金时预扣借款利息或者被告实际支付的利息明显高于约定的利息的；

（5）原告本人无正当理由拒不到庭应诉或到庭应诉时对案件事实进行虚假陈述的。

自职业放贷人名录公布之日起连续三个年度内，该名录上人员涉及民间借贷纠纷的案件量少于前款第1、2、4项认定职业放贷人标准案件量二分之一的，可以将其从职业放贷人名录上撤出。

涉职业放贷人案件审理过程中应加强对证据和事实的审查，对涉及职业放贷人名录人员为申请执行人的执行案件，人民法院对被执行人应慎用拘留、罚款、布控、追究拒不执行判决、裁定刑事责任等措施；对于本金与利息已经执行到位的，人民法院执行部门应当向税务部门通报，由税务部门依法征税。

对涉及职业放贷人的案件应当先行调解，并尽量促使双方当事人见面，查清债权债务真实情况，尽早发现违法犯罪事实，精准有效打击犯罪行为。对于出借人将债权转让给他人后，债权受让人提起诉讼的，要加强审查，防止通过债权转让规避监管。

三、加强对借贷事实和证据的审查力度，严格区分民间借贷与“套路贷”诈骗、非法集资等犯罪行为的界限

针对“套路贷”诈骗、非法集资等犯罪组织者借助民事诉讼程序实现非法目的等实际情况，全省各级公安机关、人民检察院、人民法院在处理涉民间借贷案件过程中，要切实提高警惕，结合款项来源、交易习惯、经济能力、财产变化情况、当事人关系以及当事人陈述等情况综合判断借贷的真实性，加大对借贷事实和证据的审查力度，加强对民间借贷与诈骗等犯罪行为的甄别，切实防止违法犯罪分子将非法行为合法化、利用民事裁判侵占被害人财产。

对利用非法吸收的公众存款、变相吸收的公众存款等资金发放贷款，并以故意杀人、故意伤害、非法拘禁、故意毁坏财物、寻衅滋事等非法手段强索债务的，应当按照行为涉嫌的具体犯罪侦查、起诉、审判，不构成犯罪的，依法由公安机关治安处罚。

人民法院在审理民事案件过程中发现存在“虚增债务”“伪造证据”“恶意制造违约”“非法吸收公众存款”及“集资诈骗”等犯罪嫌疑的，应当裁定驳回起诉，并将涉嫌犯罪的线索、材料移送公安机关或检察机关。人民法院对已按普通民间借贷纠纷作出的生效裁判，应当依法及时通过审判监督程序予以纠正。

四、加大对虚假诉讼、高利转贷的惩治力度，有效遏制两类案件的高发多发势头

根据《刑法》和《司法解释》规定，虚假诉讼罪是指行为人以捏造的事实提起民

事诉讼，妨害司法秩序或者严重侵害他人合法权益的行为。虚假诉讼行为的实施方式既可以表现为“单方欺诈型”，也可以表现为“恶意串通型”。对于实施虚假诉讼行为，非法占有他人财物或者逃避合法债务，又构成其他犯罪的，依照处罚较重的规定定罪从重处罚。司法工作人员利用职权，与他人共同实施虚假诉讼行为的，从重处罚；同时构成其他犯罪的，依照处罚较重的规定定罪从重处罚。

对于以转贷牟利为目的，套取金融机构信贷资金再以高于银行贷款的利率转贷他人，且违法所得数额在10万元以上，或者虽未达到上述数额标准，但两年内因高利转贷受过行政处罚二次以上，又高利转贷的，应当依法以高利转贷罪追究刑事责任。全省各级公安机关、人民检察院、人民法院发现公司、企业涉嫌高利转贷的，应当及时通过向相关主管部门提出司法建议等方式，阻断其贷款通道，引导其回归实体经济。

人民法院在审理民间借贷案件过程中，要依法全面、客观地审核双方当事人提交的全部证据。发现有虚假诉讼、高利转贷犯罪嫌疑的，要按照防范和打击虚假诉讼的有关规定及时依职权或者移送有关部门调查取证，查清事实真相。依法从严查处冒充他人提起诉讼、篡改伪造证据、签署保证书后虚假陈述、指使证人作伪证等妨害民事诉讼的行为。经查证确属虚假诉讼、高利转贷的，驳回其诉讼请求，并依照民事诉讼法的有关规定，对妨害民事诉讼的行为依法予以罚款、拘留；涉嫌犯罪的，应当及时将案件材料移送公安机关处理。

人民检察院对当事人及其委托诉讼代理人、案外人等提交的有关虚假诉讼、高利转贷的举报或控告材料、线索，应及时进行审查，发现有违法犯罪嫌疑的，应当将案件材料移送公安机关处理。

有管辖权的公安机关对发现或者移送的涉嫌虚假诉讼、高利转贷案件，一般应当在三十日内作出立案或者不立案决定，并反馈移送部门。不予立案的，应当在作出不立案决定之日起七日内，以书面形式向移送部门说明不立案理由。

五、坚持宽严相济刑事政策，依法严厉打击与民间借贷相关的重点领域犯罪

全省各级公安机关、人民检察院、人民法院在办理与民间借贷相关的刑事犯罪案件时，要坚持宽严相济的刑事政策，依法制止、制裁和惩处各类与民间借贷相关犯罪行为，严厉打击非法放贷讨债违法犯罪活动，切实维护金融秩序和社会和谐稳定。要严格贯彻落实《中共中央、国务院关于开展扫黑除恶专项斗争的通知》和“两高两部”《关于办理黑恶势力犯罪案件若干问题的指导意见》要求，依法打击民间借贷案件中的黑恶势力及其“保护伞”。根据法律规定，结合实际，具有下列情形之一的，应当

按照具体违法犯罪重点打击：

（1）利用非法吸收公众存款、变相吸收公众存款等取得的资金发放贷款的；

（2）以故意杀人、故意伤害、非法拘禁、故意毁坏财物、寻衅滋事等非法手段强索债务的；

（3）以欺骗手段取得金融机构信贷资金，再高利转贷他人的；

（4）面向在校学生非法发放贷款，发放无指定用途贷款，或以提供服务、销售商品为名，实际收取高额利息或费用变相发放贷款的；

（5）银行业金融机构从业人员作为主要成员或实际控制人，开展有组织的民间借贷的。

六、建立相互协作的办案机制，切实形成工作合力

各有关部门在防范和化解民间借贷各类风险中，要加强联动效应，探索建立人民法院、人民检察院、公安机关、司法行政机关、税务机关、地方金融监督管理部门等单位协同治理和规范民间借贷行为的工作机制。各协同单位要建立健全联席会议制度，定期就规范民间借贷行为情况进行沟通交流，加强预警和研判，完善防范对策。确有工作需要的，可以邀请纪检监察机关参与相关具体工作或案件的研究、磋商。

人民法院立案后，依法向公安机关移送案件时，应同时将移送函抄送人民检察院。公安机关对涉嫌犯罪的民间借贷案件应当立案而不予立案的，人民检察院应当依法通知公安机关立案，并将监督情况反馈移送部门。

民间借贷案件的基本事实必须以刑事案件审理结果为依据，而该刑事案件尚未审结的，人民法院应当裁定中止审理。公安机关在办理刑事案件过程中，发现相关联的民间借贷案件已经作出生效民事裁判或执行完毕的，要及时将刑事案件办理情况告知相关人民法院，人民法院应依法及时予以处理。

人民检察院经审查认为民间借贷案件存在涉嫌犯罪行为，可能导致原审裁判、调解或者执行错误的，应当依法提请上级人民检察院抗诉或者向同级人民法院提出检察建议。人民法院对人民检察院提出抗诉的民间借贷案件，应当依法及时进行审理；对人民检察院提出检察建议的案件，依照《民事诉讼法司法解释》第四百一十九条的规定办理。

全省各级公安机关、人民检察院、人民法院在办理涉嫌刑事犯罪的民间借贷案件中，发现律师、法律工作者、鉴定人员、公证人员等违规参与的，应当依法向司法行政机关提出处理建议；构成犯罪的，依法追究刑事责任。司法行政机关应当在收到建议之日起三个月内作出处理决定，并书面回复建议发送部门。司法行政机关应当加强

对律师事务所、法律服务所、司法鉴定机构、公证机关及相关从业人员的教育和管理，发现上述单位或人员有参与“套路贷”、虚假诉讼等行为的，应当依照有关规定追究相应的法律责任。

七、建立信息共享平台，提升办案的信息化、智能化水平

公安机关、人民检察院、人民法院要依托政法一体化办案系统，探索建立全省民间借贷案件信息共享平台，实现网上信息共享。深度应用信息技术，通过案件数据比对碰撞等手段，加强民间借贷案件风险预测，有效防范风险。积极探索社会信用体系建设与司法工作的深度融合，推动建立健全与市场主体相关的司法大数据收集共享和使用机制，促进社会诚信建设，实现长效治理。

八、建立金融监管联动机制，促进民间借贷健康有序发展

全省各级公安机关、人民检察院、人民法院要深化与金融监管部门、金融机构等单位的对接，构建信息共享和金融风险会商机制。依据现有的金融管理法律规定，依法深入剖析民间金融行为实质，准确判断各类金融活动、金融业态的法律性质，准确划定金融创新和金融违法犯罪的边界。

办案机关应当及时将非法发放民间贷款活动的相关材料移送银行业监督管理机构。对金融监管部门工作人员、银行业金融机构从业人员参与非法金融活动的，应当予以纪律处分或行政处罚；构成犯罪的，依法从严追究刑事责任。

各协同单位要采取有效方式向广大人民群众宣传国家金融法律法规，及时向社会公布典型案例，提高风险防范意识，自觉抵制非法民间借贷活动。

本纪要自下发之日起执行。本纪要内容如与法律、司法解释及上级有关规定不一致的，以法律、司法解释及上级有关规定为准。如有新的规定，按照新的规定执行。

民间借贷金额达300万元需备案！否则罚款！8月1日施行！

2020年5月15日，浙江省第十三届人民代表大会常务委员会第二十一次会议通过了《浙江省地方金融条例》。新规将于2020年8月1日起实施，其中第十八条规定：

民间借贷活动应当遵守法律、法规和国家有关规定。

民间借贷具有下列情形之一的，借款人应当自合同签订之日起十五日内，将合同副本和借款交付凭证报送设区的市地方金融工作部门或者其委托的民间融资公共服务机构备案：

（一）单笔借款金额或者向同一出借人累计借款金额达到三百万元以上；

（二）借款本息余额达到一千万元以上；

（三）累计向三十人以上特定对象借款。

出借人有权督促借款人履行前款规定的备案义务，也可以自愿履行。

第四十四条规定：

违反本条例第九条第二款、第十八条第二款规定，民间融资服务企业、民间借贷的借款人不履行备案义务，或者提供虚假备案材料的，由设区的市地方金融工作部门责令限期改正，按照下列规定予以处罚：

（一）对民间融资服务企业处一万元以上三万元以下罚款。

（二）民间借贷的借款人为自然人的，可以处一万元以上五万元以下罚款；为企业、其他组织的，可以处三万元以上十万元以下罚款。

浙江省地方金融条例

（2020年5月15日浙江省第十三届人民代表大会常务委员会第二十一次会议通过）

目　录

第五章　法律责任
第六章　附则

第一章　总则

第一条　为了加强地方金融监督管理，防范和化解金融风险，维护区域金融稳定，促进地方金融健康发展，引导金融服务实体经济，根据有关法律、行政法规和国务院规定，结合本省实际，制定本条例。

第二条　本省行政区域内地方金融组织从事金融业务、地方金融监督管理（工作）部门和其他部门实施地方金融监督管理以及金融风险防范与处置等活动，应当遵守本条例。法律、行政法规和国家另有规定的，从其规定。

本条例所称地方金融组织，是指依法设立的、从事相关金融业务的小额贷款公司、融资担保公司、典当行、融资租赁公司、商业保理公司、地方资产管理公司、区域性股权市场和其他地方各类交易场所、农民专业合作社、民间融资服务企业，以及法律、行政法规规定和国务院授权省人民政府监督管理的从事金融业务的其他组织。

本条例所称其他地方各类交易场所，是指从事债权、知识产权、文化艺术品权益、金融资产权益等权益类交易以及大宗商品类交易的各类交易场所，不包括仅从事车辆、房地产等实物交易的交易场所以及县级以上人民政府及其有关部门依法设立的公共资源交易场所。

第三条　地方金融工作应当遵循分类管理、稳妥审慎、防控风险、创新发展的原则。

第四条　省人民政府应当建立健全地方金融监督管理体制，完善地方政府金融工作议事协调机制，统筹地方金融改革发展稳定重大事项，协调解决地方金融监督管理、金融风险防范与处置工作中的重大问题，落实属地金融监督管理、金融风险防范与处置责任以及处置非法集资第一责任人的责任，并接受国务院金融稳定发展委员会的指导和监督。

地方政府金融工作议事协调机制应当就地方金融组织监督管理、金融风险防范与处置、金融消费者权益保护、信息共享等方面加强与国务院金融稳定发展委员会办公室地方协调机制的协作与配合。

设区的市、县（市、区）人民政府应当加强对地方金融工作的领导，加强地方金融监督管理能力建设，采取措施引导金融服务实体经济，推动金融产业发展，按照规定承担属地金融风险防范与处置责任。

第五条　省地方金融监督管理部门负责全省地方金融组织监督管理工作，组织、协调、指导金融风险防范与处置工作。

设区的市地方金融工作部门和县（市、区）人民政府确定的部门（以下统称地方金融工作部门）负责本行政区域内金融风险防范与处置的具体工作，并依照本条例规定承担地方金融组织监督管理的相关工作。

县级以上人民政府发展和改革、财政、公安、司法行政、人力资源和社会保障、市场监督管理、税务等部门，按照法定职责做好相关工作。

第六条 县级以上人民政府及其有关部门应当采取多种形式普及金融法律、法规和金融风险防范知识，提高公众的金融知识水平和风险防范意识。

新闻、出版、广播、电视、互联网等从业单位应当开展金融风险防范公益性宣传，加强舆论监督。

第七条 任何单位和个人有权对违反本条例规定的行为进行投诉和举报。

县级以上人民政府有关部门应当建立健全投诉举报机制，公布统一受理方式，及时处理投诉举报。

第二章 地方金融组织监督管理

第八条 地方金融组织开展金融活动，应当遵守合法经营、诚实守信、控制风险的原则，不得损害国家利益、社会公共利益和他人合法权益。

第九条 小额贷款公司、融资担保公司、典当行、融资租赁公司、商业保理公司、地方资产管理公司、区域性股权市场和其他地方各类交易场所、农民专业合作社以及法律、行政法规规定和国务院授权省人民政府监督管理的其他地方金融组织从事相关金融业务，应当依照法律、行政法规以及国家有关金融监督管理规定，取得相应行政许可或者办理备案。

民间融资服务企业应当按照省有关规定向设区的市地方金融工作部门备案。

第十条 省、设区的市地方金融监督管理（工作）部门应当建立地方金融组织信息公示制度，以便于公众知晓的方式公布并及时更新地方金融组织名单及其相关许可、备案信息。

第十一条 地方金融组织应当完善法人治理结构，执行业务合规和风险管理制度，形成有效内部制衡和风险防控机制。

地方金融组织应当加强股权管理，规范股东持股行为，并按照规定将股权集中到符合条件的股权托管机构托管。股权托管的具体办法由省地方金融监督管理部门制定。

第十二条 地方金融组织不得违反法律、法规和国家有关规定为关联方提供与本组织利益相冲突的服务，为关联方提供服务的条件不得优于为非关联方提供同类服务的条件。

地方金融组织的控股股东、实际控制人、董事（理事）、监事、高级管理人员或者经营管理人员应当依照法律、法规和国家有关规定以及组织章程约定执行关联交易事项表决回避。

第十三条　地方金融组织可以在依法合规、风险可控的前提下，开展业务创新。省地方金融监督管理部门可以根据业务特点和风险情况，实施审慎监督管理。

第十四条　省外注册设立的地方金融组织在本省行政区域内依法开展经营范围内业务的，应当定期向省地方金融监督管理部门报告业务开展情况。需要报告的具体业务范围和具体程序，由省地方金融监督管理部门确定。

国家对地方金融组织开展经营活动有区域限制的，从其规定。

第十五条　地方金融组织应当按照国家和省有关规定，向省地方金融监督管理部门报送财务会计报告、经营报告、注册会计师出具的年度审计报告等材料，并报告主要股东经营困难、主要负责人失联、发生流动性风险等严重影响经营的重大事项。报送的材料和报告的事项内容应当真实、准确、完整。

省地方金融监督管理部门应当对地方金融组织的业务活动及其风险状况进行非现场监督管理，组织建立地方金融组织监督管理信息系统。地方金融组织应当按照要求接入信息系统，并可以通过信息系统报送或者报告前款规定的材料或者事项。

地方金融组织应当按照规定向人民银行派出机构报送金融业综合统计信息。

第十六条　地方金融组织发行产品或者提供服务的，应当向投资者或者消费者提示风险，披露可能影响其决策的信息。

地方金融组织披露的信息应当真实、准确、完整，不得有虚假记载、误导性陈述或者重大遗漏。

第十七条　地方金融组织为债务性融资业务产品发行提供服务的，应当建立投资者适当性制度，保障适当的产品销售给适合的投资者。

第十八条　民间借贷活动应当遵守法律、法规和国家有关规定。

民间借贷具有下列情形之一的，借款人应当自合同签订之日起十五日内，将合同副本和借款交付凭证报送设区的市地方金融工作部门或者其委托的民间融资公共服务机构备案：

（一）单笔借款金额或者向同一出借人累计借款金额达到三百万元以上；

（二）借款本息余额达到一千万元以上；

（三）累计向三十人以上特定对象借款。

出借人有权督促借款人履行前款规定的备案义务，也可以自愿履行。

设区的市地方金融工作部门或者其委托的民间融资公共服务机构提供民间借贷信息备案服务的，应当将备案信息按季度报送省地方金融监督管理部门。

地方金融监督管理（工作）部门、民间融资公共服务机构及其工作人员对工作中知悉的民间借贷备案信息，应当予以保密。

民间借贷备案信息可以通过设区的市地方金融工作部门或者其委托的民间融资公共服务机构查询窗口进行查询。查询备案信息的，应当提供查询人有效身份证明和借款人授权证明。设区的市地方金融工作部门或者其委托的民间融资公共服务机构向查询人提供备案信息的，应当隐去出借人信息。

第十九条 民间借贷当事人持民间借贷合同、借款交付凭证和备案证明向公证机构申请办理赋予强制执行效力公证的，公证机构应当依法予以办理。

金融机构应当将民间借贷当事人履行备案义务的情况作为重要信用信息予以采信；将按照合同约定履行还款义务的情况作为良好信用证明材料使用。经依照本条例备案的民间借贷，金融机构不得将其视为影响借款人信用等级的负面因素，但是借款人超出自身还款能力大额借款，以及不按照合同约定履行还款义务被依法认定构成不良信息的除外。

设区的市、县（市、区）人民政府应当对履行民间借贷备案义务的当事人予以政策支持。

第二十条 省地方金融监督管理部门可以根据监督管理需要，依法对地方金融组织实施现场检查，并有权采取下列措施：

（一）询问有关工作人员；

（二）约谈其法定代表人、实际控制人、主要股东、董事（理事）、监事、高级管理人员或者经营管理人员；

（三）查阅、复制与检查事项有关的文件、资料；

（四）先行登记保存可能被转移、隐匿、毁损或者伪造的文件、资料、电子设备；

（五）检查有关业务数据管理系统；

（六）其他依法可以采取的措施。

设区的市、县（市、区）地方金融工作部门可以对存在金融风险隐患的地方金融组织依法实施现场检查，并有权采取前款规定的措施。

第二十一条 地方金融组织解散或者宣告破产的，应当依法对相关业务承接和债务清偿作出明确安排。

省地方金融监督管理部门可以对地方金融组织清算进行指导和监督。

第三章　金融风险防范与处置

第二十二条　参与金融活动的各类组织应当审慎评估自身风险承受能力，建立健全风险管理制度和内部责任追究制度，落实金融风险处置主体责任。

第二十三条　县级以上人民政府应当建立金融风险防范和化解工作机制，加强与中央金融管理部门派出机构的协调配合，牵头依法打击取缔非法集资、非法金融活动、非法金融机构等，及时稳妥处置金融风险。

省人民政府应当建立健全金融风险监测防范系统，整合利用各类金融监测数据信息、基层社会治理网格化排查信息以及政府及相关部门监督管理数据信息，对金融风险进行实时监测、识别、预警和防范。

第二十四条　地方金融组织的业务活动可能引发或者已经形成重大金融风险的，所在地设区的市、县（市、区）人民政府应当根据国家和省有关规定履行属地风险处置责任，组织、协调有关部门开展风险处置相关工作。

地方金融组织的业务活动可能引发重大金融风险的，地方金融监督管理（工作）部门可以采取下列措施：

（一）向投资者、债权人等利益相关方提示风险；

（二）向股东会（成员大会）提示相关董事（理事）、监事、高级管理人员或者经营管理人员的任职风险；

（三）法律、法规规定可以采取的其他措施。

地方金融组织的业务活动已经形成重大金融风险的，地方金融监督管理（工作）部门还可以采取下列措施：

（一）扣押财物，查封场所、设施或者财物；

（二）协调同类地方金融组织接收存续业务或者协调、指导其开展市场化重组；

（三）法律、法规规定可以采取的其他措施。

第二十五条　中央金融管理部门监督管理的机构，其业务活动可能引发或者已经形成重大金融风险的，县级以上人民政府应当协调有关部门协助中央金融管理部门派出机构开展风险处置相关工作。

省人民政府负责农村合作金融机构（含农村商业银行、农村合作银行、农村信用社）的风险处置工作，所在地设区的市、县（市、区）人民政府应当予以配合。

国家对金融机构风险防范与处置职责另有规定的，从其规定。

第二十六条　注册地在本省行政区域内的法人金融机构存在下列情况的，应当及时将相关信息向注册地人民政府和省地方金融监督管理部门报告：

（一）法人治理结构失衡；

（二）控股权或者实际控制人变更；

（三）董事会（理事会）或者经营管理层发生重大调整；

（四）业务模式发生重大变化；

（五）注册地、实际经营地发生变更；

（六）发生重大诉讼事项；

（七）其他可能引发重大金融风险的情况。

对存在前款规定情形的法人金融机构，注册地人民政府和省地方金融监督管理部门应当加强金融风险的监测和防范。

第二十七条 非金融企业存在资金周转困难或者资不抵债情况，可能引发或者已经形成重大金融风险的，由非金融企业所在地设区的市、县（市、区）人民政府负责组织、协调有关部门开展风险处置相关工作。

设区的市、县（市、区）人民政府可以采取措施支持前款规定的企业开展资产重组，协调债权人达成债务处置共识，指导债权人成立债权人委员会。

第二十八条 对可能引发或者已经形成的其他重大金融风险，国家未明确风险处置责任单位的，由风险发生地设区的市、县（市、区）人民政府负责组织、协调有关部门开展风险处置相关工作。

第二十九条 设区的市、县（市、区）人民政府依照本条例第二十四条、第二十七条、第二十八条规定处置确有困难的，可以提请上级人民政府予以协调。

第三十条 开展互联网金融业务，应当遵守中央金融管理部门的相关规定。

县级以上人民政府及其有关部门应当协同中央金融管理部门派出机构共同开展互联网金融监督管理，加强信息共享、风险排查和处置等方面的协作，共同做好社会稳定维护工作。

第三十一条 地方金融监督管理（工作）部门根据风险情况，可以建议有关单位采取下列措施：

（一）依法限制地方金融组织法定代表人、实际控制人、董事（理事）、监事、高级管理人员或者经营管理人员出境；

（二）依法限制地方金融组织转移、转让财产或者对其财产设定其他权利负担。

第三十二条 发布金融类广告，应当遵守《中华人民共和国广告法》等法律、法规的规定，对可能存在的风险以及责任承担有合理提示或者警示，不得对投资收益或者投资效果作出保证性承诺，不得明示或者暗示保本、保收益或者无风险。

非公开募集资金，不得以广告、公开劝诱等方式开展资金募集宣传。

第四章　金融服务实体经济

第三十三条　省、设区的市人民政府应当根据国民经济和社会发展规划以及上级金融产业发展规划，制定本行政区域的金融产业发展规划。制定金融产业发展规划，应当征求所在地中央金融管理部门派出机构的意见。

第三十四条　省人民政府应当加强金融对外开放和区域协同发展，推进与国际金融组织的交流与合作，建设新兴金融中心，增强金融资源集聚和辐射能力。

具备条件的设区的市、县（市、区）人民政府按照金融改革创新总体布局，申报各类金融改革创新试验区和试点项目时，应当一并报送相应的监督管理和风险防范措施。

第三十五条　鼓励发展多层次资本市场。地方金融监督管理（工作）部门应当推动企业开展规范化股份制改制，支持企业上市、并购重组，支持企业在全国中小企业股份转让系统、区域性股权市场挂牌，引导企业通过股权投资、股票债券发行等方式融资，提高直接融资比例，改善融资结构。

地方金融监督管理（工作）部门应当引导鼓励证券服务机构增强规范诚信意识、提高企业上市服务效率。

第三十六条　县级以上人民政府应当采取措施鼓励金融要素投向重点产业、重点项目和重点领域，引导产业转型升级和经济高质量发展；支持民营企业，农民、农业、农村经济和开放型经济发展，积极推进普惠金融、绿色金融。

县级以上人民政府应当推动建立和完善为小型微型企业提供融资担保的政策性融资担保体系，建立健全风险补偿和政府性融资担保公司的资本持续补充机制，鼓励融资担保公司与银行业金融机构建立合作和担保责任风险分担机制。

探索建立企业金融顾问制度，发挥金融顾问专业优势，为企业合理运用金融工具、优化融资结构、防范金融风险提供咨询服务。

第三十七条　县级以上人民政府及其有关部门应当依法为地方金融组织开展相关抵（质）押融资业务提供便利，及时为其办理抵（质）押登记；与区域性股权市场建立股权登记对接机制；可以将中央金融管理部门监督管理的金融机构享受的相关政策给予地方金融组织。

地方金融组织应当立足服务当地实体经济，支持小型微型企业和农民、农业、农村经济组织融资。

人民银行派出机构依法为地方金融组织提供信用信息查询支持。金融机构依法为地方金融组织提供资金托管、存管和结算等业务支持。

第三十八条　支持云计算、大数据、人工智能、区块链等新兴科技在金融服务和金融监督管理领域的运用，推动金融科技产品、服务和商业模式的合规创新，建立健全与创新相适应的监督管理制度和新型金融风险防控机制。

第三十九条 县级以上人民政府应当建立金融人才队伍建设长效机制，将金融人才培养和引进纳入人才支持政策体系，在户口登记、住房保障、子女入学、医疗保障等方面提供便利。

第四十条 省人民政府及其有关部门应当推动金融信用环境建设，按照国家和省有关规定将市场主体相关信用信息纳入省公共信用信息服务平台。鼓励金融机构对其认定的信用状况良好的市场主体在贷款授信、费率利率、还款方式等方面给予优惠或者便利。

相关单位或者个人因恶意逃废金融债务、非法集资等严重违法行为被行政处罚或者认定为犯罪的，应当依法将其列入严重失信名单。

第四十一条 鼓励地方金融组织依法建立行业自律组织，实行自律管理。行业自律组织应当提供行业通用信息系统、风险防范机制等公共性、基础性支撑服务，依照法律、法规和章程的规定开展行业发展研究、诚信体系建设、行业标准化建设、职业技能培训和会员权益保护等工作，并接受地方金融监督管理（工作）部门业务指导。

第五章 法律责任

第四十二条 法律、法规、部门规章对相关地方金融组织违法行为已有法律责任规定的，依照其规定执行；未作规定的，依照本条例规定执行。

第四十三条 违反本条例第九条第一款规定，从事金融业务未依照规定取得行政许可的，由省地方金融监督管理部门责令停止相关业务，没收违法所得，并处违法所得三倍以上五倍以下罚款；没有违法所得或者违法所得不足五万元的，处五万元以上二十万元以下罚款。

违反本条例第九条第一款规定，从事金融业务未依照规定办理备案的，由省地方金融监督管理部门责令限期改正，处五万元以上十万元以下罚款。

第四十四条 违反本条例第九条第二款、第十八条第二款规定，民间融资服务企业、民间借贷的借款人不履行备案义务，或者提供虚假备案材料的，由设区的市地方金融工作部门责令限期改正，按照下列规定予以处罚：

（一）对民间融资服务企业处一万元以上三万元以下罚款；

（二）民间借贷的借款人为自然人的，可以处一万元以上五万元以下罚款；为企业、其他组织的，可以处三万元以上十万元以下罚款。

第四十五条 违反本条例第十一条第一款、第十六条、第十七条规定，地方金融组织有下列情形之一的，由省地方金融监督管理部门责令限期改正；逾期不改正的，处十万元以上五十万元以下罚款；情节严重的，经营许可证核发机关可以吊销相关经营许可证：

（一）未执行业务合规和风险管理制度的；

（二）未按照规定提示风险的；

（三）未按照规定披露信息的；

（四）披露的信息不符合要求的；

（五）未按照规定建立投资者适当性制度的。

第四十六条　违反本条例第十四条第一款规定，省外注册设立的地方金融组织未按照规定报告业务开展情况的，由省地方金融监督管理部门责令限期改正；逾期不改正的，处二万元以上二十万元以下罚款。

第四十七条　违反本条例第十五条第一款规定，地方金融组织未报送相关材料或者报告相关事项的，由省地方金融监督管理部门责令限期改正；逾期不改正的，处二万元以上二十万元以下罚款；提供虚假材料或者隐瞒重要事实的，处三万元以上三十万元以下罚款。

第四十八条　违反本条例规定，地方金融组织拒绝、阻碍监督检查或者拒绝执行相关风险处置措施的，由省地方金融监督管理部门责令限期改正，处一万元以上十万元以下罚款；构成违反治安管理规定行为的，由公安机关依照《中华人民共和国治安管理处罚法》予以处罚。

第四十九条　依照本条例规定对地方金融组织实施处罚的，实施处罚的部门可以对负有责任的法定代表人、董事（理事）、监事、高级管理人员、经营管理人员和其他直接责任人员给予警告；依照本条例规定给予地方金融组织罚款处罚的，可以对责任人员处地方金融组织罚款数额百分之五以上百分之十以下罚款。

第五十条　本条例规定由省地方金融监督管理部门行使的行政处罚，省地方金融监督管理部门可以委托符合《中华人民共和国行政处罚法》规定条件的组织实施。

第六章　附则

第五十一条　省人民政府和省地方金融监督管理部门可以依据法律、行政法规、中央金融管理部门监督管理规则以及本条例规定，就各类地方金融组织的监督管理、重大金融风险判定标准等制定实施细则。

第五十二条　本条例自 2020 年 8 月 1 日起施行。

来源：浙江天平

金华律协转载发布

江苏省高级人民法院印发《关于健全完善防范与打击“套路贷”及虚假诉讼长效机制的指导意见》的通知

（苏高法〔2020〕181号，2020年8月31日）

各市中级人民法院、南京海事法院、徐州铁路运输法院、各基层人民法院、本院各部门：

《关于健全完善防范与打击“套路贷”及虚假诉讼长效机制的指导意见》已经省法院党组讨论通过，现予以印发，请结合本地实际，抓好贯彻落实。执行中遇到的问题，要及时层报省法院。

关于健全完善防范与打击“套路贷”及虚假诉讼长效机制的指导意见

为坚决打击“套路贷”等非法金融活动，落实金融放贷领域扫黑除恶专项斗争和非法金融活动专项治理工作部署，有效防范违法犯罪分子通过虚假诉讼实现非法利益，推进扫黑除恶专项斗争深入开展，规范金融市场投融资秩序，根据《中华人民共和国民事诉讼法》《最高人民法院关于适用〈中华人民共和国民事诉讼法〉的解释》《最高人民法院关于民事诉讼证据的若干规定》《最高人民法院关于审理民间借贷案件适用法律若干问题的规定》及“两高两部”《关于办理“套路贷”刑事案件若干问题的意见》《关于办理非法放贷刑事案件若干问题的意见》等法律、司法解释和规范性文件的规定，结合全省审判工作实际，制定本意见。

一、指导思想和基本原则

坚持以习近平新时代中国特色社会主义思想为指导，深入贯彻落实习近平总书记关于扫黑除恶重要指示精神，增强“四个意识”，坚定“四个自信”，做到“两个维护”。把打击非法金融活动尤其是“套路贷”虚假诉讼作为深入推进扫黑除恶专项斗争的重要抓手，从维护国家安全和社会稳定的高度，提高政治站位，坚持底线思维，着力防控化解重大风险、依法服务“六稳”“六保”工作、奋力夺取疫情防控和经济社会发展双胜利，坚持问题导向、目标导向、效果导向，加强组织领导，狠抓贯彻落实，全面完成专项治理各项目标任务。

1. 坚持依法从严，形成工作合力。坚决惩治“套路贷”、非法高利放贷及虚假诉讼等违法犯罪活动。强化协同办案机制，提高涉嫌犯罪线索、材料的移送质量，通过扫黑办向公安机关移送的同时，抄送检察机关并及时向纪委监委、政法委报告有关情况，形成打击“套路贷”、非法高利放贷及虚假诉讼的工作合力。

2. 坚持公正司法，严格依法办案。准确把握“套路贷”、非法高利放贷及虚假诉讼的法律标准，严格把握法律政策界限，准确把握“套路贷”、非法高利放贷等违法犯罪与合法民间借贷的区别，准确适用法律，公正处理相关案件。

3. 坚持突出重点，推进重心下移。紧盯“套路贷”等非法金融活动高发、涉诉案件多、信访投诉多的重点地区、重点法院、重点案件，一级抓一级，层层抓落实，将工作重心压向基层，推动各基层法院在防范与打击“套路贷”、非法高利放贷及虚假诉讼工作中的主体责任落实，把好一审程序的事实认定和法律适用关口。围绕当事人申诉信访以及审判执行中发现的“套路贷”虚假诉讼线索，有针对性加大重点排查力度，确保专项治理工作要求落实到位。

4. 坚持长效常治，加强长效机制建设。坚持并深化“333”工作机制。全面落实司法责任制，健全符合司法规律的审判权运行体系，规范法官自由裁量权行使。落实“一案双查”工作机制，强化院庭长的监督管理职责，发挥制度机制的防范约束作用。健全防范与打击“套路贷”虚假诉讼的每月通报制度，增强制度机制落实的针对性、严密性、有效性。

5. 坚持标本兼治，推动源头治理。坚持打防结合，强化系统治理。在依法严厉打击“套路贷”等非法金融活动的同时，强化与公安机关、金融监管部门、市场监管部门协同配合机制，推进数据信息共享，形成工作合力，进一步从源头上铲除“套路贷”等非法金融活动的滋生土壤。

二、依托“三大系统平台”，强化精准防范与打击“套路贷”信息化支撑

6. 强化信息支撑功能。升级“套路贷”虚假诉讼智能预警系统，拓展优化系统涵盖的案件类型，实现信息的自动化抓取，与法院综合信息系统、执行指挥中心执行案件信息管理系统高效对接。与省非法金融活动信息监测平台相互比对，串联分析，为有效发现、精准处置“套路贷”、非法高利放贷及虚假诉讼提供信息化支撑。

7. 完善疑似职业放贷人名录制度。定期更新疑似职业放贷人名录，将其嵌入“套

路贷”虚假诉讼智能预警系统，为立案、审理、执行各环节检索排查提供有效预警。

8. 构建民间借贷矛盾纠纷多元化解机制。坚持创新发展新时代“枫桥经验”，坚持把非诉讼纠纷解决机制挺在前面，统筹推进一站式多元解纷、诉讼服务体系建设，完善诉讼与非诉讼对接机制，在严格落实防范与打击“套路贷”虚假诉讼工作要求的前提下，引导当事人申请商会、行业协会等调解组织调解，委托、邀请特邀调解组织和人员参与诉讼调解。

三、深化“一检索、二集中、三并案”办案模式，健全完善防范与打击工作机制

9. 坚持实行关联案件强制检索制度。依托“三大系统平台”和省非法金融活动信息监测平台，严格落实民间借贷案件强制检索制度规定，检索情况形成书面材料入卷。立案环节重点进行疑似职业放贷人和“套路贷”虚假诉讼智能预警系统强制检索；审理环节要对疑似职业放贷人、“套路贷”虚假诉讼智能预警系统以及关联案件进行再检索和排查，除检索当事人本人外，还应当检索提供资金人、介绍人、催款人、证人、委托代理人等主体所涉案件予以排查；执行环节要对进入执行程序的判决书、调解书、实现担保物权裁定、确认调解协议裁定、支付令、仲裁裁决、赋予强制执行效力的公证债权文书所涉相关主体案件进行再检索再排查。

10. 坚持民间借贷案件实行集中管辖。中级人民法院要加强对辖区法院民间借贷案件审判态势分析研判，发现关联案件由辖区内不同基层法院受理的，应当指定由同一基层法院集中管辖，其中原告住所地在辖区内的，指定至原告住所地法院集中管辖。

11. 坚持民间借贷案件集中审理。民间借贷案件应当集中由一个审判业务部门审理，不得适用速裁方式审理。人民法庭暂不审理民间借贷案件。

12. 坚持民间借贷案件并案审查。关联案件应当集中到同一个合议庭或同一独任法官审理。通过关联案件集中比对分析，强化综合审查判断，注重类型化深入剖析，甄别发现借贷“套路”手法。

四、严把立案、审理、执行“三大关口”，强化立审执协同配合机制

13. 强化风险警示告知。各级法院在诉讼服务大厅显著位置张贴警示宣传标识，在政务网站、官方微博、微信公众号等刊载风险告知书、宣传册等，明确告知“套路贷”、非法高利放贷及虚假诉讼的法律后果，教育引导当事人依法行使诉权、诚信诉讼。

14. 严格立案审查标准。严格执行立案登记制度。由专人负责民间借贷案件立案审

查工作。对疑似职业放贷人或“套路贷”虚假诉讼智能预警系统警示级别较高人员的案件，应当经立案部门主要负责人审查，符合立案条件的，重点标识移送审判业务部门组成合议庭审理。对网络借贷案件，严格按照省法院《关于在扫黑除恶专项斗争中打击与防范网络“套路贷”虚假诉讼工作指南》第5条要求，加强对原、被告的诉讼主体资格和约定管辖条款等事项的审查。

15. 加强对协议管辖的实质审查。对当事人协议选择与争议没有实际联系点的法院管辖或者径行到与争议没有实际联系点的法院立案的，告知原告向有管辖权的人民法院起诉。原告坚持要求立案的，裁定不予受理。对原告以债权转让凭证为依据提起民间借贷诉讼的，应当依据基础法律关系确定管辖法院。依据基础法律关系受让人住所地法院并非管辖法院，但受让人坚持依据债权转让协议约定在其住所地法院起诉的，裁定不予受理。强化对网络借贷案件约定管辖条款合法性、有效性的审查，杜绝不当受理出借人、借款人住所地均不在本辖区的案件。

16. 强化对调解协议申请司法确认的审查。对民间借贷纠纷达成调解协议申请司法确认的，严格按照民间借贷案件的集中审理要求进行实质性审查，坚决杜绝审查走过场、走形式，发现存在“套路贷”、非法高利放贷及虚假诉讼嫌疑的，一律不予司法确认。

17. 加强对重点案件的实质性审查。切实提高防范“套路贷”、非法高利放贷及虚假诉讼的警觉性，严格依照《最高人民法院关于审理民间借贷案件适用法律若干问题的规定》第十六条、第十八条、第十九条的规定以及省法院《关于在扫黑除恶专项斗争中打击与防范“套路贷”虚假诉讼工作指南》第4条、《关于在扫黑除恶专项斗争中打击与防范网络“套路贷”虚假诉讼工作指南》第6条规定，加大对包括借贷事实在内的相关事项的审查力度。对网络借贷案件，依照《最高人民法院关于民事诉讼证据的若干规定》第93条、第94条，加强对出借人和借款人用户注册信息、身份认证信息、电子交易记录等所涉电子数据证据的审查。

18. 正确理解与适用证据规则。准确理解和适用《最高人民法院关于审理民间借贷案件适用法律若干问题的规定》关于举证责任的规定，以及《最高人民法院关于民事诉讼证据的若干规定》，加强对借贷合意形成、款项交付及还款事实所涉证据的审查，强调运用逻辑推理和日常生活经验对证据进行综合审查判断，杜绝机械适用“谁主张谁举证”的证明规则，不得片面强调书证具有证据优势并以此为由认定借贷事实，不得仅仅依据表面证据进行裁判。

19. 强化当事人本人、证人到庭参加诉讼。民间借贷案件应当强化当事人本人到庭接受调查、质询，要求借贷双方对借贷合意形成过程、款项交付及还款等款项往来情况作出说明并提供证据。传票应当注明当事人本人到庭要求和拒不到庭的法律后果。其中当事人系自然人的，当事人本人应当到庭，其主张借贷事项系委托他人办理的，应当申请受托人出庭作证。当事人系法人或非法人组织的，应当说明具体经办人并申请具体经办人出庭作证。原告本人无正当理由拒不到庭，或者其申请出庭作证的受托人、具体经办人无正当理由未出庭，导致其主张事实的真伪无法判断的，原告应当承担不利的法律后果。当事人在接受询问前应当签署保证据实陈述的保证书并宣读保证书的内容，证人在作证前应当签署保证据实陈述的保证书并宣读保证书的内容。

20. 发挥庭审查明案件事实的实质功能。对于一审民间借贷案件，要落实开庭审理中原告、被告本人必须到庭参加诉讼，对证据进行充分举证质证，保障当事人充分陈述诉辩意见。在借贷真实性、借贷主体、借贷合意、款项交付、借款利息、款项归还等方面，充分发挥庭审查明案件事实功能，切实把好一审查明事实关。负有举证责任的原告无正当理由拒不到庭，经审查现有证据无法确认借贷行为、借贷金额、支付方式等案件主要事实的，人民法院对原告主张的事实不予认定。

21. 强化法院依职权调查取证。人民法院审理民间借贷案件时，发现有《最高人民法院关于审理民间借贷案件适用法律若干问题的规定》第十九条规定情形之一的，要加大依职权调查取证力度，查明借款发生的原因、时间、地点、款项来源、交付方式、款项流向，以及借贷双方之间的关系、经济状况等事实，综合判断是否属于虚假民事诉讼。

22. 依法审慎认定被告“自认”借贷事实。被告对原告主张的借贷事实不作任何抗辩予以认可的，人民法院不宜直接认定借贷关系成立。尤其是在证据完备但不符合常理以及当事人确认的借贷事实明显存在疑点情况下，应当严格审查借贷发生的原因、时间、地点、款项来源、交付方式、款项流向以及借贷双方的关系、经济状况等事实，并重点审查是否存在借贷“套路”，防止当事人通过虚假诉讼损害第三人合法权益，避免“套路贷”违法犯罪分子通过诉讼实现非法利益。

23. 强化对各类执行依据的审查。执行程序中，发现作为执行依据的生效裁判文书或者影响案件执行的另案生效裁判文书属“套路贷”虚假诉讼，或发现非法高利放贷存在非法经营犯罪等刑事犯罪嫌疑的，中止执行程序，生效裁判文书交由相关审判业务部门审查，对于以仲裁裁决、赋予强制执行效力的公证债权文书为执行依据申请执行的民间借贷案件，切实加强对执行依据所涉借贷事实的审查，存在“套路贷”虚假诉讼嫌疑或非法高利放贷涉嫌非法经营犯罪等刑事犯罪的，一律裁定不予执行。

24. 健全审判监督纠错机制。对于发现的“套路贷”虚假诉讼案件、非法高利放贷涉嫌非法经营犯罪等刑事犯罪的案件，及时启动审判监督程序予以纠正，坚决杜绝以尚未经过刑事程序认定为由不予纠错。对于已经被公安机关立案侦查的涉嫌“套路贷”犯罪嫌疑人及关联主体所涉及的全部民间借贷等案件，及时启动审判监督程序立案复查，确有错误的依法纠正。对已经被生效刑事裁判认定的“套路贷”违法犯罪分子所涉及的全部民间借贷等案件，立即启动审判监督程序，其中借贷相关行为被生效刑事裁判认定为犯罪事实的案件，依法启动再审撤销原生效裁判，驳回原告起诉；借贷相关行为未被生效刑事裁判作为犯罪事实认定的案件，经立案复查生效判决、裁定、调解书确有错误的，及时依法纠正。对检察机关抗诉或提出再审检察建议的“套路贷”、非法高利放贷及虚假诉讼案件，及时启动审判监督程序，依法纠错，并对其关联的所有民间借贷等案件同步进行复查。

25. 完善执行纠错工作机制。对于已启动审判监督程序复查的涉嫌“套路贷”虚假诉讼案件，未执行完毕的，一律中止执行。已移送公安机关的，当事人申请解除财产保全措施的，暂不予准许，待公安机关刑事程序结案确定。已执行完毕或执行到位的，通过刑事案件的追赃挽损途径依法处理。

五、健全完善“套路贷”、非法高利放贷及虚假诉讼联动处置机制

26. 规范“套路贷”虚假诉讼案件移送管理机制。对于涉嫌“套路贷”虚假诉讼等犯罪的案件，依照《最高人民法院关于审理经济纠纷案件中涉及经济犯罪嫌疑若干问题的规定》，裁定驳回起诉，并依照省法院、省检察院、省公安厅联合下发的《关于建立健全严厉打击“套路贷”违法犯罪沟通协调机制的意见》，将涉嫌犯罪的线索、材料通过各级法院扫黑办、非法金融活动信息监测平台线下、线上同步移送有管辖权的公安机关，并同时抄送检察机关，有关情况及时报告纪委监委、政法委。

27. 依法受理移送后未受到刑事追究的民间借贷案件原告重新起诉案件。对于移送公安机关的案件，公安机关不予立案，或者立案侦查后撤销案件，或者检察机关作出不起诉决定，或者经人民法院生效判决认定不构成犯罪，当事人又以同一事实向人民法院提起诉讼的，人民法院应予受理。

28. 正确把握“套路贷”、非法高利放贷及虚假诉讼民刑交叉案件的程序处理。对于实际年利率超过国家有关规定的非法放贷行为，情节严重，达到“两高两部”《关于办理非法放贷刑事案件若干问题的意见》规定的非法经营犯罪定罪标准的，依照《最高人民法院关于审理经济纠纷案件中涉及经济犯罪嫌疑若干问题的规定》，裁定驳回起诉，将涉嫌犯罪的线索、材料按照本意见第 26 条的规定移送。对于涉嫌非法讨债等其他违法犯罪，未达到非法经营犯罪等刑事犯罪定罪标准的放贷行为、未达到刑事犯罪定罪标准的虚假诉讼违法行为，相关民事案件继续审理，同时将涉嫌犯罪的线索、材

料移送有管辖权的公安机关。

29. 依法严惩“套路贷”、非法高利放贷及虚假诉讼等刑事犯罪行为。正确把握“套路贷”、非法高利放贷及虚假诉讼等刑事犯罪的法律标准，坚持依法从严惩处，严把刑事案件事实关、证据关、程序关和法律适用关，确保把每一起“套路贷”、非法高利放贷及虚假诉讼案件办成铁案。对于符合黑社会性质组织、恶势力犯罪集团认定标准的，应当按照组织、领导、参加黑社会性质组织或者恶势力犯罪集团审判，有效运用财产刑，铲除犯罪经济基础。

30. 坚决打击未达刑事犯罪标准的非法金融活动。对于未构成“套路贷”犯罪、非法经营犯罪等刑事犯罪定罪标准的放贷行为，依照《全国法院民商事审判工作会议纪要》第五十二条、第五十三条规定以及省法院关于建立疑似职业放贷人名录制度的规定严格审查，出借人的行为属于非法放贷、高利转贷的，依法否定借贷合同效力，出借人主张借款人返还借款本金的，应予支持，出借人要求借款人按照借贷合同约定支付利息、违约金或者其他费用的，不予支持。

31. 强化对妨碍诉讼行为的民事制裁措施。在民间借贷案件审理中，发现诉讼参与人或其他人存在虚假陈述，篡改、伪造、毁灭证据，阻碍证人作证，指使证人作伪证等妨害民事诉讼行为的，应当依照《中华人民共和国民事诉讼法》《最高人民法院关于适用〈中华人民共和国民事诉讼法〉的解释》《最高人民法院关于民事诉讼证据的若干规定》的相关规定，依法予以罚款、拘留；涉嫌犯罪的，应当及时将相关线索、材料移送公安机关。

32. 严格执纪问责。落实“一案双查”工作机制，发现法院干警参与“套路贷”虚假诉讼等违法犯罪行为、充当“套路贷”违法犯罪分子“保护伞”、编织关系网或者存在其他违纪违法情形的，坚决依纪依法处理。

33. 强化对其他法律从业人员的司法监督。发现律师、基层法律服务工作者、公证人员、仲裁机构人员及相关机构制造、参与“套路贷”、非法高利放贷及虚假诉讼等违法违规行为的，及时通报司法行政机关并提出处理建议，涉嫌犯罪的，及时将线索移送公安、监察机关。

六、推动建立“套路贷”、非法高利放贷及虚假诉讼综合治理机制

34. 落实“套路贷”、非法高利放贷及虚假诉讼协同治理机制。主动接受监督，及时向党委、纪委监委、政法委报告专项治理工作。加强与非法金融活动治理协作单位的沟通配合，形成打击工作合力，综合系统整治“套路贷”、非法高利放贷及虚假诉讼等违法犯罪行为。加强与公安机关、检察机关的沟通对接，健全问题线索双向移送反

馈机制，就“套路贷”、非法高利放贷及虚假诉讼认定问题及时推动沟通协调，加强研判会商。

35. 加强与金融监管部门的协调联动机制。对于发现的非法放贷、高利转贷等非法金融活动，将相关线索、材料移送金融监管部门，并及时提出司法建议。深化与金融监管部门的对接，构建信息共享和金融风险防范化解会商机制，共同研判各类金融活动、金融业态的法律性质，促进非法金融活动治理体系的健全与完善，有效防范化解金融风险。

36. 加强宣传引导营造舆论氛围。充分运用各类媒介载体，积极宣传人民法院打击“套路贷”、非法高利放贷及虚假诉讼等违法犯罪的鲜明立场及取得成效，大力宣传人民法院打击“套路贷”、非法高利放贷及虚假诉讼典型案例，震慑“套路贷”违法犯罪分子，营造诚信守法氛围，提高全社会对“套路贷”、非法高利放贷及虚假诉讼等违法犯罪的警惕性和识别力，引导人民群众对“套路贷”、非法高利放贷等非法金融活动不参与、能识别、敢揭发。

江苏省高级人民法院、江苏省人民检察院和江苏省公安厅《关于建立健全严厉打击"套路贷"违法犯罪沟通协调机制的意见》

为加强全省民间借贷案件的审查甄别，依法惩处"套路贷"违法犯罪，推动"扫黑除恶"专项斗争深入开展，维护金融秩序和社会稳定，江苏省高级人民法院、江苏省人民检察院和江苏省公安厅共同制定了《关于建立健全严厉打击"套路贷"违法犯罪沟通协调机制的意见》。

民间借贷拓宽了市场主体融资渠道，一定程度上解决了部分社会融资需求，促进了多层次信贷市场的形成和发展，对民间借贷应当依法予以保护。但是，当前假借民间借贷之名，通过实施"套路贷"非法占有被害人财物的违法犯罪活动日益猖獗，严重侵害了人民群众人身财产安全，扰乱了金融市场秩序，影响了社会稳定。为加强全省民间借贷案件的审查甄别，依法惩处"套路贷"违法犯罪，推动"扫黑除恶"专项斗争深入开展，维护金融秩序和社会稳定，根据最高人民法院、最高人民检察院、公安部、司法部《关于办理"套路贷"刑事案件若干问题的意见》的规定，结合工作实际，制定如下意见。

一、准确把握"套路贷"与民间借贷、"高利贷"、非法讨债的界限

（一）"套路贷"是出借人假借民间借贷之名，通过诱使或迫使被害人签订金额虚高"借贷"协议、虚增借贷金额、恶意制造违约、肆意认定违约、隐匿还款证据等方式形成虚假债权债务，并借助诉讼、仲裁、公证或者采用暴力、威胁以及其他手段非法占有他人财物的违法犯罪活动。

（二）民间借贷是平等主体的当事人之间基于真实意愿的直接资金融通行为，出借人出借款项的目的是到期按照协议约定收回本金并获取利息收益。"高利贷"是民间借贷中出借人以获取超过法定利率红线的高额利息为目的而出借款项的行为。

（三）民间借贷、"高利贷"与"套路贷"有着本质区别。民间借贷、"高利贷"中的债权债务关系基于当事人意思自治而形成，借款人在签订借贷合同时对借款本金之外的利息部分金额是明知的，出借人不具有通过"套路"非法占有他人财物的目的。

（四）“套路贷”违法犯罪往往存在非法讨债情形，但仅存在非法讨债情形，出借人不具有非法占有目的，也未使用“套路”与借款人形成虚假债权债务的，不应视为“套路贷”。

（五）司法实践中，“套路贷”违法犯罪常见“套路”包括但不限于以下情形：

1. 签订金额虚高的“借贷”协议

（1）放贷人以“小额贷款公司”“投资公司”“咨询公司”“担保公司”“网络借贷平台”等名义对外宣传，以低息、无抵押、无担保、快速放款为诱饵，继而以“保证金”“行规”等虚假理由诱使借款人基于错误认识签订金额虚高的“借贷”协议。

（2）放贷人利用借款人急需资金周转，诱使或迫使借款人在空白借款合同上签字，或者签订“阴阳合同”，或者一笔借款出具多份借条，从而形成金额虚高的“借贷”协议。

（3）放贷人以借款人先前借贷构成违约为由，迫使借款人在重新借款时签订金额虚高的“借贷”协议。

（4）放贷人出借款项时不与借款人签订借款合同或要求借款人出具借条，而与借款人签订其他合同，如买卖合同、租赁合同等，再由借款人出具金额虚高的欠条。

2. 制造资金虚假给付事实

（1）放贷人制造已将全部借款交付借款人的银行流水痕迹，随后采取各种方式将全部或部分资金收回。

（2）放贷人出借款项未实际交付，但通过迫使借款人出具收条、让借款人捧着现金拍照等方式制造款项以现金交付的假象。

（3）放贷人将出借款项交付借款人后，又迫使借款人将款项交付放贷人的关联关系人，而借款人与放贷人的关联关系人并无债权债务关系。

3. 恶意垒高“债务”数额

（1）放贷人在借款人还款后不出具凭证、不归还借据，并以借据再次主张“权利”。

（2）放贷人在借款人归还部分款项后，迫使借款人重新签订“借贷”协议或者出具“借条”，但对已归还款项不予扣除。

（3）放贷人在借款人无力偿还“借款”时，安排关联关系人为借款人“偿还借款”，继而与借款人签订金额更大的“借贷”协议。

（4）放贷人故意设置违约陷阱、制造还款障碍，恶意制造借款人违约，或者通过肆意认定违约，收取高额违约金。

4.“套路”第三人承担“还款”责任

（1）放贷人明知是建设工程实际施工人的个人虚高债务，但通过制造“表见代理”

“表见代表”假象，将“债务”恶意转嫁给有关建筑企业。

（2）放贷人明知是企业分公司负责人的个人虚高债务，但通过诱使或迫使借款人在“借贷”协议上加盖分公司印章等方式，将“债务”恶意转嫁给企业。

（3）放贷人在借款人无力偿还“借款”时，安排关联关系人提供“过桥资金”为借款人“偿还借款”，并诱使或迫使借款人让他人为“过桥资金”提供担保，将“债务”恶意转嫁给担保人。

5. 通过各种方式非法讨债

（1）放贷人以暴力或者“软暴力”方式向借款人或者借款人的特定关系人讨债。

（2）放贷人通过虚假诉讼方式讨债。这类“诉讼”往往表现为原告非实际出借人、借款人被放贷人控制而不作抗辩、表面证据完备等特点。

二、加强对民间借贷案件的审查甄别

（一）“套路贷”通常披着民间借贷外衣，作案手法隐蔽，事实难以认定。人民法院审理民间借贷案件，要切实提高对“套路贷”违法犯罪的警觉，加强对民间借贷案件的审查甄别，坚决防范违法犯罪分子利用诉讼程序将非法利益合法化。对存在下列情形的案件，要重点审查甄别：

1. 原告为疑似职业放贷人或其实际控制的关联关系人的；

2. 原告系从疑似职业放贷人或其实际控制的关联关系人处受让债权的；

3. 原告未起诉借款人而向他人（如案涉借款担保人）主张权利的；

4. 原告本人无正当理由拒不到庭应诉的；

5. 被告下落不明或未应诉的；

6. 被告对原告诉讼请求予以认可或未做抗辩的；

7. 被告抗辩原告非实际出借人或出借款项未实际交付或已归还出借款项的；

8. 借贷合同为统一格式的；

9. 原告提供的证据虽完备，但不符合常理的；

10. 原告主张出借款项以现金交付，数额超过5万元的；

11. 款项出借或本息归还存在指示交付或委托交付情形的；

12. 其他可能影响债权合法性、真实性判断的情形。

（二）人民法院在民间借贷案件审查甄别过程中，要加强关联案件查询，必要时传唤当事人本人到庭接受询问，原告本人无正当理由拒不到庭的，可以驳回其诉讼请求。要加大对借贷事实和证据的审查力度，严格审查借贷发生的原因、时间、地点、款项来源、交付方式、款项流向、还款情况以及原告经济状况、当事人关系、当事人财产变动、交易习惯等事实，综合判断借贷的真实情况。要准确理解和适用《最高人民法院关于审理民间借贷案件适用法律若干问题的规定》关于举证责任的规定，在法官对借贷合法性、真实性产生合理怀疑的情况下，要加大原告的举证责任。要加强人民法院依职权调查取证，尽可能查明案件事实。

（三）人民法院经审查，发现民间借贷行为本身涉嫌“套路贷”刑事犯罪的，应当按照《最高人民法院关于在审理经济纠纷案件中涉及经济犯罪嫌疑若干问题的规定》《最高人民法院关于审理民间借贷案件适用法律若干问题的规定》，裁定驳回起诉，并及时将涉嫌犯罪的线索、材料移送同级公安机关。对已按普通民间借贷案件作出生效裁判后，借贷行为被认定构成“套路贷”刑事犯罪的，人民法院应当及时通过审判监督程序予以纠正。

（四）人民法院经审查，发现民间借贷存在非法讨债行为，但民间借贷行为本身不涉嫌犯罪的，应当继续审理。非法讨债行为涉嫌犯罪的，人民法院应当及时将相关线索、材料移送同级公安机关。

（五）人民法院经审查，发现属于虚假诉讼的，按照《最高人民法院关于审理民间借贷案件适用法律若干问题的规定》第二十条处理。

（六）对于不涉及“套路贷”和虚假诉讼的民间借贷案件，人民法院在审理过程中，要从严掌握法定利率红线，对存在“利滚利”“砍头息”以及以管理费、咨询费、服务费、延期费、保证金、违约金等为名突破法定利率红线情形的，要依法准确认定借款本金数额和高额利息扣收事实，正确认定合同效力。

三、建立疑似职业放贷人名录制度，实现信息共享

（一）各基层人民法院要根据自身实际，建立疑似职业放贷人名录制度，加强对疑似职业放贷人或其实际控制的关联关系人起诉的民间借贷案件的审查。

（二）各基层人民法院确定疑似职业放贷人名录后，应经中级人民法院汇总后报至省高级人民法院，同时抄送当地检察机关、公安机关和金融监管部门。疑似职业放贷人名录中有公职人员的，应当抄送当地纪检监察机关和当事人所在单位。

（三）疑似职业放贷人名录实行动态管理，每年更新一次。

（四）疑似职业放贷人名录仅供人民法院及相关协作单位内部掌握，不对外公示。

四、建立健全办案沟通协作机制，形成工作合力

（一）对于人民法院移送的有明确线索的涉嫌“套路贷”刑事犯罪案件，公安机关应当在三十日内作出立案或者不立案决定，并反馈移送法院。不予立案的，应当在

作出不立案决定之日起七日内，以书面形式向移送法院说明不立案理由。

（二）人民法院向公安机关移送涉嫌“套路贷”刑事犯罪案件，应同时将移送函抄送同级人民检察院。公安机关对移送案件应当立案而不予立案的，人民检察院应当通知公安机关立案，并将监督情况反馈移送法院。

（三）公安机关在办理刑事案件过程中，发现相关联的民间借贷案件已经作出生效民事裁判的，要及时将刑事案件办理情况告知相关人民法院。人民法院应当依法及时予以处理，并在三十日内反馈至公安机关。

（四）人民检察院经审查认为民间借贷案件涉嫌“套路贷”刑事犯罪，可能导致原审裁判、调解或者执行错误的，应当依法提请上级人民检察院抗诉或者向同级人民法院提出检察建议，人民法院应当依法及时处理。

来源：江苏省高级人民法院

江苏省高级人民法院印发《关于加强金融审判维护金融安全的指导意见》的通知

（苏高法〔2019〕351号）

各市中级人民法院、南京海事法院、各基层人民法院、本院各部门：

为贯彻落实中央、省委关于扎实做好"六稳"工作，坚决打赢防范化解重大金融风险攻坚战的决策部署，充分发挥人民法院金融审判职能作用，维护金融安全，优化营商环境，省法院研究制定了《关于加强金融审判维护金融安全的指导意见》。现予以印发，请结合本地实际，抓好贯彻落实。执行中遇到的问题，及时层报省法院。

关于加强金融审判维护金融安全的指导意见

为贯彻落实中央、省委关于扎实做好"六稳"工作，坚决打赢防范化解重大金融风险攻坚战的决策部署，充分发挥人民法院金融审判职能作用，维护金融安全，促进金融健康发展，优化营商环境，为建设"强富美高"新江苏、推动高质量发展走在前列提供有力司法保障，根据法律、司法解释的有关规定，结合江苏法院工作实际，制定本指导意见。

一、切实增强发挥金融审判职能维护金融安全的责任感使命感

金融是国家重要的核心竞争力，金融安全是国家安全的重要组成部分。人民法院审判工作对于维护金融秩序，防范和化解金融风险，维护国家金融安全具有不可替代的重要作用。全省各级法院要认真学习党的十九大，十九届二中、三中、四中全会，中央经济工作会议精神，切实把思想和行动统一到以习近平同志为核心的党中央对金融工作的形势判断和决策部署上来，不断增强责任感、使命感，紧紧围绕服务实体经济、防控金融风险、深化金融改革三项任务，把加强金融审判纳入人民法院民商事审判的工作重点，妥善审理各类金融案件，努力提升金融审判能力水平，充分发挥金融审判职能作用，以更大力度和务实举措保障全省金融持续稳定健康发展。

二、准确把握做好金融审判工作的基本原则

1. 依法保障国家金融安全原则。金融审判工作必须服从和服务于防范和化解金融风险的党和国家工作大局，将法律规则的运用与中央监管政策目标的实现相结合，将个案风险化解与国家经济政策、金融市场监管和社会影响等因素相结合，本着防范金融风险、维护金融稳定和安全的宗旨，依法公正审理各类金融案件，妥善防范和化解金融风险，为国家经济秩序稳定和金融安全提供有力司法服务和保障。

2. 依法促进金融服务实体经济原则。金融是实体经济的血脉，为实体经济服务是金融的宗旨。金融审判工作要坚持以促进金融服务实体经济发展为出发点，积极引导金融发展同经济社会发展相协调，降低实体经济融资成本，引导资金“脱虚向实”，把更多金融资源配置到经济社会发展的重点领域和薄弱环节，更好地满足人民群众和实体经济多样化的金融需求。

3. 依法服务金融供给侧结构性改革大局原则。以服务保障金融供给侧结构性改革为目标，不断提升司法技能，为优化金融供给结构，实现经济高质量发展需求与金融供给的精准匹配创造良好的司法环境。

4. 依法公正审理金融案件原则。要把金融监管规定作为认定金融行为性质和效力的重要考量，对金融机构违反金融监管规定、损害社会公共利益的行为，依法否定其法律效力。要树立“穿透式”审判思维，在准确揭示交易模式的基础上，探究当事人真实交易目的；对以金融创新为名规避金融监管、进行制度套利、掩盖金融风险的违法违规行为，依法给予否定评价。通过依法公正裁判，维护国家金融秩序。

5. 合理平衡金融机构与企业债务人、金融消费者之间的利益关系原则。合理平衡金融机构与债务企业的利益关系，在维护金融机构合法权益的前提下，对符合产业发展导向、有市场发展前景但暂时经营困难的企业，在案件审理中加强协调、和解工作，促进化解债务风险。合理平衡金融机构与金融消费者的利益关系，既充分考虑金融消费者与金融机构在诉讼能力上的差异，维护金融消费者合法权益，又引导金融消费者增强投资风险意识，保障金融机构正当权益。

6. 坚持纠纷多元化解原则。金融纠纷，特别是一些涉众型金融纠纷，涉及人数众多、标的额巨大、发行和交易方式复杂、责任主体多元、影响范围广，与社会稳定息息相关。必须紧紧依靠党委领导，积极争取政府支持，进一步加强与金融监管部门的沟通，建立健全专业高效、有机衔接、便捷利民的纠纷多元化解机制，协调诉讼、调解、委托调解、破产重整、和解、清算等多种救济手段之间的关系。

三、统一裁判尺度，促进金融领域重点任务落实

7. 依法惩治金融犯罪活动。充分发挥刑事审判职能，依法惩治金融领域的犯罪行为。依法审理贷款、票据、信用证、信用卡、有价证券、保险等金融诈骗案件，加大对操纵市场、内幕交易、虚假披露等行为的刑事打击力度，依法惩治集资诈骗、非法吸收公众存款等经济犯罪行为，严厉打击以“套路贷”为犯罪手段的黑社会性质组织犯罪及其他暴力犯罪，维护金融秩序和人民群众财产安全。

8. 坚决打击“套路贷”等非法金融活动。认真贯彻落实中央、省委决策部署，把打击“套路贷”等非法金融活动和虚假诉讼违法犯罪作为开展扫黑除恶专项斗争的重要内容，扎实部署推进。建立健全审查甄别工作机制，在立案、审理、执行各环节，加强民间借贷等案件涉“套路贷”等非法金融活动和虚假诉讼违法犯罪的审查甄别，严格依法处理。涉嫌构成犯罪的，及时将线索移送公安机关。对虽然违法但未构成犯罪的，在依法认定合同无效的同时，加大民事制裁力度。紧盯“套路贷”等非法金融活动和虚假诉讼违法犯罪专项治理目标任务，着力长效机制建设，全力防范和打击“套路贷”等非法金融活动和虚假诉讼违法犯罪，彻底截断不法分子利用虚假诉讼掩盖“套路贷”、实现非法利益通道。

9. 依法妥善化解重点领域信用风险引发的纠纷。按照市场化、法治化原则，积极支持党委、政府协调处置涉诉大型企业债务风险化解工作。对主业经营良好，暂时出现资金链紧张的企业因债务涉诉的，要加大案件调解力度，努力促成企业通过争取履行债务延展期等方式，为企业实现自救创造条件。依法妥善审理和执行因企业互联互保引发的纠纷，强化主债务人的还款责任，加强调解、和解工作。妥善处理上市公司股票质押纠纷，研究探索新型的大宗股票司法协助执行方式，着力解决大宗股票处置普遍存在的成交率不高、处置价格偏低、股价大幅波动等问题，减少大宗股票处置对证券市场的负面影响。密切关注房地产、基建企业及地方政府债务纠纷可能引发的系统性风险，配合有关部门做好重点领域、重点地区债务风险缓释工作，对信贷资金违规流入房地产市场等违反金融宏观调控政策行为，依法否定其法律效力。

10. 依法妥善化解高风险中小法人金融机构风险。按照“一地一策、一行一策”原则，配合地方政府及有关部门共同推进化解处置高风险中小法人金融机构风险。加大金融债权案件财产保全力度，优化审查程序，及时采取措施，提高保全效果。加大金融债权案件执行力度，加强对被执行财产的查控和处置。对债务人为规避执行与关联关系人签订虚假资产转让合同、虚假长期租赁合同的，依法否定合同效力，涤除相关权利负担。对债务人采取“弃企逃债”“金蝉脱壳”等方式逃废金融债权的，迅速

采取“查冻扣”等措施，有效控制债务企业财产和财务账册。对于债务人以“假破产，真逃债”方式逃废金融债权的，依法不予受理破产申请。

11. 积极推动互联网金融风险整治工作。配合相关部门做好互联网金融尤其是P2P网贷风险处置工作。准确区分网络“套路贷”违法犯罪与合规的网络借贷活动，依法惩治网络“套路贷”违法犯罪，对网络平台存在其他违规经营的，及时向监管部门移送案件有关线索、材料或提出司法建议。

12. 依法妥善审理涉交易场所案件。重点关注大宗商品类、邮币卡类、金融资产类交易场所合规风险，对未经许可或者超越经营许可范围开展的违法违规交易行为，依法否定其法律效力。加强涉交易场所案件的行政处置工作与司法审判工作的衔接，有效防范区域性金融风险。

13. 依法规制金融借贷高利行为。严格把握金融借款纠纷中的利率边界，对金融机构不提供相应服务，却以服务费、咨询费、顾问费、管理费等名义主张相关费用的，依法不予支持。

14. 依法审理融资性合同纠纷案件。依法保护融资租赁、保理、保兑仓交易等金融资本与实体经济相结合的融资模式，支持金融资本服务实体经济。同时，要注意对名实不符情形的审查，对于当事人之间通过融资租赁、保理、保兑仓交易等形式掩盖借款实质的，应按照借款合同关系进行处理，防止当事人违法违规变相获取高额利息。

15. 依法审理金融产品投资引发的纠纷案件。在审理发行人、销售者和服务提供者（统称卖方机构）与金融消费者之间因销售各类高风险等级金融产品，以及为金融消费者参与高风险等级投资活动提供服务而引发的民事案件中，要将卖方机构是否履行适当性义务，金融消费者是否充分了解相关金融产品和投资风险并在此基础上形成自主决定，作为应当查明的案件基本事实，正确分配举证责任、确定责任主体，依法保护金融消费者合法权益，规范卖方机构经营行为。

16. 依法审理场外配资合同纠纷案件。融资融券属于国家特许经营的金融业务，属于只有证券公司才能依法开展的融资活动。对除依法取得融资融券资格的证券公司与客户开展的融资融券业务外，对其他任何单位或者个人与用资人的场外配资合同，应依法否定其法律效力。

17. 依法审理债券纠纷案件。坚持“卖者尽责、买者自负”原则，依法公正审理公司债券、企业债券、非金融企业债务融资工具的发行和交易所引发的合同、侵权和破产民商事案件。审理中，要注意坚持保障国家金融安全原则，注意统一适用法律标准认定各方权利、义务和责任，注意企业拯救、市场出清和维护社会稳定并重，促进债券市场平稳、有序健康发展。

18. 依法审理票据纠纷案件。坚持金融“回归本源”重要原则，对票据纠纷案件审理中发现的实施规避监管、违规套利行为，主张票据权利的，依法不予支持。

19. 依法审理保险合同纠纷案件。正确认识保险本质，对以保险为名从事其他违反金融监管规定的活动，要依法否定行为效力。坚持保护保险消费者合法权益基本理念，严格审查保险人履行义务是否适当，强化对投保人、被保险人利益保护。坚持损失补偿基本原则，合理认定被保险人损失，避免司法过度保护。加大对保险欺诈行为打击力度，对可能存在通过违反如实告知义务、故意制造保险事故、编造车辆维修资料等形式恶意骗保的，要加大审查力度，切实防范道德风险。

四、延伸审判职能，完善化解金融风险体制机制建设

20. 建立健全化解金融风险联动机制。定期开展金融审判运行态势分析，着力抓好普遍性、突出性、趋势性问题的研判，及时提出司法建议，为党委、政府提供决策参考。定期开展金融案件风险隐患排查摸底，对存在重大不稳定因素的金融案件，做好工作预案，积极争取党委、政府及有关方面的支持，确保得到依法稳妥处置。建立健全与金融监管部门的联席会议制度，定期交流工作情况，共同研究防范化解金融风险的对策措施。就打击非法放贷，健全完善与公安机关、检察机关、金融监管部门、市场监管部门的协作机制，推进数据信息共享，进一步形成工作合力。

21. 加强司法建议工作。注重发挥司法建议对金融风险防范的重要作用，案件审理中发现金融监管部门、金融机构在管理、经营等方面存在薄弱环节的，要及时发出司法建议，提示风险，提出建议，帮助堵塞管理漏洞，防范化解风险隐患。

22. 加大金融审判宣传力度。全省各级法院要积极借助各类新闻媒介，通过召开新闻发布会、组织专题报道、发布白皮书、公布典型案例等形式，广泛宣传人民法院金融审判工作取得的成效，教育、引导全社会增强诚信守法和风险防范意识。

23. 推进金融纠纷多元化解。要更加主动融入党委领导的社会治理体系，与金融监管部门、行业协会、调解组织加强协作配合，推动矛盾化解从终端解决向源头防控延伸。深入推进矛盾纠纷源头治理机制建设，广泛吸收各方解纷力量，建立多途径、多层次、多种类的金融纠纷解决渠道。健全诉讼与非诉讼衔接机制，促进非诉解决机制与审判执行工作的顺畅衔接和高效流转。持续推进金融纠纷“分调裁审”改革，推动金融纠纷调解组织建设，探索建立金融纠纷调解工作室，组建金融速裁快审团队，强化多元解纷实体化运作功能，不断提高金融纠纷解决能力和水平。

24. 落实金融案件繁简分流机制。遵循司法审判工作规律，科学制定金融类纠纷简单案件与复杂案件的区分标准和分流规则，实现“简案快审、繁案精审”。加快速裁团

队建设、繁简程序衔接、速裁绩效考核、信息化支撑保障等配套机制建设。在金融案件审理中，有针对性地探索提高送达质量和效率的工作机制，积极借助基层组织力量开展直接送达，积极探索电子邮件、短信、微信等电子送达方式。进一步完善要素式金融审判方式，加快推行“要素式庭审+要素式审理报告+要素式裁判文书”模式，提高金融案件审判效率。

25. 探索涉众型证券民事案件审理机制。探索涉众型证券民事案件代表人诉讼制度，改变“一案一立、分别审理”的局面。探索涉众型证券民事案件示范判决机制，选取在事实认定和法律适用方面具有典型性、代表性的案件，先行审理，先行判决，其余案件委托专业机构调解，推动系列纠纷整体高效化解。

26. 加强金融审判专业化建设。加快建立专业化的金融审判庭室或金融审判团队。建立金融审判专家咨询库，推动建立金融专家陪审制度，提升金融审判专业化水平。与金融监管部门、金融机构、高等院校、科研院所定期开展业务交流、联合培训，努力造就一支既懂法律，又懂金融的高素质金融审判队伍。

27. 完善金融审判监督指导机制。加强上下级法院的沟通协调，切实落实重大敏感金融案件层报机制。对涉及省内大型企业、上市公司、高风险中小法人金融机构、金融控股集团的案件，具有涉众型特征的互联网金融、地方交易场所、证券虚假陈述类案件以及其他具有重大影响、社会广泛关注的金融案件，各级法院应及时将有关案件情况报告上一级法院金融审判部门。上级法院要指导受诉法院做好依法办理、舆论引导、社会面管控等工作。

来源：江苏省高级人民法院

全省法院专项治理“套路贷”虚假诉讼

为了从源头上系统治理害人害己的“套路贷”违法犯罪行为，推动扫黑除恶专项斗争深入开展，江苏省高级法院党组研究决定，近日起在全省法院开展“套路贷”虚假诉讼专项治理工作。这是一项针对性极强的具体业务，也是一项重要性鲜明的政治任务！希望各级法院不折不扣把省高院党组的部署贯彻实施到位。

为从源头上系统治理“套路贷”违法犯罪，推动扫黑除恶专项斗争深入开展，近日，省法院党组研究决定，在全省法院开展“套路贷”虚假诉讼专项治理工作。

近年来，全省法院每年新收民间借贷案件数量一直居于各类民事案件首位，占新收民事案件总数的近 20%。民间借贷中存在的“套路贷”、非法放贷、高利贷及其伴生的虚假诉讼等问题，不仅妨害金融秩序和社会稳定，也严重损害了诉讼秩序和司法公信力。一些违法犯罪分子为实现自身非法利益，各种“套路”花样翻新，制造所谓“证据链条”，甚至拉拢、腐蚀、围猎法官，民间借贷案件事实认定难、发改率高、廉政风险大。

开展专项治理工作的总体目标是：到 2019 年底，对 2016 年以来全省法院“套路贷”虚假诉讼案件进一步排查纠正，“套路贷”虚假诉讼甄别机制全面建立，全省法院新发生“套路贷”虚假诉讼案件和相关群众举报投诉数量大幅度下降；到明年底，“套路贷”虚假诉讼源头治理机制基本形成，“套路贷”虚假诉讼得到根本遏制，新收一审民间借贷案件数量较大幅度下降，群众满意度明显提升。

开展专项治理工作的主要任务是进一步排查纠正“套路贷”虚假诉讼。全省各级法院要对 2016 年 1 月至 2019 年 6 月已经审结的民间借贷案件组织开展“回头看”，进一步排查纠正“套路贷”虚假诉讼。重点通过梳理研判下列线索排查“套路贷”虚假诉讼案件：一是疑似职业放贷人名录；二是公安机关已经查处的“套路贷”违法犯罪案件；三是关联案件查询；四是当事人申诉、申请再审和群众的举报投诉。

对于排查梳理出的案件，明确专门审判业务部门负责复查，关联案件集中在一个合议庭复查。对案件事实、证据、程序、法律适用等进行全面细致的审查，并逐案填写案件复查表，必要时，对当事人进行回访。

对经审查确属“套路贷”虚假诉讼的，依法启动审判监督程序，裁定驳回起诉，并依照省法院、省检察院、省公安厅《关于建立健全严厉打击“套路贷”违法犯罪沟通协调机制的意见》规定，及时将涉嫌犯罪的线索、材料移送公安机关。

对经审查确属“套路贷”虚假诉讼但案件已经进入执行程序的，在启动审判监督程序后，执行案件中止执行。经过审判监督程序驳回起诉的，裁定驳回执行申请；已经执行的部分，依法收缴放贷人实际支出的“借款本金”，放贷人所得收益通过执行回转程序予以处理。

发现法律服务、公证机构人员制造、参与“套路贷”虚假诉讼的，要及时向司法行政机关提出处理建议；涉嫌犯罪的，及时将线索移送侦查机关。

加强“套路贷”虚假诉讼源头治理。省法院积极会同省有关部门共同建立协助监管和执法的“非法金融活动信息监测平台”，及时提供有关民间借贷诉讼、裁判、执行信息及疑似职业放贷人名录。平台建成后，抓好在全省法院的推广运用，切实发挥平台有效发现、精准处置“套路贷”违法犯罪的信息支撑作用。

全省各级法院还将着力完善疑似职业放贷人名录制度等甄别机制。改进民间借贷案件审理方式。建立民间借贷关联案件由同一合议庭审理的工作机制，对重点案件实行人案联查、部门联查、上下联查，院庭长加强跟踪督办。

来源：《江苏法制报》

记者：苏法轩

黑恶分子“套路贷”获利、非法采矿破坏环境！徐州检察机关出手了

徐州检察机关“民刑并举”，扫黑除恶专项斗争1+1>2

在扫黑除恶专项斗争中，徐州市检察机关综合运用诉讼监督、公益诉讼、移送犯罪线索等多种监督手段，建立全方位多维度立体化工作体系，对套路贷实行精准打击。在追究其刑事责任的同时，通过民事法监督手段，追偿非法财产。

同时，对于黑恶分子非法采矿破坏生态环境的行为，全面开展调查，为后续提起公益诉讼做好准备。

截至目前，徐州市检察机关从涉黑案件中受理“套路贷”等民事监督案件155件，提起监督意见103件。对陶某、陶某帅涉黑团伙提起刑事附带民事公益诉讼，为国家挽回经济损失655万余元。

强化内部协作，“民刑同步监督”不留死角

为加大对黑恶势力犯罪的打击力度，有效铲除黑恶势力滋生发展的经济基础，充分保护老百姓的合法权益、社会公共利益和国家利益，2018年9月6日，徐州市检察院印发了《关于民事行政检察部门参与扫黑除恶专项斗争的实施意见》，建立刑事监督和民事行政监督无缝对接的办案机制，对黑恶势力违法犯罪人员实施的民事行政违法行为进行精准打击。

针对黑恶势力犯罪活动中民事违法和刑事犯罪相互交织的特殊情况，民行检察部门适时介入扫黑除恶案件，为全面查明危害后果，依法追究法律责任奠定基础。

如在对孟庆地非法采矿案提出抗诉、依法追诉的基础上，委托相关机构，对生态环境损害进行鉴定，既为后续提起公益诉讼奠定基础，又为查明其黑社会性质犯罪提供证据支持。目前，该公益诉讼案件正由云龙区检察院立案调查。

从刑事到民事，全面追究黑恶势力的法律责任

两级检察机关民行检察部门负责人作为扫黑除恶领导小组成员，先后参加联席会

议20多次，帮助侦查机关和刑事检察部门分析案情，明确思路，对扫黑除恶中发现的诉讼监督案件，同时启动监督程序，共同研究案件取证方向和监督思路。

铜山区检察院在查办盛政等33人黑恶势力犯罪案件中发现，该组织大肆开展“套路贷”非法放贷业务，并向法院提起民事借贷纠纷虚假诉讼，导致法院作出错误判决11件，于是就11件虚假诉讼案件，提请徐州市人民检察院向徐州市中级人民法院提出抗诉。徐州市检察院已经抗诉。

睢宁县检察院在办理陶某、陶某帅等人黑社会性质犯罪组织案件中发现，陶磊等人采用破坏性手段，非法开采矿石18万吨，价值500余万元，严重破坏当地生态环境。民行检察部门介入后，依法委托相关组织对生态环境修复治理情况进行鉴定，依法提出刑事附带民事公益诉讼，请求法院判令陶磊等人承担地质环境恢复治理费用655万余元，得到法院支持。

从民事到刑事，全面深挖黑恶势力违法犯罪

两级检察机关在审查民事诉讼监督案件中，注意发现扫黑除恶案源，对于存在非法放贷、诉讼欺诈、枉法裁判涉嫌刑事犯罪的，及时移送、引导公安机关立案侦查。

徐州市人民检察院在审查刘某与夏某民间借贷纠纷一案中发现，夏某存在着伪造证据等犯罪嫌疑，于是将线索移交公安机关立案侦查，成功查办了夏某等人黑社会性质组织犯罪案件，涉案人员达19人。检察机关还将在该案中发现的违法违纪线索所涉9人移送监察委审查。

同时，检察机关加大对涉及此案的民事违法监督力度，从夏某涉黑案件中受理民事监督线索45件，目前正在办理中。

由于扫黑除恶工作实绩突出，徐州市人民检察院获得张检察长表扬和省人民检察院刘检察长批示肯定；

新沂市人民检察院办理的陈某南等人涉黑案件入选最高检“扫黑除恶典型研讨案例”；

徐州“破网打伞”经验做法和办理的孟某地案件监督工作经验被最高检简报采用；

睢宁县人民检察院办理的陶某、陶某帅等人涉黑案件获评省检察院“十大法律监督典型案例”；

2019年4月7—8日，全省检察机关扫黑除恶现场会在徐州召开……

来源：徐州政法

四川省高级人民法院关于审理民间借贷纠纷案件若干问题的指导意见

为正确审理民间借贷纠纷案件，进一步统一全省法院裁判尺度，根据《中华人民共和国婚姻法》《中华人民共和国合同法》《中华人民共和国民法通则》《中华人民共和国民事诉讼法》《中华人民共和国担保法》《最高人民法院关于审理民间借贷案件适用法律若干问题的规定》等法律、行政法规的规定，结合我省审判工作实际，制定本意见。

一、民间借贷的主体认定

1. 民间借贷主体的适用范围

国家金融监管部门批准设立的金融机构之外的法人、其他组织以及自然人之间及其相互之间因借贷行为引发的纠纷适用《最高人民法院关于审理民间借贷案件适用法律若干问题的规定》。

小额贷款公司是由自然人、企业法人与其他社会组织投资设立，不吸收公众存款，经营小额贷款业务的有限责任公司或股份有限公司。小额贷款公司可依据相关法律、行政法规及政策发放贷款并收取相应利息，其与自然人、法人、其他组织之间的借贷行为受《最高人民法院关于审理民间借贷案件适用法律若干问题的规定》的调整。

2. 由第三方收支借贷款项的主体认定

在民间借贷中，根据借款人的指示，出借人将款项直接支付给第三方收款人的，借款人应作为被告。诉讼中，当事人对借款合同的主体无争议的，实际收款人可以作为证人参加诉讼以便查明借款交付事实；借款人否认收到借款的，人民法院可以追加实际收款人为第三人参加诉讼。

在民间借贷中，根据出借人指示，第三方将款项直接支付给借款人的，出借人应作为原告。诉讼中，当事人对借款合同的主体无争议的，实际付款人可作为证人参加诉讼以便查明借款交付事实；借款人否认收到借款的，人民法院可以追加实际付款人为第三人参加诉讼。

3. 关于借名借款的主体认定

出借人和名义借款人签订借款合同，实际交由第三人使用的，根据合同相对性原则，名义借款人为借款合同的相对人，应由名义借款人承担偿还责任。

如果名义借款人向出借人披露了实际使用人，各方的真实意思表示仅为借名义借款人的名义，名义借款人并不实际参与借款关系的履行活动，也不享受借款活动的利益的，应认定实际使用人为实际借款人，由实际使用人承担偿还责任。

4. 借条所载出借人姓名与原告同音不同字，对原告诉讼主体资格的认定

自然人之间或自然人与企业、其他组织之间的借贷行为，当事人书写欠条时不规范，把名字写为同音、近音字，或写成俗称等其他称谓，或为逃避债务故意写错出借人名称的，持有债权凭证的当事人提起民间借贷诉讼，人民法院应予受理，并综合其他证据进行判断，在被告对债权人资格提出抗辩但无证据证明时，可以对原告的诉讼主体资格进行确定。

5. 出借人或借款人为两人以上，仅部分出借人起诉或仅起诉部分借款人的主体认定

债权凭证上出借人为两人以上，在难以区分是共同之债、按份之债还是连带之债的情况下，仅部分出借人对借款人提起诉讼的，人民法院应当追加其他出借人为共同原告，但明确表示放弃向借款人主张权利的其他出借人除外。已经明确表示放弃债权的其他出借人对借款人另行提起诉讼的，人民法院不予受理；已经受理的，人民法院应裁定驳回起诉。

债权凭证上借款人为两人以上，在难以区分是共同之债、按份之债还是连带之债的情况下，出借人仅起诉部分借款人的，人民法院可以征询出借人是否追加其他借款人为共同被告的意见。出借人坚持不追加的，人民法院可以依职权追加。

二、民间借贷合同履行地的确定

6. 接受货币一方所在地的认定

《最高人民法院关于审理民间借贷案件适用法律若干问题的规定》第三条规定的“接受货币一方所在地”是指请求返还借款、给付利息的出借人所在地或请求履行出借义务的借款人所在地。当双方当事人在案涉借款是否出借事项上产生争议时，以借款人所在地为合同履行地；当双方当事人在案涉借款及其利息是否归还事项上产生争议时，以出借人所在地为合同履行地。

7. 民间借贷合同未履行情况下管辖法院的认定

自然人之间的借款合同，因出借人未按约定提供借款，借款人以合同未生效为由，

主张出借人承担缔约过失责任的，应在被告出借人所在地法院提起诉讼；非自然人之间的借款合同，出借人未按约定提供借款时，借款人可适用《最高人民法院关于审理民间借贷案件适用法律若干问题的规定》第三条规定，在借款人所在地法院提起诉讼。

8. 借款人以非货币形式履行还款义务管辖法院的认定

借贷双方就合同履行地未约定或者约定不明确，事后未达成补充协议，按照合同有关条款或者交易习惯仍不能确定的，借款人在借款到期后，经出借人同意，以非货币财物清偿借款及其利息时，双方在该实物履行过程中发生争议，应由出借人所在地法院管辖；借款人替代原货币给付义务的履行物为不动产时，适用民间借贷的管辖原则。

三、民间借贷案件中民刑交叉问题的处理

9. 民间借贷案件中有关联但不是同一事实的认定及处理

借款人或者出借人的行为涉嫌刑事犯罪，该行为与民间借贷有牵连，却又不是同一事实的，对于民间借贷纠纷，人民法院应当继续审理，对于犯罪线索材料，人民法院应当移送给公安或检察机关，或告知当事人向公安或检察机关控告或者报案。

存在以下情形之一的，应认定为有关联但不是同一事实：

（1）借款人为筹集到借款而私刻某单位公章，并以私刻的公章在担保人一栏中盖章的；

（2）借款人涉嫌非法集资等刑事犯罪，但民间借贷纠纷所涉借款不在非法集资等刑事犯罪范围内的；

（3）借款人涉嫌非法集资等刑事犯罪，虽然非法集资金额包含民间借贷纠纷所涉借款，但出借人单独起诉不涉嫌犯罪的担保人的；

（4）其他与民间借贷有关联但不是同一事实的情形。

10. 民间借贷民刑交叉案件的移送人民法院发现民间借贷行为本身涉嫌非法集资犯罪，应裁定驳回起诉，并将线索、材料移送给公安或检察机关。人民法院移送线索、材料时应注意：

（1）应制作专门的《涉嫌犯罪线索移送函》，并附上民事案件起诉状、案件线索涉及的相关材料；

（2）应当制作移送回执，要求公安或检察机关在接到移送材料后，在移送回执上签字或盖章；

（3）《涉嫌犯罪线索移送函》中应载明建议公安或检察机关在一定期限内将是否立案的情况通知移送案件的人民法院；

（4）公安或检察机关审查后予以立案的，人民法院应将已经查封、扣押、冻结的涉案财物移送公安或检察机关，由公安或检察机关变更查封、扣押、冻结手续。

11. 借款人的借贷行为涉嫌犯罪或生效判决认定有罪，民间借贷案件的处理

借款人因借贷行为涉嫌犯罪，出借人单独起诉借款人的，人民法院不予受理；出借人单独起诉担保人的，人民法院应予受理；出借人同时起诉担保人和借款人的，人民法院应告知出借人将借款人涉嫌犯罪的线索、材料移交给公安或者检察机关。出借人坚持起诉借款人和担保人，且符合《中华人民共和国民事诉讼法》第一百一十九条规定的受理条件的，人民法院应予受理。人民法院受理后，应裁定驳回出借人对借款人的起诉，并将线索、材料移送公安或检察机关；人民法院应继续审理出借人对担保人的诉求。

案件进入诉讼程序后，如因借款人涉嫌犯罪导致民间借贷案件基本事实无法查清，或担保人是否涉嫌犯罪需以借款人涉嫌犯罪一案的审理结果为依据，人民法院可以裁定中止审理民间借贷案件。

借款人因借贷行为被生效判决认定为有罪，出借人以民间借贷纠纷为由起诉要求借款人承担民事赔偿责任的，在刑事判决未涉及追赃或者虽涉及追赃但出借人未获全部退赔的情况下，对出借人起诉要求借款人承担民事责任的，人民法院不应受理。

四、民间借贷合同效力的认定

12. 自然人之间约定借款合同签字或盖章后发生法律效力的认定

自然人之间的借款合同，在出借人实际履行出借义务时才发生法律效力，当事人之间关于合同经签字或盖章后发生法律效力的约定，不能改变合同生效的法律要件，如出借人未实际履行出借义务，借款合同应认定为未生效。

13. 企业间借贷合同的效力认定

非金融机构法人和其他组织之间以自有资金对外进行的偶发性和临时性贷款，同时收取适当的资金占用费，当事人主张签订的民间借贷合同有效的，人民法院应予支持；非金融机构法人和其他组织之间从事经常性放贷业务所签订的民间借贷合同，当事人主张有效的，人民法院不予支持。

认定非金融机构法人和其他组织之间是否从事经常性放贷业务应结合企业的注册资本、流动资金、借贷数额、一年内借贷次数、借贷利息的约定、借贷收益占企业收入的比例、出借人与借款人之间的关系等因素综合认定。

14. 法人或其他组织在本单位内部向职工集资的认定

法人或其他组织内部集资是指法人或其他组织通过向其内部职工公开集资并按期

还本付息的行为。存在以下情形之一的，不应认定为单位内部集资：

（1）既向单位内部职工集资又向社会公众集资的；

（2）先将社会人员吸收为公司工作人员，然后向其吸收资金的；

（3）非出于单位自用目的而向职工进行集资的；

（4）单位主观上明知“名义出资人”与“实际出资人”不相符，且“实际出资人”不是本单位职工的；

（5）其他不应认定单位内部集资的行为。

15. 涉嫌犯罪的民间借贷合同效力的认定

借贷双方合谋以签订借款合同的形式实施犯罪行为的，应认定双方当事人存在《中华人民共和国合同法》第五十二条规定“以合法形式掩盖非法目的”的行为，双方签订的借款合同无效；如实施犯罪行为仅是合同一方的目的而非双方的共同目的，不属于《中华人民共和国合同法》第五十二条规定“以合法形式掩盖非法目的”的行为，合同相对方请求确认借款合同有效的，人民法院应予支持。

16. 违背社会公序良俗的借贷合同的认定

违背社会公序良俗是指法律行为的内容及目的违反了社会的公共秩序或善良风俗，存在以下情形之一的，应认定为违背社会公序良俗，当事人因此签订的民间借贷合同应认定为无效：

（1）因非婚同居、不正当两性关系等产生的“青春损失费”“分手费”“精神损失费”等有损公序良俗行为所形成的债务；

（2）因赌博、吸毒等其他非法行为形成的债务；

（3）因托人情、找关系等请托行为形成的债务；

（4）具有抚养、赡养义务关系的父母子女等直系亲属之间发生的有违家庭伦理道德和社会公序良俗所形成的债务；

（5）其他违背社会公序良俗的债务。

五、由其他基础法律关系产生的民间借贷的处理

17. 名为民间借贷实为因其他法律关系产生债务的处理

对名为民间借贷法律关系，实为合伙、房屋买卖、投资理财、股权转让等法律关系，原告以民间借贷法律关系提起诉讼的，人民法院应当向原告释明变更诉讼请求。人民法院释明后，原告仍坚持其诉讼请求的，人民法院应判决驳回原告的诉讼请求。人民法院进行释明时应注意：

（1）释明应在双方当事人都在场的情况下进行，或者将对一方释明的内容通知对

方当事人；

（2）释明应明确告知当事人人民法院根据当事人提供的证据所认定的法律关系的性质；

（3）释明应当以当事人起诉所依据的事实为限，人民法院不应在当事人主张的事实之外提示其变更、修正或补充诉讼请求；

（4）人民法院应充分听取当事人对法院释明事项所发表的意见。

18. 对“调解”“和解”“清算”的理解及适用

《最高人民法院关于审理民间借贷案件适用法律若干问题的规定》第十五条第二款规定的“调解”是指第三者（调解人）依据一定的社会规范（包括习惯、道德、法律规范等），在纠纷主体之间沟通信息，促成纠纷主体之间互相妥协和谅解而达成解决纠纷合意的行为。“和解”是指纠纷当事人双方以平等协商、相互妥协的方式和平解决纠纷，是纠纷主体自行解决纠纷的行为。“清算”是指当事人根据约定或者法律规定，为终结某种法律关系，而对业务、财产或者债权债务关系等进行清理、处分的行为。

原告依据当事人双方通过调解、和解或者清算达成的债权债务协议提起诉讼的，人民法院应依据债权债务协议确定双方各自的权利和义务；如被告认为债权债务协议订立时存在重大误解、显失公平等情形，可依照《中华人民共和国合同法》第五十四条的规定，请求变更或撤销。

六、民间借贷事实审查的问题

19. 大额现金交付的举证责任分配及审查

原告仅依据借据、收据、欠条等债权凭证提起诉讼，数额巨大且主张以现金形式交付，被告又否认借贷事实发生的，如果人民法院仅根据债权凭证及当事人的经济能力，不能查证借贷事实是否发生的，应告知原告就资金的来源、走向、付款凭据、支付细节等事项继续举证。经告知后，原告举示的证据仍不能达到证明借贷事实发生存在高度盖然性可能的，由其承担不利后果。

在原告尽到了其力所能及的举证责任后，人民法院应考虑当事人的经济能力、交易习惯、债权凭证形成前后合理期间内财产变动情况等因素综合判断借贷事实是否发生。

20. 缺乏借贷合意证明的借贷事实认定

人民法院在审理民间借贷案件时应对当事人之间的借贷合意及出借款项的实际交付进行审查，原告仅能提供款项交付凭证，而被告提出双方不存在借贷关系的抗辩，并且提供相应证据证明双方之间的款项往来系基于其他法律关系产生，人民法院应对双方之间是否存在借贷合意进一步予以审查，并要求原告对支付相关款项的具体事由、前因后果及被告未出具借条的合理原因提供证据，原告提供的证据不能证明双方有借贷合意的，人民法院应当驳回其诉讼请求。

21. 民间借贷中“自认”行为的处理

原告仅依据借据、收据、欠条等债权凭证或者仅依据金融机构的转账凭证起诉要求归还借款的，如被告对原告主张的借款事实直接予以认可，人民法院仍需按照《最高人民法院关于审理民间借贷案件适用法律若干问题的规定》第十九条的规定进行审查，在查明的事实与双方当事人的主张和自认存在明显矛盾时，人民法院不应对相应借贷事实予以确认。如双方属于恶意制造、参与虚假诉讼的情况，应根据《最高人民法院关于审理民间借贷案件适用法律若干问题的规定》第二十条的规定予以处理。

22. 对原告无正当理由拒不到庭的认定

《最高人民法院关于审理民间借贷案件适用法律若干问题的规定》第十八条规定的“原告无正当理由拒不到庭”是指原告未按传票指定的时间地点参加庭审活动的行为。存在以下情形之一的，应认定为正当理由：

（1）无法预见的自然灾害，如地震、水灾、严重积雪等，且足以影响到当事人按时到庭的；

（2）原告因死亡、丧失诉讼行为能力、重大疾病等生理变故而无法按时到庭的；

（3）原告在出庭途中发生重大交通事故，并导致其无法按时到庭的；

（4）原告受到司法机关或第三人拘禁，丧失人身自由的；

（5）其他有证据证实足以影响原告无法按时到庭的。

23. 采用传票传唤方式通知原告到庭应注意的问题

人民法院对必须到庭才能查清案件基本事实的原告，依据《最高人民法院关于适用〈中华人民共和国民事诉讼法〉的解释》第一百七十四条第二款的规定传唤原告到庭，实践中应注意：

（1）人民法院只有在审查本案的全部证据后，对借贷事实是否发生、借贷金额、支付方式等案件主要事实仍处于真伪不明状况时，方可适用《最高人民法院关于适用〈中华人民共和国民事诉讼法〉的解释》第一百七十四条第二款的规定要求原告到庭。

（2）传票上应注明法律依据和不到庭的法律后果，传票应直接交给原告或其代理人，或邮寄给原告本人亲自签收。如按原告在诉讼过程中提供的地址邮寄传票后，原告未在指定的时间到庭，亦未向法庭说明理由的，视为拒绝出庭。

（3）原告到庭后，应当按照《最高人民法院关于适用〈中华人民共和国民事诉讼法〉的解释》第一百一十条的规定签署保证书，保证书应当载明据实陈述，如有虚假陈述愿意接受处罚等内容，原告应当在保证书上签名或捺印。负有举证证明责任的原告虽然到庭，但拒绝接受询问或拒绝签署保证书的，应视为拒绝出庭。

24. 劳动者与用人单位之间款项往来性质的认定

劳动者向用人单位借款，如能证明款项的用途是直接用于公司业务，且与履行劳动合同有关的，当事人可主张按劳动争议处理；如无证据证明款项用于公司业务，当事人主张法律关系为民间借贷的，人民法院应按民间借贷的相关法律规定审理。

七、虚假民间借贷诉讼的认定及处理

25. 虚假民间借贷诉讼是指当事人为了获取非法利益，采取恶意串通、捏造事实、伪造变造证据、虚构法律关系等方式提起民间借贷诉讼，意图使人民法院作出错误裁判和执行，侵害国家、集体或者第三人利益的行为。

人民法院一经查实为虚假民间借贷诉讼，无论当事人是否申请撤诉，均应判决驳回当事人的诉讼请求，对其妨害民事诉讼的行为依法予以制裁。

当事人通过调解的方式取得人民法院的民事调解书，在再审中经审理查明民间借贷纠纷为虚假诉讼的，应当撤销民事调解书，判决驳回原审原告的诉求，并对其妨害民事诉讼的行为依法予以制裁。

对已经生效的虚假民间借贷诉讼案件的判决、裁定、调解书，如侵害了第三人的利益，则第三人可以依据《最高人民法院关于适用〈中华人民共和国民事诉讼法〉的解释》第二百九十二条第三人撤销之诉的规定提出救济请求。

八、保证责任条款是否成立的举证责任分配

26. 第三人在借据、收据、欠条等债权凭证或者借款合同上签字或者盖章，但未表明其保证人身份或者承担保证责任的，出借人在诉讼中应当提供与前述合同缔约过程、交易习惯、履行过程相关的证据，用于证明行为人签字盖章具有提供保证责任的意思表示。如出借人不能证明第三人在债权凭据或借款合同中的签字盖章有承担保证责任的意思表示，人民法院应当驳回出借人主张第三人承担保证责任的请求。

九、互联网借贷平台责任

27. 互联网借贷平台仅负责提供交易平台和制定交易规则，通过一定的规则实现促进借贷双方达成借款合同的目的，其与出借人和借款人形成的是居间合同关系，互联网借贷平台应承担居间人的合同义务，出借人或借款人主张互联网借贷平台承担担保责任的，人民法院不予支持。

互联网借贷平台以自有资金为出借人提供保证担保的，应根据其与出借人订立的保证合同承担保证责任；互联网借贷平台引入融资性担保公司或小额贷款公司对借款人提供担保的，融资担保公司或小额贷款公司承担保证责任，互联网借贷平台提供的是信息中介服务，其根据与出借人、借款人订立的居间合同，承担居间人合同义务。

十、企业法定代表人签订民间借贷合同的认定与处理

28. 申请追加企业法定代表人或负责人的主体认定

企业法定代表人或负责人以企业名义与出借人签订民间借贷合同，出借人、企业或者其股东能够证明所借款项用于企业法定代表人或负责人个人使用的，出借人请求将企业法定代表人或负责人列为共同被告或者第三人的，人民法院应予准许；企业也可以向人民法院申请追加法定代表人或负责人为第三人，人民法院根据具体案情确定是否同意追加。

依据出借人或企业的申请，人民法院追加了实际用款的企业法定代表人或负责人后，并不当然免除企业的还款义务，人民法院可以根据案件查明的事实及申请追加实际用款人的具体主张，确定企业与个人应承担的还款责任。

29. 企业能否以其对法定代表人的任命不符合企业章程规定为由对抗善意第三人

企业的法定代表人或负责人与善意第三人签订借款合同后，企业以其对法定代表人或负责人的任命不符合公司章程规定的程序和条件为由，抗辩不应向善意第三人归还借款的，人民法院不予支持。

十一、民间借贷与其他法律关系的界定

30. 名为委托理财实为借贷关系的处理

双方当事人在资产委托管理合同中约定或以事实行为表明“委托人”获得固定本息回报的，应认定双方成立借贷法律关系，人民法院应以借款合同纠纷确定案由。

31. 出借有价证券产生纠纷的认定

当事人之间以借用承兑汇票、存单、债券、国库券等有价证券的形式进行资金融通产生的纠纷，人民法院应按照民间借贷纠纷案件审理。

32. 借款合同与合作合同有关联，当事人单独请求归还本息的认定

当事人签订合作合同后，又签订借款合同作为合作合同履行内容的一部分，当事人将借款合同与合作合同分割，单独请求归还借款合同本息的，人民法院不予支持。

33. 当事人就其法律关系为商品房买卖合同还是民间借贷合同产生争议的处理

双方当事人就其之间的法律关系为商品房买卖关系还是民间借贷关系产生争议的，

人民法院应当结合双方当事人提交的证据，查明合同签订时双方当事人的真实意思表示，依照当事人的真实意思表示及合同履行情况对当事人之间的法律关系作出判断。

当事人签订商品房买卖合同的真实意思表示不是取得涉案房屋所有权，而是为民间借贷合同提供担保的，人民法院应按照民间借贷法律关系审理。

34. 二审对以签订买卖合同作为民间借贷合同担保的处理

当事人以签订买卖合同作为民间借贷合同的担保的，如一审人民法院按照当事人起诉的买卖合同关系进行审理，当事人不服一审判决提起上诉后，二审人民法院经审理认为，该案件的基础法律关系为民间借贷，则二审人民法院应当向一审原告释明变更诉讼请求。如一审原告同意变更诉讼请求，二审人民法院可以进行调解；调解不成的，则应当根据《中华人民共和国民事诉讼法》第一百七十条第一款第三项规定，裁定发回重审。如经二审人民法院释明后，一审原告拒不变更诉讼请求，二审人民法院应当裁定撤销原判，驳回一审原告起诉。

十二、民间借贷利息的认定

35. 民间借贷利息上限的认定

当事人双方约定的利率在年利率24%～36%的民间借贷利息，出借人请求借款人支付该部分利息，借款人拒绝履行的，对出借人的请求，人民法院不予支持；借款人自愿支付该部分利息，且出借人已受领，借款人再以不当得利为由主张出借人返还的，人民法院不予支持。

当事人双方约定的利率超过年利率36%的，超过部分的约定无效，借款人请求出借人返还已支付的该部分利息的，或者要求将已支付的该部分利息冲抵尚未偿还的本金的，人民法院应予支持。

36. 利息在本金中提前扣除的举证责任分配及处理

出借人基于民间借贷法律关系要求借款人按照借据、收据、欠条等债权凭证载明本金数额归还借款的，应举证证明双方当事人已达成借贷合意并已按照债权凭证载明数额实际交付。如果借款人抗辩主张利息已经提前扣除，且出借人未举证证明其已按照债权凭证载明数额实际支付全部款项的，人民法院应要求出借人补强证据，如果出借人补强的证据仍不能排除利息在借款本金数额提前扣除的合理怀疑，人民法院对出借人的该部分诉讼请求不予支持。

37. 民间借贷复利的计算

复利，是指在借贷关系中，出借人将借款人到期应付而未付的利息计入本金再计算利息。即除最初的本金要计算利息外，在每一个计息期，上一个计息期的利息都将成为生息的本金，再计算利息。

（1）借款人未偿还借款，又连续多次重新出具债权凭证的情形下，本金和利息的认定

借款人未偿还借款，又连续多次重新出具债权凭证的情形下，人民法院应依据《最高人民法院关于审理民间借贷案件适用法律若干问题的规定》第二十八条第一款规定，分别认定各期本金，最终计算出最后一期的本息之和，再依据《最高人民法院关于审理民间借贷案件适用法律若干问题的规定》第二十八条第二款规定，判断最后一期的本息之和有无超过法定上限，即以最初的本金为基数，以年利率24%计算的整个借款期间的利息和最初的本金之和，超过上限的部分，人民法院不予保护。

（2）借款人偿还部分款项后，又重新出具债权凭证的情形下，本息和上限的认定

借款人偿还部分款项后，又重新出具债权凭证的情形下，《最高人民法院关于审理民间借贷案件适用法律若干问题的规定》第二十八条第二款规定的本息和上限的计算方式发生相应的变化，本息和上限的计算应当以本金数额减少后的实际数额为基数计算，而非以“最初借款本金”数额为基数。本金数额多次减少的，应分段予以计算。

十三、逾期利息、违约金、其他费用并存的处理

38. 关于其他费用的认定

出借人与借款人在借款合同中约定借款人应向出借人支付服务费、咨询费、中介费、管理费等其他费用的，出借人一并主张逾期利息、违约金和其他费用时，总计不应超过年利率的24%，但出借人为实现债权所必需的费用除外。

39. 借贷双方仅约定逾期利息或违约金一种情形下的认定

借贷双方只约定了逾期利息，未约定违约金，出借人向借款人主张逾期利息及违约金损失的，人民法院对违约金部分不予支持；借贷双方只约定了违约金，未约定逾期利息，出借人向借款人主张逾期利息及违约金损失的，在逾期利息及违约金总计不超过年利率24%的情形下，人民法院应予以支持。

十四、夫妻共同债务的认定

40. 借款人配偶在民间借贷案件中诉讼地位的认定

在借款涉及认定是否夫妻共同债务的情形下，出借人申请追加借款人配偶为共同被告的，人民法院可依法予以准许。

出借人仅起诉借款人的，人民法院可以向其释明，告知其可同时起诉其配偶，出借人坚持只起诉借款人的，人民法院不应依职权追加借款人配偶为共同被告。

出借人与借款人均未明确表示放弃借款人配偶可能承担的债务份额的，为查明案件事实，人民法院可依职权追加借款人配偶为第三人参加诉讼。

41. 夫妻共同债务的认定

婚姻关系存续期间，夫妻一方以个人名义向他人借款所形成的债务，原则上应当认定为夫妻共同债务，由夫妻双方共同对外承担偿还责任，但如果夫妻另一方能够证明存在下列情形之一的，则可以认定该债务为夫妻一方的个人债务：

（1）出借人与借款人明确约定为个人债务的；

（2）夫妻对婚姻关系存续期间所得的财产约定归各自所有且出借人知道该约定的；

（3）出借人知道或者应当知道所借款项并非用于家庭生产经营或共同生活的；

（4）属个人债务的其他情形。

42. 夫妻一方对外提供担保的认定

夫妻一方非因家庭利益而以个人名义为他人债务提供担保的，担保债务原则上应认定为个人债务。如果夫妻一方基于家庭利益而为他人提供担保的，或者担保利益归属于家庭的，则担保债务应认定为夫妻共同债务。

43. 夫妻双方的举证责任分配

在不涉及他人的离婚案件中，由以个人名义举债的配偶一方负责举证证明所借债务基于夫妻合意或者用于夫妻共同生活，如证据不足，则其配偶一方可不承担偿还责任；在债权人以夫妻一方为被告起诉的债务纠纷案件中，对于案涉债务是否属于夫妻共同债务，应当按照《最高人民法院关于适用〈中华人民共和国婚姻法〉若干问题的解释（二）》第二十四条规定认定。如果举债人的配偶举证证明所借债务并非用于夫妻共同生活，则其可不承担偿还责任。

天津二中院发布民间借贷纠纷案件审理情况

11 月 29 日下午，天津二中院召开新闻发布会，新闻发言人许绍田副院长通报近年来该院民间借贷纠纷案件审理情况，民二庭主要负责同志发布典型案例。天津电视台、《天津日报》、《今晚报》、《每日新报》等媒体出席发布会。

近年来，二中院认真贯彻落实习近平总书记关于防范化解重大金融风险、维护金融市场稳定的重要指示精神，充分发挥审判职能作用，保护民间正常借贷，依法严惩“套路贷”犯罪行为，切实维护当事人合法权益，稳定金融市场秩序，促进社会和谐稳定，努力实现案件办理法律效果、政治效果和社会效果相统一。

一、民间借贷纠纷案件呈现的主要特点

一是民刑法律关系交叉。

近年来，涉嫌诈骗、合同诈骗、票据诈骗、集资诈骗、非法吸收公众存款等犯罪嫌疑的民间借贷纠纷案件日益增多，不少案件涉及刑事犯罪，法律关系错综复杂。

二是存在虚假诉讼隐患。

有的当事人为了获取非法利益，通过采取捏造事实、伪造变造证据、虚构法律关系等方式提起民间借贷民事诉讼，意图使人民法院作出错误裁判和执行。

三是法理情理复合交织。

民间借贷常发生于父母与子女及子女的配偶或者情侣、朋友、合伙人等关系密切的人之间。由于感情因素的存在，关键证据的留存上不够严谨规范。一旦成讼，往往会因举证不能或不充分，导致诉讼请求无法得到支持。

四是规避利率限制手段隐蔽。

常见的方式有三种：①出借时即预扣高额利息；②将利息计入本金并多次重新出具债权凭证；③巧列名目变相收取高息。以上规避利率限制手段隐蔽，证据提取和事实认定较为困难。

二、主要做法

一是充分发挥审判职能作用，依法规范民间借贷秩序。

依法适用《民法典》和相关司法解释，保护合法借贷，打击非法借贷。依法严守法定利率红线，对突破或者变相突破法定利率红线的，不予支持。积极做好诉前调解

工作，妥善化解当事人之间的纠纷。加强对职业放贷、虚假诉讼等违法行为的审查力度，防止出借人利用借款人融资需求迫切心理，谋取不正当利益。发现涉嫌刑事犯罪的，及时将相关线索和有关材料移送公安机关或检察机关。

二是加强交易规范引导，提示防范潜在诉讼风险。

健全跨部门治理及监管联动机制，积极配合其他部门严厉打击案件审理中发现的暴力催收、校园贷、“套路贷”、虚假诉讼等非法行为。深入市银保监会、市金融局走访调研，并提出针对性司法建议。坚持司法公开，加强普法宣传。一年来，共开展《中华人民共和国民法典》宣讲活动60余次，努力营造依法、诚信、平等开展民间借贷的良好氛围。

三是推进审判专业化建设，统一民间借贷纠纷裁判标准。

推出提升裁判文书质量的五项措施，确保民间借贷案件审判在裁判理念、裁判尺度、法律适用等方面保持一致。充分利用案件检索平台，积极开展同类案件对比分析工作，不断提高疑难复杂案件的办案效率。积极引导案件当事人，提前了解民间借贷案件的审判标准、法律适用和裁判尺度，对可能产生的结果做到预知预判。

三、对广大市民的几点提示

在参与民间借贷过程中，要切实提高风险防范意识，谨慎甄别“套路贷”陷阱，规范订立借贷合同，以避免出现不必要的纠纷。

一是提高守法意识。

借款双方要本着公平诚信、平等互利的原则，自觉规范借贷行为，不能以借贷为常业，更不能通过吸收或变相吸收他人资金用于借贷、触及需经有权机关批准从事的金融业务范围。

二是提高留证意识。

随着信息技术的快速发展，大量民间借贷合意的达成及借款、还款的支付是通过网络平台进行，电子数据成为民间借贷纠纷案件的重要证据形式。要注意妥善留存电子证据，更好地保障自身合法权益。

三是提高风险意识。

出借人出借资金时应持理性态度，清醒分析，加强对借款人的主体资格、还款能力进行审查。当借款人能够提供担保时，如需办理登记的依法办理登记。保证人提供担保时，要仔细阅看保证合同内容，对承担连带责任的约定要格外注意。

来源：天津二中院

稿件提供：民二庭

北京一中院：民间借贷案件8年增幅超10倍

5月28日上午，北京市第一中级人民法院召开“规范民间融资行为　助力优化营商环境”新闻发布会，发布《民间借贷案件审判白皮书（2011—2018）》。8年间，北京一中院及其辖区法院共审理民间借贷案件65605件，涉及金额500.3亿元，案件增幅超过10倍，民间借贷案件已经成为民商事审判第一大案由。

北京一中院副院长马立娜表示，经调研发现，民营企业法定代表人、股东、高级管理人员以个人身份借款的情况日益增多，占比从2011年的19.44%上升至2018年的38.89%。同时，民间融资成本显著攀升，2018年平均融资成本已经超过20%。大量得不到银行信贷支持的个人、民营企业、中小微企业转向民间融资市场寻求资金，民间借贷市场实际已成为我国多层次金融体系的重要组成部分。

白皮书显示，随着“互联网+”与民间借贷市场的深度融合，网络借贷案件不断涌现，北京一中院2016年开始受理第一起网络借贷案件后，2017年受理104件，2018年受理163件，数量呈现上升趋势。技术进步还带来款项交付方式变化，电子转账已达八成。

此外，民间借贷案件中涉嫌非法集资、“套路贷”等刑事犯罪的情况时有发生，在北京一中院8年间受理的案件中，当事人抗辩存在集资诈骗、非法暴力讨债等涉嫌刑事犯罪的案件277件，案件占比9.24%。

结合民间借贷特点和社会治理短板，白皮书梳理了当前面临的虚假诉讼、“套路贷”、职业放贷行为监管、网络借贷、金融创新风险防范等十大难题。马立娜表示，为应对民间借贷案件面临的难点，该院在创新诉非衔接、多方协同治理、虚假诉讼惩治等方面形成十大机制，努力推动形成平等有序、充满活力的法治化营商环境。

发布会上，北京一中院还结合民间借贷合同从磋商、订立到履行、救济的全过程，为出借方、借款方和网络平台三方梳理出防范民间借贷风险的十项提示。比如借款前一定要核实对方身份信息，双方达成借款合意时规范合同约定，有正式书面凭证；出借款项或归还款项应当尽量通过转账形式并注明转款原因，避免现金交付；大额借贷要妥善设定担保，采取增信措施，如担保、抵押、质押等方式降低违约风险。

法官同时提醒，针对民间借贷日益成为理财的一种重要手段，出借方要警惕高息诱惑，保障资金安全，树立理性投资意识，充分认识到高收益带来的高风险。针对“套路贷”等违法犯罪行为，借款方要防范借款套路，避免上当受骗。尽量通过正规渠道获得资金，对不合常理的做法提高警惕，发现可能涉嫌被“套路”的，及时寻求法律救济。以理财为目的的投资者，要做合格的理性投资者，注意审查平台资质理性选标，核实合同内容，一旦出现问题要依法维权。

来源：中国青年网

一中院召开“规范民间融资行为　助力优化营商环境”新闻发布会，发布《民间借贷案件审判白皮书（2011—2018）》

● 主持人：

各位网友大家上午好，欢迎大家关注北京一中院的网络直播。我院今天召开“规范民间融资行为　助力优化营商环境”新闻发布会。在发布会开始之前，先介绍一下会议的基本情况：北京市第一中级人民法院召开新闻发布会，发布《民间借贷案件审判白皮书（2011—2018）》，梳理一中院年审理的民间借贷案件的十大显著特点、十大审理难点、十大创新机制，并针对民间借贷中的常见多发问题，为公众提供实用有效的风险防范提示与建议。

● 会议主持　党组书记、院长吴在存：

尊敬的代表委员、专家学者、各位领导、各位媒体朋友，同志们：

大家上午好！

今天北京市第一中级人民法院召开“规范民间融资行为　助力优化营商环境”新闻发布会，发布《民间借贷案件审判白皮书（2011—2018）》。首先对参加今天新闻发布会的各位代表委员、专家学者、各位领导以及媒体朋友的到来表示诚挚的欢迎！衷心感谢各位百忙中莅临我院参加新闻发布会，借此机会我也代表一中院感谢各位一直以来对我院工作的大力支持。

参加今天新闻发布会的代表委员有：

北京市第十五届人大民族宗教侨务外事委员会副主任委员，北京柯瑞生物科技有限公司、柯瑞（北京）健康科技产业有限公司董事长，市商会副会长齐清；北京市第十五届人大民族宗教侨务外事委员会委员，国际关系学院法律系主任毕雁英；北京市政协委员、东方美亚投资有限公司董事长郭丽双。

参加今天新闻发布会的专家学者有：中国政法大学互联网金融法律研究院院长、教授、博士生导师李爱君。

参加今天新闻发布会的还有：北京市工商联党组成员、副主席林为民，北京市工商联法律处处长季颖，北京市工商联法律处副处长张晓红，以及北京市高级人民法院民二庭副庭长刘春梅。

参加今天新闻发布会的民营企业家代表有：北京市商会副会长、北京投融资商会执行会长、北京投融资商会产权保护调解中心主任苗谦，拉卡拉集团党委书记、高级副总裁唐凌，北京智慧财富资本管理集团有限公司董事长丁坚。

今天参会的还有来自中央及北京各大媒体的记者朋友们。让我们以热烈的掌声对各位来宾的到来表示欢迎。

我是北京一中院党组书记、院长吴在存，今天参加发布会的还有我院党组成员、副院长马立娜，民三庭庭长李利和副庭长强刚华、副庭长陈实，及我院各审判庭的部分同志。

《最高人民法院关于为改善营商环境提供司法保障的若干意见》中明确提出，要"妥善审理各类金融案件，为优化营商环境提供金融司法支持。以服务实体经济为宗旨，引导和规范各类金融行为"。我院历来高度重视民间借贷案件的审判工作，将其作为化解社会矛盾，维护社会秩序，优化营商环境，保障金融安全，践行能动司法的重要抓手。

今天，我院立足审判实践，坚持问题导向，在对八年来审理的全部民间借贷案件各项数据进行深入分析的基础上，对民间借贷案件审理的显著特点、审理难点、司法应对机制进行了详尽、全面、系统的总结和梳理，并针对诉讼中的常见多发问题，为公众提供实用有效的风险防范提示与建议。当然，民间借贷案件审判白皮书只是我院八年间审判的阶段性总结，内容难免有粗浅疏漏之处，敬请各位来宾多提宝贵意见。

今天的新闻发布会有三项议程，第一项议程是请一中院党组成员、副院长马立娜发布《民间借贷案件审判白皮书（2011—2018）》；第二项议程是请媒体就民间借贷案件审判白皮书的相关内容进行提问；第三项议程是请各位来宾对民间借贷案件审判白皮书提出意见建议。

下面进行第一项议程，请一中院党组成员、副院长马立娜发布《北京一中院民间借贷案件审判白皮书（2011—2018）》。

• 党组成员、副院长马立娜：

尊敬的各位代表委员、各位领导、各位专家、各位媒体朋友：

大家上午好！

民间借贷自古有之，存在深厚的社会基础和历史渊源，其繁荣兴衰是社会经济发展的晴雨表。近年来，随着经济社会的发展，民间借贷案件急剧增长。我院自 2011 年 8 月开始，对民间借贷案件实行集中审理，通过多年的审判实践，形成了一套较为成熟的裁判模式。在全面调取分析 2011—2018 年审理的全部 2977 件一二审民间借贷案件的基础上，形成《民间借贷案件审判白皮书（2011—2018）》。下面我从四个方面简要介绍我院民间借贷案件审判白皮书的主要内容。

一、民间借贷案件十大显著特点

一是案件数量迅猛增长，成为民商事审判第一大案由。8年间，我院及辖区法院的总收案数量从2011年的1738件，增长到2018年的22659件。8年间案件数量增长超过10倍，成为民商事审判第一大案由。

二是涉案标的大幅攀升，反映民间资本市场活跃。8年间，我院及辖区法院涉案总金额自2011年的8.05亿元，增长到2018年的154.4亿元，突破百亿元大关。巨额的资金体量，反映出民间资本市场日趋活跃、发展迅速。

三是自然人借贷背后的商行为特征突出，发展经营性借贷占主流，成为民营企业融资的一种变通方式。8年间，自然人之间借贷案件始终稳定在80%左右，借款目的从赡养抚养等基本生活借贷转向投资、生意周转等发展经营性借贷，后者占比已达70%。民营企业法定代表人、股东、高级管理人员以个人身份借款的情况日益突出，占比从2011年的19.44%上升至2018年的38.89%，反映出其借款实际用于企业生产经营、投资扩大生产、资金临时周转。

四是涉企业借贷数量倍增，企业间资金融通得到司法规制。8年间，当事人一方涉及企业的案件占比在20%左右，但绝对数量呈现增多趋势，从64件上升为139件。2013年后，司法实践对于临时性资金拆借予以有条件认可，企业间借贷案件中的合同效力认定，经历了从一律认定无效，到区分对待的转变。

五是民间融资成本显著攀升，2018年平均融资成本超过20%。8年间，借款协议中有明确利息约定的案件占比从19.29%上升至68.08%。当事人约定不低于同期银行贷款利率四倍或24%的案件，占比从5.56%上升至63.33%。2018年，全部案件平均利率为12.37%，有偿借贷案件平均利率为24.6%。

六是技术进步带来款项交付方式变化，电子转账达到八成。8年间，通过银行、支付宝、微信等转账汇款进行交付的案件占比从51.79%上升至84.99%。涉及全部或部分现金交付的案件不足两成。

七是涉夫妻共债案件先增后减，法律指引效果凸显。8年间，涉夫妻共同债务的案件从2011年的21件上升至2017年的118件，达到顶峰。2018年1月《最高人民法院关于审理涉及夫妻债务纠纷案件适用法律有关问题的解释》实施后，认定标准进一步明晰，相关案件数量回落明显。

八是涉刑案件频发，非诚信诉讼行为亟待规制。8年间，当事人抗辩存在集资诈骗、非法暴力讨债等涉嫌刑事犯罪的案件277件，案件占比9.24%。此外，民间借贷案件中当事人虚假陈述、证人作假证、虚假诉讼等非诚信诉讼行为也呈现高发态势。

九是网络借贷案件不断涌现，信息时代特色明显。我院2016年开始受理第一起网络借贷案件后，2017年受理104件，2018年受理163件，数量呈现上升趋势。随着网络借贷市场的整顿力度加大，可以预见在未来一段时间内，将有越来越多的网络借贷纠纷进入法院。

十是二审调解撤诉率逐年降低，纠纷化解难度增大。8年间，二审调解撤诉案件占比从45.36%下降至21.56%。二审调撤率降低，一方面，由于辖区法院加大多元化解纠纷力度，大量简易案件通过调解方式有效化解；另一方面，当前，民间借贷市场呈现出借款金额高、借贷主体复杂多样、商行为特征突出的特点，案件调处化解难度加大。

二、民间借贷案件十大审理难点

尽管我国立法不断完善，司法实践经验持续积累，但民间借贷基本特点和社会治理过程中尚存在的一些问题投射到司法实践中，给民间借贷案件的审理工作带来诸多难点。具体表现为：

一是个案客观事实查明难。司法实践中，当事人由于法律知识匮乏、证据意识淡薄，举证能力不足，无法提供借条、合同等能够证明借贷法律关系存在的凭证，导致客观事实查明难。此外，当事人经常将买卖、合伙、赌博等其他行为形成的债权债务通过民间借贷的形式予以确认，以借条、欠条作为结算凭证，基础法律事实复杂，导致事实还原难度进一步增加。

二是类案裁判尺度统一难。由于民间借贷案件基数庞大、事实复杂多样、当事人举证能力存在差异、社会新情况新问题不断涌现、法官对法律事实认定裁量标准不同、法律规范仍在不断调整变化等多方面原因，客观上存在类案裁判尺度统一难的问题。

三是恶意串通虚假诉讼甄别难。鉴于有限的司法资源，当事人恶意串通，骗取法院出具判决书、调解书的“手拉手”型虚假诉讼在实践中难以被发现。法官对于明显违背常理的巨额现金交付、经济状况明显不具备借贷能力的案件，虽然判决驳回当事人的诉求，但难以找到确凿的证据证明双方恶意串通进行虚假诉讼并给予相应的处罚。

四是“套路贷”违法犯罪行为确认难。“套路贷”是指以民间借贷为幌子，通过虚增债务、伪造证据等方式恶意侵占借款人房产、款项的违法犯罪行为。由于民商事审判中事实查明手段的局限性，法官对于有明确“借款合同”、有详细“银行流水”，形成了证据优势的疑似“套路贷”犯罪行为，甄别难度较大。

五是二审矛盾纠纷化解难。一方面，经过基层法院诉前多元调解和一审诉讼程序的过滤，进入二审的案件矛盾缓和空间已经很小。另一方面，近年来民间借贷的营利性增强，出借方的法律意识和预判能力不断提高，债权转让渠道多样，调解空间进一步缩小。

六是企业间借贷司法规制难。司法实践中对于企业间临时性资金拆借予以有条件认可，但企业套取银行信贷又高利转贷、企业以借贷为主要业务进行经营性放贷等扰乱金融监管秩序等行为亟待规制。对于企业是否存在高利转贷或经营性放贷行为，需要法官从法律和财务双重层面上进行审查判断，在事实认定和举证责任分配上均存在一定难度。

七是职业放贷行为引导规范难。目前立法层面对于不具备发放贷款资质，却长期向社会不特定对象出借资金并赚取利息的职业放贷行为尚无规范，司法实践中只能将其纳入民间借贷的范畴进行处理。但如何界定此类行为性质，能否认定其借款合同因违反法律规定而无效，如何加强对职业放贷人的监管规范是实践中的难题。

八是网络借贷案件处理难。信息化时代下，网络借贷兴起的同时产生大量新问题，因平台合规性不足，非法集资与合法融资的界限模糊，造成刑民交叉法律问题突出。网络借贷涉及人数多，涉案金额大，一旦发生“爆雷”事件，将带来巨大的社会风险和金融风险。此外，网络借贷民事纠纷数量巨大，一旦形成诉讼，有限的司法资源如何消解海量纠纷是法院面临的难题。

九是金融创新与隐性借贷区别难。形色各异的“金融创新”，模糊了不同金融业务与真实借贷的界限，如只有资金往来，没有租赁物交付的“融资租赁”；“走单、走票、不走货”的买卖贸易；违反监管规定、承诺保本保息的委托理财；名为合伙投资、共担风险，实际变相承诺固定收益的私募基金等，给职能部门监管和司法机关处理带来难题。

十是多层面法律问题交织认定难。民间借贷案件中还大量存在与《物权法》《担保法》《婚姻法》《刑法》等各部门法的交叉问题。有的民间借贷案件需要对家庭日常生活作出合理判断。有的民间借贷案件需要对让与担保等情形进行处理。还有不少案件与非法集资等问题交织在一起，产生民刑交叉问题。这都是司法实践中的法律适用难点。

三、规范民间融资发展，优化营商环境十大创新机制

一是贯彻平等保护理念，助力优化营商环境。依法认定借贷合同效力，鼓励金融创新，严格执行法定利率上限规定，平等保护借贷双方的合法权利。

二是创新诉非衔接机制，加强民营企业保护。借助社会力量加大诉前、诉中多元化解力度，加大财产保全力度。2011 年以来，我院委托第三方成功化解各类纠纷 14 件，涉及标的额 22 亿元。作出财产保全案件 284 件，保全标的额 223 亿元，有效加强了民营企业、中小微企业的权益保护。

三是创新多方协同治理机制，防范化解重大风险。总结民间借贷案件“风控嵌入式五步裁判法”，提炼“套路贷”案件“12345”甄别工作法，建立与市扫黑办涉黑涉恶线索定期会商工作机制。参与国务院参事室经济研究中心的重点调研课题，就府院联动下的网络借贷风险防范机制开展调研。

四是完善虚假诉讼惩治机制，助推社会诚信体系建设。探索实行签署诚信诉讼保证书、当事人本人出庭、证人出庭作证制度措施，严格规制虚假、恶意诉讼行为，对已查明的虚假诉讼、恶意诉讼，依据法律规定予以司法处罚。

五是完善庭审要素式审查机制，推动解决事实查明难。将庭上审查指引与庭下主动调查相结合，实现重要事实查明全覆盖。牵头制定《北京市法院民间借贷纠纷办案规范》，涵盖民间借贷案件 6 大方面 68 个关键点，有力促进民间借贷案件审判的规范化。

六是创新繁简分流机制，提高案件审判质效。推行审判团队内部的“简案快审、难案精审”的差异化审理机制。积极运用电子送达等信息化手段提高诉讼效率，2018 年民间借贷案件平均审理用时仅 47 天。

七是完善案件规范化审理机制，促进裁判尺度统一。探索总结以“事实查明要素化”“裁判尺度规范化”“日常学习制度化”“类案排查前置化”“二审监督常态化”“难案办理精细化”为核心的案件规范化审理“标准六法”，保障本院以及辖区法院裁判尺度的有机统一。

八是创新诉讼全流程化解机制，努力消除矛盾纠纷。8 年来案件平均调撤率 34.44%。案件调解后多渠道督促当事人及时履行调解义务，2018 年调解执结率达 40%。

九是完善专业化人才培养机制，打造特色审判团队。成立“融资借贷”审判团队，编写出版学术专著《民间借贷案件裁判要点与观点》一书，在各类期刊发表相关文章百余篇，多名干警荣获“北京市模范法官”“北京青年岗位能手”“北京市司法业务技能标兵”等称号，专业化建设不断加强。

十是创新服务型审判延伸机制，积极回应社会需求。充分发挥“全国青年文明号”“首都学雷锋志愿示范岗”的服务职能，加强对典型案件的集中报道，利用网络公开课、抖音短视频等开展立体式全媒体普法，为企业、社区提供定制化法律服务，满足群众多元化司法需求。

四、民间借贷风险防范十项提示

一是核实身份信息，双向资质审查。个人间借贷要审慎核实相对方身份信息；企业间借贷要仔细审查经办人是否有权代办借款事宜；网络借贷要注意审查平台的合法合规情况。

二是规范合同约定，避免产生歧义。双方达成借款合意时应当有正式书面凭证。因其他法律关系产生的债权债务转化为民间借贷时，应注明来龙去脉。

三是严格款项交付，降低举证风险。出借款项或归还款项应当尽量通过转账形式并注明转款原因，避免现金交付。款项交付的双方最好为借款人和出借人本人，代理人需有有效授权。

四是妥善设定担保，采取增信措施。大额的个人间借贷、企业间借贷尽可能采取增信措施，降低违约风险。采取保证方式的要注重审查担保人的担保能力，以房产、机动车、股权等进行担保的，要及时办理抵押、质押登记手续。

五是警惕高息诱惑，保障资金安全。树立理性投资意识，充分认识到高收益带来的高风险。对宣传高额回报、保本保息的借贷要提高警惕，多了解、深调查，不轻信、不盲从。

六是防范借款套路，避免上当受骗。借款方应尽量通过正规渠道获得资金，减少风险。对“虚增债务”“伪造证据”“层层平账”等不合常理的做法提高警惕。发现自己可能被“套路贷”的，及时搜集证据，寻求法律救济。

七是恪守彼此承诺，积极履行义务。出借方要积极履行放款义务，按时足额放款，严禁“砍头息”、变相高利贷。借款方要合理使用借款，积极履行还款义务，不恶意拖延。

八是合理合法讨债，自觉理性维权。出借人应当合法合理讨债，不碰触法律底线，善于运用法律武器维护自身合法权益。

九是依法诚信诉讼，维护法律尊严。依法参与诉讼活动，遵守法庭秩序和规则。依法行使权利，不滥用诉权，不恶意拖延诉讼程序。自觉履行发生法律效力的裁判文书，维护法律尊严。

十是贯彻服务理念，维护市场发展。网络借贷平台要贯彻服务理念，提供优质的信息交互、借贷撮合服务，依法依规开展业务。为借贷双方提供沟通渠道，妥善处理纠纷。规范服务费、居间费的收取，形成业内良性竞争，促进市场健康发展。

各位代表委员、各位领导、媒体朋友，以上是我院民间借贷案件审判白皮书的主要内容。下一步，北京一中院将继续以服务实体经济为宗旨，围绕经济社会发展大局，深入了解社会多元化融资需求，引导民间资本服务实体经济发展；持续推进民间借贷案件审判专业化建设，不断提升审判质效，为推动首都经济高质量发展、优化首都营商环境提供更加优质的司法服务、更加有力的司法保障！

谢谢大家！

• 会议主持　党组书记、院长吴在存：

谢谢马院长！

下面进行第二项议程，请媒体朋友进行提问。

• 《人民政协报》记者：

今天贵院发布了《民间借贷案件审判白皮书（2011—2018）》，系统梳理了8年来的案件特点，请问，与传统的民间借贷相比，现在的民间借贷有了什么新变化？

• 会议主持　党组书记、院长吴在存：

民间借贷案件，是法院长期以来较为常态化的案件类型。随着经济社会的发展，民间借贷行为主体更加多元，方式更加多样，发生了很大变化。具体而言，主要体现在以下五个方面：

第一，案件的主体、类型和内涵发生了新的变化。传统的民间借贷行为一般发生在自然人之间，过去国有企业之间虽然也有相互拆借的行为，但受到法律的严格限制。现在的主体有了很大扩展。中小微企业之间的融资也越来越多，民间借贷市场已经成为我国多层次信贷市场的组成部分。

第二，借贷主体关系有了新的变化。通过对8年来案件的分析，尽管自然人之间的借贷案件占比较大，但是借贷的内涵实际发生了很大变化。传统的基于血缘、同乡等熟人之间的借贷占比明显下降，陌生人之间的借贷占比有了明显提升，这也与线上放贷的增长和线下公司撮合借贷的增长相吻合。

第三，融资借款的目的出现了新变化。传统的民间借贷主要是解决生存、生活和生产方面的基本需求。例如，购买基本生活必需品、赡养抚养、子女教育、医疗、养老等。现在的民间借贷，主要是解决发展、经营的问题，如购车购房、投资、生意周转、公司经营等。本质上反映了我国经过改革开放四十多年来的发展，人民生活水平得到了显著提高。老百姓解决了温饱问题，正在向全面小康社会迈进。

第四，民间借贷的交付方式发生了变化。过去主要是现金直接交付的方式，现在随着互联网的发展，款项交付方式已经转为微信、支付宝、网上银行、手机银行等。随着手机的普及，移动支付手段的进步，无现金社会已经悄然走来。

第五，民间借贷模式出现了变化。从传统的民间借贷到网络借贷模式实现了飞跃，催生了新的商业模式，推动了普惠金融的发展。根据我们的统计，最高峰网络借贷平台超过了1500家，目前也有近1000家。网络借贷的兴起有鲜明的时代特点，也伴生着需要规制的问题，比如P2P爆雷之后的投资者权益保护问题，涉群体纠纷处理问题。有的案件涉案标的巨大，涉及的参与人也很多，这给社会的安全稳定带来了很大风险。所以防范金融风险，规制民间借贷行为，促进民间借贷的发展，都是法院依托审判职能应该着力的方面。此外，还需依托商事审判助力优化营商环境。

●正义网记者：

当前，套路贷是一个热门话题，请问，老百姓在民间借贷中应当如何防范“套路贷”风险？贵院对此有什么举措和建议？

●党组成员、副院长马立娜：

的确，“套路贷”作为一种新型犯罪手段引起了社会广泛的关注。大家是否知道“套路贷”的来历？“套路”一词，曾入选过“2016年十大流行语”。套路是经过精心编制的，用来迷惑人的诡计或陷阱。

后来，司法实践中出现了以非法占有为目的，假借民间借贷之名，诱使或迫使被害人签订“借贷”协议，通过虚增借贷金额、恶意制造违约、制造银行流水、毁匿还款证据等方式形成虚假债权债务，并借助诉讼或者采用暴力威胁手段非法占有被害人财物的犯罪行为，因为套路满满，被形象地称为“套路贷”。

“套路贷”与合法的民间借贷存在本质区别，民间借贷的出借人是为了收回本金并获取利息，而“套路贷”的目的则是通过各种手段非法占有他人房产、款项等财物。

不少“套路贷”犯罪行为，通过伪造民间借贷表象，制造虚假证据链条，形成证据优势，进入诉讼领域，给法院的审判工作带来挑战。

有一个案件，标的只有几十万元，约定若借款人违约，出借人有权占有处置借款人的一套房产。还有就是以旧换新，款项层层垒高，在借款人不能还清的时候，出现了一个新的出借人，重新签一份新的合同。因为“套路贷”证据一般都很到位，给法院的审理增加了难度。通过对证据的审查认定还原的是法律事实，但是与客观事实无法一模一样，导致有些案件如果按照传统的民商事审判思维裁判，借款人胜诉比例高。

因此要树立新的审判理念：法官审理中绷紧“套路贷”的弦，比如一方当事人是否寻求过公安的帮助，能够说清楚事情的来龙去脉。法官在此时要重视该案是否涉嫌“套路贷”，可能涉嫌的，给原告更多的举证责任，比如要求出借人本人必须出庭。

我们也总结了“套路贷”审查识别五步法，也使我们在审理中，配合扫黑办取得了一些成效。社会公众如何防范“套路贷”？公众借款寻求正当的来源，或靠谱的出借方，自己在借款中，如果发现出借人有有悖常理的行为，要谨慎识别。如果权益受到侵害，要及时向公安机关报案，寻求公权力的救济。在出借人提起诉讼被要求参加诉讼时，借款人要变被动为主动，积极参与庭审，提交证据，保护自身的权益。在已经作出判决，原告已经胜诉的情况下，要向公安机关报案，或者申请撤销公证债权文书，寻求法律途径维护自己合法权益。

●《北京晚报》记者：

网络借贷现在非常火爆，也出现了不少问题，请问对于广大以理财为目的的投资者，贵院有何建议？

●一中院民三庭庭长李利：

近年来网络借贷频频进入大众视野，由于其相对较高的年利率，吸引了不少社会公众参与，成为当前投资理财的一个重要渠道。有的投资者对网贷市场有深入的了解，实现了不错的收益；有的投资者可能比较盲目，导致血本无归。我们常说“投资有风险，入市需谨慎”。既然将网贷定位于投资，肯定就存在诸多风险。对于广大以理财为目的的投资者，我想简要地提示四点：

一是做合格的理性投资者。

首先要有风险认知能力。投资之前要问一下自己，我了解网络借贷的商业模式吗？了解有哪些风险吗？网络借贷平台本质上是为出借人和借款人提供信息交互、撮合、资信评估等服务的中介机构，而不是金融机构。投资者通过网络借贷进行理财，实际上就是通过网贷平台把钱借给了别人。主要收益在于借款协议上所约定的利息，主要风险在于借款人无法按期还本付息或者平台“跑路”。作为投资者，对此要有充分的认识。

其次要评估自己的风险承受能力。投资市场上不变的定律，风险越高，收益越大。收益与风险是成正比的。高额的利率等于高风险，因为它是借款人资质信用欠佳的市场化表达。在社会公众投资之前，要问一下：自己的风险承受能力如何？如果一旦借款人违约，平台跑路，自己能否承受这些资金损失？如果无法承受，建议不要进行此类投资。不少新闻报道有的投资人把自己的全部积蓄，甚至是养老钱都投入其中，是非常不可取的。这种非理性的投资行为，已经异化为一种投机行为，一旦投资失败，会给日常生活带来重大变故。

二是注意审查平台资质。

随着监管政策的加强，网络借贷平台的作用也日益突出。鉴于借贷市场的信息不对称性，一个合法合规的平台，能够给投资者带来更好的保障。结合当前的监管规定，投资者要重点审查平台是否经过备案，资金是否由银行存管，是否依法依规及时进行信息披露等情况。对于违反《网络借贷信息中介机构业务活动管理暂行办法》规定，变相向投资者提供担保或者承诺保本保息等违法违规行为的中介机构，应当自觉抵制。

三是理性选标，核实合同内容。

出借之时，要理性选择借款人，关注借款人披露的个人信息及借款目的等基本情况。优先选择借款人资质良好、利率合理、有担保的借贷项目。自觉抵制高息诱惑。要关注借款合同的内容，明确借款主体、金额、期限、用途、利息、还款方式、违约金、纠纷处理方式等信息，做到有备无患。

四是依法维权。

一旦借款人逾期，可以通过平台提供的中介服务，进行债权转让退出，或者通过合同约定的争议解决途径提起诉讼或仲裁。如果出现网贷平台跑路，要及时报警，及时登记为受害人，寻求公安机关救济。

● 会议主持　党组书记、院长吴在存：

感谢媒体朋友对一中院民间借贷审判工作的关注。妥善化解纠纷，促进民间借贷市场健康发展，需要你们的声音，更需要你们的支持，也希望你们一如既往地关注、宣传一中院的各项工作。

感谢各位畅所欲言，感谢你们对一中院民间借贷案件审判工作的肯定和鼓励，我们将以此次民间借贷审判白皮书发布为契机，认真吸取各位代表委员、政府部门的领导同志和专家学者对我院工作提出的宝贵意见建议，锐意进取，砥砺前行，不断推动一中院民间借贷审判工作再上新台阶。

当前，民间借贷案件数量持续攀升、新类型案件不断涌现，人民法院承担着化解矛盾纠纷，维护社会稳定，优化营商环境，保障金融安全等多项责任。

浩渺行无极，扬帆但信风。未来，我们将进一步健全完善民间借贷案件审判机制，不断提升审判质效，努力探索完善民间借贷案件审判的新措施、新方法，为国家多层次金融体系的构建、法治化营商环境的优化提供更加优质的服务、更加有力的保障！

今天的新闻发布会到此结束。再次感谢大家的积极参与。谢谢！

● 主持人：

本次直播到此结束，再次感谢各位网友的关注。我们下次直播再见。

民间借贷案件审判白皮书（2011—2018）

民间借贷泛指在国家金融监管体系之外自发形成的民间融资形式，在我国存在深厚的社会基础和历史渊源。近年来，作为银行等金融机构资金融通的重要补充，民间借贷以其手续简便、门槛较低、放款灵活、收益可观等优势而日趋活跃，规模不断扩大，实现了从生存性、生活性借贷向发展性、经营性借贷的转变，有效缓解了社会融资需求，增强了经济发展活力，促进了我国多层次信贷市场的发展和完善。

相较于民间借贷规模的迅速扩大和新型借贷模式的不断涌现，相关的金融监管体系尚未完全建立，随着“互联网+”与民间借贷市场不断融合，民间借贷日益网络化、职业化的趋势，客观上进一步放大了风险隐患，引发资金链断裂、非法集资、高利贷、“套路贷”、暴力催收等各种社会问题，对国家金融秩序和社会安全稳定造成冲击，相关纠纷大量形成诉讼涌入法院。2015 年以来，全国法院一审受理民间借贷案件数量已居所有民商事案件类型首位，成为民商事审判第一大案由。民间借贷案件的快速增加，加之新类型案件不断涌现，给法院的审判工作带来新的挑战。

一个规范、高效、便捷的民间融资市场，有助于降低市场运行成本，提高市场运行效率，深化推进金融供给侧结构性改革，从而为实现经济高质量发展提供坚实基础。《最高人民法院关于为改善营商环境提供司法保障的若干意见》中明确提出，要“妥善审理各类金融案件，为优化营商环境提供金融司法支持。以服务实体经济为宗旨，引导和规范各类金融行为”。北京一中院历来高度重视民间借贷案件的审判工作，将其作为化解社会矛盾、维护社会秩序、优化营商环境、保障金融安全、践行能动司法的重要抓手。自 2011 年 8 月开始，北京一中院对民间借贷案件实行集中审理，通过审判实践中的积累，形成了一套较为成熟的裁判模式。在全面调取分析 2011—2018 年审理的全部 2997 件一二审民间借贷案件的基础上，北京一中院形成《民间借贷案件审判白皮书（2011—2018）》，对 8 年来民间借贷案件审理的显著特点、审理难点和司法应对机制进行了详尽、全面、系统的总结和梳理，并针对诉讼中的常见多发问题，为公众提供实用有效的风险防范提示与建议。

一、民间借贷案件十大显著特点

2011 年 1 月 1 日至 2018 年 12 月 31 日，北京一中院及辖区法院（海淀、石景山、昌平、门头沟、延庆）共审理民间借贷案件 65605 件，涉及金额 500.3 亿元。经调研分析，民间借贷案件呈现以下特点：

（一）案件数量迅猛增长，成为民商事审判第一大案由。

北京一中院及辖区法院的总收案数量从 2011 年的 1738 件，增长到 2016 年的 10822 件，2018 年收案再创新高，达到 22659 件。8 年间案件数量增长超过 10 倍，成为名副其实的民商事审判第一大案由。

（二）涉案标的大幅攀升，反映出民间资本市场活跃。

北京一中院及辖区法院涉案总金额自 2011 年的 8.05 亿元，迅猛增长到 2015 年的 76.64 亿元，2018 年达到 154.4 亿元，首次突破百亿元大关。巨额的资金体量，反映出民间资本市场活跃。与此同时，个案涉案金额差距明显，从几千元到上亿元不等，最高金额达 1.79 亿元。

（三）自然人借贷背后的商行为特征突出，发展经营性借贷占主流，成为民营企业融资的一种变通方式。

从借贷主体看，自然人之间借贷案件，2011 年为 216 件，占比 77.14%，2018 年为 584 件，占比 81.04%，一直稳定在 74%～82%，围绕 80%上下小幅波动。

从借款目的看，北京一中院审理的民间借贷案件中，用于医疗、养老、赡养抚养、子女教育等基本生活借贷的案件逐步减少，用于投资、生意周转、公司经营等发展性、经营性借贷占比已达 70%。发展经营性借贷增多，与当前经济发展，人民生活水平提高，资金端民间资本日益充裕、大众逐利欲望强烈，理财需求高涨息息相关，也与需求端创业市场火热，经营性融资需求旺盛密不可分。

进一步分析借款人的身份构成，担任中小微企业、民营企业法定代表人、负责人、股东、高级管理人员等，借款实际用于企业生产经营、投资扩大生产、资金临时周转的情况日益增多，占比从 2011 年的 19.44%，上升至 2018 年的 38.89%。近年来，民间借贷背后的商行为特点日益突出，一方面反映出社会经济活动尤其是民营经济的活跃，另一方面也与出借人对企业破产制度存在“忧虑”相关，即借款人为企业时，出借人通常要求以单位法定代表人或股东的个人名义借款，合乎我国重视个人信用背书的文化传统。同时，民间借贷成为民营企业融资的一种变通方式，也侧面反映出民营企业尤其是小微企业融资难的问题依然存在。

（四）涉企业借贷数量倍增，企业间资金融通得到司法规制。

北京一中院审理的民间借贷纠纷中，当事人一方涉及企业的案件占比保持稳定，但绝对数量呈现增多趋势，从 2011 年的 64 件，上升至 2018 年的 139 件。企业间借贷案件中的合同效力认定，经历了从一律认定无效，到区分对待的转变。2013 年前，企业间借贷合同效力被一律认定为无效。随着经济社会的发展和监管政策的适当放松，2013 年后，司法实践对于经常性的企业间拆借继续予以否定，对于临时性资金拆借予以有条件认可，金融秩序维护与市场活力释放得到有效平衡，各方利益实现妥善保护。

（五）民间融资成本显著攀升，2018 年平均融资成本超过 20%。

北京一中院受理的民间借贷案件，借款协议中有明确利息约定的案件占比从 2011 年的 54 件，占比 19. 29%，上升至 2018 年的 499 件，占比 68. 08%，上升幅度明显。

进一步分析有明确利息约定的案件，当事人约定不低于同期银行贷款利率四倍或 24%的案件，占比从 2011 年的 5. 56%上升至 2018 年的 63. 33%，总体呈大幅上升趋势。

2018 年，全部案件平均利率为 12. 37%，有偿借贷案件平均利率为 24. 6%。其中，企业间借贷利率 2013 年之前多以银行同期贷款利率为基准，2013 年后从平均年利率 9%上升至 2018 年的 15%，增幅明显。民间借贷的高额利率，是借款主体自身信用以及抗风险能力弱的市场化体现。大量得不到银行信贷支持的个人、民营企业、中小微企业转向民间融资市场寻求资金，民间借贷市场实际已成为我国多层次金融体系的重要组成部分。

（六）技术进步带来款项交付方式变化，电子转账达到八成。

8 年间，北京一中院受理的民间借贷案件，通过银行、支付宝、微信等转账汇款进行交付的案件从 2011 年的 145 件，占比 51. 79%，逐步上升至 2018 年的 623 件，占比 84. 99%。涉及全部或部分现金交付的案件占比从 2011 年的 48. 21%，降低至 2018 年的 15. 01%，已经不足两成。转账汇款占比上升，反映出技术进步对传统款项交付方式的改变，也与借款金额不断增加，当事人证据意识不断增强相关。

（七）涉夫妻共债案件先增后减，法律指引效果凸显。

北京一中院审理的民间借贷案件中，涉夫妻共同债务的案件从 2011 年的 21 件，逐步上升至 2017 年的 118 件，并达到顶峰，2018 年明显回落。案件数量的升降变化与 2018 年 1 月《最高人民法院关于审理涉及夫妻债务纠纷案件适用法律有关问题的解释》正式实施密切相关，随着司法解释对于涉夫妻共同债务的认定标准进一步明晰，当事人对是否属于夫妻共同债务的预期进一步加强，相关案件数量回落明显。

（八）涉刑案件频发，非诚信诉讼行为亟待规制。

民间借贷纠纷中涉嫌刑事犯罪的情况时有发生。北京一中院 8 年间受理的案件，当事人抗辩存在集资诈骗、非法暴力讨债等涉嫌刑事犯罪的案件 277 件，占比 9.24%。其中，8 年间以涉嫌刑事犯罪为由，移送案件 47 件。2018 年，移送以民间借贷为幌子的违法犯罪案件 5 件。此外，民间借贷案件中当事人虚假陈述、证人说谎、虚假诉讼、恶意诉讼等违背诚实信用原则的非诚信诉讼行为多发。此前北京一中院曾抽样分析了 2017 年 6 月审结的 32 件民间借贷案件，明显存在非诚信诉讼行为的 22 件，涉及非诚信行为问题的高达 68.75%，主要表现为双方对重要事实表述有严重出入，虚假陈述较为严重。

（九）网络借贷案件不断涌现，信息时代特色明显。

近年来，随着“互联网+”与社会各领域的深度融合，传统的民间借贷也以“网络借贷”的模式实现飞跃，相关的纠纷诉讼开始出现。北京一中院 2016 年开始受理第一起网络借贷案件后，2017 年受理 104 件，2018 年受理 163 件，数量呈现上升趋势。网络借贷案件带来了信息技术下当事人身份确认，电子证据固定、采集、审查等新问题，时代特色明显。随着今后网络借贷市场的整顿力度加大，必将产生大量难以清偿的不良贷款。可以预见在未来一段时间内，将有越来越多的网络借贷纠纷进入法院。

（十）二审调解撤诉率逐年降低，纠纷化解难度增大。

北京一中院二审调解撤诉案件占比，从 2011 年的 45.36%，逐步下降至 2018 年的 21.56%。二审调撤率降低，一方面与基层法院充分发挥纠纷化解功能、消解过滤掉大量简易案件有关，另一方面也与当前民间借贷市场呈现的借款金额高、借贷主体复杂多样、以营利为目的的商业行为特征突出等多因素交织相关。此外，随着网络借贷的发展及职业放贷人增多，非法集资、暴力讨债时有发生，容易引发涉众群体性纠纷，进一步加大了纠纷化解难度。

二、民间借贷案件十大审理难点

当前社会经济快速发展，社会矛盾复杂多样，加之“互联网+”与社会生活深度融合，尽管我国立法不断完善，司法实践经验持续积累，但民间借贷基本特点和社会治理过程中尚存在的一些问题投射到司法实践中，给民间借贷案件的审理工作带来诸多难点。

（一）个案客观事实查明难

民间借贷特有的盲目、无序、不规范等特点，造成事实查明难度大。分析北京一中院8年间审结的案件，当事人没有任何书面借款协议的案件达597余件，占比约19.92%。相当一部分当事人因为法律知识匮乏、证据意识淡薄，举证能力不足，无法提供借条、合同等能够证明借贷法律关系存在的凭证，法官作为裁判者，只能运用逻辑推理以及社会经验，去构建出一个基本“合情合理”的事实。此外，在实际生活中，借条、欠条因内容直观明确，经常被用作结算其他法律关系的凭证。当事人经常将买卖、合伙、赌博等其他行为形成的债权债务通过民间借贷的形式予以确认。基础法律事实的复杂，导致事实还原难度加大。法院在处理该类案件时，既要尊重当事人在经济生活中通过和解、清算达成的债权债务协议，以便简化举证责任，又要注重防范部分当事人以民间借贷形式掩盖非法交易行为，违背公序良俗，事实查明难度较大。

（二）类案裁判尺度统一难

2015年9月正式实施的《最高人民法院关于审理民间借贷案件适用法律若干问题的规定》中，对于民间借贷案件的认定、证据标准、利息计算以及其他具体问题进行了明确详细的规定，但由于民间借贷纠纷案件基数庞大，案件事实复杂多样，当事人举证能力存在差异，社会新情况新问题不断涌现，法官对法律事实认定裁量标准不同，法律规范仍在不断调整变化等多方面原因，客观上仍存在类案裁判尺度不统一的问题。

（三）恶意串通虚假诉讼甄别难

民间借贷一直是虚假诉讼的重灾区。正常的民事诉讼需要原被告双方进行“对抗”，通过不断举证来证明己方的主张，反驳对方，从而使案件事实得以明晰。但审判实践中，存在原被告双方对借贷事实的发生没有任何争议；对借贷发生的原因、时间、地点、款项来源、交付方式、款项去向等事实叙述不清；违背常理的巨额款项现金交付；出借人经济状况明显不具备出借能力，一方故意不出庭，等待法院缺席判决等异常情形，其真实目的在于骗取法院出具判决书、调解书。法官对于此类案件，通常处理为判决驳回当事人诉求。但如何找到确凿的证据证明双方恶意串通进行虚假诉讼而给予相应的处罚，是目前审理中面临的难点。

（四）“套路贷”违法犯罪行为确认难

“套路贷”是指以民间借贷为幌子，通过虚增债务、伪造证据等方式恶意侵占借款人房产、款项的违法犯罪行为。犯罪分子与借款人首先签订虚高的借款合同或阴阳合同，约定超高额利息，再利用借款人的迫切心理，虚假承诺、谎称交易惯例（如承诺虚高的部分不需要偿还、需要现金交纳保证金）制造款项交付的证据（如银行流水），最终使借款人实际收到的金额远小于表面“证据”上显示的金额。此外，他们还通过设置各种陷阱阻止借款人提前或按期还款，以此获取高额的违约金。由于民商事审判中事实查明手段的局限性，在个案中法官对于有明确的“借款合同”、有详细的“银行流水”，形成了证据优势的疑似“套路贷”犯罪行为，甄别难度较大。

（五）二审矛盾纠纷化解难

数据显示，北京一中院二审调解撤诉案件占比，从2011年的45.36%，逐步下降至2018年的21.56%，这从一个侧面反映出二审矛盾纠纷化解难度不断增大。其原因一是绝大多数争议不大、标的相对较小的纠纷已通过诉前多元调解和一审诉讼程序得到有效消解，进入二审程序的多为案件标的较大或双方冲突激烈的案件，矛盾缓和的空间已经很小。二是随着社会经济的发展，民间借贷日益成为投资理财的一种新渠道，由传统的熟人小圈子向不特定社会公众不断扩展，熟人社会的人情因素减少，借贷的营利性显著增强，客观上追求利益最大化（8年间有明确利息约定的案件从19.29%上升至68.08%，有利率顶格约定的案件从5.56%上升至2018年的63.33%）。三是出借方的法律意识和预判能力不断提高，债权转让渠道多样，种种原因导致调解、让步空间进一步缩小。

（六）企业间借贷司法规制难

企业以自有资金进行的临时性资金拆借，可以提高闲置资金的利用效率，对缓解企业融资难具有重要意义。但实践中也存在企业套取银行信贷又高利转贷、企业向单位员工集资后又转贷牟利，企业以借贷为主要业务进行经营性放贷扰乱金融监管秩序等亟待法律规制的行为。审判实践中的难点在于，企业是否进行高利转贷或经营性放贷的事实认定和举证责任分配，需要结合企业的注册资本、流动资金、款项来源、借贷数额、借款频率、利息约定、当事人关系、收益占比等因素综合考量。法官不但要掌握法律知识，还要了解财务知识，这在对法官的综合素质提出较高要求的同时，也客观上导致司法监管难度大的现状。

（七）职业放贷行为引导规范难

随着民间借贷市场的不断发展，近年来出现一些未取得金融监管部门批准，不具备发放贷款资质，但向社会不特定对象出借资金以赚取高额利息，出借行为具有营业性、经常性特点的单位，以及以放贷为其重要收入来源，经常性向不特定对象放贷并赚取高额利息的个人。北京一中院2018年审理的案件中，出借人涉诉10件以上的共有6起，其中，仅刘某某一人作为出借人的涉诉案件90件。按照法律规定，未经中国人民银行依法批准，任何单位和个人不得擅自设立金融机构或者擅自从事金融业务活动。职业放贷人其显著特点是以“民间借贷”的形式，行“银行业金融机构业务”之实，规避国家监管。其行为客观导致大量资金游离于国家金融监管体系之外，一定程度上影响了国家金融秩序的稳定。但由于目前立法层面对于职业放贷行为和职业放贷人群体没有专门的引导和规范，目前司法层面只能将疑似职业放贷人的放贷行为仍纳入民间借贷的范畴进行处理。应当如何界定个人职业放贷行为，能否认定其借款合同因违反法律规定而无效，如何加强对职业放贷人的监管规范成为目前司法实践中的难题。

（八）网络借贷案件处理难

信息化时代下，网络借贷兴起的同时，也产生大量新问题，给法院工作带来新挑战。一是不少平台合规性不足，接受债权转让、对外提供担保、自有资金池放贷等行为时有发生，非法集资与合法融资的判定界限模糊，造成刑民交叉法律问题突出。二是网络借贷涉及人数多，涉案金额大，一旦发生平台“爆雷”事件，将带来巨大的社会风险和金融风险。三是网络借贷民事纠纷数量巨大，一旦形成诉讼涌入法院，有限的司法资源如何消解海量纠纷成为当前面临的重要课题。四是在个案审判中，不断涌现出新问题亟待解决，如电子证据的采集、固定和真实性审查，网络平台作为第三方主体撮合借贷双方的交易收取高额管理费、服务费，在个案中是否存在变相突破利率限制的情形，等等。总之，在法律与政策之间，在刑事与民事之间，司法如何加强与行政机关联动，妥善维护各方合法利益，促进网贷市场健康发展，是当前法院面临的难题。

（九）金融创新与隐性借贷区别难

金融是实体经济的血脉。金融创新通过提供更具针对性的金融工具、金融服务、交易方式等，从数量和质量两方面满足了社会融资需求，具有重要意义。民间借贷24%的高利率上限，吸引了广泛的社会资金投入，不少模式打着金融创新的口号，规避政策监管，与民间借贷之间的界限日益模糊。如有的融资租赁中，只有资金往来，没有租赁物的交付；有的买卖贸易中，“走单、走票、不走货”，以贸易合同之名，行资金拆借之实；有的委托理财中，明显违反监管规定设定固定收益保本保息，以此吸引客户；有的私募基金名为合伙投资，实际利用第三方担保等方式变相承诺投资者高额收益；有的信托公司通过各种措施确保优先级受益人安全退出，劣后级受益人承担全部亏损，变相实现保本保息。形色各异的金融创新，混淆不同金融业务与借贷的界限，带来了政府部门监管难、法律纠纷处理难的问题。

（十）多层面法律问题交织认定难

我国目前涉及民间借贷的法律规范主要见于《中华人民共和国民法总则》《中华人民共和国合同法》及《最高人民法院关于审理民间借贷案件适用法律若干问题的规定》，此外具体案件中存在大量与《中华人民共和国物权法》《中华人民共和国担保法》《中华人民共和国婚姻法》《中华人民共和国刑法》等各部门法的交叉问题。有的民间借贷案件涉及是否属于夫妻共同债务的认定问题，需要对家庭日常生活作出合理判断。有的民间借贷案件涉及新型担保方式的认定问题，需要对让与担保等情形进行处理。还有不少案件与非法吸收公众存款、集资诈骗、非法经营等问题交织在一起，出现由同一法律事实或相互交叉的法律事实引发的不同刑事案件和民事案件，即产生民刑交叉问题。民刑交叉涉及民刑诉讼程序的协调与实体责任承担问题，是司法实践中的法律适用难点。

三、规范民间融资发展，优化营商环境十大创新机制

为加强对民间借贷案件的公正审理，保障各方当事人的合法权益，进一步降低民间资本流通成本，引导民间资本服务实体经济，维护规范有序的民间资本流通秩序，北京一中院深入贯彻平等保护理念，不断创新完善民间借贷审判工作十大机制，努力创造平等有序、充满活力的法治化营商环境：

（一）贯彻平等保护理念，助力优化营商环境

在民间借贷案件审理过程中，坚持“依法保护、支持创新、守住红线”的原则，平等保护借贷双方的合法权利，不断降低民间资本流通成本。依法保护正常的生活性借贷和临时性资金拆借，严格规制生产经营性企业从事经常性放贷业务扰乱市场监管秩序的行为，引导民间资本服务实体经济。支持金融创新行为，依法认定隐性借贷效力，坚决遏制交易平台、交易对手、交易模式以“创新”为名行高利贷之实的行为。严格执行24%的法定利率上限规定，严厉打击高利贷、“砍头息”等违法行为，对于各种以“违约金”“服务费”“中介费”“保证金”“延期费”等突破或变相突破法定利率红线的，依法不予保护，进一步优化营商环境。

（二）创新诉非衔接机制，加强民营企业保护

与北京多元调解发展促进会、民营企业产权保护调解室、“一带一路”国际商事调解中心等多家专业调解机构合作，创新完善诉非衔接机制。积极借助社会力量参与诉前、诉中矛盾多元化解，并对涉及民营企业、中小微企业的融资借贷类案件重点导入。2018年以来，委托第三方成功化解各类纠纷14件，涉及标的额22亿元。加大财产保全力度，努力实现“立保同步、保调对接、以保促调、以保促审、以保促执”。研发上线网上财产保全系统，实现当事人“最多来一次，一次就办成”的服务目标。2018年以来，作出财产保全案件284件，保全标的额223亿元。有效加强了民营企业、中小微企业的权益保护，取得了良好的法律效果和社会效果。

（三）创新多方协同治理机制，防范化解重大风险

积极将民间借贷纠纷的处理融入国家治理体系。充分发挥审判职能，总结民间借贷案件“风控嵌入式五步裁判法”，建立从立案到宣判的全流程风险防范机制，依法打击以金融创新为名规避政策监管、资金转贷套利的行为，对于涉嫌非法吸收公众存款或集资诈骗的依法追究刑事责任。提炼“套路贷”案件“12345”甄别工作法对2013年来审结的全部2686件民间借贷案件开展“拉网式”排查，排查出可疑案件162件，相关案件线索及时向公安机关移送。与市扫黑办建立涉黑涉恶线索定期会商工作机制，及时研判诉讼中发现的涉黑涉恶线索和新情况新问题，并定期报送典型案例。调研审判实践中的多发问题，积极向全国人大法工委建议，把借款合同区分一般性借贷和经营性借贷，相关观点得到代表关注，参与国务院参事室经济研究中心的重点调研课题，就府院联动下的网络借贷风险防范机制开展调研。

（四）完善虚假诉讼惩治机制，助推社会诚信体系建设

正面引导与依法惩治相结合，探索实行签署诚信诉讼保证书、当事人本人出庭、证人出庭作证等制度措施，防范虚假诉讼。要求诉讼当事人庭前签署诚信诉讼保证书，做到“庭前签、当庭读、庭后究”。针对当事人本人出庭率低的问题，通过释明举证责任，积极引导当事人出庭。针对证人证言采信率低的问题，严格落实民诉法证人出庭制度，进行交叉询问，多次询问，确保证人证言经得起法律检验。积极制定、规范虚假诉讼案件处理流程，对已查明的虚假诉讼、恶意诉讼，情节轻微未造成严重后果的，进行当庭训诫、批评教育，并记入庭审笔录或在裁判文书中予以说明，对于情节严重，造成对方当事人权益损失及司法资源浪费的行为，依法给予罚款、拘留等处罚。

（五）完善庭审要素式审查机制，推动解决事实查明难

将庭上审查指引与庭下主动调查相结合，实现重要事实查明全覆盖。庭审中坚持对借贷发生的原因、款项来源、交付情况、借贷双方关系等民间借贷纠纷的核心要素进行全面审查，针对部分案件当事人举证能力不足的问题，进行有效诉讼指引，形成实质性庭审抗辩。同时对于当事人因客观原因无法获取的证据，依法进行调查取证，弥补当事人举证能力短板。2017年，北京一中院牵头制定《北京市法院民间借贷纠纷办案规范》，规范全文13660字，涵盖民间借贷案件审理的法律关系、合同效力、合同履行、合同权利义务终止、违约责任、民刑交叉问题等6大方面68个关键点，相关成果已嵌入北京法院智慧云办案系统，有力促进了北京法院民间借贷案件审判的标准化、规范化。

（六）创新繁简分流机制，提高案件审判质效

探索在审理环节对民间借贷纠纷进行繁简分流，推行审判团队内部的“简案快审、难案精审”的差异化审理机制，优化司法资源配置。简单案件快排期、快庭审、快动笔、快结案；复杂案件精细化审理，打造具有示范引导意义的精品案件。积极探索电子送达方式，利用智能语音输入技术等信息化手段，不断提高诉讼效率，进一步压缩民间借贷案件审理周期。北京一中院 2018 年民间借贷纠纷平均审理时限为 47 天，比 2011 年的 62 天缩短 24%。

（七）完善案件规范化审理机制，促进裁判尺度统一

探索总结以“事实查明要素化”“裁判尺度规范化”“日常学习制度化”“类案排查前置化”“二审监督常态化”“难案办理精细化”为核心的案件规范化审理“标准六法”，旨在培育法官标准化思维，有效推进专业化审判，从而保障本院以及上下级法院裁判尺度的有机统一。依托智能检索系统、中国裁判文书网，在案件分配后对疑难复杂案件进行全面检索，对于类案、关联案充分考虑前案判决，确保前后案件之间、上下级法院之间、审理案件的合议庭之间裁判尺度统一。探索完善法官会议召开形式，尝试邀请专家参与新类型、复杂疑难性民间借贷案件的研讨，碰撞智慧火花。推行涉刑案件联动识别防范机制，与辖区法院定期会商，通报疑似涉刑案件情况，确保一二审裁判尺度统一。

（八）创新诉讼全流程化解机制，努力消除矛盾纠纷

始终贯彻“纠纷全流程化解”原则，不断加强和重视调撤工作，修复社会裂痕，缓和社会矛盾，促进纠纷解决的法律效果与社会效果相统一。对于熟人之间的民间借贷纠纷，在查明事实的基础上优先调解、重点调解，努力促成当事人和解。2011—2018 年案件平均调撤率 34.44%。高度重视调解案件的执结工作，在案件调解后多渠道督促当事人及时履行调解义务，彻底消除矛盾纠纷，2018 年调解执结率 40%左右。同时，进一步加强与互联网金融协会的调研合作，探索网络平台良性退出后的海量纠纷第三方化解机制。

（九）完善专业化人才培养机制，打造特色审判团队

北京一中院民三庭自 2011 年 8 月开始集中审理民间借贷纠纷案件，近年来，随着司改的不断深入，进一步成立“融资借贷”审判团队，通过案件的专业化审判，培养出一支具有丰富民间借贷案件审判经验的法官队伍。积极参与编写出版学术专著《民间借贷案件裁判要点与观点》一书，在《人民司法》《北京审判》《中国法院年度案例》等期刊发表文章百余篇。多名干警荣获“北京市模范法官”“北京青年岗位能手”

“北京市司法业务技能标兵”等称号，多名干警在全国法院学术论文讨论会中斩获奖项。

（十）创新服务型审判延伸机制，积极回应社会需求

充分发挥民三庭“全国青年文明号”“首都学雷锋志愿示范岗”的服务职能，立足岗位特点，为社会提供有针对性的法律服务，不断延伸审判职能。对民间借贷典型案件的开庭和宣判进行庭审直播，通过媒体的报道让每一次庭审都成为普及法律知识的公开课。结合社会热点开展普法宣传，讲授网络公开课，录制“套路贷”普法短视频，发布民间借贷典型案例等，多渠道阐述民间借贷纠纷中的法律问题。送法下社区、入学校、进企业，开展有针对性的定制化普法服务。为公众答疑解惑，了解企业对司法服务保障的实际需求，解答企业所遇到的融资借贷风险防范等法律问题。

四、民间借贷风险防范十项提示

民间借贷纠纷的大量发生，与当事人法律意识、证据意识、合规意识不强密切相关，结合民间借贷合同从磋商、订立到履行、救济的全过程，北京一中院为出借方、借款方和网络平台三方梳理出防范民间借贷风险的十项提示。

（一）核实身份信息，双向资质审查

民间借贷应当注意核实相对方的身份信息，确保交易安全。一是个人间借贷，尤其是经中间人介绍的陌生人借贷，要核实相对方的身份信息，防止冒用，并尽可能保留对方的身份证复印件。二是企业间借贷，应当确认相对方的营业执照及工商登记信息，审查经办人是否有权代办借贷事宜。三是通过平台的网络借贷，应当注意平台的合法合规情况，重点审查平台是否经过备案，资金是否由银行存管，是否依法依规及时进行信息披露。

（二）规范合同约定，避免产生歧义

形成一份形式完备、内容清晰的书面协议，可以最大限度降低纠纷风险。一是双方达成借款合意时应当有正式的借条、借款合同等书面凭证，凭证上要注明当事人信息、借款本金、利息、期限、用途、违约责任等内容，防止因借条内容不规范产生纠纷。二是合同用语要简练、清晰，避免歧义，数字金额尽可能采取大写形式。三是因多次结算产生多份借条、协议时，应当注意及时更换；对于因其他法律关系产生的债权债务转化为民间借贷，应当注明来龙去脉。四是妥善保管原件，避免毁损和丢失。

（三）严格款项交付，降低举证风险

款项是否交付是产生纠纷时审查的重点，借贷双方应当严格款项交付形式，注意

保存证据。一是出借款项或归还款项应当尽量通过银行、支付宝、微信等有据可查的转账形式，并注明转款原因，避免现金交付。二是采取现金交付时可邀请见证人见证，注明现金交付过程，各方签字确认。也可以进行录音、录像，注意保证声音、图像的完整、清晰。三是款项交付的双方应为借款人和出借人本人，其他人代理的应当具有授权。

（四）妥善设定担保，采取增信措施

对于大额的个人间借贷、企业间借贷，要注重采取增信措施，通过设定担保，降低违约风险。一是采取保证方式担保的，要注重审查担保人的担保能力，明确保证期间及保证范围。二是对于以房产、机动车、股权等进行担保的，除签订合同外，要及时办理抵押、质押登记手续，依法设立担保物权。三是为避免产生涉及夫妻债务的纠纷，出借人可以要求借款人配偶在借条上签字确认借款。

（五）警惕高息诱惑，保障资金安全

当前，民间借贷已经成为社会理财的重要途径之一，高息成了民间借贷市场的标配。作为出借方，一是树立理性投资意识，充分认识高收益带来的高风险。多了解、勤调查、交叉验证，不轻信盲从，做理性的借贷、投资人。二是要自觉抵制高息诱惑，对宣传高额回报、快速致富，保证本息无忧的借贷要提高警惕。三是提高对非法集资等犯罪的识别能力，防范法律风险。

（六）防范借款套路，避免上当受骗

近年来，出现了以民间借贷为幌子的“套路贷”违法犯罪行为，严重侵害人民群众合法权益。作为借款方，应当擦亮眼睛，谨防套路：一是了解套路手段，减少风险。套路贷往往通过“虚增债务”“伪造证据”“收取高额费用”“层层平账”“软硬暴力讨债”等方式非法侵占财物。二是借款时要对不合常理的做法提高警惕。如发现放款人通过各种手段使自己实际收到的借款金额远小于表面证据上显示的金额（如银行转账后要求现金收回全部或大部分资金），要擦亮眼睛。三是发现自己可能涉嫌被“套路贷”的，及时寻求法律救济。

（七）恪守彼此承诺，积极履行义务

“君子一言，驷马难追”，诚信是社会主义核心价值观之一。借贷双方应当恪守诚信，依法积极履行各自义务。一是出借方要积极履行放款义务，按时足额放款，遵守国家利率规定，严禁“砍头息”，不变相发放高利贷。二是借款方要合理使用借款，积极履行还款义务，按时足额还款，不恶意拖延，不搞失踪失联。三是产生纠纷时要积极协商，努力化解纠纷，实现共赢。

（八）合理合法讨债，自觉理性维权

合理合法讨债，是法律和道德赋予债权人的权利，也是债权人应当承担的义务。一是讨债手段要合法合理，一方面要符合法律规定，不碰触法律底线；另一方面要坚守道德底线，自觉维护社会公德。二是理性维权，不采用暴力、胁迫、侵害他人名誉或隐私等身心健康的讨债手段。三是树立法律维权意识，善于运用法律武器维护自身合法权益。

（九）依法诚信诉讼，维护法律尊严

依法诚信诉讼，自觉维护法律尊严，是诉讼参与人的法定义务。一是依法参与诉讼活动，遵守法庭秩序和规则。二是不杜撰事实，不隐瞒事实，不作虚假陈述，不利用诉讼程序恶意转移财产，损害第三方利益。三是依法行使权利，不滥用诉权，不恶意拖延诉讼进行。四是法庭要求当事人本人出庭的要及时出庭说明情况，对自己提出的主张及时提供证据。五是自觉履行发生法律效力的裁判文书，维护法律尊严。

（十）贯彻服务理念，维护市场发展

随着网络借贷的发展，网络借贷平台成为维护借贷市场发展的一支重要力量。一是严格遵守业务活动各项规定，合法合规开展业务。二是贯彻服务理念，提供优质的信息交互、借贷撮合服务。三是为借贷双方积极提供沟通渠道，妥善处理纠纷。四是规范服务费、居间费的收取，形成业内良性竞争，促进借贷市场健康发展。

浩渺行无极，扬帆但信风。未来，北京一中院将继续以服务实体经济为宗旨，围绕经济社会发展大局，深入了解社会多元化融资需求，引导民间资本服务实体经济发展；持续推进民间借贷案件审判专业化建设，加强对民间借贷新情况新问题的调查研究，紧跟民间借贷市场发展趋势，探索当前背景下新型纠纷解决途径，为推动首都经济健康发展、优化营商法治环境，维护首都和谐稳定提供更加优质的服务、更加有力的保障！

深圳市中级人民法院民间借贷纠纷案件审理要点和裁判标准

深圳市中级人民法院关于印发《深圳市中级人民法院民间借贷纠纷案件审理要点和裁判标准》的通知

（深中法发〔2019〕4号）

各区法院、中院相关业务部门：

为明确民间借贷纠纷案件审理要点和裁判标准，经审委会讨论通过了《深圳市中级人民法院民间借贷纠纷案件审理要点和裁判标准》，请遵照执行。

特此通知。

深圳市中级人民法院

2019年4月11日

第一章　常见请求权基础

一、借款返还请求权

《中华人民共和国合同法》第二百零六条

借款人应当按照约定的期限返还借款。对借款期限没有约定或者约定不明确，依照本法第六十一条的规定仍不能确定的，借款人可以随时返还；贷款人可以催告借款人在合理期限内返还。

二、利息支付请求权

《中华人民共和国合同法》第二百零七条

借款人未按照约定的期限返还借款的，应当按照约定或者国家有关规定支付逾期利息。

三、一般保证责任请求权

《中华人民共和国担保法》第十七条第一款

当事人在保证合同中约定，债务人不能履行债务时，由保证人承担保证责任的，为一般保证。

四、连带保证责任请求权

《中华人民共和国担保法》第十八条第一款

当事人在保证合同中约定保证人与债务人对债务承担连带责任的，为连带责任保证。

《中华人民共和国担保法》第十九条

当事人对保证方式没有约定或者约定不明确的，按照连带责任保证承担保证责任。

五、抵押权请求权

《中华人民共和国物权法》第一百七十九条第一款

为担保债务的履行，债务人或者第三人不转移财产的占有，将该财产抵押给债权人的，债务人不履行到期债务或者发生当事人约定的实现抵押权的情形，债权人有权就该财产优先受偿。

六、动产质权请求权

《中华人民共和国物权法》第二百零八条第一款

为担保债务的履行，债务人或者第三人将其动产出质给债权人占有的，债务人不履行到期债务或者发生当事人约定的实现质权的情形，债权人有权就该动产优先受偿。

七、夫妻共同债务请求权

《中华人民共和国婚姻法》第四十一条

离婚时，原为夫妻共同生活所负的债务，应当共同偿还。共同财产不足清偿的，或财产归各自所有的，由双方协议清偿；协议不成时，由人民法院判决。

第二章　基本要素事实及关联规范

一、借贷主体及法律关系

1.《最高人民法院关于审理民间借贷案件适用法律若干问题的规定》第一条

本规定所称的民间借贷，是指自然人、法人、其他组织之间及其相互之间进行资金融通的行为。

经金融监管部门批准设立的从事贷款业务的金融机构及其分支机构，因发放贷款等相关金融业务引发的纠纷，不适用本规定。

2.《最高人民法院关于审理民间借贷案件适用法律若干问题的规定》第十五条

原告以借据、收据、欠条等债权凭证为依据提起民间借贷诉讼，被告依据基础法律关系提出抗辩或者反诉，并提供证据证明债权纠纷非民间借贷行为引起的，人民法院应当依据查明的案件事实，按照基础法律关系审理。

当事人通过调解、和解或者清算达成的债权债务协议，不适用前款规定。

3.《最高人民法院关于审理民间借贷案件适用法律若干问题的规定》第十七条

原告仅依据金融机构的转账凭证提起民间借贷诉讼，被告抗辩转账系偿还双方之前借款或其他债务，被告应当对其主张提供证据证明。被告提供相应证据证明其主张后，原告仍应就借贷关系的成立承担举证证明责任。

4.《最高人民法院关于审理民间借贷案件适用法律若干问题的规定》第二十三条

企业法定代表人或负责人以企业名义与出借人签订民间借贷合同，出借人、企业或者其股东能够证明所借款项用于企业法定代表人或负责人个人使用，出借人请求将企业法定代表人或负责人列为共同被告或者第三人的，人民法院应予准许。

企业法定代表人或负责人以个人名义与出借人签订民间借贷合同，所借款项用于企业生产经营，出借人请求企业与个人共同承担责任的，人民法院应予支持。

二、借贷形式及主要条款

1.《中华人民共和国合同法》第一百九十七条

借款合同采用书面形式，但自然人之间借款另有约定的除外。

借款合同的内容包括借款种类、币种、用途、数额、利率、期限和还款方式等条款。

2.《最高人民法院关于审理民间借贷案件适用法律若干问题的规定》第二条

出借人向人民法院起诉时，应当提供借据、收据、欠条等债权凭证以及其他能够证明借贷法律关系存在的证据。

当事人持有的借据、收据、欠条等债权凭证没有载明债权人，持有债权凭证的当事人提起民间借贷诉讼的，人民法院应予受理。被告对原告的债权人资格提出有事实依据的抗辩，人民法院经审理认为原告不具有债权人资格的，裁定驳回起诉。

三、合同生效

1.《中华人民共和国合同法》第二百一十条

自然人之间的借款合同，自贷款人提供借款时生效。

2.《最高人民法院关于审理民间借贷案件适用法律若干问题的规定》第九条

具有下列情形之一，可以视为具备合同法第二百一十条关于自然人之间借款合同的生效要件：

（一）以现金支付的，自借款人收到借款时；

（二）以银行转账、网上电子汇款或者通过网络贷款平台等形式支付的，自资金到达借款人账户时；

（三）以票据交付的，自借款人依法取得票据权利时；

（四）出借人将特定资金账户支配权授权给借款人的，自借款人取得对该账户实际支配权时；

（五）出借人以与借款人约定的其他方式提供借款并实际履行完成时。

3.《最高人民法院关于审理民间借贷案件适用法律若干问题的规定》第十条

除自然人之间的借款合同外，当事人主张民间借贷合同自合同成立时生效的，人民法院应予支持，但当事人另有约定或者法律、行政法规另有规定的除外。

四、合同的有效性

1.《中华人民共和国合同法》第五十二条

有下列情形之一的，合同无效：

（一）一方以欺诈、胁迫的手段订立合同，损害国家利益；

（二）恶意串通，损害国家、集体或者第三人利益；

（三）以合法形式掩盖非法目的；

（四）损害社会公共利益；

（五）违反法律、行政法规的强制性规定。

2.《中华人民共和国合同法》第五十四条

下列合同，当事人一方有权请求人民法院或者仲裁机构变更或者撤销：

（一）因重大误解订立的；

（二）在订立合同时显失公平的。

一方以欺诈、胁迫的手段或者乘人之危，使对方在违背真实意思的情况下订立的合同，受损害方有权请求人民法院或者仲裁机构变更或者撤销。

当事人请求变更的，人民法院或者仲裁机构不得撤销。

3.《最高人民法院关于审理民间借贷案件适用法律若干问题的规定》第十一条

法人之间、其他组织之间以及它们相互之间为生产、经营需要订立的民间借贷合同，除存在合同法第五十二条、本规定第十四条规定的情形外，当事人主张民间借贷合同有效的，人民法院应予支持。

4.《最高人民法院关于审理民间借贷案件适用法律若干问题的规定》第十二条

法人或者其他组织在本单位内部通过借款形式向职工筹集资金，用于本单位生产、经营，且不存在合同法第五十二条、本规定第十四条规定的情形，当事人主张民间借贷合同有效的，人民法院应予支持。

5.《最高人民法院关于审理民间借贷案件适用法律若干问题的规定》第十四条

具有下列情形之一，人民法院应当认定民间借贷合同无效：

（一）套取金融机构信贷资金又高利转贷给借款人，且借款人事先知道或者应当知道的；

（二）以向其他企业借贷或者向本单位职工集资取得的资金又转贷给借款人牟利，且借款人事先知道或者应当知道的；

（三）出借人事先知道或者应当知道借款人借款用于违法犯罪活动仍然提供借款的；

（四）违背社会公序良俗的；

（五）其他违反法律、行政法规效力性强制性规定的。

五、合同的履行

1.《中华人民共和国合同法》第二百条

借款的利息不得预先在本金中扣除。利息预先在本金中扣除的，应当按照实际借款数额返还借款并计算利息。

2.《最高人民法院关于审理民间借贷案件适用法律若干问题的规定》第十六条

原告仅依据借据、收据、欠条等债权凭证提起民间借贷诉讼，被告抗辩已经偿还借款，被告应当对其主张提供证据证明。被告提供相应证据证明其主张后，原告仍应就借贷关系的成立承担举证证明责任。

被告抗辩借贷行为尚未实际发生并能作出合理说明，人民法院应当结合借贷金额、款项交付、当事人的经济能力、当地或者当事人之间的交易方式、交易习惯、当事人财产变动情况以及证人证言等事实和因素，综合判断查证借贷事实是否发生。

3.《最高人民法院关于审理民间借贷案件适用法律若干问题的规定》第二十六条

借贷双方约定的利率未超过年利率24%，出借人请求借款人按照约定的利率支付利息的，人民法院应予支持。

借贷双方约定的利率超过年利率36%，超过部分的利息约定无效。借款人请求出借人返还已支付的超过年利率36%部分的利息的，人民法院应予支持。

六、借贷的担保

1.《中华人民共和国担保法》第十五条

保证合同应当包括以下内容：

（一）被保证的主债权种类、数额；

（二）债务人履行债务的期限；

（三）保证的方式；

（四）保证担保的范围；

（五）保证的期间；

（六）双方认为需要约定的其他事项。

保证合同不完全具备前款规定内容的，可以补正。

2.《最高人民法院关于适用〈中华人民共和国担保法〉若干问题的解释》第八条

主合同无效而导致担保合同无效，担保人无过错的，担保人不承担民事责任；担保人有过错的，担保人承担民事责任的部分，不应超过债务人不能清偿部分的三分之一。

3.《最高人民法院关于审理民间借贷案件适用法律若干问题的规定》第二十一条

他人在借据、收据、欠条等债权凭证或者借款合同上签字或者盖章，但未表明其保证人身份或者承担保证责任，或者通过其他事实不能推定其为保证人，出借人请求其承担保证责任的，人民法院不予支持。

4.《最高人民法院关于审理民间借贷案件适用法律若干问题的规定》第二十二条

借贷双方通过网络贷款平台形成借贷关系，网络贷款平台的提供者仅提供媒介服务，当事人请求其承担担保责任的，人民法院不予支持。

网络贷款平台的提供者通过网页、广告或者其他媒介明示或者有其他证据证明其为借贷提供担保，出借人请求网络贷款平台的提供者承担担保责任的，人民法院应予支持。

5.《最高人民法院关于审理民间借贷案件适用法律若干问题的规定》第二十四条

当事人以签订买卖合同作为民间借贷合同的担保，借款到期后借款人不能还款，出借人请求履行买卖合同的，人民法院应当按照民间借贷法律关系审理，并向当事人释明变更诉讼请求。当事人拒绝变更的，人民法院裁定驳回起诉。

按照民间借贷法律关系审理作出的判决生效后，借款人不履行生效判决确定的金钱债务，出借人可以申请拍卖买卖合同标的物，以偿还债务。就拍卖所得的价款与应偿还借款本息之间的差额，借款人或者出借人有权主张返还或补偿。

6.《中华人民共和国物权法》第一百八十条

债务人或者第三人有权处分的下列财产可以抵押：

（一）建筑物和其他土地附着物；

（二）建设用地使用权；

（三）以招标、拍卖、公开协商等方式取得的荒地等土地承包经营权；

（四）生产设备、原材料、半成品、产品；

（五）正在建造的建筑物、船舶、航空器；

（六）交通运输工具；

（七）法律、行政法规未禁止抵押的其他财产。

抵押人可以将前款所列财产一并抵押。

7.《中华人民共和国物权法》第一百八十五条

设立抵押权，当事人应当采取书面形式订立抵押合同。

抵押合同一般包括下列条款：

（一）被担保债权的种类和数额；

（二）债务人履行债务的期限；

（三）抵押财产的名称、数量、质量、状况、所在地、所有权归属或者使用权归属；

（四）担保的范围。

8.《中华人民共和国物权法》第一百八十七条

以本法第一百八十条第一款第一项至第三项规定的财产或者第五项规定的正在建造的建筑物抵押的，应当办理抵押登记。抵押权自登记时设立。

9.《中华人民共和国物权法》第二百一十条

设立质权，当事人应当采取书面形式订立质权合同。

质权合同一般包括下列条款：

（一）被担保债权的种类和数额；

（二）债务人履行债务的期限；

（三）质押财产的名称、数量、质量、状况；

（四）担保的范围；

（五）质押财产交付的时间。

七、夫妻共同债务

1.《中华人民共和国婚姻法》第十九条

夫妻可以约定婚姻关系存续期间所得的财产以及婚前财产归各自所有、共同所有或部分各自所有、部分共同所有。约定应当采用书面形式。没有约定或约定不明确的，适用本法第十七条、第十八条的规定。

夫妻对婚姻关系存续期间所得的财产以及婚前财产的约定，对双方具有约束力。

夫妻对婚姻关系存续期间所得的财产约定归各自所有的，夫或妻一方对外所负的债务，第三人知道该约定的，以夫或妻一方所有的财产清偿。

2.《中华人民共和国婚姻法》第四十一条

离婚时，原为夫妻共同生活所负的债务，应当共同偿还。共同财产不足清偿的，或财产归各自所有的，由双方协议清偿；协议不成时，由人民法院判决。

3.《最高人民法院关于审理涉及夫妻债务纠纷案件适用法律有关问题的解释》第一条

夫妻双方共同签字或者夫妻一方事后追认等共同意思表示所负的债务，应当认定为夫妻共同债务。

4.《最高人民法院关于审理涉及夫妻债务纠纷案件适用法律有关问题的解释》第二条

夫妻一方在婚姻关系存续期间以个人名义为家庭日常生活需要所负的债务，债权人以属于夫妻共同债务为由主张权利的，人民法院应予支持。

5.《最高人民法院关于审理涉及夫妻债务纠纷案件适用法律有关问题的解释》第三条

夫妻一方在婚姻关系存续期间以个人名义超出家庭日常生活需要所负的债务，债权人以属于夫妻共同债务为由主张权利的，人民法院不予支持。但债权人能够证明该债务用于夫妻共同生活、共同生产经营或者基于夫妻共同意思表示的除外。

民间借贷纠纷案件裁判要素表

序号	审理要点	关联规范
1	借贷主体及法律关系	《最高人民法院关于审理民间借贷案件适用法律若干问题的规定》第一条、第十五条、第十七条、第二十三条
2	借贷形式及主要条款	《中华人民共和国合同法》第一百九十七条、《最高人民法院关于审理民间借贷案件适用法律若干问题的规定》第二条
3	合同生效	《中华人民共和国合同法》第二百一十条、《最高人民法院关于审理民间借贷案件适用法律若干问题的规定》第九条、第十条
4	合同的有效性	《中华人民共和国合同法》第五十二条、第五十四条，《最高人民法院关于审理民间借贷案件适用法律若干问题的规定》第十一条、第十二条、第十四条
5	合同的履行	《中华人民共和国合同法》第二百条，《最高人民法院关于审理民间借贷案件适用法律若干问题的规定》第十六条、第二十六条
6	借贷的担保	《中华人民共和国担保法》第十五条，《最高人民法院关于适用〈中华人民共和国担保法〉若干问题的解释》第八条，《最高人民法院关于审理民间借贷案件适用法律若干问题的规定》第二十一条、第二十二条、第二十四条，《中华人民共和国物权法》第一百八十条、第一百八十五条、第一百八十七条、第二百一十条
7	夫妻共同债务	《中华人民共和国婚姻法》第十九条、第四十一条，《最高人民法院关于审理涉及夫妻债务纠纷案件适用法律有关问题的解释》第一条、第二条、第三条

第三章　主要争议问题及裁判标准

一、民间借贷法律关系的认定问题

（一）小额贷款公司放贷是否属于民间借贷的认定问题

裁判依据：

《最高人民法院关于审理民间借贷案件适用法律若干问题的规定》第一条

本规定所称的民间借贷，是指自然人、法人、其他组织之间及其相互之间进行资金融通的行为。

经金融监管部门批准设立的从事贷款业务的金融机构及其分支机构，因发放贷款等相关金融业务引发的纠纷，不适用本规定。

裁判标准：

小额贷款公司是由自然人、企业法人或其他社会组织投资设立，不吸收公众存款，经政府金融主管部门批准设立并持有金融贷款业务经营牌照，专门从事贷款发放的非金融机构法人，尚不属于正规金融机构的范畴。根据中国银行保险监督管理委员会、中国人民银行于 2008 年 5 月 4 日联合发布的《关于小额贷款公司试点的指导意见》中就小额贷款公司在贷款利率方面作出的不得超过司法部门规定上限的指导意见，《最高人民法院关于审理民间借贷案件适用法律若干问题的规定》中关于利率的规制应当适用于小额贷款公司。

（二）因其他法律关系出具借据是否属于民间借贷的认定问题

裁判依据：

《最高人民法院关于审理民间借贷案件适用法律若干问题的规定》第十五条

原告以借据、收据、欠条等债权凭证为依据提起民间借贷诉讼，被告依据基础法律关系提出抗辩或者反诉，并提供证据证明债权纠纷非民间借贷行为引起的，人民法院应当依据查明的案件事实，按照基础法律关系审理。

当事人通过调解、和解或者清算达成的债权债务协议，不适用前款规定。

裁判标准：

情形一（上述法条第一款的适用）：

债权人以欠条为依据主张双方存在民间借贷法律关系，债务人辩称该欠条形成是因为双方之间存在买卖合同关系，欠条仅为对尚欠货款数额的确认，不影响债务人就债权人所售货物存在质量问题的抗辩，并为此提供了买卖合同、订货单、检验报告等证据予以证明的，如债权人确认双方纠纷非民间借贷行为所引起，亦无证据显示债务人放弃了其作为买受人依法享有的合同权利，应认定双方之间为买卖合同关系，按照买卖合同纠纷审理；如债权人否认纠纷系由非民间借贷行为引起，坚持主张双方为民间借贷法律关系的，应当继续按照民间借贷纠纷审理，按照相应的法律规定分配各方的举证责任。

情形二（上述法条第二款的适用）：

双方当事人原本存在买卖合同关系，但在债权人履行合同约定的交货义务后，债务人超出合理的验货期限未就货物质量提出异议，但一直拖欠债权人货款。双方当事人对账后对就欠付货款的金额、支付时间、逾期利率等达成一致意见，通过债务人向债权人出具欠条的方式确认债务，可以按照民间借贷纠纷案件进行审理。

二、民间借贷纠纷的管辖适用

（一）民间借贷纠纷中合同履行地的确定

裁判依据：

《中华人民共和国民事诉讼法》第二十三条

因合同纠纷提起的诉讼，由被告住所地或者合同履行地人民法院管辖。

《最高人民法院关于适用〈中华人民共和国民事诉讼法〉的解释》第十八条

合同对履行地点没有约定或者约定不明确，争议标的为给付货币的，接收货币一方所在地为合同履行地；交付不动产的，不动产所在地为合同履行地；其他标的，履行义务一方所在地为合同履行地。即时结清的合同，交易行为地为合同履行地。合同没有实际履行，当事人双方住所地都不在合同约定的履行地的，由被告住所地人民法院管辖。

裁判标准：

民间借贷纠纷，按合同纠纷适用管辖规定。因合同纠纷提起的诉讼，由被告住所地或者合同履行地人民法院管辖。合同约定履行地点的，以约定的履行地点为合同履行地。合同对履行地点没有约定或者约定不明确，争议标的为给付货币的，接收货币一方所在地为合同履行地。如原告起诉被告要求其返还借款本息，争议标的为给付货币，原告系接收货币一方，其所在地即为合同履行地，故原告住所地人民法院作为合同履行地人民法院对该案具有管辖权。

（二）民间借贷合同中管辖协议效力的认定

裁判依据：

《中华人民共和国民事诉讼法》第三十四条

合同或者其他财产权益纠纷的当事人可以书面协议选择被告住所地、合同履行地、合同签订地、原告住所地、标的物所在地等与争议有实际联系的地点的人民法院管辖，但不得违反本法对级别管辖和专属管辖的规定。

裁判标准：

若涉案民间借贷合同中双方约定了管辖协议，人民法院应根据上条规定对该协议效力作出审查。若涉案管辖协议或条款选择的人民法院与该案争议不具有实际联系，则应认定该协议无效，而按照法律规定来确定该案争议的管辖法院。

三、民间借贷关系是否成立问题

（一）仅依据债权凭证主张民间借贷关系成立的认定问题

裁判依据：

《最高人民法院关于审理民间借贷案件适用法律若干问题的规定》第十六条

原告仅依据借据、收据、欠条等债权凭证提起民间借贷诉讼，被告抗辩已经偿还借款，被告应当对其主张提供证据证明。被告提供相应证据证明其主张后，原告仍应就借贷关系的成立承担举证证明责任。

被告抗辩借贷行为尚未实际发生并能作出合理说明，人民法院应当结合借贷金额、款项交付、当事人的经济能力、当地或者当事人之间的交易方式、交易习惯、当事人财产变动情况以及证人证言等事实和因素，综合判断查证借贷事实是否发生。

裁判标准：

债务人抗辩已经偿还借款的，应当就其偿还借款的事实承担举证责任。债权人主张以现金方式交付，债务人主张以现金方式偿还的情况，应当要求双方陈述借款的原因与交付款项的时间、地点等具体细节，同时结合借款金额与双方经济能力的对比度，综合考虑双方陈述的可信度。如借款金额并非特别巨大，债权人的陈述亦不存在有违常理之处，而债务人又无法就其已经偿还借款、债权人却仍持有有效的债权凭证的事实作出合理的解释，应当判决支持债权人的诉讼请求。

债务人抗辩借款未实际支付的，应当由其作出合理的说明并承担举证责任。债务人的抗辩理由和举证无法使审判人员形成充分的内心确信的，应当支持债权人的诉讼请求。

对于债务人经合法程序送达，一审未应诉答辩的情况，人民法院应对债权凭证进行形式审查（借款人是否明确、借款金额及借款期限是否明确约定等），同时要求债权人陈述借款的发生经过与借款支付的时间、地点等细节。如原告提交的债权凭证并无明显形式上的瑕疵，其陈述事实也没有明显的可疑之处、基本符合常理的，应当认定原告已经尽到了证明借贷关系成立的举证责任，被告未应诉答辩依法视为放弃举证、抗辩权，人民法院应当支持原告的诉讼请求。

（二）仅依据金融机构的转账凭证主张民间借贷关系成立的认定问题

裁判依据：

《最高人民法院关于审理民间借贷案件适用法律若干问题的规定》第十七条

原告仅依据金融机构的转账凭证提起民间借贷诉讼，被告抗辩转账系偿还双方之前借款或其他债务，被告应当对其主张提供证据证明。被告提供相应证据证明其主张后，原告仍应就借贷关系的成立承担举证证明责任。

《最高人民法院关于民事诉讼证据的若干规定》第五条第一款

在合同纠纷案件中，主张合同关系成立并生效的一方当事人对合同订立和生效的事实承担举证责任；主张合同关系变更、解除、终止、撤销的一方当事人对引起合同关系变动的事实承担举证责任。

裁判标准：

债权人为证明双方存在借款关系，提交了相关银行转账凭证，并对未要求借款人出具借条作出了合理解释，此时如债务人抗辩称所收款项实为偿还双方之前的借款或其他债务，应当尽其所能地提交证据予以证明。当债务人的举证能够达到使法官对涉案转账款项为借款产生怀疑的程度时，应由债权人继续承担证明双方之间存在借贷合意而非债务人所述其他经济往来的举证责任。

对于债务人经合法程序送达，一审未应诉答辩的情况，人民法院应询问债权人与债务人的关系、职业，借款的原因、用途，为何不要求对方出具借据等事实。如其陈述事实没有明显的可疑之处、基本符合常理的，应当认定原告已经尽到了证明借贷关系成立的举证责任，被告未应诉答辩依法视为放弃举证、抗辩权，人民法院应当支持原告的诉讼请求。

四、民间借贷合同的效力问题

（一）企业之间签订的民间借贷合同是否有效的认定问题

裁判依据：

《最高人民法院关于审理民间借贷案件适用法律若干问题的规定》第十一条

法人之间、其他组织之间以及它们相互之间为生产、经营需要订立的民间借贷合同，除存在合同法第五十二条、本规定第十四条规定的情形外，当事人主张民间借贷合同有效的，人民法院应予支持。

《中华人民共和国合同法》第五十二条

有下列情形之一的，合同无效：

（一）一方以欺诈、胁迫的手段订立合同，损害国家利益；

（二）恶意串通，损害国家、集体或者第三人利益；

（三）以合法形式掩盖非法目的；

（四）损害社会公共利益；

（五）违反法律、行政法规的强制性规定。

《最高人民法院关于审理民间借贷案件适用法律若干问题的规定》第十四条

具有下列情形之一，人民法院应当认定民间借贷合同无效：

（一）套取金融机构信贷资金又高利转贷给借款人，且借款人事先知道或者应当知道的；

（二）以向其他企业借贷或者向本单位职工集资取得的资金又转贷给借款人牟利，且借款人事先知道或者应当知道的；

（三）出借人事先知道或者应当知道借款人借款用于违法犯罪活动仍然提供借款的；

（四）违背社会公序良俗的；

（五）其他违反法律、行政法规效力性强制性规定的。

裁判标准：

借贷双方虽然均为企业法人，但并无证据显示出借人是以经常放贷作为主要业务或者以此作为主要收入来源，同时借款人亦未提供充分证据证明涉案民间借贷行为存在《中华人民共和国合同法》第五十二条或者《最高人民法院关于审理民间借贷案件适用法律若干问题的规定》第十四条规定的情形，则民间借贷合同有效，双方应当依照合同约定履行义务。

（二）自然人从银行贷款后转贷牟利是否无效的认定问题

裁判依据：

《最高人民法院关于审理民间借贷案件适用法律若干问题的规定》第十四条

具有下列情形之一，人民法院应当认定民间借贷合同无效：

（一）套取金融机构信贷资金又高利转贷给借款人，且借款人事先知道或者应当知道的；

（二）以向其他企业借贷或者向本单位职工集资取得的资金又转贷给借款人牟利，且借款人事先知道或者应当知道的；

（三）出借人事先知道或者应当知道借款人借款用于违法犯罪活动仍然提供借款的；

（四）违背社会公序良俗的；

（五）其他违反法律、行政法规效力性强制性规定的。

裁判标准：

出借人以自有房产向银行抵押贷款获得资金用于出借，与非金融机构法人或其他组织利用信贷配额转贷牟利不同，仍属于个人理财的一种方式，不属于扰乱金融秩序、损害社会公共利益的无效行为。

（三）出借人事先知道借款人借款用于赌博的问题

裁判依据：

《最高人民法院关于审理民间借贷案件适用法律若干问题的规定》第十四条

具有下列情形之一，人民法院应当认定民间借贷合同无效：

（一）套取金融机构信贷资金又高利转贷给借款人，且借款人事先知道或者应当知道的；

（二）以向其他企业借贷或者向本单位职工集资取得的资金又转贷给借款人牟利，且借款人事先知道或者应当知道的；

（三）出借人事先知道或者应当知道借款人借款用于违法犯罪活动仍然提供借款的；

（四）违背社会公序良俗的；

（五）其他违反法律、行政法规效力性强制性规定的。

裁判标准：

由借款人承担证明出借人事先知道或者应当知道借款人借款是用于从事赌博活动的举证责任。如借款人尽到了上述举证责任，应当依据《最高人民法院关于审理民间借贷案件适用法律若干问题的规定》第十四条第三项认定民间借贷合同无效。合同无效的法律后果是双方返还财产，并按照过错程度分担损失。处理此问题，应当注意与赌债不予保护的法律效果相区分。

五、民间借贷合同的履行问题

（一）借款人主张利息预先在本金中扣除的问题

裁判依据：

《中华人民共和国合同法》第二百条

借款的利息不得预先在本金中扣除。利息预先在本金中扣除的，应当按照实际借款数额返还借款并计算利息。

裁判标准：

双方约定按月支付利息，但借款人在收到出借人所借款项当日即向出借人转回部分款项，且该转款数额与双方当事人约定的月利息相当；或者出借人支付的借款本金低于双方在借款合同中约定的本金数额，出借人主张其余部分为现金支付，但没有证据予以证明的，均应当以实际支付的款项作为借款本金数额。

（二）约定利息的核算问题

裁判依据：

《最高人民法院关于审理民间借贷案件适用法律若干问题的规定》第二十六条

借贷双方约定的利率未超过年利率24%，出借人请求借款人按照约定的利率支付利息的，人民法院应予支持。

借贷双方约定的利率超过年利率36%，超过部分的利息约定无效。借款人请求出借人返还已支付的超过年利率36%部分的利息的，人民法院应予支持。

《最高人民法院关于审理民间借贷案件适用法律若干问题的规定》第三十条

出借人与借款人既约定了逾期利率，又约定了违约金或者其他费用，出借人可以选择主张逾期利息、违约金或者其他费用，也可以一并主张，但总计超过年利率24%的部分，人民法院不予支持。

裁判标准：

双方约定的利率未超过年利率24%，应按照合同约定的利率计付利息。

双方约定利息超过年利率24%但未超过36%，借款人按照合同约定已经支付的利息，不予抵扣本金。对于尚未支付的利息，借款人最高可按年利率24%的标准主张利息。

双方约定利息超过年利率36%，借款人已还利息中超出年利率36%的部分应当从支付之日起抵扣本金。对于尚未支付的利息，借款人最高可按年利率24%的标准主张利息。

借款合同中约定的逾期利率、违约金及其他费用总计超过年利率24%的，超出部分不予支持。但应当注意的是，因诉讼产生的律师费、财产保全担保费以及诉讼费等因债务人未及时清偿债务而导致债权人为实现债权所产生的合理费用，双方在借款合同中明确约定由借款人负担的，出借人可依据合同约定请求借款人支付相应的合理费用，不受总额不超过年利率24%的限制。支持的律师费、财产保全担保费数额应当限制在合理标准范围内。债权人支付该两项费用数额畸高的，即使提交了转账凭证、发票等证据，仍不予全额支持。律师费的合理标准可参照《广东省物价局、司法厅律师服务收费管理实施办法》的相关规定。

（三）借款期限内利息约定不明确的问题

裁判依据：

《最高人民法院关于审理民间借贷案件适用法律若干问题的规定》第二十五条

借贷双方没有约定利息，出借人主张支付借期内利息的，人民法院不予支持。

自然人之间借贷对利息约定不明，出借人主张支付利息的，人民法院不予支持。除自然人之间借贷的外，借贷双方对借贷利息约定不明，出借人主张利息的，人民法院应当结合民间借贷合同的内容，并根据当地或者当事人的交易方式、交易习惯、市场利率等因素确定利息。

《最高人民法院关于审理民间借贷案件适用法律若干问题的规定》第三十一条

没有约定利息但借款人自愿支付，或者超过约定的利率自愿支付利息或违约金，且没有损害国家、集体和第三人利益，借款人又以不当得利为由要求出借人返还的，人民法院不予支持，但借款人要求返还超过年利率36%部分的利息除外。

《中华人民共和国合同法》第一百九十七条

借款合同采用书面形式，但自然人之间借款另有约定的除外。

借款合同的内容包括借款种类、币种、用途、数额、利率、期限和还款方式等条款。

《中华人民共和国合同法》第三十六条

法律、行政法规规定或者当事人约定采用书面形式订立合同，当事人未采用书面形式但一方已经履行主要义务，对方接受的，该合同成立。

裁判标准：

借贷双方为自然人，借款合同中未对借款利息进行约定，出借人主张利息，不予支持。但出借人能够提供证据证明双方对借款利率作了口头约定，并且借款人实际上按照约定的利率标准有规律性地支付利息的，应当认定双方实际上约定了借款利息，而不应仅仅局限于书面合同的内容。

非自然人之间的借贷，原则上要求以书面形式订立，利息标准也应当在合同中明确约定。双方对借贷利息约定不明的，人民法院应当结合民间借贷合同的内容，并根据当地或者当事人的交易方式、交易习惯、市场利率等因素确定利息。

（四）逾期利息约定不明确及计算复利的问题

裁判依据：

《最高人民法院关于审理民间借贷案件适用法律若干问题的规定》第二十八条

借贷双方对前期借款本息结算后将利息计入后期借款本金并重新出具债权凭证，如果前期利率没有超过年利率24%，重新出具的债权凭证载明的金额可认定为后期借款本金；超过部分的利息不能计入后期借款本金。约定的利率超过年利率24%，当事人主张超过部分的利息不能计入后期借款本金的，人民法院应予支持。

按前款计算，借款人在借款期间届满后应当支付的本息之和，不能超过最初借款本金与以最初借款本金为基数，以年利率24%计算的整个借款期间的利息之和。出借人请求借款人支付超过部分的，人民法院不予支持。

《最高人民法院关于审理民间借贷案件适用法律若干问题的规定》第二十九条

借贷双方对逾期利率有约定的，从其约定，但以不超过年利率24%为限。

未约定逾期利率或者约定不明的，人民法院可以区分不同情况处理：

（1）既未约定借期内的利率，也未约定逾期利率，出借人主张借款人自逾期还款之日起按照年利率6%支付资金占用期间利息的，人民法院应予支持；

（2）约定了借期内的利率但未约定逾期利率，出借人主张借款人自逾期还款之日起按照借期内的利率支付资金占用期间利息的，人民法院应予支持。

裁判标准：

债权人主张逾期利息或主张按约定计算复利的，均不得超出以最初借款本金为基数，以年利率24%计算的整个借款期间的利息之和。未约定逾期利率或者约定不明的，按照《最高人民法院关于审理民间借贷案件适用法律若干问题的规定》第二十九条第二款的规定处理。

（五）偿还部分款项后，又重新出具债权凭证的情形下，本金和利息上限如何计算的问题

实践中处理民间借贷案件，往往出现借贷双方之间就借款关系存在多笔资金往来，借款期间的借款金额发生变动的情况。在这种情况下，如何认定本息和利息上限？

举例说明如下：

案例一：甲乙双方签订借款协议一，甲为出借人，乙为借款人，约定借款金额100万元，约定年利率24%，借款期限1年。1年期满后，借款人乙只向出借人甲偿还了50万元，甲乙双方签订借款协议二，约定借款金额为74万元，年利率仍为24%，借款期限为1年；1年期满后，甲乙双方再次签订借款协议三，约定借款金额为91.76万元（上期本金74万元及上一借款期限内的利息17.76万元），年利率24%，借款期限1年；到期后，甲请求乙偿还本金91.76万元以及利息22.02万元，共计113.78万元。

在此案例中，如双方在借款协议二中明确约定了乙偿还50万元的性质为偿还本金，则按如下方式核算本息：第一个借款期限的借款100万元，最高合法使用成本年息24%，已经体现为应付利息24万元。该24万元利息如再计算利息，势必导致资金成本高出法定标准，因此该24万元不应再继续计算利息。第二期的借款利息应当以50万元为本金计算，一年的利息为12万元。以此类推，第三期的借款利息同样只能以50万元本金计算，一年的利息为12万元。到期后，乙应当向甲偿还本金50万元和利息48万元，共计98万元。

如双方并未约定乙偿还50万元的性质，应当按照先息后本的方式核算本息，具体计算如下：偿还的50万元中24万元应认定为偿还到期利息，剩余26万元视为偿还本金，则借款协议二约定的借款金额74万元均为本金。此后两年期利息均应当以74万元为本金，按年利率24%计算利息。到期后，乙应当向甲偿还本金74万元和利息35.52万元，共计109.52万元。

案例二：甲乙双方签订借款协议一，甲为出借人，乙为借款人，约定借款金额100万元，约定年利率24%，借款期限1年。1年期满后，借款人乙无力偿还，再次向甲借

款 124 万元，约定年利率 24%，重新签订了借款协议二。甲依约向乙支付 124 万元。乙收款后，当即将该笔款项偿还给甲，用于清偿借款协议一的全部借款本息，借款协议一履行清偿完毕。借款协议二到期后，甲要求乙按照本金 124 万元、年利率 24%计算利息（到期本息合计 153.76 万元，最初本金 100 万元的两年期利息折算为年息 26.88%）。

上述情况为借贷双方通过资金走账的方式规避复利上限年息 24%的行为。虽然从形式上看是借贷双方履行完毕借款协议一后，重新订立了新的借贷关系，但事实上还是将第一期借款的利息计入第二期借款的本金，并按照 24%的年利率继续计算利息，违反了《最高人民法院关于审理民间借贷案件适用法律若干问题的规定》第二十八条第二款的规定。在当事人之间存在多次多笔借款、“借新还旧”的情况下，应当查明实际的资金出借情况，严格依法计算利息。对于“借新还旧”的具体细节以及偿还本金、利息的具体数额，应由债务人承担举证责任。如经审查认定存在“套路贷”的违法事实，应当移送公安机关处理。

六、夫妻共同债务的认定问题

裁判依据：

《最高人民法院关于审理涉及夫妻债务纠纷案件适用法律有关问题的解释》第一条

夫妻双方共同签字或者夫妻一方事后追认等共同意思表示所负的债务，应当认定为夫妻共同债务。

《最高人民法院关于审理涉及夫妻债务纠纷案件适用法律有关问题的解释》第二条

夫妻一方在婚姻关系存续期间以个人名义为家庭日常生活需要所负的债务，债权人以属于夫妻共同债务为由主张权利的，人民法院应予支持。

《最高人民法院关于审理涉及夫妻债务纠纷案件适用法律有关问题的解释》第三条

夫妻一方在婚姻关系存续期间以个人名义超出家庭日常生活需要所负的债务，债权人以属于夫妻共同债务为由主张权利的，人民法院不予支持。但债权人能够证明该债务用于夫妻共同生活、共同生产经营或者基于夫妻共同意思表示的除外。

裁判标准：

1. 所涉借款合同虽然仅有借款人个人签名，但该借款合同签订时借款人与其配偶处于夫妻关系存续期间，且有证据证明借款人配偶事后已对借款合同作出追认。该追认及对所负债务共同承担的意思表示，可通过明示或暗示的行为方式予以表达，不应当局限于借款人配偶出具书面的借款确认文件。比如，借款人配偶自愿代为偿还部分借款的，亦作为认定借款人配偶追认涉案债务并愿意共同承担的依据。

2. 所涉借款合同虽然仅有借款人个人签名，但该借款合同签订时借款人与其配偶处于夫妻关系存续期间，且系为家庭日常生活需要，借款人请求由借款人及其配偶共同偿还，符合法律规定，应予支持。对于认定“家庭日常生活需要”的标准，应当结合借款金额与债务人经济能力的对比关系、借款人收到借款后的钱款去向、有无家庭日常生活需要的大额支出等情况，由审判人员作出判定。

3. 所涉借款合同仅有借款人个人签名，涉案借款合同签订时借款人与其配偶虽处于夫妻关系存续期间，但涉案借款金额及用途明显超出家庭日常生活需要，且出借人并未提交充分有效的证据证明借款人将该借款用于夫妻共同生活、共同生产经营的，出借人主张涉案借款系借款人及其配偶的共同债务的，不予支持。

七、民间借贷行为涉嫌刑事犯罪问题

（一）民间借贷本身涉嫌非法集资犯罪的处理

裁判依据：

《最高人民法院关于审理民间借贷案件适用法律若干问题的规定》第五条

人民法院立案后，发现民间借贷行为本身涉嫌非法集资犯罪的，应当裁定驳回起诉，并将涉嫌非法集资犯罪的线索、材料移送公安或者检察机关。

公安或者检察机关不予立案，或者立案侦查后撤销案件，或者检察机关作出不起诉决定，或者经人民法院生效判决认定不构成非法集资犯罪，当事人又以同一事实向人民法院提起诉讼的，人民法院应予受理。

裁判标准：

借款人提交的有关公安机关作出的立案决定书等证据显示本案所涉民间借贷行为本身已涉嫌非法集资犯罪，依法应当驳回起诉。

人民法院在案件的审理过程中发现民间借贷行为本身涉嫌非法集资犯罪的，应当驳回起诉并移送公安或者检察机关。

（二）涉嫌犯罪的行为与民间借贷不属于同一事实的处理

裁判依据：

《最高人民法院关于审理民间借贷案件适用法律若干问题的规定》第六条

人民法院立案后，发现与民间借贷纠纷案件虽有关联但不是同一事实的涉嫌非法集资等犯罪的线索、材料的，人民法院应当继续审理民间借贷纠纷案件，并将涉嫌非法集资等犯罪的线索、材料移送公安或者检察机关。

裁判标准：

人民法院在案件的审理过程中发现犯罪线索的，但涉嫌犯罪行为本身不是民间借贷行为，亦非民间借贷行为不可或缺的组成部分，应当继续审理本案民间借贷纠纷，同时将犯罪线索、材料移送公安或检察机关。

（三）借贷行为涉嫌犯罪的合同是否当然无效的认定问题

裁判依据：

《最高人民法院关于审理民间借贷案件适用法律若干问题的规定》第十三条

借款人或者出借人的借贷行为涉嫌犯罪，或者已经生效的判决认定构成犯罪，当事人提起民事诉讼的，民间借贷合同并不当然无效。人民法院应当根据合同法第五十二条、本规定第十四条之规定，认定民间借贷合同的效力。

担保人以借款人或者出借人的借贷行为涉嫌犯罪或者已经生效的判决认定构成犯罪为由，主张不承担民事责任的，人民法院应当依据民间借贷合同与担保合同的效力、当事人的过错程度，依法确定担保人的民事责任。

裁判标准：

借款人或者出借人的借贷行为虽然构成犯罪，但案件并不存在合同法第五十二条及民间借贷司法解释第十四条规定的无效情形，双方签订的民间借贷合同仍为有效。

借款人或者出借人的借贷行为构成犯罪，且双方签订的民间借贷合同存在合同法第五十二条及民间借贷司法解释第十四条规定的无效情形，该民间借贷合同无效。有关担保合同因主合同无效亦应认定为无效。担保人无过错的，担保人不承担责任；担保人有过错的，担保人承担民事责任的部分，不应超过债务人不能清偿部分的三分之一。

附件1：庭审（调查）提问提纲

一、要素一：借贷主体及法律关系

1. 双方是否签订借条/欠条/收据/借款合同

2. 是否存在转账凭证

二、要素二：借贷形式及主要条款

1. 借款合同是否为书面形式，口头达成借款合意是否有证据证明

2. 借条/欠条/收据/借款合同中的当事人签名是否确认

3. 双方对借款合同中约定的借款种类、币种、用途、数额、利率、期限和还款方式等条款是否有异议

三、要素三：合同生效

出借人提供借款的方式：现金/转账/网上电子汇款/网络贷款平台/票据/其他

四、要素四：合同的有效性

1. 借款合同是否存在恶意串通、以合法形式掩盖非法目的等无效情形

2. 借款合同是否存在重大误解、显失公平、欺诈、胁迫、乘人之危等可撤销情形

3. 借款合同是否存在《最高人民法院关于审理民间借贷案件适用法律若干问题的规定》第十四条规定的合同无效情形

五、要素五：合同的履行

1. 出借人实际提供的本金数额

2. 出借人实际出借时是否存在预先扣除利息的情形

3. 出借人与借款人的关系、款项交付情形、出借人经济能力、交易方式、交易地点、交易习惯、财产变动情况

4. 借款人是否按照借款合同每月支付利息，利息的利率是否超过年利率36%

六、要素六：借贷的担保

1. 借款合同是否存在保证人
2. 保证人是否明确保证方式：连带责任保证/一般保证
3. 借款合同是否对保证范围、保证期间作出约定

七、要素七：夫妻共同债务

1. 借款是否发生在夫妻关系存续期间
2. 借款合同是否有借款人配偶签名或追认
3. 出借人是否有证据证明借款人所借款项用于家庭日常生活需要

附件2：参考民间借贷纠纷案件二审判决书样式

广东省深圳市中级人民法院
民 事 判 决 书

（××××）深中法民终字第××号

上诉人×××，男（女），×族，××××年××月××日出生，住址（身份证上载明的地址或经常居住地），身份证号码：××××。

委托代理人×××，×××律师事务所律师（委托代理人是公民代理的，写明姓名、性别、工作单位和住址；委托代理人是法人或其他经济组织职务范围内的代理，写明其姓名和单位职务即可）。

被上诉人×××，男（女），×族，××××年××月××日出生，住址（身份证上载明的地址或经常居住地），身份证号码：××××。

委托代理人×××（写法与上诉人的委托代理人相同）。

上诉人×××因与被上诉人×××民间借贷纠纷一案，不服广东省深圳市××区人民法院（××××）深×法民×初字第××号民事判决，向本院提起上诉。本院受理后，依法组成合议庭公开开庭审理了本案。上诉人×××及其委托代理人×××，被上诉人×××及其委托代理人×××到庭参加诉讼。本案现已审理终结（非公开开庭审理的可表述为："本院受理后依法组成合议庭审理了本案，现已审理终结。"）。

上诉人×××上诉请求，……（写明上诉请求）。事实和理由：……（概述上诉人主

张的事实和理由）。

被上诉人×××辩称，……（概述被上诉人答辩意见）。

×××向一审法院起诉请求：……

一审法院认定事实：

1. 原告主张借贷关系成立的依据（如借款合同、借据、手机短信、电子邮件等，以书面、口头，或者其他形式）。

2. 被告对借款合同、借据的内容及签名真实性的意见。

3. 对借款合同、借据的内容或签名真实性的鉴定情况。

4. 借款金额。

5. 借款期限。

6. 借款原因及用途。

7. 借款期限内的利率约定情况。

8. 逾期还款利率的约定情况。

9. 其他违约责任的约定情况。

10. 有关借款的担保情况。

11. 诉争借款的给付情况（时间、地点、方式等）。

12. 已经还款的情况。

13. 尚欠借款的本息情况。

14. 贷款人向借款人主张还款的情况。

15. 其他相关情况。

一审法院认为，……

本院二审期间，当事人围绕上诉请求依法提交了证据。本院组织当事人进行了证据交换和质证（当事人没有提交新证据的，写明：二审中，当事人没有提交新证据）。对当事人二审争议的事实，本院认定如下：……（写明二审法院采信、认定事实的意见和理由，对一审查明相关事实的评判）。

本院认为：本案系民间借贷纠纷。根据各方当事人的上诉和答辩意见，双方二审争议焦点为……对于其他双方没有争议的要素，本院予以确认。

关于双方争议的……问题（要素），上诉人认为……为支持其主张，提交了……证据。被上诉人认为……为支持其主张，提交了……证据。对此，本院认为……

（就争议问题逐一论述）

综上所述，上诉人上诉请求不成立，原审认定事实清楚，适用法律正确，处理妥当（或上诉人上诉请求部分成立，原审第×项要素、第×项要素处理不当，本院依法予以纠正)。依照之规定，判决如下：

驳回上诉，维持原判。

(或依法改判，注意利息的表述方式)

×××应自本判决生效之日起××日内偿还×××人民币×××元及利息（利息按……标准，自×××年××月××日起计算至款项还清之日止)；

驳回×××其他诉讼请求。

如未按本判决指定的期间履行给付金钱义务，应当依照《中华人民共和国民事诉讼法》第二百二十九条之规定，加倍支付迟延履行期间的债务利息。

写明受理费情况。

本判决为终审判决。

审判长 ×××

审判员 ×××

代理审判员 ×××

书记员 ×××

××××年××月××日

最高人民法院印发“四类案件”监督管理指导意见
完善司法责任体系　确保改革整体效能

日前，最高人民法院印发《关于进一步完善“四类案件”监督管理工作机制的指导意见》（以下简称《意见》），进一步深化人民法院司法责任体系改革和建设，巩固政法队伍教育整顿成果，确保审判质量、效率和司法公信力有效提升。

《意见》结合审判工作实际，坚持全面落实司法责任制改革方向不动摇，优化完善了2015年印发的《关于完善司法责任制的若干意见》第24条确定的“四类案件”范围，重申了组织化行权、全过程留痕原则。同时，《意见》结合司法实践和政法队伍教育整顿工作中暴露出来的问题，规范了“四类案件”的识别流程、分案要求、监督模式、平台建设和考核机制，明确了责任主体和问责机制，并与最高人民法院此前印发的关于专业法官会议制度、审判委员会制度、四级法院审级职能定位等改革文件内容协同配套，确保各项改革举措系统集成、形成合力。

同时，《意见》在对共性问题作出统一规范基础上，要求各地法院充分考虑地域和审级差异，围绕审判权力制约监督机制建设实际需要，结合本院人员、案件以及经济社会发展状况等客观实际，因地制宜制定或者修改实施细则，确保“四类案件”监督管理在各级法院落地见效。

最高人民法院印发《关于进一步完善“四类案件”监督管理工作机制的指导意见》的通知

（法发〔2021〕30号）

各省、自治区、直辖市高级人民法院，解放军军事法院，新疆维吾尔自治区高级人民法院生产建设兵团分院：

现将《关于进一步完善“四类案件”监督管理工作机制的指导意见》予以印发，请结合实际认真贯彻执行。执行中遇有问题，请及时报告最高人民法院。

最高人民法院

2021年11月4日

关于进一步完善“四类案件”监督管理工作机制的指导意见

为加强人民法院司法责任体系建设，健全与新型审判权力运行机制相适应的监督管理体系，进一步完善权责明晰、权责统一、监督有力、制约有效、运转有序的“四类案件”监督管理工作机制，结合人民法院工作实际，提出以下意见。

一、各级人民法院监督管理“四类案件”，应当严格依照法律规定，遵循司法规律，落实“让审理者裁判，由裁判者负责”，在落实审判组织办案主体地位基础上，细化完善审判权力和责任清单，推动实现全过程监督、组织化行权，有效防控各类风险，不断提升审判质量、效率和司法公信力。

二、本意见所称“四类案件”，是指符合下列情形之一的案件：

（一）重大、疑难、复杂、敏感的；

（二）涉及群体性纠纷或者引发社会广泛关注，可能影响社会稳定的；

（三）与本院或者上级人民法院的类案裁判可能发生冲突的；

（四）有关单位或者个人反映法官有违法审判行为的。

三、“重大、疑难、复杂、敏感”的案件主要包括下列案件：涉及国家利益、社会公共利益的；对事实认定或者法律适用存在较大争议的；具有首案效应的新类型案件；具有普遍法律适用指导意义的；涉及国家安全、外交、民族、宗教等敏感案件。

四、“涉及群体性纠纷或者引发社会广泛关注，可能影响社会稳定”的案件主要包括下列案件：当事人或者被害人人数众多，可能引发群体性事件的；可能或者已经引发社会广泛关注，存在激化社会矛盾风险的；具有示范效应、可能引发后续批量诉讼的；可能对特定行业产业发展、特定群体利益、社会和谐稳定产生较大影响的。

五、“与本院或者上级人民法院的类案裁判可能发生冲突”的案件主要包括下列案件：与本院或者上级人民法院近三年类案生效裁判可能发生冲突的；与本院正在审理的类案裁判结果可能发生冲突，有必要统一法律适用的；本院近三年类案生效裁判存在重大法律适用分歧，截至案件审理时仍未解决的。

六、“有关单位或者个人反映法官有违法审判行为”的案件主要包括下列案件：当事人、诉讼代理人、辩护人、利害关系人实名反映参与本案审理的法官有违法审判行为，并提供具体线索的；当事人、诉讼代理人、辩护人实名反映案件久拖不决，经初步核实确属违反审判执行期限管理规定的；有关部门通过审务督察、司法巡查、案件评查、信访接待或者受理举报、投诉等方式，发现法官可能存在违法审判行为的；承办审判组织在“三个规定”记录报告平台反映存在违反规定干预过问案件情况，可能或者已经影响司法公正的。

有关单位或者个人反映审判辅助人员有违纪违法行为，可能或者已经影响司法公正的，参照上述情形监督管理。

七、各级人民法院可以结合本院工作实际，对下列案件适用“四类案件”的监督管理措施：本院已经发生法律效力的判决、裁定、调解书等确有错误需要再审的；人民检察院提出抗诉的；拟判处死刑（包括死刑缓期两年执行）的；拟宣告被告人无罪或者拟在法定刑以下判处刑罚、免予刑事处罚的；指令再审或者发回重审的；诉讼标的额特别巨大的；其他有必要适用“四类案件”监督管理措施的。

八、各级人民法院应当结合本院实际，建立覆盖审判工作全过程的“四类案件”识别标注、及时报告、推送提醒、预警提示机制，明确各类审判组织、审判人员、职能部门的主体责任、报告义务、问责机制。对“四类案件”，应当通过依法公开审理、加强裁判文书说理，接受社会监督。

立案部门在立案阶段识别出“四类案件”的，应当同步在办案平台标注，提示相关院庭长，根据本意见要求确定承办审判组织形式和人员。承办审判组织在案件审理阶段识别出“四类案件”的，应当主动标注，并及时向院庭长报告。院庭长发现分管领域内“四类案件”的，应当提醒承办审判组织及时标注，并要求其报告案件进展情况。审判管理、审务督察、新闻宣传等职能部门在日常工作中发现“四类案件”的，应当及时提示相关院庭长。下级人民法院向上级人民法院移送“四类案件”卷宗材料的，应当在原审纸质卷宗或者电子卷宗中作出相应标注。

对案件是否属于“四类案件”存在争议的，可以按照工作程序层报院庭长决定。案件不再作为“四类案件”监督管理的，撤销相应标注，并在办案平台注明原因。

九、立案阶段识别标注的“四类案件”，可以指定分案。审理“四类案件”，应当依法组成合议庭，一般由院庭长担任审判长，并根据案件所涉情形、复杂程度等因素，综合确定合议庭组成人员和人数。

案件进入审理阶段后被识别标注为“四类案件”的，院庭长可以根据案件所涉情形、进展情况，按权限决定作出下述调整，调整结果应当及时通知当事人，并在办案平台注明原因：

（一）由独任审理转为合议庭审理；

（二）调整承办法官；

（三）调整合议庭组成人员或者人数；

（四）决定由自己担任审判长。

十、院庭长应当根据《中华人民共和国法官法》第九条的规定，针对“四类案件”审理中需要关注和解决的问题，按照职务权限采取以下监督管理措施：

（一）按权限调整分案；

（二）要求合议庭报告案件进展、评议结果；

（三）要求合议庭提供类案裁判文书或者制作类案检索报告；

（四）审阅案件庭审提纲、审理报告；

（五）调阅卷宗、旁听庭审；

（六）要求合议庭复议并报告复议结果，但同一案件一般不得超过两次；

（七）决定将案件提交专业法官会议讨论；

（八）决定按照工作程序将案件提交审判委员会讨论；

（九）决定按程序报请上一级人民法院审理；

（十）其他与其职务相适应的必要监督管理措施。

院庭长在分管领域、职务权限范围内，按工作程序采取上述监督管理措施，或者对下级人民法院审理的“四类案件”依法履行监督指导职责，不属于违反规定干预过问案件。

十一、院庭长对“四类案件”履行监督管理职责时，应当在办案平台全程留痕，或者形成书面记录入卷备查。院庭长对“四类案件”的处理意见，应当在专业法官会议或者审判委员会会议上发表，并记入会议记录，签字确认后在办案平台或者案卷中留痕。院庭长对合议庭拟作出的裁判结果有异议的，有权要求复议，也可以按照工作程序将案件提交专业法官会议、审判委员会讨论。院庭长非经法定程序，不得直接改变合议庭意见。

十二、承办审判组织发现案件属于“四类案件”，故意隐瞒不报或者不服从监督管理的，院庭长可以按权限调整分案。承办审判组织因前述行为导致裁判错误并造成严重后果的，依法承担违法审判责任。

院庭长因故意或者重大过失，对本人依职权发现、承办审判组织主动报告、有关职能部门告知或者系统自动推送提示的“四类案件”，怠于或者不当行使监督管理职责，导致裁判错误并造成严重后果的，依照干部管理有关规定和程序承担监督管理责任。

十三、各高级人民法院应当充分运用智慧法院建设成果，在辖区内完善统一的“四类案件”识别监测系统，探索构建由案由、罪名、涉案主体、涉案领域、程序类型、社会关注程度等要素组成的识别指引体系，逐步实现“四类案件”的自动识别、精准标注、实时提醒、智能监督管理。在立案、调解、庭审、评议、宣判、执行等环节出现“四类案件”对应情形的，系统可以同步标注、推送，提醒审判组织及时报告，提示院庭长依职权监督管理。对承办审判组织应当报告而未报告，应当提交专业法官会议或者审判委员会讨论而未提交的案件，系统可以自动预警并提示院庭长。

十四、本意见所称院庭长，包括进入法官员额的院长、副院长、审判委员会专职委员、庭长、副庭长和其他依法承担监督管理职责的审判（执行）部门负责人。

各级人民法院应当结合审判权力和责任清单，明确院庭长在“四类案件”监督管理工作中的具体职责、对应职权和工作程序。院庭长履行监督管理“四类案件”职责的情况，应当计入工作量，纳入绩效考核评价。

十五、本意见由最高人民法院解释。各级人民法院可以根据本意见，结合本院实际，制定或者修订“四类案件”监督管理实施细则，并报上一级人民法院备案。

十六、本意见自2021年11月5日起施行。之前有关规定与本意见不一致的，按照本意见执行。

来源：最高人民法院

作者：马骁

编辑：李高凯

《关于进一步完善“四类案件”监督管理工作机制的指导意见》的理解与适用

2021年11月，最高人民法院印发《关于进一步完善“四类案件”监督管理工作机制的指导意见》（以下简称《指导意见》），细化完善“四类案件”认定标准，健全对“四类案件”的全过程识别标注、全流程监督管理、全平台技术保障机制。《指导意见》对于加快推进司法责任体系改革和建设，完善审判权力制约监督体系具有重要意义，为便于各级人民法院正确理解适用，现就《指导意见》的起草背景、总体思路和重点内容说明如下。

一、起草背景和总体思路

党的十八大以来，人民法院全面落实司法责任制，坚持有序放权与有效监督相统一，不断健全完善与新型审判权力运行机制相适应的制约监督体系，取得一系列制度成果。最高人民法院2015年9月印发的《关于完善人民法院司法责任制的若干意见》（以下简称《责任制意见》），建立了对“四类案件”的个案监督管理模式。即对于“涉及群体性纠纷，可能影响社会稳定的；疑难、复杂且在社会上有重大影响的；与本院或者上级人民法院的类案判决可能发生冲突的；有关单位或者个人反映法官有违法审判行为的”四类案件，院庭长有权要求承办审判组织报告案件进展和评议结果，视情将案件提交专业法官会议、审判委员会讨论，且必须全程留痕。最高人民法院2018年印发的《关于进一步全面落实司法责任制的实施意见》、2020年印发的《关于深化司法责任制综合配套改革的实施意见》，均就完善“四类案件”的监督管理机制作出要求。

近年来，各级人民法院不断深化司法责任制综合配套改革，司法质量、效率和公信力明显提升，但是，随着政法队伍教育整顿工作逐步深入，也暴露出实践中存在的一些问题：一是有的法院怠于或放松对“四类案件”的监督管理，重点不聚焦，履职不到位，责任不落实；二是有的法院仅把“四类案件”监督管理视为院庭长职责，全过程覆盖、多主体参与力度不够；三是有的法院不当扩大“四类案件”范围，变相恢复案件审批制；四是有的法院未有效区分依法监督管理与违规过问干预的界限，院庭长对依法履责顾虑多、动力少，方法不足；五是配套机制不健全，平台建设、分案机制、考核机制与“四类案件”监督管理需要不匹配，没有形成合力。

为有效破解上述问题，最高人民法院严格按照政法队伍教育整顿工作要求，经深入调研，并广泛征求意见，研究起草了《指导意见》。《指导意见》的起草主要依循以下总体思路：一是坚持司法责任制改革方向不动摇，对“四类案件”范围只作优化、不再扩大，重申组织化行权、全程留痕原则，防止改革走“回头路”。二是坚持问题导向、实践导向，重点围绕“四类案件”范围细化、识别流程、监管模式、分案要求、考核机制和平台配套问题，既解决共性难题，又考虑地域、审级差异，避免政策“一刀切”。三是坚持系统集成、协同高效，与专业法官会议制度、审判委员会制度和四级法院审级职能定位改革试点实施办法的基本精神保持协调一致。

二、重点内容

（一）关于“四类案件”的范围界定

根据实践应用情况和监督管理需要，《指导意见》第二条适当优化调整了2015年《责任制意见》第24条规定的“四类案件”范围：将“疑难、复杂且在社会上有重大影响的”，调整为“重大、疑难、复杂、敏感的”；将“涉及群体性纠纷，可能影响社会稳定的”，调整为“涉及群体性纠纷或者引发社会广泛关注，可能影响社会稳定的”；将“与本院或者上级人民法院的类案判决可能发生冲突的”，调整为“与本院或者上级人民法院的类案裁判可能发生冲突的”。

上述调整的主要考虑在于：一是案件的疑难、复杂程度，并不必然与其社会影响成正比，重大、敏感案件也有必要加强监督管理。二是影响社会稳定的案件并不局限于群体性纠纷，有的社会关注度较高，如处理不当，也可能激化社会矛盾，波及社会稳定，必须预先做好防控。三是部分不予受理、管辖权异议、中止或者终结诉讼的裁定，也涉及法律统一适用，不宜将“类案”局限于“判决”。

（二）关于“四类案件”识别标准

征求意见过程中，部分法院建议以列举形式，逐项明确“四类案件”的具体识别标准，方便司法实践中直接适用。我们认为，各级法院人案规模、案件类型、审级职能差异较大，对“四类案件”的范围确定既不宜过于宽泛，也不能过于具体，总体上应有利于实践操作和全过程监督。所以,《指导意见》第三条至第六条以概括方式,明确了认定“四类案件”时应当考虑的因素。

第一,“重大、疑难、复杂、敏感”的案件主要包括下列案件:涉及国家利益、社会公共利益的;对事实认定或者法律适用存在较大争议的;具有首案效应的新类型案件;具有普遍法律适用指导意义的;涉及国家安全、外交、民族、宗教等敏感案件。其中,“具有普遍法律适用指导意义的”案件,主要指法律、司法解释规定不明确或者司法解释没有规定,需要通过司法裁判进一步明确法律适用的案件。“对事实认定或者法律适用存在较大争议的”案件,主要指人民法院受案和审理过程中,侦查、公诉机关或者社会舆论对案件定性、处理存在较大争议的案件。合议庭内部有分歧意见,不能视为“存在较大争议”。

第二,“涉及群体性纠纷或者引发社会广泛关注,可能影响社会稳定”的案件主要包括下列案件:当事人或者被害人人数众多,可能引发群体性事件的;可能或者已经引发社会广泛关注,存在激化社会矛盾风险的;具有示范效应、可能引发后续批量诉讼的;可能对特定行业产业发展、特定群体利益、社会和谐稳定产生较大影响的。实践中,一些案件虽然所涉“人数众多”,如物业纠纷、涉及同一保险公司的交通事故责任纠纷等,但多数属于简单系列案,不存在群体性事件或激化社会矛盾风险,不宜认定为“四类案件”。

第三,“与本院或者上级人民法院的类案裁判可能发生冲突”的案件主要包括下列案件:与本院或者上级人民法院近三年类案生效裁判可能发生冲突的;与本院正在审理的类案裁判结果可能发生冲突,有必要统一法律适用的;本院近三年类案生效裁判存在重大法律适用分歧,截至案件审理时仍未解决的。之所以明确“近三年”,是为了合理确定相关案件的范围,具体时间可以从案件受理之日起算。

第四,“有关单位或者个人反映法官有违法审判行为”的案件主要包括下列案件:当事人、诉讼代理人、辩护人、利害关系人实名反映参与本案审理的法官有违法审判行为,并提供具体线索的;当事人、诉讼代理人、辩护人实名反映案件久拖不决,经初步核实确属违反审判执行期限管理规定的;有关部门通过审务督察、司法巡查、案件评查、信访接待或者受理举报、投诉等方式,发现法官可能存在违法审判行为的;承办审判组织在“三个规定”记录报告平台反映存在违反规定干预过问案件情况,可能或者已经影响司法公正的。需要强调的是,对法官违法审判行为的反映、投诉和举报,须实名提出并提供具体线索,经人民法院初步核实后,认为可能或者已经影响司法公正的,才能纳入“四类案件”监督管理,实践中不能仅因存在投诉、举报就启动相关措施，干扰法官依法履职。

（三）关于适用“四类案件”监督管理措施的案件范围

实践中，一些案件虽然不属于“四类案件”范围，但在案由、罪名、诉讼标的或诉讼程序上具有一定特殊性，有必要适用“四类案件”的监督管理措施。因此，《指导意见》第七条明确，各级人民法院可以结合本院工作实际，对下列案件适用“四类案件”的监督管理措施：本院已经发生法律效力的判决、裁定、调解书等确有错误需要再审的；人民检察院提出抗诉的；拟判处死刑（包括死刑缓期两年执行）的；拟宣告被告人无罪或者拟在法定刑以下判处刑罚、免予刑事处罚的；指令再审或者发回重审的；诉讼标的额特别巨大的；其他有必要适用“四类案件”监督管理措施的。

下一步，各地法院可以结合本院人员、案件、审级实际，对照上述范围，综合考虑哪些类别的案件可以适用《指导意见》第十条确定的“四类案件”监督管理措施，并纳入院庭长和审判组织权责清单。但是，在确定范围时，应立足司法规律，聚焦于应当或者可以提交审判委员会讨论的案件，不能任意扩大范围。

（四）关于“四类案件”全过程识别机制

《指导意见》第八条要求各级人民法院结合本院实际，建立覆盖审判工作全过程的“四类案件”识别标注、及时报告、推送提醒、预警提示机制，并分阶段明确了立案部门、承办审判组织、院庭长和审判管理、审务督察、新闻宣传等职能部门的识别责任、报告义务和标注机制。

下级人民法院向上级人民法院移送“四类案件”卷宗材料的，应当在原审纸质卷宗或者电子卷宗中作出相应标注，以便上级人民法院及时研判是否需要在二审、再审阶段将其纳入“四类案件”监督管理。上级人民法院识别判断时，应当结合审级实际和案件阶段性情况，综合考虑案件是否还有必要继续标注为“四类案件”。

对是否属于“四类案件”存在分歧的，按照工作程序，层报相关院庭长解决。具体由哪一级负责人决定，可以根据案件性质和职务权限确定，不宜都报院长。例如，合议庭内部存在分歧的，报庭领导决定；不同职能部门之间存在分歧的，报院领导决定。涉及法律适用问题的，也可以提请专业法官会议讨论。对于已标注为“四类案件”，后因案情或形势发生变化，相关情形不再存在的，可以撤销标注，但应当在办案平台注明原因。

（五）关于“四类案件”的分案机制和审判组织

《指导意见》第九条规定，立案阶段识别标注的“四类案件”，可以指定分案。审理“四类案件”，应当依法组成合议庭，一般由院庭长担任审判长，并根据案件所涉情形、复杂程度等因素，综合确定合议庭组成人员和人数。案件进入审理阶段后被识别标注为“四类案件”的，院庭长可以根据案件所涉情形、进展情况，决定由独任审理转为合议庭审理。有必要由人民陪审员参与审理的，可以依照《中华人民共和国人民陪审员法》第十四条至第十六条确定合议庭组成人员和人数。

之所以强调“四类案件”应当由合议庭审理，主要考虑是：既已列入“四类案件”，强化监督管理，应当有配套的组织和程序保障。随着民事诉讼程序繁简分流改革不断深化，独任制适用范围将进一步扩大，强调“四类案件”由合议庭审理，不会给基层、中级人民法院带来过重负担。另外，明确由合议庭审理，并一般由院庭长作为审判长，有利于审慎认定“四类案件”，避免不当标注或任意扩大范围，实现审判资源与监督管理重心精准适配。

（六）关于“四类案件”的监督管理形式

《指导意见》第十条以“列举+兜底”形式，规定了院庭长可以采取的监督管理措施，即：按权限调整分案；要求合议庭报告案件进展、评议结果；要求合议庭提供类案裁判文书或者制作类案检索报告；审阅案件庭审提纲、审理报告；调阅卷宗、旁听庭审；要求合议庭复议并报告复议结果，但同一案件一般不得超过两次；决定将案件提交专业法官会议讨论；决定按照工作程序将案件提交审判委员会讨论；决定按程序报请上一级人民法院审理；其他与其职务相适应的必要监督管理措施。院庭长在分管领域、职务权限范围内，按工作程序采取上述监督管理措施，或者对下级人民法院审理的“四类案件”依法履行监督指导职责，不属于违反规定干预过问案件。

院庭长可以按照分管领域、职务权限，紧密结合“四类案件”审理过程中需要关注和解决的问题，有针对性地使用一种或几种监督管理措施，确保监督管理资源投入与案件重大、疑难、复杂、敏感程度相适应，平衡好依法加强监督管理与尊重审判组织办案主体地位之间的关系。院庭长对采取相应监督管理举措有分歧的，按工作程序层报院长决定。

（七）关于组织化行权模式

《指导意见》第十一条重申了全程留痕、组织化行权的要求。院庭长对“四类案件”履行监督管理职责时，应当在办案平台全程留痕，或者形成书面记录入卷备查。这里的“留痕”，包括在办案平台或者纸质材料上勾选、批注、圈阅，或者以视频音频等形式记录，只要能够完整、准确体现监督管理的主体和内容即可。需要强调的是，院庭长对“四类案件”的具体处理意见，应当在专业法官会议或者审判委员会会议上发表，并记入会议记录，签字确认后在办案平台或者案卷中留痕。

院庭长对合议庭拟作出的裁判结果有异议的，有权要求复议，也可以按照工作程序将案件提交专业法官会议、审判委员会讨论。院庭长非经法定程序，不得直接改变合议庭意见，也不得明示或暗示合议庭接受自己的意见。

（八）关于完善《指导意见》配套机制

《指导意见》第十二条至第十五条规定了“四类案件”监督管理的配套机制，主要内容包括：

第一，关于责任机制。针对“四类案件”发现报告和监督管理权责划分不够清晰等问题，《指导意见》进一步明确了审判组织和院庭长的义务。承办审判组织发现案件属于“四类案件”，故意隐瞒不报或者不服从监督管理的，院庭长可以按权限调整分案。承办审判组织因前述行为导致裁判错误并造成严重后果的，依法承担违法审判责任。院庭长因故意或者重大过失，对本人依职权发现、承办审判组织主动报告、有关职能部门告知或者系统自动推送提示的“四类案件”，怠于或者不当行使监督管理职责，导致裁判错误并造成严重后果的，不属于违法审判责任，但应当依照干部管理有关规定和程序承担监督管理责任。

第二，关于信息化平台建设。《指导意见》明确将各高级人民法院作为信息化平台的建设主体，要求各地充分运用智慧法院建设成果，在辖区内完善统一的“四类案件”识别监测系统，探索构建由案由、罪名、涉案主体、涉案领域、程序类型、社会关注程度等要素组成的识别指引体系，逐步实现“四类案件”的自动识别、精准标注、实时提醒、智能监督管理，改变传统“盯人盯案”的监督管理模式。各地应充分整合利用好现有的信息化平台，防止重复建设，提升平台效能。

第三，关于绩效考核机制。调研过程中，许多院庭长表示，按照目前的考核机制，如果没有参与合议庭审理，对“四类案件”的监督管理不能视为“办案”，也无法计入案件数量，但相关工作占用时间精力较多，也额外增加了责任，建议在绩效考核中予以考虑。《指导意见》第十四条规定了相关内容，即院庭长履行监督管理“四类案件”职责的情况，应当计入工作量，纳入绩效考核评价。最高人民法院日前印发的《关于加强和完善法官考核工作的指导意见》第 13 条也专门明确，对于担任领导职务的法官，应当围绕其履行审核批准程序性事项、综合指导审判工作、全程监管审判质效等审判监督管理职责情况，设置相应指标，纳入考核范畴。

第四，关于制定实施细则。考虑到各级法院情况差异比较大，《指导意见》没有具体细分院长、副院长、审判委员会专职委员、庭长、副庭长、审判团队负责人在“四类案件”监督管理中的职责权限，只是要求各级法院应当结合审判权力和责任清单，明确院庭长在“四类案件”监督管理工作中的具体职责、对应职权和工作程序，具体可以在实施细则中明确。各级人民法院可以根据《指导意见》，结合本院实际，制定或者修订“四类案件”监督管理实施细则，并报上一级人民法院备案。

来源：最高人民法院

作者：刘峥 何帆 马骁 李熠星

编辑：李璇

【访谈】最高检六厅：民事检察精准监督不是选择性监督

5 月 11 日，最高人民检察院第六检察厅厅长冯小光做客“纵论‘四大检察’新格局 畅叙‘十大业务’新愿景”网络访谈，向网友介绍最高检第六检察厅的职能，同时还介绍了民事检察为打赢疫情防控阻击战提供有力服务和保障等相关情况。

【访谈实录】

最高检：民事检察精准监督不是选择性监督

民事检察监督，不搞粗放式办案，要以精准监督为理念推动工作。实践中，面对需求“旺盛”的民事检察监督申请，“精准监督”作何种理解？11 日，最高人民检察院第六检察厅厅长冯小光对此进行了解读。一段时间以来，民事检察监督存在着质效不高、权威不足等短板。在这种背景下，为满足新时代人民群众的更高期待，最高检党组明确提出，民事检察要树立精准监督的理念，在精准监督上下功夫。在冯小光看来，这一变革式的理念，给民事检察监督的标准、方式以及程序，带来了重塑。冯小光介绍，在民事检察监督的标准上，精准监督要求做到法定性标准与必要性标准相结合。法定性标准主要是指检察机关应当依据《民事诉讼法》第二百条的相关规定来审查民事裁判结果和民事审判活动的违法性；而必要性标准，则是指检察机关应当结合监督的社会效果、裁判作出时的司法政策和社会背景等因素对监督的必要性进行审查，在对相关因素综合考量后再作出是否予以监督的决定。为了更好地解释这种“必要性”，冯小光介绍了几种“不宜进行监督”的情形：对于终审判决在认定事实或适用法律方面存在一定错误，但实体判决结果正确或者相对公正的，一般不宜进行监督；对于终审判决存在程序瑕疵，但未影响实体判决结果的，一般也不宜进行监督。也就是说，民事检察办案的着眼点不应局限于个案公正，而应立足于整体的法律价值，切忌机械监督、就案办案。冯小光提示，要适当尊重法官的自由裁量权，对于法官行使自由裁量权有一定的合理依据，但在比例分配方面稍有不当的案件，一般不宜进行监督。冯小光特别指出，精准监督不是选择性监督。强调办理在司法理念方面有纠偏、创新、进步、引领价值的典型案件，旨在扩大民事检察监督的影响力，有效树立监督权威，并非选择性监督。只要案件符合法律规定的监督条件，均应予以监督，这是民事检察监督的原则和底线。冯小光介绍，在民事检察监督的方式上，精准监督要求完善抗诉、再审检察建议、检察建议等多元化的监督格局。面对多元化的监督方式，在具体的司法办案中，检察官该如何适用？冯小光介绍，对于在司法理念方面有纠偏、创新、进步、引领价值的典型案件，一般要选择提请抗诉的监督方式；对不具有典型性但依法应予监督的案件，一般选择再审检察建议的方式；对无须改变裁判结果的瑕疵类案件，一般选择检察建议的方式进行监督。冯小光介绍，在民事检察监督的程序上，精准监督也要求对相关程序进行优化设计。记者了解，目前，为了引导各级民事检察部门树立精准监督和借助外脑的办案理念，提高办案的精准度和监督的权威性，最高检民事检察部门已下发通知，要求各省级检察机关对提请最高检抗诉的民事诉讼监督案件，必须经过本院检察委员会讨论和专家咨询委员会咨询论证。对此，冯小光表示，该通知的目的在于进一步规范省级院提请抗诉案件的办理程序，最大限度发挥民事诉讼监督的效能，实现精准监督所要求的政治效果、社会效果和法律效果的有机统一。在规范上下级民事检察工作流程的同时，记者注意到，第六检察厅还先后出台了《关于实行案件繁简分流暂行工作办法》《关于民事诉讼监督案件简化办理程序的若干规定（试行）》等规定，对所办理的省级院提请抗诉案件、最高法诉讼结果监督案件、复查案件等案具体程序进行了规范，这也为各级检察机关民事检察办案提供了借鉴。

最高检：首次发布民事检察典型案例指导各地司法实践

一个案例胜过一沓文件。作为最高人民检察院首次发布的民事检察指导性案例——第十四批指导性案例，对检察办案产生了哪些影响？11 日，最高检第六检察厅厅长冯小光就此话题接受了记者的采访。2019 年 5 月，最高人民检察院召开“打击虚假诉讼 共筑司法诚信”新闻发布会，通报近年来检察机关加强虚假诉讼监督工作情况，并发布了第十四批指导性案例。虚假诉讼也就是俗称的“打假官司”，其危害性不言而喻，不仅侵害了他人的合法权益，而且严重破坏了社会诚信，损害了司法的公平、公正和公信。冯小光介绍，为了更好地编制该批指导性案例，最高检民事检察部门全面分析了自 2017 年以来全国检察机关民事虚假诉讼监督工作情况，最终筛选出涉及骗取支付令执行、骗取调解书、公证执行、劳动仲裁执行、交通事故保险理赔等 5 件具有代表性和指导意义的典型案例。记者了解，为了进一步形成打击合力，最高检还将虚假诉讼指导性案例发送至最高法、司法部、人力资源和社会保障部等部门，以期实现“双赢多赢共赢”的法律效果和社会效果。此外，为了更好地指导各地实践，最高检民事检察部门还编辑出版了《最高人民检察院第十四批指导性案例适用指引》一书，对 5 件指导性案例和 53 件典型案例进行详细解读，在办理民事虚假诉讼监督案件程序和标准等方面开展有针对性的指导，推动虚假诉讼监督工作依法规范开展。一系列的部署安排推进措施，有力地指导了各地的司法实践。冯小光介绍，截至 2019 年 11 月，全国检察机关共提出民事抗诉 4300 余件，提出再审检察建议约 7000 件。其中，第六检察厅着重加强对适用法律错误的重大典型案件提出抗诉，向最高法院提出抗诉 20 余件。据了解，在最高检的示范引领下，各地也开展了卓有成效的民事检察监督探索实践：北京市检察机关建立了立案监督和监督调查部门与民事诉讼监督部门虚假诉讼线索双向移送的工作机制；云南省文山州检察院与广南县法院在相关刑事案件线索的基础上，查明 478 件虚假诉讼案件，提出抗诉 408 件，提出再审检察建议 70 件；浙江省检察机关依托"民事裁判智慧监督系统"，发现分布全省 10 个市、36 个县共计 6085 件涉"套路贷"虚假诉讼串案，两个月的时间内抗诉 35 件、发出再审检察建议 431 件，移送公安机关 41 人。

稳步推进！
最高检晒出民事检察工作成绩单

2019 年，最高人民检察院内设机构重塑性变革。作为从民事行政检察部门"独立"出来的民事检察部门，在"四大检察"全面协调充分发展的起步之年，第六检察厅提交了怎样一份答卷？回顾一年工作，最高检第六检察厅厅长冯小光用"稳步推进"来概括开局之年的新时代民事检察工作。生效裁判结果监督，是民事检察的传统业务和基础性工作，也是加大民事检察工作力度的重要着力点。对于该项工作，冯小光介绍，全国检察机关民事检察部门以精准监督理念为指引，不断优化生效裁判结果监督，优先选择在司法理念方面有纠偏、创新、进步、引领价值的典型案件，力争抗诉一件促进解决一个领域、一个地方、一个时期司法理念、政策、导向的问题，发挥对类案的案例指导作用，通过优化监督实现强化监督，防止片面追求监督数量的粗放式办案。以深化监督为目标，加强审判人员违法行为监督，着力破解深层次违法行为监督不足的难题，在这个方面，全国检察机关民事检察部门也开展了积极探索。据介绍，在最高检的领导下，各地积极完善审判人员深层次违法行为线索发现机制，努力探索与违法审判责任追究相衔接的审判人员违法行为监督机制，加强对事监督与对人监督的结合。冯小光透露，截至 2019 年 11 月，全国检察机关就审判违法行为监督共提出检察建议 14000 余件，法院同期采纳检察建议 11500 余件。冯小光介绍，在强化民事执行监督，推动解决"执行难"问题方面，全国检察机关民事检察部门也有不俗表现。全国检察机关民事检察部门以"双赢多赢共赢"理念为指引，督促法院针对执行中存在的违法问题，反向审视立案、审判环节中有无源头性违法问题，实现了检察监督与审判机关内部预防、纠错机制的良性互动。数据显示，截至2019年11月，全国检察机关就执行监督共提出检察建议18500余件，法院同期采纳检察建议15000余件。此外，冯小光介绍，最高检还对2018年度全国检察机关民事非诉执行监督专项活动情况进行了总结和通报，不断深化非诉执行监督专项活动，力争从源头上促进仲裁、公证以及行政行为依法规范进行，取得了较好的监督效果和影响。

最高检：对特殊群体讨薪等案依法支持起诉

检察工作是政治性极强的业务工作，也是业务性极强的政治工作。在聚焦大局、服务大局、保障大局的要求下，全国民事检察条线开展了哪些工作？成效如何？就这一话题，最高人民检察院第六检察厅厅长冯小光接受了记者的采访。冯小光介绍说，在精准服务打好三大攻坚战方面，全国检察机关民事检察部门认真贯彻新时期“枫桥经验”，加强民事检察环节预防和化解社会矛盾机制建设，着力防范化解社会风险，维护社会和谐稳定。服务大局要立足检察履职。记者注意到，全国民事检察条线立足民事检察职能助力精准脱贫，对农民工、残疾人等特殊群体请求给付劳动报酬、抚养费、抚育费、赡养费、损害赔偿等案件，依法支持起诉，维护弱势群体合法权益。数据统计，截至2019年11月，全国检察机关民事检察部门共支持起诉13800余件，其中支持农民工起诉9000余件。积极参与推进扫黑除恶专项斗争，在冯小光看来，这项工作不仅涉及刑事检察，与民事检察工作也密切相关。以“套路贷”为例，冯小光做了具体介绍。“套路贷”，是一种“新业态”黑恶犯罪，给社会安定带来了冲击——不仅严重侵害当事人的合法权益，也扰乱了金融市场秩序，影响社会和谐稳定。在对其开展集中打击的斗争中，全国检察机关民事检察部门深入排查“套路贷”等涉黑涉恶刑事案件中存在的利用合法方式侵害他人合法财产的错误民事裁判，切实维护人民群众合法权益。比如在江苏省徐州市，当地检察机关建立了刑民无缝对接的办案机制，对黑恶势力违法犯罪人员实施的民事违法行为进行精准监督，提高了对黑恶势力的综合打击效能。贵州省黔西南州院民事检察部门在公安机关立案侦查某“套路贷”涉黑涉恶专案中，通过调阅公安机关刑事案卷和监察委案卷，逐一审查核实涉及“套路贷”的上百件民间借贷纠纷案件材料，从中发现并办理了大量涉及虚假诉讼或恶意诉讼案件。在依法平等保护民营经济合法权益方面，最高检加强与全国工商联的沟通联系，从供给侧入手找准工作的切入点和着力点，双方就如何充分发挥民事检察职能保护民营经济健康发展进行深入交流，达成多项共识。据介绍，在具体工作中，第六检察厅将服务和保护民营经济发展作为全年重点工作，专门确定一个办案组负责，细化措施，明确责任。此外，第六检察厅还印发了《关于充分发挥民事检察职能服务和保障民营经济健康发展的通知》，对加强涉及民营企业民事案件监督、推动与行业商会和行业调解组织搭建非诉调解平台、加强与工商联组织的协作配合等工作提出具体要求。冯小光透露，正在积极全面收集整理民事检察部门服务和保护民营经济发展的典型案例，待审议通过后发布指导性案例。

最高检："五个妥善办理" 服务保障疫情阻击战

"全国检察机关民事检察部门在做好自身防疫工作的同时，以办案为履职尽责的切入点和着力点，切实把民事检察的制度优势转化为司法治理效能，为打赢疫情防控阻击战提供有力服务和保障。"新冠肺炎疫情发生后，最高人民检察院指出，要为有效开展疫情防控、打赢疫情防控阻击战营造有利司法环境。作为最高检民事检察部门的"当家人"，第六检察厅厅长冯小光用"五个妥善办理"向记者介绍了民事检察在服务保障疫情阻击战中的相关工作。"妥善办理涉疫情防控合同纠纷案件，依法加强对中小微企业的司法保护。"冯小光表示，在这方面要合理认定疫情对合同履行的影响，准确适用关于不可抗力免责的法律规定；对中小微企业受疫情影响较大引发的金融借款纠纷，要依法审慎审查金融机构的相关主张，促使双方以延期还贷、展期续贷、分期还款等方式协商解决纠纷，缓解中小微企业因疫情造成的生产经营困难；严厉打击"职业放贷人"趁疫情防控实施高利贷、"套路贷"虚假诉讼等违法行为，保护中小微企业合法权益，依法提振营商环境。"妥善办理涉疫情防控劳动人事争议案件，依法保障相关企业复工复产。"冯小光介绍，在这方面要妥善化解劳动者因治疗、隔离，企业因疫情停工停产、延迟支付报酬等引发的劳动争议，保障劳动者合法权益；企业因受疫情影响导致生产经营困难的，可引导企业通过与职工协商一致采取调整薪酬、轮岗轮休、缩短工时等方式稳定工作岗位，尽量不裁员或者少裁员；民事检察部门在办理上述案件时，要加强与人社部门、劳动人事仲裁机构、人民法院的联动协作，尽可能通过促成和解的方式解决纠纷，为相关企业复工复产提供法治保障。在妥善办理涉疫情防控医疗纠纷案件，依法化解医患矛盾方面，冯小光表示，因疫情救治引发的医疗纠纷，应在综合考虑疫情防控局势、医疗机构的救治能力和专业水平的基础上，合理认定医方是否尽到与疫情防治特殊时期的医疗水平相应的诊疗义务；对于没有明显过错的诊疗瑕疵行为，或当事人以医疗机构未尽到与疫情有关的必要告知义务为由要求承担侵权责任的，一般不予支持；在新冠肺炎预防和救治工作中，医护及相关工作人员因履行工作职责，感染新冠肺炎或因感染新冠肺炎死亡的，应认定为工伤，依法享受工伤保险待遇。"妥善办理涉疫情防控消费者权益保护案件，依法维护消费者合法权益。"冯小光表示，疫情期间买卖口罩、防护服、消毒用品等防疫紧缺物资，合同虽已生效，但因政府调配、征用等原因无法履行，买受人起诉请求出卖人承担违约责任的，一般不予支持；对于利用疫情迫使消费者以明显不合理的高价购买防护、诊疗物品，当事人请求撤销合同的，应当予以支持；严厉打击通过渲染疫情欺骗、误导保险消费者购买不适当保险产品的行为，确保保险市场稳定健康有序。“还要妥善办理涉疫情防控执行监督案件，依法监督法院采取合理的执行措施，确保与疫情防控相关的生产经营活动不受影响。”冯小光表示，法院在疫情防控期间对涉疫情防控的企事业单位及人员，暂缓采取强制执行措施的，一般应予支持；要加大对超标的违法查封措施的监督力度；要坚持矛盾多元化解和诉源治理，积极引导当事人调解协商、互谅互让、共担风险、共渡难关，有效化解涉疫矛盾纠纷，实现案结事了人和，维护社会和谐稳定。

来源：正义网

作者：于潇

思想上入党一生一世！最高检第六厅党员为啥这样说？

“组织上入党一生一次，思想上入党一生一世。”张军参加最高检第六检察厅党支部党员大会时说。

“刚才有同志说得好，组织上入党一生一次，但思想上入党是一生一世的，我们按照党员标准改造自己就是一生一世的。包括我这个有46年党龄的老党员，也需要时时刻刻进行思想改造，不断提升政治自觉，以更高标准要求自己。”5月12日，最高人民检察院党组书记、检察长张军以普通党员身份参加第六检察厅（民事检察厅）党支部党员大会。会上，张军语重心长的一番话引起了与会党员干部的思考和共鸣。

党中央高度重视党支部建设，特别强调各级党委（党组）应当把党支部建设作为最重要的基本建设，定期研究讨论、加强领导指导，切实履行主体责任。《中国共产党党和国家机关基层组织工作条例》和《中国共产党支部工作条例（试行）》都对党组（党委）建立基层党建工作联系点提出了明确要求。最高检党组把“坚持党组书记基层党建联系点调研制度”作为落实中央要求、解决中央巡视反馈问题的一项重要整改举措。张军专门确定第六检察厅作为他的基层党建工作联系点和党支部工作联系点，带头履行加强党支部建设的主体责任。

“我是从农村走出来的，对于党领导下的新中国的种种变化感触非常深。小时候跟家人一起去地里干活时是‘刀耕火种’的形式，非常辛苦。现在已全部实现了机械化的操作方式。”“抗疫期间，有的同志说，‘我是党员我先上，我是在党旗面前宣誓过的’，希望有一天我也能骄傲地说出这句话，为国家为社会贡献自己的力量。”会上，党员发展对象、第六检察厅办案三组书记员邱中秀宣读《入党申请书》，并结合自身工作生活经历汇报对党的认识。邱中秀真情实意地表达了内心的想法，说到动情处，几次哽咽。经过相关程序后，会议表决同意邱中秀加入中国共产党。

主持会议的第六检察厅党支部书记冯小光领誓，带领新党员进行宣誓，其他党员重温了入党誓词。

“疫情前期，不能乘坐公共交通上班，我不会开车，一位同志绕很远的路捎着我来单位，让我十分感动”“讲政治就要为民司法，讲法治就要客观公正”“走得再远也不能忘了来时的路。作为老党员，我们要时常来个‘灵魂三问’：入党这么多年我们做了什么？还有哪些差距？怎样进一步提高？”……会上，第六检察厅冯小光、肖正磊、阚林、颜良伟、申雨薇、王雪瑞等多位同志发言，大家结合自身实际谈对党的认识，讲在组织生活中感受到的温暖，找工作上的差距，谈下一步努力的方向。机关党委副书记缐杰从抓好党建与业务的融合等方面谈了体会。

“听了大家的发言很感动。刚才重温入党誓词也让我回想起46年前的5月3日，在公社大队土坯房里面向党旗宣誓，我光荣地成了一名中国共产党党员。当时的情形历历在目。”张军深有感触地结合自己的入党经历谈起了初心使命：“我们要扪心自问，当举起右拳重温入党誓词的时候，当每一句誓词撞击自己心灵的时候，是不是能够坦然？是不是都做到了？如果是言不由衷，根本没往心里去，那就是思想上不合格！”

对照党章关于党员的八项义务和八项权利，张军结合检察工作一一谈了认识，提出了落实要求——

“党员义务第一条就要求加强学习。如果不加强学习特别是政治学习，不能用习近平新时代中国特色社会主义思想来引领，我们就无法做到党员义务的第二条‘贯彻执行党的基本路线和各项方针、政策’。

“红脸出汗是相互提醒，抓早抓小是最大的爱护。党的建设就要从这些具体的可能影响到党员权利义务、影响到党的肌体健康的方面抓起，从每一个党员做起。

“党员有对党的工作提出建议和倡议的权利。刚才大家提的意见建议不仅是对第六检察厅业务工作的建议，也是对党的检察事业的建议，是在谋如何让人民群众切实在民事申诉监督案件中感受到公平正义，厚植党的执政基础的建议。

“义务必须落实，权利也要正确行使，如果义务不履行，权利不当行使，出了错再一推了之，就不是共产党员的责任和担当！

“当前，要把党组提出来的政治自觉、法治自觉、检察自觉在检察官绩效考评机制中落实好，推动党的检察事业实现新的发展。

“牢记誓言，听党话，跟党走，我们就能无往而不胜。这次疫情让我们更加深刻认识到了中国共产党领导、中国特色社会主义制度的巨大优越性，我们要增强‘四个意识’，坚定‘四个自信’，切实做到‘两个维护’。”

来源：最高人民检察院

文字：邱春艳

编辑：丁靓

【笔谈】如何精准开展民事诉讼监督

抓住分化、分块、分类、分层、分流并厘清它们之间的相互关系，是精准开展民事检察监督的基本逻辑。从分化到分块，再到分类、分层、分流，乃是精准开展民事检察监督从宏观到中观再到微观层层细化的分解步骤，是控制论在民事检察监督实践中的具体运用，也是民事检察监督从战略到战术的生动展开。

精准监督，作为新时代民事诉讼检察监督的指导理念，正在发挥着巨大作用。《中共中央关于加强新时代检察机关法律监督工作的意见》（以下简称《意见》）强调，“精准开展民事诉讼监督”，要求“增强监督的主动性、精准度和实效性”。关于“进一步提升法律监督效能”，《意见》进一步强调，“检察机关要加强对监督事项的调查核实工作，精准开展法律监督”。2021 年 8 月 1 日实施的《人民检察院民事诉讼监督规则》（以下简称《监督规则》），尽管没有提及精准监督，但精准监督的理念贯彻始终则是显而易见的。可以说，精准监督正成为新时代民事检察监督的新特征和新要求。

所谓精准监督，是指检察机关对民事诉讼的法律监督要着力于选准案件、用准措施、求准效果。精准监督重在“精准”。“精准”具有精确、精细、精练、精益求精等含义。民事检察监督从 1982 年在民事诉讼法（试行）中确立为基本原则以来，中间历经 1991 年、2007 年、2012 年以及 2017 年多次法律修改完善，每一次修法的过程，也是检察监督制度不断趋于完善的过程。精准监督是在民事检察监督制度日趋完善的大背景下提出的，它将以新的面貌和前所未有的强度，将中国特色民事检察监督制度和监督实践推向新的高度，使之迈入新的境界。

之所以在民事检察领域要特别强调精准监督，原因主要在于民事检察的覆盖范围最为广泛、覆盖流程最为漫长、覆盖监督方式最为多样、覆盖监督案件类型最为繁多、覆盖监督效果最为多元，因此，民事检察监督最讲究监督的分门别类、条分缕析、层次分明、详略得当、均衡协调，也因此，民事检察的体制结构、制度结构、机制结构、程序结构、效能结构也最为复杂，民事检察的难点、堵点、痛点、困惑点、争议点也最容易出现，科学合理充分有效地应对这些问题，唯有诉诸“精准监督”这四个字。

精准监督的衡量指标主要是：第一，案件类型选得准不准；第二，监督程序开展得准不准；第三，监督方式确定得准不准；第四，监督效果形成得准不准；第五，人民群众的满意度高不高。精准监督既是监督理念，也是监督标准，还是监督程序和监督步骤。精准监督贯穿于民事诉讼检察监督的全过程和各领域。

如何才能实现精准监督？笔者认为，精准监督必须抓住“分”，唯有“分”，才能“精”。具体而言，民事检察要迈向精准监督，其路径主要包括：

分化：在四大检察中为民事检察精准定位

在刑事检察、民事检察、行政检察和公益诉讼检察这“四大检察”中，民事检察占据其中一份，从数量上看是如此，从重要性上看，民事检察的地位也较为凸显。原因在于，对于行政检察和公益诉讼检察而言，民事检察相对要成熟一些，民事检察创新发展，对行政检察、公益诉讼检察在某种意义上也会产生一定的示范效应和探路效应。按照“四大检察”全面协调充分发展的要求，刑事检察、民事检察、行政检察、公益诉讼检察融合发展也是大势所趋，民事检察得到全面充分发展，对于刑事检察、行政检察、公益诉讼检察必将会有极大的促进作用。因此，在“四大检察”中，应当给以民事检察恰当的定位，最高检提出“做强民事检察”，《意见》中提出的“精准开展民事诉讼监督”，都是这种定位精准的体现。

分块：民事检察所分布的四大板块

民事检察最初出现在 1991 年民事诉讼法中是对裁判结果的抗诉监督，这是事后监督，也称结果监督。2012 年民事诉讼法修改后，单一的抗诉监督便被四大板块监督所取代，分别是以程序违法为监督对象的诉中监督、以结果错误为监督对象的诉后监督、以执行行为为监督对象的执行监督、以调解行为为监督对象的调解监督。这四大板块的民事检察监督在案件范围和程序流程上业已覆盖了民事诉讼的全部领域。然而，诉中监督、诉后监督、执行监督以及调解监督所体现的监督规律并不一致。诉中监督重在程序违法监督，包括对审判人员违法行为的对人监督和对诉讼程序违反法律规定的对事监督，偏重程序性监督；诉后监督重在对裁判错误结果进行监督，偏重实体性监督；执行监督重在对执行人员消极执行、乱执行等违法行为进行监督，偏重机制性监督；调解监督则兼具程序监督、实体监督和机制监督的综合意蕴，其不仅指向司法审判者，而且还关涉委托监督、委派监督、特邀监督等社会调解者，既可以对调解的行为和过程进行监督，也可以对调解结果进行监督，不同于上述任何一种监督，具有相对的独立性。诉中监督既然属于以程序为主的监督，那么，根据程序法规则对照性地实施法律监督就是其精准监督的基本要义；诉后监督既然属于以实体为主的监督，那么，根据民法典等实体法以及证据规则思辨性地实施法律监督就是其精准监督的基本诉求；执行监督既然属于以司法机制或司法作风为主的监督，那么，根据民事诉讼法执行程序编以及法院组织法、法官法等严格实施法律监督就是其精准监督的基本遵循；

调解监督既然属于横跨实体问题和程序问题并兼及社会问题的监督，那么，根据民事诉讼法中关于调解制度的规定以及相关多元化机制建设司法政策实施法律监督就是其精准监督的基本准绳。每一领域的监督所产生的监督效果也不尽相同，诉中监督的效果主要体现在提升司法者依程序法严格司法的意识和能力，改变“重实体轻程序”的传统司法偏好，使程序和实体并进；诉后监督的效果主要体现在强化司法者“以事实为根据、以法律为准绳”的司法训诫，使事实认定和法律适用趋于精准，强化司法裁判的息诉功能；执行监督的效果主要体现在强化“审执分离”原则，恪守审判权和执行权的边界，使执行权能够不受审判权的羁绊而高效运行，同时完善执行体制和机制，克服“执行乱”和“执行难”，使裁判文书和调解书所确定的权利义务关系得以实现；调解监督的效果主要体现在完善多元调解机制，净化调解氛围，防止调解成为虚假诉讼藏污纳垢的监督“飞地”，弘扬良善的调解文化。这四大板块民事检察监督在发展历史上有一个起伏过程，诉后监督的发展历史最为悠久，从1991年民事诉讼法确立后一直是民事检察监督的主要甚至一度是唯一的监督板块；然而，这种以诉后监督为主要或唯一本位的监督板块结构到了2012年全面修改民事诉讼法时发生了根本改变，诉中监督、执行监督和调解监督异军突起，形成了民事检察监督四大板块的周延稳定格局。但无论如何，精准监督的含义之一就是所形成的民事检察监督整体布局要精准，整体布局精准决定检察监督资源的配置精准，进而决定民事检察总体效果的最优化和最大化。

分类：民事检察的四大模式

无论对何种案件的法律监督而言，民事检察监督在功能构造上都具有不同比重组合而成的功能模式，包括公权监督、私权救济、公益保障、治理反馈等；但就个案而言，民事检察监督的功能重点不尽一致，由此可划分为公权制约模式、私权救济模式、公益保障模式和治理改进模式。精准监督要求对受监督的案件或事项首先进行功能定位，以判断从对个案的法律监督中能够收获怎样的法律效果、社会效果和政治效果。监督效果不明，则监督目标不清；监督目标不清，则监督措施不力；监督措施不力，则监督效果不佳；监督效果不佳，则精准监督无从说起。因此，精准监督的逻辑前提是确定监督的功能模式。一般而言，诉后监督倾向于采用私权救济模式，诉中监督和执行监督倾向于采用公权制约模式，调解监督倾向于采用治理改进模式，虚假诉讼、公益诉讼、社会影响较大类诉讼等职权性监督倾向于采用公益保障模式。监督模式确定后，监督规则、监督程序、监督措施、监督方式等后续步骤则可以精准地确定，监督效果也能由此精准产生。

分层：四级检察院的精准监督

2014 年 10 月 23 日党的十八届四中全会通过的《中共中央关于全面推进依法治国若干重大问题的决定》提出："完善审级制度，一审重在解决事实认定和法律适用，二审重在解决事实法律争议、实现二审终审，再审重在解决依法纠错、维护裁判权威。"相较于法院系统而言，检察机关因为实行一体化原则而有所区别，但四级检察机关的职能重点有所区分从而进行职能相对分层也具有必要性。就民事检察而言，结合《监督规则》来说，民事检察监督在四级检察机关的资源分布和要点侧重应有所不同。最高检应重在对全面民事检察监督进行工作部署和政策引领，并通过指导性案例、典型案例等的发布，对地方各级检察机关精准开展民事检察监督进行指导。最高检只针对具有全国重大影响力、具有政策形成价值的案件启动检察监督。如《监督规则》第一百一十七条规定，在法院司法裁判出现"同类问题适用法律不一致""适用法律存在同类错误"以及"其他同类违法行为"时，最高检应当向最高法提出监督意见，以使全国范围内实现法治的统一，保障法律的权威。省级院应重在对下级检察机关的监督案件进行监督，通过个案的监督实现指导办案的功能，同时确保监督权的正确运用。如《监督规则》第一百二十六条规定的复查制度，就比较适合省级院使用。因为一般的案件发现在基层，抗诉在市级院，复查就到省级院。相对来说，民事监督案件的办案重心主要在基层院和市级院。基层检察院因为不能行使抗诉权，同时大多数民商事一审案件都是由基层法院办理的，因而基层检察院要发挥同级监督的主力军作用，监督重点在程序违法监督、调解监督和执行监督。市级院具有承上启下的桥头堡功能，监督任务繁重，对结果监督原则上应以市级院为主力军。《意见》提出，"按照重心下移、检力下沉要求，加强基层检察院办案规范化建设"，因而民事检察的精准监督不仅意指检察机关提出检察建议、再审检察建议或实施提请抗诉、抗诉等监督行为应当具有精准性，也包含精准复查、精准指导等含义。

分流：民事检察监督的繁简差异

民事检察监督的繁简分流是精准监督的应有之义，其基本含义就是将各类民事检察监督案件，按照一定标准分门别类分为复杂的民事检察监督案件、通常的或一般的民事检察监督案件、简单的或简易的民事检察监督案件。

原则上说，民事检察监督的繁简分流与民事审判案件的繁简分流是遥相呼应的，但因二者处在不同的诉讼环节和程序领域，它们之间也存在着差异。民事审判案件中的复杂案件，到了民事检察监督领域可能仅需要进行简单化监督即可使当事人服判息诉。也可能存在相反的情形，在法院审判阶段显得较为简单或简易的案件乃至小额案件，由于一些原因，当事人之间的纠纷不仅没有化解，反而有所激化，有时甚至升级变成了带有刑事因素的监督案件。对于这类看似简单实则复杂的案件，检察机关不宜因为法院审判时将其作为简单案件对待便也作为简单的监督案件对待。因此，民事检察监督的繁简分流有其独立的判断标准。

民事检察监督案件的繁简分流主要取决于以下诸因素的综合判断：一是案件所属法域。案件按所属法律领域不同可划分为民事类案件、商事类案件、经济类案件、社会类案件等。通常来说，民商事类的案件会出现简单的监督案件，而经济类、社会类等类型的案件出现的是复杂的监督案件。二是案件所属程序。一般来说，当事人人数一对一的案件容易产生简单的监督案件，而当事人人数在两个或两个以上的复合型案件甚至是代表人诉讼等类型的集合型案件，则一般产生复杂的监督案件。三是案件所属板块。执行类监督案件、调解类监督案件、程序违法类监督案件等案件中出现简单案件的可能性大于诉讼类监督案件，原因在于前三类案件一般不存在当事人之间的剧烈争议，而诉讼类案件则往往存在剧烈争议。四是案件是否涉及异常因素。一般来说，涉及虚假诉讼、虚假调解、伪证、暴力抗法等因素的案件不会是简单的监督案件，简单的监督案件通常仅会出现在正常的或通常的诉讼案件之中。五是案件中是否涉及政策形成性因素。如果案件虽然简单但其中包含有政策性形成因素，有成为检察机关后续提出立法改进建议、执法改进建议、社会治理改进建议等指导性案例、典型案例等潜质的，一般应当作为复杂性而非简单性的监督案件对待。六是案件办理过程中出现的其他因素。如法院终结此案的层级高低、法院审案的次数总和、媒体关注度、社会舆情热度、是否属于督办交办案件等。检察机关在受理监督案件后，即应根据上述诸因素对所受理的民事监督案件进行繁简判断，从而实行程序分流。《监督规则》有许多条款都体现了民事检察监督案件的繁简分流要求和原则。如第七条规定的办案组办案的机制、第三十七条规定的依职权监督、第四十九条规定的将案件交由检察官联席会议讨论和提请检察委员会讨论决定的民主集中制等，一般适用于繁案或复杂疑难具有重大影响的监督案件。相反，《监督规则》第七条规定的一人办案制、第四十二条规定的上级检察机关向下级检察机关交办案件、第五十一条规定的检察和解等，则通常适用于简单的民事检察监督案件。

当然，民事检察监督案件的繁简分流是相对的分流而不是绝对的分流，既然案件已经到了检察监督这道最后的司法防线，双方当事人之间的争议通常会出现不同程度上的对抗对立乃至白热化状态，检察监督为此所投入的程序性资源不会有所减少。从该意义上说，其一，民事检察的精准监督尽管有繁简分流之说，且繁简分流对于民事检察监督机制的科学化设置的确具有指导意义，但民事检察监督的性质和目的决定了其一般不会为简易化监督留下过多的空间。其二，复杂的监督案件和简单的监督案件并不是一成不变的。在程序入口时为简单的监督案件，但到了程序进行的中间甚至到了程序的出口处，简单的监督案件有可能变为复杂的监督案件，反之亦然。因而，对于检察监督中的繁简分流需要辩证动态看待，不宜静态化、机械化看待。其三，民事检察监督中的繁简分流并不是简单的二分法或三分法。需要根据监督案件的内在需求，根据监督案件与监督程序的相称原理和比例原则，灵活多样地配备适应个案监督需要的监督程序元素，防止削足适履和程序浪费两个倾向。其四，无论是被界定为繁案还是被界定为简案，它们都是精准监督的表现，而不是繁案精准监督，简案粗疏监督。繁案的精准监督要出监督的精品，简案的精准监督要出监督的效率，无论是精品型监督抑或效率型监督，都要体现和展示出精准监督所追求的法律原则、精神以及社会的公平正义。

综上可见，抓住分化、分块、分类、分层、分流并厘清它们之间的相互关系，是精准开展民事检察监督的基本逻辑。这五个方面的“分”其实都是对民事检察监督的精准定位：分化是制度定位，分块是案型定位，分类是功能定位，分层是组织定位，分流是程序定位。从分化到分块，再到分类、分层、分流，乃是精准开展民事检察监督从宏观到中观再到微观层层细化的分解步骤，是控制论在民事检察监督实践中的具体运用，也是民事检察监督从战略到战术的生动展开。没有分化，民事检察监督就是混沌一片，分块无从说起；分块无从说起，则民事检察监督的功能界分就没有可能，分类也失去了必要性；分类不存，以职能分工为界限的分层就难以发挥作用，用以保障职能实现的程序分流势必流于形式。为此，对民事检察监督的精准开展而言，职能分化、业务分块、功能分类、职责分层、程序分流形成了严密的保障体系，均不可或缺。

来源：《检察日报》
作者：中国人民大学法学院教授 汤维建
编辑：薛永利

【法学汇】努力实现民法典学习贯彻与民事检察创新发展“同频共振”

习近平总书记在中共中央政治局就“切实实施民法典”举行的第二十次集体学习时强调：“要加强民事检察工作，加强对司法活动的监督，畅通司法救济渠道，保护公民、法人和其他组织合法权益，坚决防止以刑事案件名义插手民事纠纷、经济纠纷。”习近平总书记关于民事检察工作的重要指示，为推进新时代民事检察工作创新发展提供了根本遵循，指明了民事检察工作的发展方向。全国民事检察部门应当以贯彻实施民法典为契机，努力实现民法典学习贯彻与民事检察创新发展“同频共振”，不断拓展民事检察的广度和深度，促进民事检察工作创新发展。

一、加大民事检察办案力度，把精准监督理念落实到具体的办案工作中

一是要处理好民事诉讼监督的原则性与灵活性之间的关系。民事诉讼监督要做到敢于监督、依法监督、规范监督，同时也要做到善于监督，即要从民事诉讼和检察监督的特点出发，运用恰当的监督方式和方法，正确把握检察监督介入的时机、方式和程度，实现监督政治效果、法律效果和社会效果的有机统一。要积极发挥检察一体化工作优势，加强各级检察院之间、各检察业务部门之间线索移送、案件调查、出庭、诉讼监督等业务协作，健全案件审核报备和督办转办交办机制，形成办案合力。

二是要处理好审判权监督与矛盾纠纷实质性化解之间的关系。民事检察监督设置相关办案程序的目的既在于依法监督法院行使审判权，又在于通过监督程序的运转，依法保护当事人的合法权益并实质性地化解双方当事人之间的矛盾纠纷。要增强程序意识，依法保障当事人的程序权利；要增强息诉意识，并注重开展和解息诉工作，进而实质性化解双方当事人之间的矛盾纠纷。对于不予监督的案件，要加强释法说理，与相关部门分工协作、互相配合，认真开展服判息诉工作，化解社会矛盾，维护社会稳定和司法权威。

三是要处理好监督数量与监督质量、效果之间的关系。民事诉讼监督应当是办案效率、质量、效果的有机统一。超期审查作为民事诉讼监督中存在的问题，应当引起重视。要完善检察官业绩考评体系，以更优的检察办案和绩效管理服务经济社会发展。

要不断完善民事检察案件繁简分流机制，通过进一步简化办案流程，下放权限、减少审批层级，压实承办检察官责任、促进办案规范提速，形成可复制可利用的类案监督模板，以加快案件的审查办理进度和办案质效。

四是要处理好自我提升与借助外脑之间的关系。我们要主动适应民法典出台给民事检察工作提出的新任务、新要求，以贯彻实施民法典为契机，着力提升民事检察专业化水平。一方面，我们自身必须努力钻研民事法律业务，同时要聚焦民事业务能力短板来优化专业培训，通过专业知识的培训、专业方法的掌握、专业技术的运用，着力弥补民事检察知识弱项、能力不足、经验盲区，确保我们的专业素养始终跟上时代节拍，堪当时代重任。另一方面，我们要充分借助外脑外力提升民事检察工作品质。为提高全国检察机关办理民事案件质效，实现精准监督，最高检已建设检察民事行政专家咨询网，并从专业律师、专家学者中选聘咨询专家3000余名。专家咨询网充分贯彻了智慧借助原则，旨在发挥专业律师、专家学者等外脑外力的人才优势作用，提升民事检察工作能力和品质，下一步将适时在全国推广运行。

二、深入开展民事虚假诉讼监督，着力维护诉讼秩序和司法权威

一是要以“五号检察建议”的跟踪落实为抓手，切实加强对人民法院民事诉讼活动的监督。2020年7月9日，最高检向最高法发出高检建〔2020〕2号（总第5号）检察建议，针对人民法院防范与制裁虚假诉讼工作中存在的问题，提出了改进工作的建议。接下来，我们将持续跟踪督促，强化沟通协作，抓好“五号检察建议”的落实。同时，以此为契机，进一步加强与人民法院、公安机关、司法行政管理机关等部门的沟通，通过联合调研、会签文件、信息共享等方式，建立虚假诉讼案件线索移送、联合查办、结果反馈等合作机制，加大对虚假诉讼的惩治力度，维护司法权威和司法公信力，共同营造诚实守信的诉讼环境，实现双赢、多赢、共赢。

二是要以虚假诉讼领域深层次违法行为监督专项活动为依托，着力深化深层次违法行为监督成果。我们要及时总结经验、发现问题，通过研发指导性案例、典型案例等形式开展对下指导，巩固监督成果。特别是要围绕民法典的新规定新精神，研究民事主体行为规范及民事司法裁判规范的调整变化，以提高监督的前瞻性和针对性，及时发现、纠正深层次违法行为，维护人民法院正常诉讼秩序和司法权威。

三是要以智慧民行监督系统的推广应用为载体，加快研发民事案件虚假诉讼智慧监督系统，运用大数据、人工智能等现代科技提升监督质效。2018年以来，浙江绍兴检察机关运用自身研发的智慧民行监督系统，利用大数据、人工智能等现代科技对虚假诉讼进行筛查甄别，监督质效大幅提升。目前，最高检正在积极研发“民事案件虚

假诉讼智慧监督系统”，接下来需结合民法典贯彻实施中出现的新情况新问题，进一步完善相关规则，尽快将现代科技有效运用于监督案件线索发现中。

四是要以对虚假诉讼监督工作规律的梳理总结为支撑，切实将虚假诉讼监督工作作为加强民事检察工作的突破口抓紧抓实。随着虚假诉讼监督工作的深入开展，我们对虚假诉讼监督工作的认识也不断深化。通过梳理总结虚假诉讼监督工作规律，明晰虚假诉讼监督工作方向：严格依照修改后民事诉讼监督规则规定的程序开展监督工作；锁定虚假诉讼异常因素，加大依职权调查核实力度，以案代练，着力提升检察人员监督能力；聚焦虚假诉讼案件多发领域，围绕民法典的新规定新精神研判虚假诉讼新动向，结合各地实际开展专项监督活动；充分利用虚假诉讼监督案件再审检察建议采纳率高的特点，积极引导各地通过再审检察建议对虚假诉讼案件开展同级监督，提升监督效率；充分发挥基层院在虚假诉讼监督工作中的基础性地位，切实把深入推进虚假诉讼监督工作作为补齐基层短板、做强民事检察工作的着力点。

三、加强执行监督，努力实现双赢多赢共赢

一是要真正贯彻民法典以人民为中心及平等保护的基本理念，对人民群众反映强烈的违法拍卖、超标的执行、消极执行、错误分配财产、违法处置被执行财产等违法行为加大监督力度。消极执行、选择性执行、错误分配财产损害了申请执行人利益，违法拍卖、超标的执行、违法处置被执行财产则严重损害了被执行人的合法权益，检察机关均应当予以监督，以回应新时代人民群众的司法需求。

二是要推动法检两院继续深化信息共享。执行工作的信息化建设既是解决执行难问题的重要手段，也是推进国家治理体系和治理能力现代化的重要一环。目前“两高”已就建立全国执行与法律监督工作平台、进一步完善协作配合工作机制达成一致意见。各级检察机关要充分利用信息共享平台在获取案件信息及数据统计方面的优势，加强案件监督的主动化、规范化，对符合依职权监督条件的案件主动启动监督程序，提升监督广度；同时加强数据统计反映出来的倾向性、趋势性问题的分析研判，及时发现人民法院在案件执行及管理中存在的问题，积极提出类案监督意见或工作建议，促使法院完善相关制度，拓展监督深度。

三是加强对民事非诉法律文书执行中违法情形的监督，从源头上促进仲裁和公证严格依法规范进行。要关注和加强对赋强公证债权文书及仲裁调解书的审查监督，增强发现虚假诉讼线索的敏锐性。赋强公证债权文书及仲裁调解是虚假诉讼的多发领域，办案中要注重调查核实，增强发现问题的能力，对涉及虚假仲裁和虚假公证的案件除建议法院不予执行或执行回转外，还应向有关仲裁及公证机构或其主管部门提出监督

意见，同时对涉嫌违法犯罪的线索进行移送，推动社会诚信体系建设。

四是坚持监督与支持并重的监督理念，加强检法两院合作，共同推进执行难问题的解决。执行难问题成因复杂，既有客观的执行不能，也有因执行不规范引发的执行难。如何集合各方力量，深化联动机制建设，加强执行难综合治理，是一个需要认真思考积极谋划的问题。一方面要加大对违法执行的监督力度，促进依法规范执行，遏制执行乱；另一方面也要加大对执行工作的支持力度，对于法院采取执行措施正确、当事人申请监督理由不充分的案件，检察机关要旗帜鲜明地支持法院依法执行，耐心向当事人释法说理，维护司法权威和司法公信。对于执行监督中查获的被执行人财产线索及时移送执行法院，将拒执犯罪线索移送侦查机关，共同打击拒执行为。

来源：《检察日报》

作者：最高人民检察院第六检察厅厅长 冯小光

编辑：丁靓

民法典：深耕厚植民事检察的“百宝囊”——民法典与检察工作

“要加强民事检察工作”，这是习近平总书记在 5 月 29 日就“切实实施民法典”主持中央政治局第二十次集体学习时强调的一句话。如果说之前“做强民事检察”更多还是检察机关内部共识的话，那么这次来自总书记的明确要求则是沉甸甸的政治责任。

近年来，检察机关围绕做强民事检察作出了一系列部署，取得了丰硕成果和众多突破，这从最近几年的民事检察案件数据变化可见一斑。凭风好借力，扬帆正当时。这次民法典的横空出世，又对做强民事检察工作提供了哪些机遇、提出了哪些要求呢？听听检察系统内外人士的声音。

民法典为民事检察工作“换道超车”提供了契机

很多年前，人们认为我国司法实践中存在一个不良倾向——“重实体、轻程序”。但是在民事检察工作中，这句话或许应当反过来说——“重程序、轻实体”，民事检察理论研究更多关注程序上存在的问题，力争解决民事检察监督程序上不健全、不完善的地方，而对实体问题的关注则相对较少。

“出现这种情况既有历史的原因，也与民事检察工作的特点有关。”最高人民检察院第六检察厅副厅长王莉表示，民事检察工作起步较晚，加之民事诉讼法起初对于民事诉讼监督的规定比较概括，很多工作长期处于摸索阶段，无论是法理研究还是实践操作都需要把民事检察制度的权力属性、职能定位、价值目的、监督范围、监督方式等问题厘清辨明，才能把这项工作开展起来。

“过去对程序的重视没错，但是现在进入了新时代，民事检察工作需要回答新的时代命题。‘解新题’‘答难题’要求我们必须转变工作理念，民法典的诞生恰好提供了这么一个契机，可以说是正当其时。”王莉认为。

最高检第六检察厅厅长冯小光对此有个形象的比喻：“对程序性问题的研究如同民事检察理论体系的树干，树干有了，当前亟须丰富的实体法研究和实践来充实繁茂葳蕤的枝叶，而民法典的编纂实施当然地给全国各级检察机关民事检察部门提供了坚实的制度养分。”

作为我国首部以法典命名的法律，体系化是民法典最大的特色之一，要求人们在适用法律时必须有体系化思维。那么其对于民事检察工作会产生哪些影响呢？冯小光表示：“民法典本身就是以典籍方式展现出的自成体系、相互衔接、有机联系的民法宝典，民法典展示出来的体系化的思维方式是作为法律实践科学的民事检察所必须吸收、借鉴的思维模式。同时，民法典的颁布实施还对刑法、行政法等其他法律学科和司法实践产生重大影响，像民法典通过清晰、细化的法律规定填补了很多法律空白；澄清了很多含混不清的法律适用原则；总编与各分编、各分编之间形成结构严谨的法律体系，所有这些变化必然会压减制定司法解释的空间，限缩法官、检察官享有的裁量权，有利于统一司法执法标准和执法尺度。”

民法典是开展精准监督、类案监督的百科全书

对于如何做强民事检察，检察机关一直在探索和思考。全国法院每年审理的民事案件有上千万件，以现有的民事检察力量，无论如何也不可能做到监督全覆盖，如何破题？最高检党组给出的解题思路是——开展精准监督、类案监督。

何谓精准监督？就是检察机关针对法院审结的海量民商事案件，优先选择那些在司法理念、政策导向、法律适用方面有创新、引领价值的典型案件开展法律监督，力争通过办理一案促进解决一个领域、一个地方、一个时期司法理念、政策、导向的问题，以点带面，放大监督效果，引领价值取向。

何谓类案监督？就是检察机关对进入民事诉讼监督程序的同类案件中存在的同类问题和不同类案件中存在的同类问题进行分析研究并提出监督意见的监督模式。开展类案监督，对检察机关而言有利于统一监督标准，提升监督质效；对法院而言有利于统一裁判标准，防止同案不同判；对社会治理而言，有利于推动社会治理，有效防范化解风险。

“民法典不仅是社会生活的百科全书，也是民事检察精准监督的百科全书。”冯小光认为，法典的优越性在于表达一种清楚的结构和统筹法律原则与规则，促进法律的内在和谐。民法典的体系化、现代化、协调化将使得民事检察工作得以更深入地切入类型化监督和研究，对新类型案件、同类型案件、重大争议案件有更明确、清晰的遵循，将为民事检察工作的精准、深入提供全方位的新契机。

重庆市江北区检察院检察三部主任刘先锋对此有深切的体会。他举了一个“夫妻共债”案件的例子：一男子经常在外借钱打牌，欠下了不少债，后来妻子与其离婚并出家为尼，但还是被债权人告上了法庭，要求其偿还夫妻共同债务。

“我们每年都会收到不少类似的案子。夫妻一方瞒着另一方向借款平台或私人借钱用于赌博、做生意，或者为他人提供担保。几年后夫妻离婚了，债权人在追偿债务时仍将不知情的另一方作为共同债务人告上法庭，要求其承担连带责任。对于这种‘夫妻共债’的案子，按照以前的法律是要求债务人举证，证明这笔债务不是夫妻共同财产，但这种证明难度往往很大。现在民法典则要求这种情况下由债权人承担举证责任。”刘先锋表示，民法典为司法机关今后更加公平、公正地办理此类案件提供了实体法依据。

婚姻家庭只是民法典其中的一编，除此之外还有物权、合同、人格、继承、侵权等分编，再加上总则编，构成了一个逻辑缜密而又融会贯通的有机整体。“民商事案件是由因不同性质法律关系划分为不同案由的案件组成，具有不同的属性、特点和规律，区分不同性质民商事案件的不同规律及特点分类实施检察监督，符合民事检察和民商事审判活动规律。”冯小光表示。

民法典为做强裁判结果监督奠定了实体法基础

梳理我国民事诉讼法的修改，从中也可以发现民事检察工作成长的“奥秘”：

• 1991 年民事诉讼法规定检察院有权对“民事审判活动”实行法律监督；监督对象是“已经发生法律效力的判决、裁定”；监督方式是抗诉。

• 2012 年民事诉讼法修改，检察机关对民事诉讼的法律监督由“民事审判活动”扩充为“民事诉讼”；监督范围不仅拓展到所有审判程序和执行程序，还包括了审判人员的违法行为；监督手段也增加了检察建议。

在据此建立的民事检察工作“三驾马车”——裁判结果监督、执行活动监督、司法人员违法监督中，对民事生效裁判的监督可以说是基础性、核心性业务，做强民事检察工作，首先就要做强民事生效裁判检察监督工作。

加强裁判结果监督，最高检的重要抓手之一就是惩治虚假诉讼。2018 年，最高检部署在全国检察机关开展虚假诉讼专项监督活动，取得积极成效，仅 2019 年就纠正虚假诉讼 3300 件，对涉嫌犯罪的起诉 1270 人。

“体系化的民法典挤压了虚假诉讼的空间。以前分散在各部法律中的规定一定程度上存在不健全、不协调等情况，会被不法人员钻空子，以民间借贷、以物抵债、企业破产等名义打假官司，牟取非法利益。”最高检第六检察厅检察官刘玉强表示，“这几年虚假诉讼发案数上升很快，我们对于此类案件的办理程序有了较为深入的研究，民法典的颁布实施又为做好这项工作提供了更为完备的实体法依据。如民法典关于禁止高利放贷的规定，对于打击涉‘套路贷’虚假诉讼即具有宣示意义。”

北京市西城区法院民事审判二庭法官周光庆对此表示认同："民法典规定民事主体从事民事活动，应当遵守诚信原则，秉持诚实，恪守承诺；还规定不得违反法律，不得违背公序良俗。这些对于我们在审判工作中防范虚假诉讼有重要指导作用，比如我们在认定一些法律行为的效力时就可以援引这些规定。"他表示，民事检察监督对于建立诚实守信的诉讼环境具有非常重要的意义，民法典体现出的原则和精神要求民事审判工作要不断更新办案理念，同样地，对民事审判监督工作也提出了更高要求。

"民法典的颁布施行，对于民事诉讼监督的体系化思维方式、法律适用的实体法依据、对民事检察权的规制等均将产生深刻影响。"冯小光强调，"学习民法典，不仅要读懂法条的文义内容，还要读懂法条背后的法理、法律精神等，这样才能在民事检察实践中做到融会贯通、运用自如。"

来源：最高人民检察院

编辑：薛永利

第二部分

民间借贷——虚假诉讼案例

虚构债权提诉讼，构成虚假诉讼罪

随着全民法治观念的提高，一些当事人为获取非法利益或规避法定义务，转而恶意利用法律与他人相互串通，采取伪造证据、捏造案件事实、虚构民事法律关系等方式提起民事诉讼，或利用恶意仲裁裁决、虚假调解文书、公证文书申请执行，误导人民法院作出错误裁判或执行，仲裁机构作出错误裁决。这种虚假诉讼行为转移自有或共有财产，侵夺国家、集体或他人财产，严重损害了他人的合法权益和社会公共利益；使裁判结果得不到普遍尊重，法律不再成为普遍信仰，严重挑衅司法权威及损害司法公信力；严重损害社会诚信的道德根基，滋生社会失信和道德滑坡，酿成无序、失范的社会生态。

【案例介绍】

付某某是衡阳市快某装卸有限责任公司（以下简称快某公司）负责人，因投资衡阳县某肥厂失败，在外有大量借款无法偿还。快某公司在衡阳市白沙洲工业园雁峰工业项目集聚区有一宗工业用地，因 2014 年经常被债主上门催债，为自行决定还款对象，付某某想到通过法院裁判的方式，获得其在白沙洲的该块工业用地上的价值的自由支配权。2014 年 5 月，付某某分别找到被告人何某某、陈某某，其中请陈某某作为衡阳新某物流有限公司（以下简称新某物流公司）名义上的法定代表人（未告知成立公司的真实目的）；让何某某担任该公司的股东，并告知其成立公司的目的，因何某某在付某某处有十几万元债权，遂表示同意。之后，付某某为了提起民事诉讼，分别让何某某、陈某某在三张空白纸张上签名、捺手印，付某某拿到签名后，再自行伪造借款协议、借据、银行进账单等证据。之后，付某某找到律师肖某作为何某某、陈某某的诉讼代理人，并自行用有何某某、陈某某签名的空白纸张制作了授权委托书、起诉状、财产保全申请书等证据材料一并交由肖某，由肖某于 2014 年 10 月 8 日向衡阳市珠晖区人民法院提起民事诉讼。珠晖区人民法院基于以上捏造的事实，先后采取财产保全措施，并在开庭审理后作出裁判文书、制作财产分配方案等。

被告人付某某、何某某、陈某某恶意串通，捏造债权债务关系和以物抵债协议，虚构民事纠纷，向人民法院提起民事诉讼，妨害司法秩序，其行为已构成虚假诉讼罪。公诉机关指控被告人付某某、何某某、陈某某犯虚假诉讼罪事实清楚，证据确实、充分，指控的罪名成立。在共同犯罪中，被告人付某某起主要作用，系主犯；被告人何某某、陈某某起次要或辅助作用，系从犯，依法应当从轻或者减轻处罚。被告人付某某、何某某在案发后自动投案，并如实供述自己犯罪事实，是自首，依法可以从轻或减轻处罚。被告人陈某某在案发后如实供述自己的犯罪事实，系坦白，依法可以从轻处罚。据此，被告人付某某犯虚假诉讼罪，判处有期徒刑十个月，并处罚金人民币5000元；被告人陈某某犯虚假诉讼罪，判处拘役三个月，并处罚金人民币2000元；被告人何某某犯虚假诉讼罪，判处拘役二个月，并处罚金人民币1000元。

案例分析

虚假诉讼产生的原因

1. 虚假诉讼无一例外是通过虚构债权，恶意进行“合法”诉讼，缺乏诚信内核。对于债权的保护是市场化交易安全的第一保障，但是随着市场化进程的加快，虚假诉讼案件亦层出不穷。仅2007年以来，浙江省台州市两级法院就发现查处虚假诉讼案件59件，涉案金额高达3900余万元；截至2008年5月，浙江各级法院经审理确认属于虚假诉讼的案件107件。2008年至2009年3月底，浙江检察机关共查办虚假诉讼案件60件，其中，有45件经抗诉或再审建议得到了改判。现有数据显示：从2012年到2014年9月，浙江省温州市相关部门查处虚假诉讼201件，审查后向公安机关移送犯罪线索122件，公安机关刑事立案77件、103人，法院刑事判决25人；2011—2013年，江苏省常州市查处虚假民事诉讼行为50余起，涉案标的达2000余万元。

优先保护债权是基于市场交易安全的考虑，但是不能简单以交易安全秩序为由将债权优先于其他社会秩序，不能侵犯第三人的合法权益，不能简单通过“借条”等债权依据确认债权，不能违反公序良俗和诚实信用原则。

2. 立法缺失导致各地司法不一。《关于适用〈中华人民共和国婚姻法〉若干问题的解释（二）》（以下简称《婚姻法司法解释（二）》）第二十四条规定，为了防止夫妻双方有可能出现的用虚假离婚的方式转移财产、逃避债务，而将夫妻一方个人名义对外举债直接推定为夫妻共同债务以强制保护债权，背离了《婚姻法》第四十一条规定的“夫妻共同债务为夫妻共同生活所负的债务”这一实质特征。《婚姻法司法解释（二）》第二十四条保护债权的初衷，却在很多情况下异化成夫妻一方与他人串通虚构债务用于转移共同财产的依据，使法律平等保护各类主体权益失衡。

3. 司法人员简单以“借条”作为债权依据，以保护债权的名义，对真伪难辨的“现金交易”和“借条”予以简单确认。对依据日常生活经验法则可以判定的现金交易作出司法认定当属合理裁判范畴，但是对一些以现金交易为名的大额“白纸借据”，不考察实质交付就简单认定“现金交易”形成的所谓“债权”，不仅违反《中华人民共和国合同法》第二百一十条关于民间借贷合同为实践性合同需注重考察款项交付的法律精神，更为严重的是直接认定大额现金交易，给不法分子留下一个巨大的漏洞：那就是为恶意串通伪造虚假债务损害国家、集体和他人合法权益或为来历不明的“灰色现金”甚至违法犯罪所得的“黑钱”洗白、合法化以可乘之机。

4.“身份主义”“公章崇拜论”成就司法对虚假、不当债权的法律保护。所谓“身份主义”，是指在处理债权债务关系时，只要债务人有职务身份，直接将行为确定为职务行为，要求法人承担偿债责任的一种司法经验做法。该类经验者从不考察其举债资金是否进入正规财务账户、是否实际用于法人或单位事项，最为容易把个人债务混为法人和单位债务。所谓“公章崇拜论”，是指只凭借款协议、借据上之公章，简单认定为法人行为，而不考察借款是否实际发生、是否实际进入单位正规账户、是否实际用于单位事项的一种做法。判定行为是职务行为还是个人行为，债务是个人债务还是法人债务，重要的不是看身份和公章，关键是要看其行为是否真正为了单位事项，资金是否真正进入单位账户、是否实际用于单位事项。

【大律支招】

律师作为法律职业者，与其他司法工作人员一样，应当遵守基本的法律道德和法律职业操守。对此，《中华人民共和国律师法》有明文规定。律师拥有专业的法律知识，他们运用专业技术为当事人进行诉讼代理。一旦律师参与策划或者亲自办理虚假诉讼，对于虚假诉讼的识别与防范治理的难度必然剧增，危害无穷。

本案中，律师肖某的证言证明在2014年，付某某到湖南君杰律师事务所，为快某公司找法律顾问，肖某与付某某交谈之后，付某某就让他做快某公司的法律顾问。当时双方口头约定做一年的法律顾问，但在这一年，肖某只替付某某的公司办了一个民间借贷案件，做完这个案件之后就没有再联系。有一天，付某某让肖某到快某公司，说由于公司欠了陈某某、何某某他们一笔钱，双方同意通过法律诉讼的方式解决纠纷，由陈某某起诉付某某，由肖某来作陈某某的代理律师，走完法律程序。肖某问过付某某，为什么要帮陈某某、何某某起诉快某公司，付某某讲，可以节约诉讼成本，因为打官司的话陈某某和何某某就要请律师，还要付律师费，再加上本身就是她欠陈某某他们钱，再花钱就没有什么必要；这个案情也比较简单，就是通过法律程序确定双方的债权债务关系，形成一个债权法律文书。当时的诉讼费由肖某去法院领缴费单据，领完之后就交给付某某。肖某已经拿了公司一年的法律顾问费，因此就同意帮忙代理诉讼。2014年10月9日，肖某到珠晖区人民法院立案，在此之前，付某某已经把整个民间借贷案件的证据（借条、凭证）都给自己了，一周以后就开庭了。庭审的情况很简单，最后是调解结案。有的律师被当事人提供的伪造证据材料、恶意串通所蒙蔽，在不知情的情况下参与当事人会谈、搜集证据，已经发现该案系虚假诉讼，但受利益驱动仍然违规进行诉讼代理；也有个别律师是在巨额利益的引诱下，或在当事人的怂恿蛊惑下，直接导演操纵、出谋划策、参与制造虚假诉讼，甚至不惜铤而走险亲自上阵进行虚假诉讼代理活动。尽管这属于极个别现象，但仍然严重影响人民群众对律师行业的客观评价，损害了整个律师行业的外部形象。因此，对于操控、制造、教唆、帮助或者参与虚假诉讼的律师，应当从以下几个方面进行处理：

首先，人民法院应当向律师行业协会发出司法建议，对参与虚假诉讼的律师进行重点关注，加强对其行为的监管，防止出现其他虚假诉讼的风险；其次，人民法院还应当向司法行政部门发出司法建议，依照《中华人民共和国律师法》有关规定予以惩戒，从严处理；再次，人民法院还要按照《中华人民共和国民事诉讼法》第一百一十二条的规定，予以从重罚款、拘留；最后，构成刑事犯罪的，依法移交公安、检察机关追究刑事责任。

因此，任何律师都应当恪守职业约束与执业纪律，坚决制止自己的当事人进行虚假诉讼的企图和尝试，同时不断提高虚假诉讼识别能力和应对能力，指导帮助当事人采取必要措施，理性诉讼，组织并终结虚假诉讼，维护好当事人的合法权益。

必懂知识点

一、虚假诉讼之类型

从客观方面来说，虚假诉讼具有共性，即都是虚假的或者其形式与实质均为虚假的，或者其实质是虚假的。依据虚假诉讼虚假的类别并结合虚假诉讼的参与主体，可以将虚假诉讼行为划分为恶意诉讼、滥用程序以及串通诉讼三种类型。

1. 恶意诉讼。恶意诉讼是指行为人为实现不法目的，一方当事人依据虚构的法律事实或者法律关系将被侵害对象作为被告（被告人）提起的诉讼。恶意诉讼最本质的特征在于诉讼本身缺乏提起诉讼所必须具备的基础性事实或者基础性法律关系。

2. 滥用程序。滥用程序是指行为人依据客观存在的法律事实或者法律关系将侵害对象作为被告（被告人）提起诉讼，以实现诉讼请求以外不法目的的行为。滥用程序最本质的特征在于诉讼并非追求实现诉讼目的，而是为了实现诉讼目的以外的不法目的。

3. 串通诉讼。串通诉讼是指诉讼当事人之间恶意串通或者诉讼当事人与裁判机构之间恶意串通，通过虚假诉讼的方式实现不法目的的行为。串通诉讼的成立要件包括：①虚构了法律事实或者法律关系；②当事人之间串通后或者当事人与裁判机构串通后，对虚构的事实或者法律关系予以自认或者确认；③串通的当事人之间或者当事人与裁判机构之间存在实施串通事实的共同故意；④串通诉讼旨在实现不法目的。因此，串通诉讼最本质的特征有二：一是虚构了事实或者法律关系；二是虚构事实或者法律关系是在当事人之间或者当事人与裁判机构工作人员之间串通后共同实施的。

串通诉讼与恶意诉讼存在竞合之处，串通诉讼往往以虚构的法律事实或者法律关系提起诉讼，但串通诉讼与恶意诉讼存在显著区别：①在参与主体方面，恶意诉讼必须是一方当事人将其意图侵害的对方作为被告（被告人）提起诉讼；而串通诉讼则是诉讼当事人之间互相串通或者一方当事人与对方的部分当事人之间互相串通，以及当事人与裁判机构之间互相串通提起的诉讼。②在侵害对象方面，恶意诉讼的侵害对象仅限于被告（被告人），而串通诉讼的侵害对象往往是第三人或者被告方的部分当事人。③在行为方式方面，恶意诉讼仅能通过作为的方式实施；而串通诉讼既可以通过作为的方式进行，也可以通过不作为的方式进行，如一方当事人故意不提交相应证据而使得另一方当事人胜诉，使得胜诉方取得败诉方的财产或者胜诉方免除其应当承担的对败诉方的债务，以致侵害其他债权人的利益。

由此可见，虚假诉讼并非一种行为，而是一类行为的集合。

二、关于虚假诉讼最新司法解释

最高人民法院、最高人民检察院公布《关于办理虚假诉讼刑事案件适用法律若干问题的解释》（以下简称《解释》）。《解释》分别于 2018 年 1 月 25 日由最高人民法院审判委员会第 1732 次会议、2018 年 6 月 13 日由最高人民检察院第十三届检察委员会第二次会议通过，将于 2018 年 10 月 1 日起施行。

近年来，民商事审判领域中的虚假诉讼现象呈现多发态势。虚假诉讼违法犯罪行为严重侵害他人合法权益，损害司法权威和司法公信力，人民群众反映强烈。为依法惩治此类行为，最高人民法院、最高人民检察院相继出台了一系列规定。

《解释》结合刑事司法工作实际，对刑法规定的虚假诉讼罪在具体适用方面的若干问题作出了明确规定，对于实践中综合运用民事、刑事等多种手段，依法惩治发生在民商事案件审判、执行程序中的虚假诉讼违法犯罪行为，维护正常司法秩序，保护公民、法人和其他组织的合法权益，具有重要意义。

《解释》共十二个条文，从虚假诉讼犯罪行为的界定、定罪量刑标准、数罪竞合的处罚原则、刑事政策的把握、地域管辖的确定等方面作出了规定。

针对理论和实践中广泛关注和存在争议的虚假诉讼犯罪行为的界定和定罪量刑标准问题，《解释》规定：

单方或者与他人恶意串通，采取伪造证据、虚假陈述等手段，捏造民事法律关系，虚构民事纠纷，向人民法院提起民事诉讼的，应当认定为刑法规定的虚假诉讼犯罪行为。

向人民法院申请执行以捏造的事实作出的仲裁裁决、公证债权文书，或者以捏造的事实对执行标的提出异议、申请参与执行财产分配的，属于刑法规定的虚假诉讼犯罪行为。

以捏造的事实提起民事诉讼，致使人民法院基于捏造的事实作出裁判文书的，应当认定为虚假诉讼罪，在未作出裁判文书的情况下，行为人具有虚假诉讼违法犯罪前科，或者多次以捏造的事实提起民事诉讼，或者具有致使人民法院采取保全措施、致使人民法院开庭审理、干扰正常司法活动等情形的，也应当以虚假诉讼罪定罪处罚。

虚假诉讼刑事案件由虚假民事诉讼案件的受理法院所在地或者执行法院所在地人民法院管辖，以有利于侦办机关及时调取和固定证据，同时避免部分民事诉讼当事人故意利用刑事手段恶意干扰民商事案件的正常审理。

在司法工作人员利用职权与他人共同实施虚假诉讼犯罪行为的情况下，可以实行异地管辖，确保此类案件公正审理。

必知法规

一、《中华人民共和国刑法》

第三百零七条之一第一款　以捏造的事实提起民事诉讼，妨害司法秩序或者严重侵害他人合法权益的，处三年以下有期徒刑、拘役或者管制，并处或者单处罚金；情节严重的，处三年以上七年以下有期徒刑，并处罚金。

第二十五条　共同犯罪是指二人以上共同故意犯罪。

二人以上共同过失犯罪，不以共同犯罪论处；应当负刑事责任的，按照他们所犯的罪分别处罚。

第二十六条　组织、领导犯罪集团进行犯罪活动的或者在共同犯罪中起主要作用的，是主犯。

三人以上为共同实施犯罪而组成的较为固定的犯罪组织，是犯罪集团。

对组织、领导犯罪集团的首要分子，按照集团所犯的全部罪行处罚。

对于第三款规定以外的主犯，应当按照其所参与的或者组织、指挥的全部犯罪处罚。

第二十七条 在共同犯罪起次要或者辅助作用的，是从犯。

对于从犯，应当从轻、减轻处罚或者免除处罚。

第六十七条 犯罪以后自动投案，如实供述自己的罪行的，是自首。对于自首的犯罪分子，可以从轻或者减轻处罚。其中，犯罪较轻的，可以免除处罚。

被采取强制措施的犯罪嫌疑人、被告人和正在服刑的罪犯，如实供述司法机关还未掌握的本人其他罪行的，以自首论。

犯罪嫌疑人虽不具有前两款规定的自首情节，但是如实供述自己罪行的，可以从轻处罚。

第五十二条 判处罚金，应当根据犯罪情节决定罚金数额。

第五十三条 罚金在判决指定的期限内一次或者分期缴纳。期满不缴纳的，强制缴纳。对于不能全部缴纳罚金的，人民法院在任何时候发现被执行人有可以执行的财产，应当随时追缴。

由于遭遇不能抗拒的灾祸等原因缴纳确实有困难的，经人民法院裁定，可以延期缴纳、酌情减少或者免除。

二、《最高人民法院、最高人民检察院关于办理虚假诉讼刑事案件适用法律若干问题的解释》

为依法惩治虚假诉讼犯罪活动，维护司法秩序，保护公民、法人和其他组织合法权益，根据《中华人民共和国刑法》《中华人民共和国刑事诉讼法》《中华人民共和国民事诉讼法》等法律规定，现就办理此类刑事案件适用法律的若干问题解释如下：

第一条 采取伪造证据、虚假陈述等手段，实施下列行为之一，捏造民事法律关系，虚构民事纠纷，向人民法院提起民事诉讼的，应当认定为刑法第三百零七条之一第一款规定的“以捏造的事实提起民事诉讼”：

（一）与夫妻一方恶意串通，捏造夫妻共同债务的；

（二）与他人恶意串通，捏造债权债务关系和以物抵债协议的；

（三）与公司、企业的法定代表人、董事、监事、经理或者其他管理人员恶意串通，捏造公司、企业债务或者担保义务的；

（四）捏造知识产权侵权关系或者不正当竞争关系的；

（五）在破产案件审理过程中申报捏造的债权的；

（六）与被执行人恶意串通，捏造债权或者对查封、扣押、冻结财产的优先权、担保物权的；

（七）单方或者与他人恶意串通，捏造身份、合同、侵权、继承等民事法律关系的其他行为。

隐瞒债务已经全部清偿的事实，向人民法院提起民事诉讼，要求他人履行债务的，以“以捏造的事实提起民事诉讼”论。

向人民法院申请执行基于捏造的事实作出的仲裁裁决、公证债权文书，或者在民事执行过程中以捏造的事实对执行标的提出异议、申请参与执行财产分配的，属于刑法第三百零七条之一第一款规定的“以捏造的事实提起民事诉讼”。

第二条 以捏造的事实提起民事诉讼，有下列情形之一的，应当认定为刑法第三百零七条之一第一款规定的“妨害司法秩序或者严重侵害他人合法权益”：

（一）致使人民法院基于捏造的事实采取财产保全或者行为保全措施的；

（二）致使人民法院开庭审理，干扰正常司法活动的；

（三）致使人民法院基于捏造的事实作出裁判文书、制作财产分配方案，或者立案执行基于捏造的事实作出的仲裁裁决、公证债权文书的；

（四）多次以捏造的事实提起民事诉讼的；

（五）曾因以捏造的事实提起民事诉讼被采取民事诉讼强制措施或者受过刑事追究的；

（六）其他妨害司法秩序或者严重侵害他人合法权益的情形。

第三条 以捏造的事实提起民事诉讼，有下列情形之一的，应当认定为刑法第三百零七条之一第一款规定的“情节严重”：

（一）有本解释第二条第一项情形，造成他人经济损失一百万元以上的；

（二）有本解释第二条第二项至第四项情形之一，严重干扰正常司法活动或者严重损害司法公信力的；

（三）致使义务人自动履行生效裁判文书确定的财产给付义务或者人民法院强制执行财产权益，数额达到一百万元以上的；

（四）致使他人债权无法实现，数额达到一百万元以上的；

（五）非法占有他人财产，数额达到十万元以上的；

（六）致使他人因为不执行人民法院基于捏造的事实作出的判决、裁定，被采取刑事拘留、逮捕措施或者受到刑事追究的；

（七）其他情节严重的情形。

第四条 实施刑法第三百零七条之一第一款行为，非法占有他人财产或者逃避合法债务，又构成诈骗罪，职务侵占罪，拒不执行判决、裁定罪，贪污罪等犯罪的，依照处罚较重的规定定罪从重处罚。

第五条 司法工作人员利用职权，与他人共同实施刑法第三百零七条之一前三款行为的，从重处罚；同时构成滥用职权罪，民事枉法裁判罪，执行判决、裁定滥用职权罪等犯罪的，依照处罚较重的规定定罪从重处罚。

第六条 诉讼代理人、证人、鉴定人等诉讼参与人与他人通谋，代理提起虚假民事诉讼、故意作虚假证言或者出具虚假鉴定意见，共同实施刑法第三百零七条之一前三款行为的，依照共同犯罪的规定定罪处罚；同时构成妨害作证罪，帮助毁灭、伪造证据罪等犯罪的，依照处罚较重的规定定罪从重处罚。

第七条 采取伪造证据等手段篡改案件事实，骗取人民法院裁判文书，构成犯罪的，依照刑法第二百八十条、第三百零七条等规定追究刑事责任。

第八条 单位实施刑法第三百零七条之一第一款行为的，依照本解释规定的定罪量刑标准，对其直接负责的主管人员和其他直接责任人员定罪处罚，并对单位判处罚金。

第九条 实施刑法第三百零七条之一第一款行为，未达到情节严重的标准，行为人系初犯，在民事诉讼过程中自愿具结悔过，接受人民法院处理决定，积极退赃、退赔的，可以认定为犯罪情节轻微，不起诉或者免予刑事处罚；确有必要判处刑罚的，可以从宽处罚。

司法工作人员利用职权，与他人共同实施刑法第三百零七条之一第一款行为的，对司法工作人员不适用本条第一款规定。

第十条 虚假诉讼刑事案件由虚假民事诉讼案件的受理法院所在地或者执行法院所在地人民法院管辖。有刑法第三百零七条之一第四款情形的，上级人民法院可以指定下级人民法院将案件移送其他人民法院审判。

第十一条 本解释所称裁判文书，是指人民法院依照民事诉讼法、企业破产法等民事法律作出的判决、裁定、调解书、支付令等文书。

第十二条 本解释自 2018 年 10 月 1 日起施行。

虚构债权假诉讼，妨害司法秩序受处罚

英国著名大法官丹宁·勋爵认为，“每个人在法律中应该拥有自由，而所谓的自由，是每一个守法的公民在合法的时候不受任何其他人干涉，想其所愿想、说其所愿说、去其所愿去的自由”。回望历史，司法改革者们均肩负双担，一面是公民的权利（自由），一面是对滥用权利者的制裁，他们寻求自由与限制之间的利益平衡点，试图构建出符合历史发展规律的法律秩序。而诉讼是法律秩序之构建在实务中的表现形式之一，通过诉讼，当事人之间原本紧张对立的法益有所缓和，司法机关可以实现案结事了的目标，进而推动构建和谐的法治环境的进程。然而，随着人们对法律认识的深入，一些人不再将法律作为护佑自己合法权益的工具，而是行走在是与非的灰色地带，主要表现为通过伪造证据构建虚假诉讼，严重损害国家、集体、第三人的合法权益，阻碍社会主义法治进程。

【案例介绍】

一、虚假诉讼第一案，源起于投资被骗

2015 年 10 月 27 日，全国虚假诉讼第一案终于在最高人民法院落下了帷幕，一场由原被告策划，制造的“闹剧”以失败告终，且相关人员受到了法律制裁。该案最初起源于一场合同纠纷案。2006 年 6 月，谢某经人介绍认识了特来为公司的实际控制人王总，当时特来为公司正在开发一个房地产项目，双方约定谢某投资 270 万元与特来为公司合作开发该项目，无论项目运作如何，将来都会返还本金，并按照投资比例分享项目利润。但是，该房产项目建成后，特来为公司并未履行承诺，经多次索要均未果，谢某遂起诉至法院要求特来为公司返还本金 270 万元及支付 900 万元利润款，经二审法院判决特来为公司返还谢某 270 万元，并按银行同期贷款利率一倍支付利息，对此结果谢某不服。然而，该案尚在辽宁省高级人民法院审理中，官司还未了结，谢某却发现特来为公司被欧贝公司起诉，且判决特来为公司败诉的判决已经生效，房产、银行账户等大额财产被法院查封、冻结。也就是说，特来为公司清偿谢某债务将变为不可能。

二、败诉方为逃债，伪造假借贷

特来为公司主要经营房地产开发、销售业务，其除了欠谢某钱款外，还有其他多笔债务未偿还。为了逃避债务，其与欧贝公司串通，将2007—2011年两公司发生的正常资金往来，通过事后补充《借款合同》的方式，虚构为两公司之间的借贷关系。

三、老赖先告状，庭审现异常

欧贝公司向辽宁省高院起诉被告特来为公司，诉称2007年7月24日起分九次陆续借款给特来为公司共8650万元，用于开发某房地产项目，借期届满后经多次催要，特来为公司以效益不好拒绝偿还。请求判令特来为公司返还借款本金8650万元及利息。特来为公司则对欧贝公司的诉请及事实全部认可，仅称因房屋销售情况不好无法偿还，愿意筹款积极清偿。辽宁省高级人民法院一审认为，欧贝公司的诉讼请求有理由得到支持，遂作出判决。判决生效后，因债权人谢某以“特来为公司与欧贝公司恶意串通，通过虚构债务的方式，恶意侵害房地产项目投资人谢某的合法权益”为由向辽宁高院提起申诉，请求法院查明真相；在此期间，其他债权人如房地产项目施工单位世安建设集团有限公司、承包单位江西临川建筑安装工程总公司、东港市前阳建筑安装工程总公司也先后以提交执行异议或者通过人大代表申诉等形式，向辽宁省高级人民法院反映，欧贝公司与特来为公司虚构债权进行虚假诉讼，损害建设工程承包人债权，鉴于此，辽宁高院裁定再审。再审中，欧贝公司与特来为公司在庭上依然没有发生正常的激烈对抗、争辩局面。2012年1月4日，辽宁省高院作出再审裁定。

经再审后，法院查明，王某、曲某夫妻对特来为公司、欧贝公司、汉黄公司具有完全控制权，据此认定欧贝公司与特来为公司双方之间不存在真实的借款法律关系，判决撤销一审判决，驳回欧贝公司的诉讼请求，但对是否构成虚假诉讼未作出认定。

四、最高院查真相，造假方受重罚

欧贝公司不服上述判决，向最高人民法院提起上诉。最高院发现了本案存在重大疑点和不符合常理的庭审现象，非常重视。调取了欧贝公司、特来为公司以及两公司的共同关联公司汉黄公司等几个公司的银行账户交易明细和工商档案等证据，又查明了大量新的事实，包括欧贝公司和特来为公司之间关系及资金往来等情况。发现欧贝公司与特来为公司均由王某和曲某夫妻二人控制，且两个公司的高管和普通员工存在混同；公司之间的转款情况存在双方或多方账户循环转款等问题的事实，最终认定欧贝公司和特来为公司的企业借贷纠纷案为虚假诉讼案，依法判决对欧贝公司和特来为公司各罚款人民币50万元。

争议与问题

欧贝公司与特来为公司之间是否存在关联关系？其争议的8650万元是否存在真实的借贷关系？

一、欧贝公司与特来为公司之间存在关联关系

《公司法》第二百一十六条对关联关系进行了基本界定。关联关系，是指公司控股股东、实际控制人、董事、监事、高级管理人员与其直接或者间接控制的企业之间的关系，以及可能导致公司利益转移的其他关系。但是，国家控股的企业之间不仅因为同受国家控股而具有关联关系。

除了对关联关系作出界定和判断外，《公司法》还明确了禁止不正当关联交易的基本态度。该法第二十一条第一款明确规定"公司的控股股东、实际控制人、董事、监事、高级管理人员不得利用其关联关系损害公司利益。"这一强制性规定，体现了法律对关联交易的基本态度，即对不公正关联交易给予禁止。

《国家税务总局关于印发〈特别纳税调整实施办法（试行）〉的通知》（国税发〔2009〕2号）第九条对关联关系作了详细的规定：关联关系，主要是指企业与其他企业、组织或个人具有下列之一关系：

（一）一方直接或间接持有另一方的股份总和达到25%以上，或者双方直接或间接同为第三方所持有的股份达到25%以上。若一方通过中间方对另一方间接持有股份，只要一方对中间方持股比例达到25%以上，则一方对另一方的持股比例按照中间方对另一方的持股比例计算。

（二）一方与另一方（独立金融机构除外）之间借贷资金占一方实收资本50%以上，或者一方借贷资金总额的10%以上是由另一方（独立金融机构除外）担保。

（三）一方半数以上的高级管理人员（包括董事会成员和经理）或至少一名可以控制董事会的董事会高级成员是由另一方委派，或者双方半数以上的高级管理人员（包括董事会成员和经理）或至少一名可以控制董事会的董事会高级成员同为第三方委派。

（四）一方半数以上的高级管理人员（包括董事会成员和经理）同时担任另一方的高级管理人员（包括董事会成员和经理）或者一方至少一名可以控制董事会的董事会高级成员同时担任另一方的董事会高级成员。

（五）一方的生产经营活动必须由另一方提供的工业产权、专有技术等特许权才能

正常进行。

（六）一方的购买或销售活动主要由另一方控制。

（七）一方接受或提供劳务主要由另一方控制。

（八）一方对另一方的生产经营、交易具有实质控制，或者双方在利益上具有相关联的其他关系，包括虽未达到本条第（一）项持股比例，但一方与另一方的主要持股方享受基本相同的经济利益，以及家族、亲属关系等。

本案中，曲某为欧贝公司的控股股东，王某是特来为公司的原法定代表人、实际控制人，王某与曲某系夫妻关系，说明欧贝公司与特来为公司由夫妻二人控制。同时，欧贝公司股东兼法定代表人宗某等人，与特来为公司的实际控制人王某、法定代表人姜某等共同投资设立上海特来为护肤品股份有限公司，说明欧贝公司与特来为公司之间、前述两公司与涉案相关公司之间均存在关联关系。

二、欧贝公司与特来为公司之间不存在真实的借贷关系

欧贝公司与特来为公司及其他关联公司之间还存在人员混同的问题。有证据证实，欧贝公司、特来为公司以及其他关联公司的人员之间未进行严格区分，他们均服从王某、曲某夫妻的指挥，根据不同的工作任务，随时转换为不同关联公司的工作人员。

欧贝公司要求特来为公司偿还债务的请求，其自述及提交的证据之间存在诸多无法消除的矛盾，且当事人在诉讼前后的诸多行为违背常理，表现在如下方面：从借款合意形成过程来看，借款合同存在虚假的可能性；从借款时间上看，证据前后矛盾；从借款数额上看，当事人的主张前后矛盾；从资金往来情况看，欧贝公司存在单向统计账户流出资金而不统计流入资金的问题；从所有关联公司之间的转款情况看，存在双方或者多方账户循环转款问题；从借款的用途看，与合同约定相悖；从执行上来看，也存在违背常理的现象。对上述矛盾和违反常理之处，欧贝公司与特来为公司均未作出合理解释。由此可见，欧贝公司没有提供足够的证据证明其就案涉争议款项与特来为公司之间存在真实的借贷关系。

从欧贝公司与特来为公司及其他关联公司账户之间随意转款、款项用途随意填写的事实，结合其他证据，最高人民法院确信，该案债权系欧贝公司截取两公司之间的往来款项虚构而成。同时，结合欧贝公司和特来为公司对谢某及其他债权人与特来为公司的债权债务关系，以及欧贝公司与特来为公司人员混同，银行账户同为王某、曲某夫妻控制的事实可知，欧贝公司与特来为公司构成恶意串通意图通过虚假诉讼损害他人合法权益的行为。

【大律支招】

一、我国对虚假诉讼规制的主要表现

（一）虚假诉讼符合侵权责任的构成，民法中可适用侵权归责

“诚实信用原则在民法领域被称为‘霸王条款’，《中华人民共和国民法典》第七条、《中华人民共和国民法总则》第七条规定民事主体从事民事活动，应当遵循诚信原则，秉持诚实，恪守承诺。《中华人民共和国民法通则》第四条规定民事活动应当遵循自愿、公平、等价有偿、诚实信用的原则。”对此，王利明教授认为，诚实信用要求处于法律上特殊联系的民事主体应忠诚、守信，做到谨慎维护对方的利益、满足对方的正当期待、给对方提供必要的信息等。这虽属法律原则而不能直接适用，但这种法治精神是贯穿在整个诉讼过程中的。虚假诉讼是对诚实信用原则的践踏，在民法领域其完全可归为侵权责任领域，适用“过错归责”。

（二）新《民事诉讼法》对虚假诉讼的最新修订

2012 年新《民事诉讼法》出台后，其第十三条增加一款“民事诉讼应当遵循诚实信用原则”，从而以法条的形式确定了诚实信用原则在诉讼法的地位。宋朝武教授认为，诚实信用原则在《民事诉讼法》中主要体现在：当事人真实陈述义务；促进诉讼进行的义务；禁止以欺骗方法形成不正当的诉讼状态；诉讼上权能的滥用；等等。尽管法律以条文的形式规定了当事人的诚信义务，但囿于经济利益的诱惑，许多人倾向于利用虚假诉讼的外衣掩盖其非法获取利益的行为。对此，2013 年 1 月 1 日正式施行的修改后的《民事诉讼法》，在法律层面上对其作出了明确规定。其中该法第一百一十二条规定“当事人之间恶意串通，企图通过诉讼、调解等方式侵害他人合法权益的，人民法院应当驳回其请求，并根据情节轻重予以罚款、拘留；构成犯罪的，依法追究刑事责任”。第一百一十三条规定“被执行人与他人恶意串通，通过诉讼、仲裁、调解等方式逃避履行法律文书确定的义务的，人民法院应当根据情节轻重予以罚款、拘留；构成犯罪的，依法追究刑事责任”。这两条规定对虚假诉讼规定了司法性处置措施。

（三）《刑法修正案（九）》新增了“虚假诉讼罪”，对虚假诉讼的行为进行罪行化规定

从上述新《民事诉讼法》规定不难看出，这两条规定还对虚假诉讼的行为进行了附属刑法的规定。虽然这两条规定并未直接指明构成犯罪后所应当适用的条款，但是附属刑法作为连接《刑法》和其他部门法的纽带，指明了《刑法》之中必然应当存有与之对应的刑罚规范。为了倡导社会诚信，使民众树立正确的民事诉讼观，加大对虚

假民事诉讼行为的打击力度，以及有效衔接民事诉讼法和刑法的规定，《刑法修正案（九）》第三十五条在《刑法》第三百零七条之后增加一条，对虚假民事诉讼行为进行犯罪化。

新《刑法》第三百零七条之一规定：以捏造的事实提起民事诉讼，妨害司法秩序或者严重侵害他人合法权益的，处三年以下有期徒刑、拘役或者管制，并处或者单处罚金；情节严重的，处三年以上七年以下有期徒刑，并处罚金。

单位犯前款罪的，对单位判处罚金，并对其直接负责的主管人员和其他直接责任人员，依照前款的规定处罚。

有第一款行为，非法占有他人财产或者逃避合法债务，又构成其他犯罪的，依照处罚较重的规定从重处罚。

司法工作人员利用职权，与他人共同实施前三款行为的，从重处罚；同时构成其他犯罪的，依照处罚较重的规定定罪从重处罚。

二、对特殊人员参与制造虚假诉讼案件的处理

（一）对于参加制造虚假诉讼案件的律师，在诉讼过程中应当如何处理

律师作为法律职业者，与其他司法工作人员一样，应当遵守基本的法律道德和法律职业操守，《律师法》对此有明文规定。律师拥有专业的法律知识，他们运用专业技术为当事人进行诉讼代理。一旦律师参与策划或者亲自办理虚假诉讼，对于虚假诉讼的识别与防范治理的难度必然剧增，危害无穷。

实务中，有的律师被当事人提供的伪造证据材料、恶意串通所蒙蔽，在不知情的情况下参与当事人会谈、搜集证据，已经发现该案系虚假诉讼，但受利益驱动仍然违规进行诉讼代理；也有个别律师是在巨额利益的引诱迷惑下，或在当事人的怂恿蛊惑下，直接导演操纵、出谋划策、参与制造虚假诉讼，甚至不惜铤而走险亲自上阵进行虚假诉讼代理活动。尽管这属于极个别现象，但仍然严重影响人民群众对律师行业的客观评价，损害了整个律师行业的外部形象。因此，对于操控、制造、教唆、帮助或者参与虚假诉讼的律师，应当从以下几个方面进行处理：

首先，人民法院应当向律师行业协会发出司法建议，对参与虚假诉讼的律师进行重点关注，加强对其行为的监管，防止出现其他虚假诉讼的风险；其次，人民法院还应当向司法行政部门发出司法建议，依照《律师法》有关规定予以惩戒，从严处理；再次，人民法院还要按照《民事诉讼法》第一百一十二条的规定，予以从重罚款、拘留；最后，构成刑事犯罪的，依法移交公安、检察机关追究刑事责任。因此，任何律

师都应当恪守职业约束与执业纪律，坚决制止自己的当事人进行虚假诉讼的企图和尝试，同时不断提高虚假诉讼识别能力和应对能力，指导帮助当事人采取必要措施，理性诉讼，组织并终结虚假诉讼，维护好当事人的合法权益。

（二）对于参与制造虚假诉讼案件的法官，应当如何处理

“法治取决于甚至可以说等同于法院的公信力。摧毁公众对法律的信任，也就摧毁了法治的基础。”法官是公平正义的代言人，法官要严格按照《法官法》和法院内部制度规范审判行为，防止出现偏私审判。虚假诉讼是对司法这一公权力的公然挑战，虚假诉讼欺骗的直接对象是法官，通过使法官陷入错误判断来实现其非法目的。因此，在审理民间借贷和其他案件中，法官应当严格审查核实双方当事人提供的证据，不仅要了解掌握纠纷事实，还要对诉讼标的进行一定的实质性审查。

如果法官参与了虚假诉讼，应当依照《人民法院工作人员处分条例》的规定，给予相应的行政处分，并予以从重处理。此外，还要根据虚假诉讼的具体情节及危害程度，审查是否构成犯罪，如枉法裁判罪等。构成犯罪的，应当追究其刑事责任，并依照法律规定予以从重处罚。从而从司法自身层面杜绝因参与虚假诉讼而导致的司法不公。总之，法官面对虚假诉讼，绝不能是始作俑者，而应当是终结者。

需要注意的是，对法官而言，如果其善意地、无重大过失地履行职责，其过失责任应当具有豁免权。在民事虚假诉讼案件中，法官除非履行职责确有恶意，或者明知当事人恶意而纵容，其履行职责不应被追究，更不能动辄以玩忽职守罪对法官提起刑事追诉。尽管这些观点与我们所实施的错案责任追究制度大相径庭，但应当看到，在审判程序中之所以虚假诉讼很难被发现，与我们采取的法院被动式诉讼规则、当事人主义诉讼模式扩张密切相关。我们应当从更深层次的制度构建入手，解决困扰司法的虚假诉讼，而不是只会考虑如何对法官追责。相反，国家应当尽快建立健全法官职业保障体系建设，以切实回应司法改革的总体目标要求。

必懂知识点

一、何为虚假诉讼

狭义的虚假诉讼指当事人双方或多方，或当事人与案外人相互勾结，通过伪造、篡改证据，虚构证言等方式获得相应裁判，以此得到非法利益；广义的虚假诉讼即恶意诉讼，一方面包括了狭义的虚假诉讼，另一方面是指当事人之间并不存在合法有效的法律关系，一方为获取不法利益而恶意诉讼或者当事人之间虽存在合法有效的法律

关系，但一方当事人为不执行裁判结果而滥用诉讼权利如管辖异议、执行异议，实现拖延诉讼的目的。

二、从证据视角分析虚假诉讼

虚假诉讼表现形式之一，即“通过对证据材料的非法处理，如通过隐匿、伪造、变造、毁损等行为，为虚构的法律关系提供支撑，以获取非法利益”。作为认定案件事实的恒定标准，证据是实现司法公平公正的重要基石，也是当事人维护自己合法权利的重要依据。就何种资质的证据材料可以被法官所采纳的问题，西南政法大学教授潘金贵在《证据法学》一书中指出：“原则上一个证据要转化为法院据悉认定案件事实的根据，都必须同时具备双重证据资格，即证据能力与证明力。”

（一）符合司法需求的证据

同时具备证据能力和证明力的证据才可以作为定案的根据，理论上，证据能力涉及证据资格问题，具有法定性，即一种证据材料能否为法官所采用；证明力解决的是事实问题，即一种证据能否对案件事实起到证明作用，若有证明作用，又是有多大的证明作用，法官在对其评判过程中享有较大的裁量权。但可以确定的是，符合司法需求的证据必须具有“三性”——客观性、关联性、合法性。首先，所谓客观性，即证据必须是一种客观事实，不以主观意志转移；其次，要求证据与待证案件事实有较强的关联性、逻辑性，从而能够说明案件事实；最后，合法性则表明证据的收集来源、使用方式等符合法律规定。

当然，不同部门法对证据能否作为认定案件事实依据的标准有不同的要求。就民法所调整的法律关系而言，《民事诉讼法》对所需证据之立法精神体现为“高度盖然性”，即在符合证据三性的基础上，要求具有可被推定的认可性；就《刑法》所调整的法律关系而言，《刑事诉讼法》要求所列证据能够绝对排除合理怀疑，因为证据扮演了证明案件事实真实性之唯一手段，在符合“三性”的基础上，高度盖然性已不再适用对生命处罚的标准。由此我们可以看出，《刑事诉讼法》对证据的证明力要求更为苛刻。

（二）虚假证据出现之成因分析

刑诉证据标准与民诉证据标准有所区别，但这种区别也只是体现在要求证据组合严密的标准上，本质上并无差别，均是本着“依证据断案”的原则。虚假证据之所以近年来大量出现，其一，由于经济、科技的发展，出现了一些新的证据种类，如电子证据，这种证据形式的逐步便捷与信息网络的逐步发展让行为人伪造证据的难度降低、成本降低，用低成本造假，换来高的收益；其二，现行登记体系的不完善让行为人有机可乘，虚假证据多表现为虚假合同，虚假债权债务，当双方串通提起虚假诉讼时，由于登记制度在区域与区域之间衔接不当，造成信息沟通不对称，法官难以察觉；其三，法律法规对制造虚假证据的行为人惩戒力度不够，当一种不当行为愈演愈烈时，应该采取普遍性的威慑制度，然而针对时下虚假证据的泛滥，我们并没有建立起这种普遍性的规制体系。

必知法规

一、《中华人民共和国民法典》

第七条 民事主体从事民事活动，应当遵循诚信原则，秉持诚实，恪守承诺。

二、《中华人民共和国民法总则》

第七条 民事主体从事民事活动，应当遵循诚信原则，秉持诚实，恪守承诺。

三、《中华人民共和国民法通则》

第四条 民事活动应当遵循自愿、公平、等价有偿、诚实信用的原则。

四、《中华人民共和国民事诉讼法》

第十三条 民事诉讼应当遵循诚实信用原则。

第一百一十二条 当事人之间恶意串通，企图通过诉讼、调解等方式侵害他人合法权益的，人民法院应当驳回其请求，并根据情节轻重予以罚款、拘留；构成犯罪的，依法追究刑事责任。

第一百一十三条 被执行人与他人恶意串通，通过诉讼、仲裁、调解等方式逃避履行法律文书确定的义务的，人民法院应当根据情节轻重予以罚款、拘留；构成犯罪的，依法追究刑事责任。

五、最高人民法院关于适用《中华人民共和国民事诉讼法》的解释

第一百一十条 人民法院认为有必要的，可以要求当事人本人到庭，就案件有关事实接受询问。在询问当事人之前，可以要求其签署保证书。

保证书应当载明据实陈述、如有虚假陈述愿意接受处罚等内容。当事人应当在保证书上签名或者捺印。

负有举证证明责任的当事人拒绝到庭、拒绝接受询问或者拒绝签署保证书，待证事实又欠缺其他证据证明的，人民法院对其主张的事实不予认定。

第一百九十条　民事诉讼法第一百一十二条规定的他人合法权益，包括案外人的合法权益、国家利益、社会公共利益。

第三人根据民事诉讼法第五十六条第三款规定提起撤销之诉，经审查，原案当事人之间恶意串通进行虚假诉讼的，适用民事诉讼法第一百一十二条规定处理。

第一百九十一条　单位有民事诉讼法第一百一十二条或者第一百一十三条规定行为的，人民法院应当对该单位进行罚款，并可以对其主要负责人或者直接责任人员予以罚款、拘留；构成犯罪的，依法追究刑事责任。

第三百零一条　第三人撤销之诉案件审理期间，人民法院对生效判决、裁定、调解书裁定再审的，受理第三人撤销之诉的人民法院应当裁定将第三人的诉讼请求并入再审程序。但有证据证明原审当事人之间恶意串通损害第三人合法权益的，人民法院应当先行审理第三人撤销之诉案件，裁定中止再审诉讼。

六、《最高人民法院关于审理民间借贷案件适用法律若干问题的规定》

第十九条　人民法院审理民间借贷纠纷案件时发现有下列情形，应当严格审查借贷发生的原因、时间、地点、款项来源、交付方式、款项流向以及借贷双方的关系、经济状况等事实，综合判断是否属于虚假民事诉讼：

（一）出借人明显不具备出借能力；

（二）出借人起诉所依据的事实和理由明显不符合常理；

（三）出借人不能提交债权凭证或者提交的债权凭证存在伪造的可能；

（四）当事人双方在一定期间内多次参加民间借贷诉讼；

（五）当事人一方或者双方无正当理由拒不到庭参加诉讼，委托代理人对借贷事实陈述不清或者陈述前后矛盾；

（六）当事人双方对借贷事实的发生没有任何争议或者诉辩明显不符合常理；

（七）借款人的配偶或合伙人、案外人的其他债权人提出有事实依据的异议；

（八）当事人在其他纠纷中存在低价转让财产的情形；

（九）当事人不正当放弃权利；

（十）其他可能存在虚假民间借贷诉讼的情形。

第二十条　经查明属于虚假民间借贷诉讼，原告申请撤诉的，人民法院不予准许并应当根据民事诉讼法第一百一十二条之规定，判决驳回其请求。

诉讼参与人或者其他人恶意制造、参与虚假诉讼，人民法院应当依照民事诉讼法

第一百一十一条、第一百一十二条和第一百一十二条之规定，依法予以罚款、拘留；构成犯罪的，应当移送有管辖权的司法机关追究刑事责任。

单位恶意制造、参与虚假诉讼的，人民法院应当对该单位进行罚款，并可以对其主要负责人或者直接责任人员予以罚款、拘留；构成犯罪的，应当移送有管辖权的司法机关追究刑事责任。

七、《中华人民共和国刑法》

第三百零七条 以捏造的事实提起民事诉讼，妨害司法秩序或者严重侵害他人合法权益的，处三年以下有期徒刑、拘役或者管制，并处或者单处罚金；情节严重的，处三年以上七年以下有期徒刑，并处罚金。

单位犯前款罪的，对单位判处罚金，并对其直接负责的主管人员和其他直接责任人员，依照前款的规定处罚。

有第一款行为，非法占有他人财产或者逃避合法债务，又构成其他犯罪的，依照处罚较重的规定从重处罚。

司法工作人员利用职权，与他人共同实施前三款行为的，从重处罚；同时构成其他犯罪的，依照处罚较重的规定定罪从重处罚。

虚构借贷合同抽逃出资，虚假诉讼受处罚

近年来，虚假诉讼在全国范围内普遍存在且呈现出不断增长的趋势。根据浙江省东阳市人民法院的调查得知，曾接触虚假诉讼案件的办案法官比例高达 90%。另据不完全统计，仅广东省一省三级法院在 2010—2015 年共识别 900 余起虚假诉讼案件，其中主要案件类型即为虚构借贷合同案件。究其原因，民间借贷案件因法律关系简单、证据易伪造，易成为虚假诉讼的高发区。虚假诉讼行为人滥用诉权，假借诉讼的合法形式掩盖获取非法利益的不法目的，将法庭作为进行非法行为的舞台，将诉讼作为获取非法利益的工具，这既是对司法权威和司法公正的极大挑战，也是对司法资源的极大浪费。因此，如何对民间借贷虚假诉讼案件进行准确识别，并提出行之有效的规制方法，已经成为法律实务中亟待解决的问题。

【案例介绍】

一、杨某云与他人设立合资公司，出资到位

2009 年 12 月 31 日，温州人杨某云与江苏省扬州市某公司合资成立扬州中扬担保有限公司（中外合资，以下简称中扬公司），杨某云作为外方股东出资 5000 万港元（折合人民币 4405 万元），占注册资本的 46.8%，公司成立杨某云即出资到位。

二、设计“万全之策”，抽逃出资

公司登记成立后，为将 5000 万港元从公司取出，杨某云想到一个“万全之策”。2010 年 6 月，杨某云回到温州，找到在他的服饰公司担任商务部经理的林某华，两人虚构了一份借款合同，其中写明杨某云从林某华处借款 4250 万元。随后两人又签了一份担保合同，以中扬公司名义为该借款合同的履行提供担保。同时，杨某云还伪造了一份收条，写明其已收到林某华的 4250 万元借款。

2010 年 8 月，做好一切准备后，林某华到温州市中级人民法院起诉中扬公司，要求中扬公司为杨某云拒绝履行借款合同提供担保。法院受理后，双方当事人主动达成调解，约定由中扬公司于 2010 年 11 月 16 日前向林某华一次性支付货款 4250 万元及利息 60 万元。随后，杨某云从林某华手里顺利地拿到了这笔钱。

三、另案被查，终露马脚

令杨某云没想到的是，一年半后他还是露出了马脚。2011 年 12 月，叶某向鹿城区公安分局报案称，杨某云欠其 1500 万元拒不返还，并私下转移财产，携款潜逃。公安局在立案侦办叶某被诈骗案的过程中，发现杨某云经营的中扬公司存在抽逃出资嫌疑。随后，公安机关以涉嫌抽逃出资罪对杨某云立案侦查。2012 年 9 月，杨某云因抽逃出资罪被鹿城区法院判处有期徒刑二年，并处罚金 100 万元。另外，鹿城区人民检察院在办理杨某云抽逃出资案中认为，在借贷合同纠纷中，杨某云与林某华之间的民事诉讼、民事调解过程存在诸多疑点，可能涉及虚假诉讼。

四、再审查明真相，造假者受到制裁

2013 年 4 月，鹿城区人民检察院将林某华涉嫌帮助伪造证据的犯罪线索移送公安机关查处，同时将该案的民事部分移送温州市人民检察院。在得到市人民检察院的交办函后，鹿城区人民检察院经审查认为，杨某云与林某华虚构借款合同，骗取法院法律文书的行为属于虚假诉讼，要继续办理此案，须撤销 2010 年温州市中级人民法院主持双方达成的生效调解。2013 年 5 月，鹿城区人民检察院建议温州市检察院提请浙江省人民检察院抗诉。

2013 年 6 月 3 日，温州市人民检察院向温州市中级人民法院发出检察建议书，建议温州市中级人民法院对有关调解书予以撤销并驳回林某华的起诉。2013 年 11 月 7 日，温州市中级人民法院再审后撤销有关调解书并驳回林某华的起诉。2013 年 11 月 11 日，经鹿城区人民检察院提起公诉，林某华因帮助伪造证据罪被鹿城区人民法院判处有期徒刑八个月。

案例分析

一、杨某云与林某华之间不存在真实的借贷关系

本案中，杨某云与其他公司合资设立中扬公司，其 4405 万元股本已经出资到位，但为了实现抽逃出资的不法目的，其伙同朋友林某华共同制造了虚假的借款合同，并顺利使得中扬公司为其提供担保。待一切法定条件具备，林某华通过向法院起诉的方式迫使中扬公司履行担保责任，而后又将所得款项交还给杨某云。另综合全案证据，可以确认杨、林二人间并不存在真实的借贷关系，其行为属虚假诉讼行为。

具体来看，从证据角度分析，杨某云与林某华借贷纠纷所涉合同均是不真实的，

包括：

（1）2010 年 6 月，杨、林二人签订的标的额为 4250 万元的借款合同，林某华是杨某云的下属，该合同是在杨的授意下起草与签署的，并非双方真实的意思表示，且其亦未被真正履行过，因此，可以被认定为虚假合同。

（2）杨某云作为中扬公司的股东之一，未经股东会或股东大会决议便以中扬公司的名义为自己的借款合同提供担保，违背了《公司法》第十六条的相关规定，此种情况下，虽然该担保合同的有效性在理论上仍是存在争议的，但综合全案证据来看，应当认定为该担保是不真实的、无效的；另外，由于主借款合同无效，担保合同作为从合同自然无效。

（3）杨某云为林某华出具的收据亦系伪造。另外，《最高人民法院关于防范和制裁虚假诉讼的指导意见》第二条第五款明确指出："实践中，要特别注意以下情形：……案件证据不足，但双方仍然主动迅速达成调解协议，并请求人民法院出具调解书。"本案情况即是如此，2010 年 8 月，林某华仅凭一纸借款合同就将杨某云诉至法庭并要求中扬公司履行担保责任，在案件事实不清、证据未充分提供的情况下，双方当事人主动要求进行调解并迅速达成合意一致，而后主动请求人民法院出具了具有强制执行力的调解书。

综上，杨某云与林某华之间不存在真实的借款合同关系，林某华的起诉行为并不是为了维护自身正当权益，而是为了帮助杨某云实现抽逃出资的目的，该行为损害了中扬公司以及相关债权人的合法权益。

二、罪名认定

本案中在刑事判决中之所以定帮助伪造证据罪，是因为本案判决时间为 2013 年，虚假诉讼罪的罪名规定在《中华人民共和国刑法》第三百零七条之一，为 2015 年 8 月 29 日全国人大常委会《中华人民共和国刑法修正案（九）》第三十五条增设。另外，最高人民法院于 2015 年 10 月 29 日发布的、于 2015 年 11 月 1 日起实施的《关于〈中华人民共和国刑法修正案（九）〉时间效力问题的解释》明确规定，对于 2015 年 10 月 31 日以前以捏造的事实提起民事诉讼，妨害司法秩序或者严重侵害他人合法权益，根据修正前《刑法》应当以伪造公司、企业、事业单位、人民团体印章罪或者妨害作证罪等追究刑事责任的，适用修正前《刑法》的有关规定。但是，根据修正后《刑法》第三百零七条之一的规定处刑较轻的，适用修正后《刑法》的有关规定。

【大律支招】

一、民间借贷案件中的“虚假诉讼”辨别

（一）通过民间借贷虚假诉讼的表象进行辨别

民间借贷虚假诉讼是违反诚实信用原则的一种表现，是行为人滥用诉权、假借诉讼的合法形式获取非法利益的工具。民间借贷虚假诉讼的本质是诉的虚假性，与真实诉讼相比，必然在行为主体、虚假手段、结案方式等方面存在巨大差异。

1. 行为人之间配合默契

从行为主体上看，当事人之间的关系具有特殊性。民间借贷虚假诉讼行为人为了在形式上满足诉讼成立的条件，必然串通对案件事实进行虚构，对诉讼证据进行伪造，而一方当事人甘愿冒险予以配合除了受利益的驱使外，还有双方之间关系特殊性的原因。依据审判实践经验，通常诉讼双方为自然人的，则具有近亲属关系或朋友、同学等其他亲密关系；诉讼双方为法人或其他组织的，则具有关联关系。从诉讼过程上看，合谋性和非对抗性贯穿诉讼始终。在民间借贷虚假诉讼案件中，行为人积极、恶意地实施虚假行为，具体表现为伪造借款证据、书写起诉状、虚假陈述、作伪证、虚假自认、和解或调解、申请执行等。在整个案件的审理过程中，行为人表面上处于对抗地位，而实际上往往存在共同的利益关系，行为人为加快诉讼进程，早日获取法院裁判文书，往往配合默契，一般不作实质性的诉辩对抗，对于对方提出的诉讼请求和证据，一般不提出相反证据予以反驳，以诱使法官错误采纳证据、错误认定案件事实。因此，审判人员对于诉讼程序进行异常顺利、当事人之间的配合高度默契的情形应谨慎审查，以确定原告是否有实体意义上的请求权，当事人之间的借贷关系是否真实成立。

2. 虚假手段多样且隐蔽

程序法定主义以程序合法性为中心，要求《民事诉讼法》上所有诉讼主体的行为均应严格遵守法律所设定的方式、条件、环节、步骤和阶段进行，因而当事人即使是为了达到非法目的，其也必须遵守程序与流程，所以民间借贷虚假诉讼行为人采取多样且隐蔽化的虚假手段来蒙蔽法官。具体表现为：第一，当事人通常不到庭，而委托诉讼代理人单独参加诉讼。第二，行为人在起诉前就对案件事实进行虚构，包括借款原因、借款用途、款项支付、还款情况等具体内容，以避免在庭审中出现矛盾陈述。第三，行为人恶意利用我国《民事诉讼法》规定的自认规则轻易承认对方当事人提出的事实主张，或者对对方提出的于己不利的证据予以认可。以上情形仅是行为人所采取的虚假手段的一部分，司法实践中出现的虚假手段绝不仅限于此。

3. 以调解结案较为普遍

从最终解决方式上看，多以调解方式结案，且和解、调解协议的达成和履行异常容易。在民间借贷虚假诉讼案件中，双方争议的债权债务法律关系较为简单，且当事人利用调解对事实及证据的查明要求不高，大多自愿要求调解，或自行达成和解协议之后申请法院确认制作调解书。因此，对于双方当事人自愿选择调解并存在虚假诉讼嫌疑的民间借贷案件，法院应加强对借贷事实和借贷证据真实性的审查，以排除虚假诉讼嫌疑。

（二）通过民间借贷虚假诉讼构成要件符合性进行辨别

民间借贷虚假诉讼的构成要件也是判断当事人所提起的民间借贷诉讼是否属于虚假诉讼的重要依据，因此，有必要对民间借贷虚假诉讼的构成要件进行分析，具体主要包含以下三个方面：

第一，主观上具有恶意串通并获取非法利益的故意，而在民间借贷虚假诉讼中，行为人恶意串通获取非法利益的故意，是对国家的公法秩序和第三人依法受保护的权益的公然漠视，其以一种积极作为的方式谋取非法利益，在实体法和程序法上均严重违反了诚实信用原则。

第二，客观上提起了诉讼，即民间借贷虚假诉讼行为人客观上必须有向法院提起诉讼的行为，并通过自身虚构的案件事实和伪造的证据诱使法院作出错误裁判，并以此裁判所产生的既判力谋求与提起的诉讼有关的非法利益。

第三，民间借贷虚假诉讼行为侵犯的客体具有双重性。一方面，行为人违反了法律规定的不作为义务，在攫取非法利益的同时间接侵害了第三人的权益；另一方面，行为人滥用诉讼程序，破坏了法律的秩序价值，严重侵害司法权威、危害司法正义。

二、民间借贷中“虚假诉讼”的规制方法

（一）建立虚假诉讼侵权损害赔偿制度

行为人恶意串通，提起虚假民事诉讼，以虚构事实、伪造证据的方式诱使法院作出错误裁判，使第三人的合法权益受到损害。因此，对权益受损的第三人进行赔偿是遏制民间借贷虚假诉讼发展态势、加大行为人违法成本的重要途径。具体包括如下几个方面：

第一，从立法层面尽快明确民间借贷虚假诉讼受害人享有提起侵权损害赔偿之诉的权利，但不可忽略的前提是必须符合侵权损害赔偿的构成要件，即侵权行为、后果、因果关系等。

第二，明确赔偿的范围和数额，民法中的侵权损害赔偿以补偿损失为原则，但虚假诉讼略有不同，对于具有严重危害性的虚假诉讼行为，有必要引入惩罚性赔偿制度。

第三，明确责任的起始时点，只有当相关案件进入执行阶段后，生效裁判对第三人的权益进行变更时才发生损害。因此，受害人主张侵权赔偿责任的起始时间是错误裁判对其合法权益产生实际损害之时。

（二）完善第三人撤销之诉

我国《民事诉讼法》第五十六条增加了关于第三人撤销之诉的规定，这也是2012年民诉修改的亮点。除了已有的第三人参加诉讼和执行阶段的执行异议制度之外，规定第三人撤销之诉能够更好地完善对第三人利益的保护。在民间借贷虚假诉讼案件中，行为人捏造一个没有纠纷的诉讼以获取法院的生效裁判，该缺乏实质合法性的裁判确定并执行后必将损害第三人的权益，此时如何完善对第三人权益的救济就是该制度设立的初衷。所以在当前民间借贷虚假诉讼频发的司法现状下，建立第三人撤销之诉具有现实意义，另外，与申请再审相比，通过撤销之诉更容易获得救济：再审会打破原生效裁判的既判力，影响裁判的终局性；而第三人撤销之诉是将诉权直接赋予第三人，使其通过诉讼的方式寻求救济。但是第三人在提起撤销之诉时存在举证困难或举证不能的困境，对原案中的虚假诉讼行为较难或无法提供证据进行证明。而再审除了通过第三人申请外，法院可以依职权启动再审，检察院也可以通过抗诉或检察建议引起再审，也就是说再审救济的途径更加宽广。因此，应当让第三人撤销之诉与再审并列，第三人针对民间借贷虚假诉讼案件既可以提出撤销之诉，也有权申请再审。

（三）规范诉讼程序进程

规范诉讼程序的进程，简言之即是在诉讼中强化法官职权，建立一套诉前积极预防、庭审中全面审查的程序。此处尤其要强调的是关于证据的审查以及对当事人自认的严格把握。

关于强化证据审查，法官可以适度强化当事人出庭义务，强制要求当事人亲自到庭，也可以加强依职权调查取证的范围，严格审查借贷关系产生的原因、有无见证人、支付时间、支付地点、资金来源和用途、交款方式、利息支付、债务催讨、债务履行、当事人之间的关系和当事人的经济、信誉状况等详细内容；关于当事人自认，法官需谨慎对待，应以达到自由心证、内心确信为基本原则。

必懂知识点

一、何为虚假诉讼

理论上认为，狭义的虚假诉讼是指当事人双方或多方，或者当事人与案外人相互勾结，通过篡改、伪造证据，虚构证言等方式获得相应裁判，以此得到非法利益；广义的虚假诉讼即恶意诉讼，指当事人之间并不存在合法有效的法律关系，一方为获取不法利益而恶意诉讼或者当事人之间虽有合法有效法律关系，但一方当事人为不执行裁判结果而滥用诉讼权利如管辖异议、执行异议等以实现拖延诉讼的目的。

而在法律实践中，最高人民法院《关于防范和制裁虚假诉讼的指导意见》第一条认为虚假诉讼一般包含以下要素：①以规避法律、法规或国家政策谋取非法利益为目的；②双方当事人存在恶意串通；③虚构事实；④借用合法的民事程序；⑤侵害国家利益、社会公共利益或者案外人的合法权益。

二、参与虚假诉讼法律从业者的法律责任

（一）参与虚假诉讼的律师的法律责任

律师本应当是运用自己的专业知识帮助当事人维护自身的合法权益，且应当遵守基本的职业道德和法律规范，但在司法实践之中，由于受到利益的诱惑，很多律师直接参与到虚假诉讼之中，甚至主导虚假诉讼，这些律师应当承担相应的法律责任：首先，人民法院可以向司法行政部门发出司法建议，依照《律师法》予以惩戒；其次，法院还可以依照《民事诉讼法》第一百一十二条的规定，予以从重罚款和拘留；最后，构成刑事犯罪的，依法移交公安机关追究刑事责任。因此，所有律师都应当积极提升自身专业能力以及鉴别能力，远离虚假诉讼。

（二）参与虚假诉讼的法官的法律责任

法官的行为代表着司法公信力，如果法官参与了虚假诉讼，必然是对法治的严重践踏，作为知法犯法者，其应承担的责任也就更重；对于行为轻微的，要依照《法官法》的相关规定，给予行政处分；而对于情节严重构成犯罪的，则要依照《刑法》的规定追究其枉法裁判罪、受贿罪等罪行。另外，需要注意的是，在法律实务工作中，由于虚假诉讼隐蔽性强，不好判断，法官如无故意或重大过失，对其正常履行职责的行为应当予以豁免，毕竟要根治虚假诉讼问题，仅仅依靠过多苛责法官是没有任何意义的，还是应当从规范诉讼程序、完善相关损害赔偿制度等各方面入手，对该问题进

行综合解决。

必知法规

一、《中华人民共和国民法典》

第七条 民事主体从事民事活动，应当遵循诚信原则，秉持诚实，恪守承诺。

二、《中华人民共和国民法总则》

第七条 民事主体从事民事活动，应当遵循诚信原则，秉持诚实，恪守承诺。

三、《中华人民共和国民法通则》

第四条 民事活动应当遵循自愿、公平、等价有偿、诚实信用的原则。

四、《中华人民共和国民事诉讼法》

第十三条第一款 民事诉讼应当遵循诚实信用原则。

第一百一十二条 当事人之间恶意串通，企图通过诉讼、调解等方式侵害他人合法权益的，人民法院应当驳回其请求，并根据情节轻重予以罚款、拘留；构成犯罪的，依法追究刑事责任。

第一百一十三条 被执行人与他人恶意串通，通过诉讼、仲裁、调解等方式逃避履行法律文书确定的义务的，人民法院应当根据情节轻重予以罚款、拘留；构成犯罪的，依法追究刑事责任。

五、《中华人民共和国刑法》

第三百零七条 以暴力、威胁、贿买等方法阻止证人作证或者指使他人作伪证的，处三年以下有期徒刑或者拘役；情节严重的，处三年以上七年以下有期徒刑。

帮助当事人毁灭、伪造证据，情节严重的，处三年以下有期徒刑或者拘役。

司法工作人员犯前两款罪的，从重处罚。

第三百零七条之一 以捏造的事实提起民事诉讼，妨害司法秩序或者严重侵害他人合法权益的，处三年以下有期徒刑、拘役或者管制，并处或者单处罚金；情节严重的，处三年以上七年以下有期徒刑，并处罚金。

单位犯前款罪的，对单位判处罚金，并对其直接负责的主管人员和其他直接责任人员，依照前款的规定处罚。

有第一款行为，非法占有他人财产或者逃避合法债务，又构成其他犯罪的，依照处罚较重的规定定罪从重处罚。

司法工作人员利用职权，与他人共同实施前三款行为的，从重处罚；同时构成其他犯罪的，依照处罚较重的规定定罪从重处罚。

六、《最高人民法院关于防范和制裁虚假诉讼的指导意见》

第一条　虚假诉讼一般包含以下要素：（1）以规避法律、法规或国家政策谋取非法利益为目的；（2）双方当事人存在恶意串通；（3）虚构事实；（4）借用合法的民事程序；（5）侵害国家利益、社会公共利益或者案外人的合法权益。

第二条　实践中，要特别注意以下情形：（1）当事人为夫妻、朋友等亲近关系或者关联企业等共同利益关系；（2）原告诉请司法保护的标的额与其自身经济状况严重不符；（3）原告起诉所依据的事实和理由明显不符合常理；（4）当事人双方无实质性民事权益争议；（5）案件证据不足，但双方仍然主动迅速达成调解协议，并请求人民法院出具调解书。

七、《最高人民法院关于民间借贷案件适用法律若干问题的规定》

第十九条　人民法院审理民间借贷纠纷案件时发现有下列情形，应当严格审查借贷发生的原因、时间、地点、款项来源、交付方式、款项流向以及借贷双方的关系、经济状况等事实，综合判断是否属于虚假民事诉讼：

（一）出借人明显不具备出借能力；

（二）出借人起诉所依据的事实和理由明显不符合常理；

（三）出借人不能提交债权凭证或者提交的债权凭证存在伪造的可能；

（四）当事人双方在一定期间内多次参加民间借贷诉讼；

（五）当事人一方或者双方无正当理由拒不到庭参加诉讼，委托代理人对借贷事实陈述不清或者陈述前后矛盾；

（六）当事人双方对借贷事实的发生没有任何争议或者诉辩明显不符合常理；

（七）借款人的配偶或合伙人、案外人的其他债权人提出有事实依据的异议；

（八）当事人在其他纠纷中存在低价转让财产的情形；

（九）当事人不正当放弃权利；

（十）其他可能存在虚假民间借贷诉讼的情形。

第二十条　经查明属于虚假民间借贷诉讼，原告申请撤诉的，人民法院不予准许，并应当根据民事诉讼法第一百一十二条之规定，判决驳回其请求。

诉讼参与人或者其他人恶意制造、参与虚假诉讼，人民法院应当依照民事诉讼法第一百一十一条、第一百一十二条和第一百一十三条之规定，依法予以罚款、拘留；构成犯罪的，应当移送有管辖权的司法机关追究刑事责任。

单位恶意制造、参与虚假诉讼的，人民法院应当对该单位进行罚款，并可以对其主要负责人或者直接责任人员予以罚款、拘留；构成犯罪的，应当移送有管辖权的司法机关追究刑事责任。

虚假诉讼重灾区，民间借贷属排头

民间借贷，是指自然人、法人、其他组织之间及其相互之间进行资金融通的行为。在生活中，民间借贷的发生往往基于复杂多样的社会基础关系，有的基于亲情友情、有的基于合作关系，表现为一种互通有无的互助，常发生在熟人社会之中。目前，鉴于银行等金融机构的金融信贷门槛过高，而民间借贷自身具有灵活、便利的特点，我国民间借贷迅速发展。但是，相关民间借贷的法律规范缺失，在实践中，借贷双方维权的法律意识又相对薄弱，通常仅用欠条或借据来建立债权债务关系，很少签订具有法律效力的书面借款合同，也不注意保留证明借出与接受金钱行为的银行转账凭证或是收条，所以一旦发生纠纷，常常因证据单一而难以主张权利。2016 年 2 月 2 日，最高人民检察院新闻发言人肖玮指出："民间借贷纠纷案件已成为虚假诉讼的重灾区。"因为民间借贷纠纷案件通常法律关系相对比较简单，当事人之间伪造证据、虚构事实比较容易，当事人通过合意串通达到非法目的不易被发现，致使民间借贷纠纷成为虚假诉讼的重灾区。因此，最高检要求各级检察机关加大对民间借贷虚假诉讼、恶意诉讼的打击惩治力度，严惩试图通过虚假民间借贷诉讼损害国家利益、社会公共利益以及他人合法权益的行为。

【案例介绍】

一、妹妹妹夫闹离婚，姐姐赶来要欠款

谭某艳于 2015 年 2 月 5 日起诉谭某霞、曾某某，要求法院判令两被告偿还其借款本金 322000 元，利息 6780 元。本案中，谭某艳与谭某霞系姐妹，曾某某系谭某艳妹夫。原告谭某艳主张被告谭某霞以家庭生活消费及女儿学习费用为由通过刷其银行信用卡附属卡、支付现金及银行转账等方式陆续向其借款达 322000 元至今未还，现被告谭某霞已于另案起诉被告曾某某离婚，因担心债权无法获得保障，遂向法院起诉。庭审中，原告向法院提交谭某霞向自己出具的六张借条，证明借款事实、金额、利息。借条出具时间分别是 2010 年 1 月 10 日、2011 年 1 月 16 日、2012 年 1 月 8 日、2013 年 1 月 13 日、2014 年 1 月 6 日、2015 年 1 月 23 日。同时，原告谭某艳提交证据《中信银行信用卡电子对账单》，主张其于 2010 年 8 月为被告谭某霞办理了主卡登记于谭某

艳名下的中信银行信用卡附属卡，被告谭某霞自2010年8月起持该卡消费至今且从未偿还欠款。

二、妹夫辩称借条系伪造，五年借条一次补全

对于原告提供的证据，被告曾某某辩称六张借条系由原告谭某艳与被告谭某霞串通伪造形成，恶意向其施加负债行为。法院依法对六张借条予以审查，六张借条上的落款时间跨度长达五年，但综合借条载明的借款内容、文字书写习惯及纸张新旧程度来看，六张借条的形成时间显然是在一个时间段。在第一次庭审中，原告谭某艳及被告谭某霞都表示六张借条的形成时间分别为其所载明的落款时间，但两人又在第二次庭审中自认六张借条都是在2015年1月23日同一天写就，显然谭某艳和借款人谭某霞曾刻意对法院隐瞒载明双方借款合意的借条的形成时间。谭某艳与谭某霞于2015年1月23日补写2010—2015年六张借条的行为，不符合一般借贷行为在达成借款合意的同时即出具书面借款凭证的惯例。同时，即使谭某艳、谭某霞双方曾对其借贷关系进行过特别约定，其亦无法提交其他证据予以佐证。据此，法院认为六张借条并不能证明原告谭某艳与被告谭某霞曾于2010年、2011年、2012年、2013年、2014年、2015年达成过借款的合意，因此，六张借条不能证明原告与被告之间存在借贷关系。

三、姐妹齐心坑妹夫，法官"火眼"识真相

被告谭某霞、曾某某于1988年10月26日登记结婚，于1989年12月7日生育一女，取名曾某敏，现已成年。被告谭某霞于2014年2月26日起诉要求与被告曾某某离婚，法院判决不准离婚。被告谭某霞又于2014年12月22日第二次起诉离婚后撤回起诉，法院裁定准予撤诉。在两次谭某霞与曾某某离婚纠纷案件中，谭某艳均以谭某霞的委托代理人身份参与诉讼。首先，谭某艳姐妹伪造的六份借条的时间是在第二次起诉离婚之后，并且谭某艳第一次向谭某霞和曾某某主张债权也在此期间。这说明，谭某艳在谭某霞和曾某某离婚期间主张全部债务均是两被告共同债务，是有意给曾某某施加债务压力。其次，原告谭某艳作为被告谭某霞的姐姐，其对两被告长期以来的婚姻家庭生活情况理应有所了解，谭某霞曾于离婚诉讼中提及其与曾某某长期以来存在感情及经济矛盾，并且在两次谭某霞与曾某某离婚纠纷案件中，谭某艳均以谭某霞的委托代理人身份参与诉讼。最后，原告谭某艳提交的《中信银行信用卡电子对账单》显示谭某艳名下中信银行信用卡主卡同时办理有用户名为谭某梅、谭某芬、莫某江、谭某元等附属卡，上述附属信用卡从2010年8月至今均陆续有消费记录显示，故原告为被告谭某霞开具信用卡附属卡并任其刷卡消费的行为，实难界定为属于姐妹之间的

赠与抑或借贷。

四、虚假诉讼终识破，惩恶扬善获点赞

一审法院在审查证据时仔细审查了借条的形成和涉案信用卡消费的具体情况，并结合两被告的婚姻状况，及两被告在离婚诉讼时姐姐曾作为妹妹委托代理人的情况，在综合考虑的基础上，法院认定两姐妹之间并没有形成合法的借贷关系，于 2015 年 7 月 16 日判决驳回了原告全部诉讼请求。《最高人民法院关于审理民间借贷案件适用法律若干问题的规定》第十九条规定“人民法院审理民间借贷纠纷案件时发现有下列情形，应当严格审查借贷发生的原因、时间、地点、款项来源、交付方式、款项流向以及借贷双方的关系、经济状况等事实，综合判断是否属于虚假民事诉讼：……（二）出借人起诉所依据的事实和理由明显不符合常理；（三）出借人不能提交债权凭证或者提交的债权凭证存在伪造的可能”。该案裁判时，法官没有仅凭原告提交的借条和信用卡刷卡记录而认定原、被告双方借贷关系成立，而是严格审查了双方借贷发生的原因、时间、交付方式、款项流向以及借贷双方的婚姻关系、利益冲突和经济状况等事实，从中找出了种种疑点，在此基础上认定原告起诉所依据的事实和理由存在明显不符常理之处，并通过庭审询问发现了原告提交的债权凭证存在伪造的可能，进而否定了双方之间存在合法的借贷关系。

原告谭某艳与被告谭某霞之间是否存在借贷关系？原告为被告谭某霞开具信用卡附属卡并任其刷卡消费的行为，是属于姐妹之间的赠与抑或借贷？

案例分析

一、合同生效的要件

借条是借贷行为的凭证，用来证明借贷关系的发生。因为借条的内容比较简单，书写比较方便，并且涉及的金额一般较小，所以自然人之间的借贷行为一般会选择打借条来作为借贷凭证。而同样是借钱，银行、贷款公司等专门从事借贷业务的机构一般会与借款人签订借款合同，借款合同内容通常比较复杂，由法律专业人士负责草拟和审核，涉及的金额比较大。借条不是借款合同，却具有借款合同的性质，二者均可证明双方当事人的借贷关系，都是债权债务发生的凭证。一般来说，借款合同生效要满足以下三个方面的要求：

（一）合同当事人具有相应的缔约行为能力

一般来说，借款合同中必要的当事人有两方，即借方和贷方。但是，在实践中，

为了保证贷方能在规定的时间履行债务，保障借方的债权得以顺利实现，债权人往往会要求债务人提供一定的担保，其中第三人的保证便是担保方式的一种。因此，借款合同的主体包括：借款人、贷款人和担保人。《中华人民共和国合同法》第九条规定："当事人订立合同，应当具有相应的民事权利能力和民事行为能力。当事人依法可以委托代理人订立合同。"根据《中华人民共和国民法通则》的规定，自然人民事权利能力始于出生，终于死亡，十八周岁以上的公民是成年人，是完全民事行为能力人，可以作为借款合同的主体；已满十周岁不满十八周岁的人是限制民事行为能力人，可以进行与他的年龄、智力相适应的民事活动，一般情况下不得作为借款合同主体；不满十周岁的未成年人是无民事行为能力人，不得作为借款合同主体，应该由他的法定代理人代理民事活动。

（二）当事人意思表示真实一致

民法上的意思表示是指行为人将其产生、变更民事权利和民事义务的意思表示于外部的行为。所谓意思表示真实，是指表意人的表示行为真实地反映其内心的效果意思。也就是说，合同当事人的表示行为和效果意思相一致，不存在意思表示不自由或者意思表示不真实的情况。通常来说，在大多数情况下，行为人表示于外部的意思同其内心真实意思是一致的。但也存在当事人在受到欺诈、胁迫的情况下作出的不真实的意思表示，根据《合同法》的有关规定，如果当事人所作出的意思表示违反了法律的强制性规定和社会公共利益，那么应当确认此种意思表示无效。但如果不真实的意思表示不具有违反现行法律强制性规定和社会公共利益的内容，那么原则上将此种意思表示不真实的合同作为可撤销的合同对待。

（三）合同内容合法

借款合同当事人在签订借款合同时，必须严格遵守《合同法》的诚实信用原则、尊重社会公德，不得扰乱社会经济秩序，损害社会公共利益。《合同法》第五十二条规定：有下列情形之一的，合同无效：

（一）一方以欺诈、胁迫的手段订立合同，损害国家利益；

（二）恶意串通，损害国家、集体或者第三人利益；

（三）以合法形式掩盖非法目的；

（四）损害社会公共利益；

（五）违反法律、行政法规的强制性规定。

二、姐妹之间无借贷关系，附属卡消费系赠与

关于谭某艳提交给法院的六张借条，首先，谭某艳姐妹的借条系两人恶意串通，

其目的是增加曾某某共同债务的压力，损害曾某某的财产权益，此种行为符合《合同法》第五十二条第二项规定“恶意串通，损害国家、集体或者第三人利益”。其次，谭某艳姐妹的借条不是两人真实意思的表现。谭某艳一口气书写了长达5年跨度的六张借条，其内心的真实意思是通过伪造债权债务关系，增加曾某某的夫妻共同债务，其表示行为却是与曾某艳建立债权债务关系。因此，结合借款合同生效的条件，我们认定此借条不发生法律效力，谭某艳与被告谭某霞之间不存在借贷关系。

原告提交的证据显示谭某艳名下中信银行信用卡主卡同时办理有用户名为谭某梅、谭某芬、莫某江、谭某元等附属卡，上述附属信用卡从2010年8月至今均陆续有消费记录。除了谭某霞伪造的六张借条，谭某艳没有任何证据证明在谭某霞持附属信用卡消费期间，就消费产生的金额形成借贷关系的合意，因此不管是按照法理还是按照情理，谭某艳为谭某霞开具信用卡附属卡并任其刷卡消费的行为，是姐妹之间的赠与。

【大律支招】

自然人之间借钱，常常是基于一定的社会关系，比如，亲戚、朋友、同事、同学关系等，因此熟人之间借钱，碍于情面，往往就写一张寥寥数字的借条，由贷款人签上字就算借款凭证了，但是一旦产生纠纷，一张借条起诉到法院，却很难证明当事人之间确实存在借贷关系。因此，为了规范自然人之间的借贷行为，提高借款人民间借贷的法律意识，保障借贷双方的合法权益，维护民间借贷的正常秩序，在此，详细列举在借条中需要注意的几个问题：

一、利息问题需明确，过高利息不支持

中国是一个人情社会，很多时候熟人之间借钱时，除非是借款人主动提出约定利息，出借人通常碍于情面对利息的问题绝口不提，但是又不能释怀，于是出现了借条上面没有约定利息，但是出借人却主张借款人偿还一定的利息的情况，究竟是否应该支付利息呢？根据《合同法》第二百一十一条的规定：“自然人之间的借款合同对支付利息没有约定或者约定不明确的，视为不支付利息。”因此，自然人之间的借条上对利息没有约定或约定不明确的，就认定当事人之间是无息贷款，借款人不需要支付利息。但是，对于逾期不还钱的借款人，根据《合同法》第二百零七条规定：“借款人未按照约定的期限返还借款的，应当按照约定或者国家有关规定支付逾期利息。”即使当事人之间没有约定利息，只要是逾期不履行还款义务，借款人就需要支付逾期利息。

有人基于情义免除利息，也有人见利忘义约定超高利息，即放“高利贷”。为了规范民间借贷的利率，保障借款人的合法权益，《最高人民法院关于审理民间借贷案件适用法律若干问题的规定》第二十六条规定：“借贷双方约定的利率未超过年利率24%，

出借人请求借款人按照约定的利率支付利息的，人民法院应予支持。借贷双方约定的利率超过年利率36%，超过部分的利息约定无效。借款人请求出借人返还已支付的超过年利率36%部分的利息的，人民法院应予支持。”因此，自然人之间在约定贷款利率时，一般情况下不得超过年利率24%，若是超过24%，超过的部分法院是不予支持的。当约定的年利率超过36%时，则法院支持借款人请求返还已支付的超过年利率36%的利息的诉讼请求。

二、时效问题需警惕，维权行动要及时

“法律不保护躺在权利上睡觉的人”，这便是诉讼时效制度的立法精神。在民间借贷纠纷中，经常会出现出借人因怠于向借款人追偿债务而超过诉讼时效的情况，导致了损失巨额借款的悲剧。民间借贷适用普通的诉讼时效，即诉讼时效期间为二年，诉讼时效期间从知道或者应当知道权利被侵害时起计算。在实践中，民间借贷二年的诉讼时效因不同的借款方式而采用不同的计算标准，实践中大致可分为三种情况：①约定分期还款的，诉讼时效期间从最后一期履行期限届满之日起计算；②约定一次性还款的，诉讼时效期间从约定的还款期限届满之日起计算；③未约定还款期限的，出借人可以催告借款人在合理期限内返还，在出借人未催告借款人返还前，诉讼时效未开始计算，出借人可以随时向借款人要求还款，诉讼时效期间从出借人要求借款人履行义务的宽限期届满之日起计算。需要注意的是，诉讼时效中断制度，即诉讼时效因提起诉讼、当事人一方提出要求或者同意履行义务而中断，诉讼时效重新计算。在实践中，为了证明出借人及时催告借款人还钱，或者借款人承诺履行义务产生的诉讼时效中断的效果，出借人需要保留相关的证据，比如催告函、承诺还款书等。

三、借条内容需完整，关键内容不能漏

“麻雀虽小，五脏俱全。”借条虽然格式简单，内容简短，但是作为证明借贷关系的凭证，出借人主张权利的武器，借条的内容必须完整，约定的事项必须明确，切不可丢三落四、含糊其词。《合同法》第一百九十七条规定：“借款合同采用书面形式，但自然人之间借款另有约定的除外。借款合同的内容包括借款种类、币种、用途、数额、利率、期限和还款方式等条款。”在实践中，还要注意以下细节：①金额既要写阿拉伯数字，也要写大写数字，防止篡改。②币种要注明，以防产生异议。③开头写明借款用途，用途合法才产生借贷关系。④利率明确约定，是年利率或是月利率，按期支付还是到期一次性支付等，以防因约定不明导致视为无息贷款。⑤借款人要留真实姓名，并附上身份证号码，以防重名带来的干扰。

必懂知识点

一、自然人之间的借款合同是实践合同

实践合同又称要物合同，是指除当事人双方意思表示一致外，还须交付标的物或完成其他现实交付才能成立的合同。《合同法》第二百一十条规定："自然人之间的借款合同，自贷款人提供借款时生效。"因此，自然人之间的借款合同是实践合同，即借贷双方间是否形成借贷关系，除对借款标的、数额、偿还期限等内容意思表示一致外，还要求出借人将借款给付借款人之后，借贷合同才会成立，才能证明当事人之间存在借贷关系。在实践中，出借人要在交付借款时留下证据以证明借款合同有效成立。通常来说，出借人若在借款人出具借条时交付借款，便可以要求借款人在借条中注明"今已收到出借人借款××元"；若在借款人出具借条后交付借款，则需要借款人写一个收条作为交付依据，借款合同从借款人出具收条之日起生效。

二、可撤销合同的情形

所谓的可撤销合同，是指因欠缺一定的生效要件，其有效与否取决于有撤销权的一方当事人是否行使撤销权的合同。可撤销合同是一种相对有效的合同，在当事人行使撤销权之前，合同对双方当事人都是有效的。《合同法》第五十四条：下列合同，当事人一方有权请求人民法院或者仲裁机构变更或者撤销：

（一）因重大误解订立的；

（二）在订立合同时显失公平的。

一方以欺诈、胁迫的手段或者乘人之危，使对方在违背真实意思的情况下订立的合同，受损害方有权请求人民法院或者仲裁机构变更或者撤销。

通过《合同法》第五十四条列举的三种情况，我们得知，可撤销合同被撤销的主要原因是当事人意思表示不真实。为平衡和保护合同双方当事人之利益，以及维护市场交易的安全与社会经济秩序的稳定，赋予利益当事人撤销权。但是对于撤销权的行使法律规定了较为严格的除斥期间，《合同法》第五十五条规定具有撤销权的当事人自知道或者应当知道撤销事由之日起一年内没有行使撤销权，撤销权消灭。

必知法规

一、《中华人民共和国合同法》

第七条 当事人订立、履行合同，应当遵守法律、行政法规，尊重社会公德，不得扰乱社会经济秩序，损害社会公共利益。

第四十四条 依法成立的合同，自成立时生效。

法律、行政法规规定应当办理批准、登记等手续生效的，依照其规定。

第五十四条 下列合同，当事人一方有权请求人民法院或者仲裁机构变更或者撤销：

（一）因重大误解订立的；

（二）在订立合同时显失公平的。

一方以欺诈、胁迫的手段或者乘人之危，使对方在违背真实意思的情况下订立的合同，受损害方有权请求人民法院或者仲裁机构变更或者撤销。

当事人请求变更的，人民法院或者仲裁机构不得撤销。

第五十五条 有下列情形之一的，撤销权消灭：

（一）具有撤销权的当事人自知道或者应当知道撤销事由之日起一年内没有行使撤销权；

（二）具有撤销权的当事人知道撤销事由后明确表示或者以自己的行为放弃撤销权。

第一百九十七条 借款合同采用书面形式，但自然人之间借款另有约定的除外。借款合同的内容包括借款种类、币种、用途、数额、利率、期限和还款方式等条款。

第二百零六条 借款人应当按照约定的期限返还借款。对借款期限没有约定或者约定不明确，依照本法第六十一条的规定仍不能确定的，借款人可以随时返还；贷款人可以催告借款人在合理期限内返还。

第二百零七条 借款人未按照约定的期限返还借款的，应当按照约定或者国家有关规定支付逾期利息。

第二百一十条 自然人之间的借款合同，自贷款人提供借款时生效。

第二百一十一条 自然人之间的借款合同对支付利息没有约定或者约定不明确的，视为不支付利息。

二、《最高人民法院关于审理民间借贷案件适用法律若干问题的规定》

第九条　具有下列情形之一，可以视为具备合同法第二百一十条关于自然人之间借款合同的生效要件：

（一）以现金支付的，自借款人收到借款时；

（二）以银行转账、网上电子汇款或者通过网络贷款平台等形式支付的，自资金到达借款人账户时；

（三）以票据交付的，自借款人依法取得票据权利时；

（四）出借人将特定资金账户支配权授权给借款人的，自借款人取得对该账户实际支配权时；

（五）出借人以与借款人约定的其他方式提供借款并实际履行完成时。

第十九条　人民法院审理民间借贷纠纷案件时发现有下列情形，应当严格审查借贷发生的原因、时间、地点、款项来源、交付方式、款项流向以及借贷双方的关系、经济状况等事实，综合判断是否属于虚假民事诉讼：

（一）出借人明显不具备出借能力；

（二）出借人起诉所依据的事实和理由明显不符合常理；

（三）出借人不能提交债权凭证或者提交的债权凭证存在伪造的可能；

（四）当事人双方在一定期间内多次参加民间借贷诉讼；

（五）当事人一方或者双方无正当理由拒不到庭参加诉讼，委托代理人对借贷事实陈述不清或者陈述前后矛盾；

（六）当事人双方对借贷事实的发生没有任何争议或者诉辩明显不符合常理；

（七）借款人的配偶或合伙人、案外人的其他债权人提出有事实依据的异议；

（八）当事人在其他纠纷中存在低价转让财产的情形；

（九）当事人不正当放弃权利；

（十）其他可能存在虚假民间借贷诉讼的情形。

第二十条　经查明属于虚假民间借贷诉讼，原告申请撤诉的，人民法院不予准许，并应当根据民事诉讼法第一百一十二条之规定，判决驳回其请求。

诉讼参与人或者其他人恶意制造、参与虚假诉讼，人民法院应当依照民事诉讼法第一百一十一条、第一百一十二条和第一百一十三条之规定，依法予以罚款、拘留；构成犯罪的，应当移送有管辖权的司法机关追究刑事责任。

单位恶意制造、参与虚假诉讼的，人民法院应当对该单位进行罚款，并可以对其主要负责人或者直接责任人员予以罚款、拘留；构成犯罪的，应当移送有管辖权的司法机关追究刑事责任。

第二十五条 借贷双方没有约定利息，出借人主张支付借期内利息的，人民法院不予支持。

自然人之间借贷对利息约定不明，出借人主张支付利息的，人民法院不予支持。除自然人之间借贷的外，借贷双方对借贷利息约定不明，出借人主张利息的，人民法院应当结合民间借贷合同的内容，并根据当地或者当事人的交易方式、交易习惯、市场利率等因素确定利息。

第二十六条 借贷双方约定的利率未超过年利率24%，出借人请求借款人按照约定的利率支付利息的，人民法院应予支持。

借贷双方约定的利率超过年利率36%，超过部分的利息约定无效。借款人请求出借人返还已支付的超过年利率36%部分的利息的，人民法院应予支持。

三、《中华人民共和国民法通则》

第九条 公民从出生时起到死亡时止，具有民事权利能力，依法享有民事权利，承担民事义务。

第十条 公民的民事权利能力一律平等。

第十一条 十八周岁以上的公民是成年人，具有完全民事行为能力，可以独立进行民事活动，是完全民事行为能力人。

十六周岁以上不满十八周岁的公民，以自己的劳动收入为主要生活来源的，视为完全民事行为能力人。

第十二条 十周岁以上的未成年人是限制民事行为能力人，可以进行与他的年龄、智力相适应的民事活动；其他民事活动由他的法定代理人代理，或者征得他的法定代理人的同意。

不满十周岁的未成年人是无民事行为能力人，由他的法定代理人代理民事活动。

夫妻离婚欲占财产，虚假诉讼捏造债务

我国《婚姻法》规定，离婚时，原为夫妻共同生活所负的债务，应当共同偿还。这原本为夫妻相互忠诚扶持、同甘共苦的应有之义，却也为许多人离婚侵占财产提供了可乘之机。近年来，通过伪造证据，借助虚假诉讼分割夫妻共同财产呈高发态势，民事诉讼的证明原则是谁主张、谁举证，很多虚假诉讼当事人就是利用了这一点。夫妻一方与第三人恶意串通，伪造夫妻共同债务、进行虚假诉讼，达到多分财产之目的，由于夫妻另一方举证不能，导致其合法权益受到侵害的现象日渐增多。

【案例介绍】

一、原告范某英诉被告范某生、董某芬民间借贷纠纷

原告范某英向贵州省贵阳市观山湖区人民法院提出诉讼请求：①判决被告范某生、董某芬偿还欠款 15 万元及利息 13200 元（利息自 2016 年 3 月 15 日起计算至 2016 年 7 月 25 日，之后利息以每天 2%本金计算至本金偿还完毕之日止）；②判决被告承担本案全部诉讼费用。事实和理由：2010 年 3 月 5 日，第一被告因以买房交首付用款，向原告借款人民币 10 万元。2012 年 12 月 20 日，第一被告因装修房子用款，从原告处借走人民币 5 万元，并向原告写下借条两份。现因原告经济困难，要求两被告偿还债务。原告为维护自身的合法权益，特依据相关法律规定诉至法院请求判如所请。

二、被告中丈夫同意此债务妻子否认

被告范某生辩称，我和董某芬刚退休经济情况较差，2009 年就向原告借款 10 万元，2012 年得到房子后又找到原告借了 5 万元，当时是我和董某芬一起去借的，两笔都是现金，第一笔是 2009 年，原告家里有 3 万元现金就直接给我了，其余的 7 万元现金是一个月左右给的，具体时间不清楚了。第二笔是原告在家里直接给我的 5 万元，欠条是今年 2 月份补的，之所以今年打欠条是因为董某芬要和我离婚，去我家里闹，要分家产，原告听到了，就喊我打了欠条。对原告的诉请，我没有意见。另外，原告主张的利息过高，请求法院依法判决。

被告董某芬辩称，本案是典型的虚假诉讼，范某生也明确表示欠条是事后写的，

原告和范某生伪造借条，是为了侵占夫妻共同财产。借条上的时间和原告所述时间是相矛盾的，购房时间是在2010年5月，首付款是8.1211万元，根本不用借10万元，范某英和汪某坤是否为夫妻关系无法核实，取款时间是在2009年11月13日，与被告陈述矛盾。且原告范某英与被告范某生系兄妹关系，对于借款时间、借款交付等有关借款细节当庭三次陈述前后矛盾，不能自圆其说。原告诉称10万元借款的发生时间为2010年3月5日，但其举证的取款记录是2009年11月13日在案外人名下存折7万元的取款记录，无论从金额、时间上均无法形成一一对应关系，明显存在矛盾，不符合常理。原告和范某生认可借条是2016年出具，而非借条载明的2010年或2012年，被告范某生也陈述两张共计15万元借款其从未偿还过一分钱，也明显与常理不符。借条出现在被告范某生和董某芬闹离婚之后，考虑到原告与被告范某生之间的兄妹关系，原告明显存在帮助被告范某生以虚假诉讼转移财产及侵占董某芬应分得财产的动机和可能。原告诉称的借款金额并非小额借款，从常理而言，普通家庭均不可能在家中存放超过5万元的现金，从原告法庭举证情况来看，原告并未出示任何有效证据如原告取款记录、范某生存款记录等证明两笔借款真实发生过。综上所述，请求依法驳回原告的诉讼请求，并将本案移送公安机关依法追究原告及被告范某生的刑事责任。

三、离婚期间打欠条

法院查明原告范某英与被告范某生系兄妹关系，被告范某生与董某芬系夫妻关系。2016年2月，两被告发生离婚纠纷期间，被告范某生向原告范某英出具了两张欠条，金额分别为10万元和5万元，欠条记载的时间分别为2010年3月5日、2012年12月20日。原告范某英遂依据该欠条于2016年3月15日起诉至云岩区人民法院。而被告董某芬起诉范某生离婚纠纷一案，法院于2016年4月15日立案受理。

另查明，原告范某英配偶汪某坤银行存折2009年11月13日有一笔7万元的取款记录。被告范某生、董某芬于2010年5月4日因购买房屋缴纳首付款8.1211万元。董某芬于2010年4月9日在其建行、农行账户上共计取现1.9万元。两名被告是自己找工人装修的房子，物管公司出具的《装修许可证》上记载的装修时间是2012年11月1日至2013年1月9日，被告董某芬此期间在农业银行卡上有多笔取款记录，金额达2万余元。

上述事实，有当事人陈述、欠条、存折、民事起诉状、收款收据、银行流水、装修许可证等证据在卷佐证，并经庭审举证、质证，法院予以认定。

四、借款事实不清前后矛盾

民间借贷以款项的交付为生效要件。原告对借贷关系的真实发生负有举证责任，现其提交的证据仅是被告范某生出具的两张欠条以及原告配偶汪某坤于2009年11月取现7万元的记录，虽然范某生认可双方借款关系的真实性，但被告董某芬认为双方的借贷关系并未实际发生，而是范某生与范某英两兄妹在其与范某生离婚期间为侵占夫妻共同财产制造的虚假诉讼。依照《最高人民法院关于审理民间借贷案件若干问题的解释》第十六条的规定，法院从原告范某英、被告范某生的叙述来综合评判借贷关系的真实性。

对于借款的具体经过，原告称10万元系两名被告购房所借，2009年范某生说和董某芬结婚买房子要借钱，其就取了3万元放在家里，剩余7万元是收房租累积起来的，后面又改口称其配偶卡上的7万元原本取了用来买保险后来没买成，就放在家里，两被告2010年3月在其家中拿的，先拿了3万元，后面一个月约拿了7万元。对于5万元借款，原告称系两名被告装修房屋所借，范某生说得了房子要装修，原告又借了5万元现金，是在2012年底给的。被告范某生叙述的借款经过为：2009年借了10万元，后面又称2009年3月5日原告家中有3万元现金先给的，7万元现金是一个月左右后给的，第二笔5万元是原告在家里直接给的。在法院第二次询问其借款的具体经过时，被告范某生称其是现金缴的首付款，借了以后放在儿子家里等通知，2009年3月5日借的，当时是准备买房子把钱先借了的。其后，被告范某生又改称是在2010年3月5日借的钱，当时借了7万元，过了半个月又拿了3万元，原、被告双方及原告丈夫在场。对于5万元，被告范某生称装修房子共用了4.5万元，是自己找人装修的，2012年11月开始装修，大概半个月后装修工找其要钱，就付了1.5万元，该款是从原告处借的。

案例分析

从范某英和范某生的叙述来看，两人在借款支取、给付时间、给付方式等方面均叙述不清、自相矛盾。对于10万元借款的用途，二人称系用于购房，但购房首付款仅8.1211万元，没有借款10万元的必要，且董某芬提交了其于2010年4月9日取款1.9万元的凭证并称该款系用于购房。被告二人均系退休人员，有退休金收入，而被告董某芬也举证当时其具备了一定的经济条件，其再与范某生共同向原告借款10万元去购买仅需支付8万余元首付款的房子，本身有违常理。对于借款时间，被告范某生一会儿说是2009年借的，放在儿子家中等通知，一会儿说是2010年借的，一会儿说是先给的3万元、后给的7万元，一会儿说先给的7万元、后给的3万元。被告的表述不清、前后矛盾、不合逻辑，且与原告范某英叙述不一致。对于款项来源，范某英同样叙述不清，先说2009年取了3万元放在家中，后面7万元是出租房屋的租金累积起来，其在花果园有20多套房子出租，后说7万元是取来给其配偶买保险未果后存放家中的。对于2009年先取3万元的说法没有取款凭证证实，7万元的租金累积的说法与取款7万元买保险的说法自相矛盾，也未提交其有房屋20多套出租的证据证实其收入状况，即便原告有房屋出租，因租金是收入，并非生意往来需要大量现金流，将几万元甚至十多万元的现金长时间存放家中，不管是从安全角度还是从经济角度都与常理不符。且被告买房子是在2010年5月4日，原告提前一年就取现金在家用以借给被告，也有悖常理。另外，按照原告的说法，在2010年3月时其家中已经有10万元，也没有必要分两期给付。对于5万元的借款，原告称系在家中给的现金，没有取款凭证佐证，而按照被告范某生的说法，其是自己找的工人装修的房子，共计花费4.5万元，既然是自己找工人装修房子，装修的具体花销不一定能提前准确掌握，装修款亦并非一次性支付，被告一次性就借了5万元不合情理，更何况在两被告均有退休收入的情况下，且董某芬亦举证了其在房屋装修期间的存款支取情况以证明是用自有资金装修房屋，而非借款装修。5万元借款的时间，范某生称是11月开始装修，大约半个月后工人要钱就借了钱支付，与其出具的欠条时间2012年12月20日在时间上不吻合。10万元和5万元，对于普通家庭来说并非小额数目，通过现金方式给付，与正常的交易习惯不符。而欠条系范某生在与被告董某芬发生离婚纠纷后向原告出具的，范某生与原告又是兄妹关系，确实存在恶意串通制造虚假诉讼以达到侵占夫妻共同财产目的的嫌疑。

综上所述，法院对原告范某英与被告范某生叙述的借款经过不予采信，原告提交的证据不足以证实双方借贷关系的真实性，故原告的诉讼请求，法院不予支持。

据此，依照《最高人民法院关于审理民间借贷案件若干问题的解释》第十六条、十九条，《中华人民共和国民事诉讼法》第六十四条第一款、第一百一十二条之规定，判决驳回原告范某英的诉讼请求。案件受理费1810元（已减半收取），由原告范某英负担。

【大律支招】

一、离婚期间打借条，令人生疑

本案，被告范某生、董某芬于2010年5月4日买房缴纳首付款，原告范某英与被告范某生的两笔债务形成于2010年3月5日与2012年12月20日，而被告范某生向原告范某英出具两张欠条的时间在2016年2月，民间借贷以款项的交付为生效要件，为何债权债务形成多年后，债务人才向债权人出具欠条，而且正好是债务人离婚纠纷期间，并且原告范某英与被告范某生是兄妹关系，不得不令人怀疑，这是被告范某生用来侵占夫妻共同财产的虚假诉讼。

二、原告范某英与被告范某生对借款事实表述不清，前后矛盾

本案最大的破绽就是被告对于借款事实的表述不清、前后矛盾、不合逻辑，且与原告范某英叙述不一致。对于款项来源，范某英同样叙述不清。

首先，对于第一笔10万元的债务，从时间上看，原告称2010年3月5日，被告因买房缴纳首付款，向原告借款人民币10万元，而被告范某生声称2009年就向原告借款10万元，时间不一。

对于借款的具体经过，原告称10万元系两被告购房所借，2009年因被告范某生说和董某芬结婚买房子要借钱，其就取了3万元放在家里，剩余7万元是收房租累积起来的，后面又改口称其配偶卡上的7万元原本取了用来买保险后来没买成，就放在家里，两名被告2010年3月到其家中拿的，先拿了3万元，后面一个月拿了7万元。而被告范某生称2009年借了10万元，后面又称2009年3月5日原告家中有3万元现金先给的，7万元现金是一个月左右后给的；其后，被告范某生又改称是在2010年3月5日借的钱，当时借了7万元，过了半个月又拿了3万元。因此，第一笔10万元究竟是2009年借的还是2010年借的，是先借3万元，再借7万元还是先借7万元，再借3万元，原告与被告说法前后不一，逻辑混乱。

从钱的来源上看，范某英先说2009年取了3万元放在家中，后面7万元是出租房屋的租金累积起来，其在花果园有20多套房子出租，后说7万元是取来给其配偶买保险未果后存放家中的。对于2009年先取3万元的说法没有取款凭证证实，7万元的租金累积的说法与取款7万元买保险的说法自相矛盾，也未提交其有房屋20多套出租的证据证实其收入状况。

其次，对于第二笔5万元的债务，原告称系在家中给的现金，没有取款凭证佐证，而按照被告范某生的说法，其是自己找的工人装修的房子，共计花费4.5万元，既然是自己找工人装修房子，装修的具体花销不一定能提前准确掌握，装修款亦并非一次性支付，被告一次性就借了5万元不合情理，更何况在两被告均有退休收入的情况下，且董某芬亦举证了其在房屋装修期间的存款支取情况以证明是用自有资金装修房屋，而非借款装修。5万元借款的时间，范某生称是11月开始装修，大约半个月后工人要钱就借了钱支付，与其出具的欠条时间2012年12月20日在时间上不吻合。

三、相关细节不符合生活常理

即便原告有房屋出租，因租金是收入，并非生意往来需要大量现金流，将几万元甚至十多万元的现金长时间存放家中，不管是从安全角度还是从经济角度都与常理不符。且被告买房子是在2010年5月4日，原告提前一年就取现金在家用以借给被告，也有悖常理。另外，按照原告的说法，在2010年3月时其家中已经有10万元，也没有必要分两期给付。10万元和5万元，对于普通家庭来说并非小额数目，通过现金方式给付，与正常的交易习惯不符。

必懂知识点

近年来，通过伪造证据，借助诉讼牟取不正当利益的虚假诉讼越来越多，其中为分割夫妻共同财产进行虚假诉讼更是呈高发态势，民事诉讼的证明原则是谁主张、谁举证，很多虚假诉讼当事人就是利用了这一点。夫妻一方与第三人恶意串通，伪造夫妻共同债务、进行虚假诉讼，达到多分财产之目的，由于夫妻另一方举证不能，导致其合法权益受到侵害的现象日渐增多，那么虚假诉讼在离婚类诉讼中的通常表现有哪些呢？

1. 通常分割夫妻共同财产虚假诉讼表现为，离婚双方中一方为了在夫妻财产分割中多分，夫妻一方串通案外人，采用伪造欠条、借条、借款协议等证据虚构夫妻共同债务，由案外人为原告起诉，通过司法权力转移财产；另一种方式是直接在离婚诉讼中向法院提供伪造的发生在婚姻关系存续期间，其与案外债权人的欠条、借条、借款协议等证据，主张为夫妻共同债务。而民事诉讼只讲形式真实，无法做到客观真实，使一些别有用心的人有法律空子可钻。

2. 上述夫妻一方串通的案外人通常为其亲属、朋友或与其有关联的人，这是因为亲戚或朋友才愿意帮助造假，操作方便、易于得逞。如本案，案外人原告是被告一方的妹妹。

3. 上述虚假债务欠条出具时间通常为夫妻离婚发生期间，是由一方为了多分财产而伪造，时间点与夫妻离婚纠纷期间一致。

4. 借款双方当事人借款的事实叙述往往有漏洞，人只要说一个谎，通常需要另外无数个谎话来圆上，所以当事人编造的虚假事实，往往有破绽可寻。如本案，借款当事人双方对借款具体经过，前后描述不一，自相矛盾，或者相关事实不符合常理及生活经验。

最高人民法院于2017年2月28日公布《最高人民法院关于适用〈中华人民共和国婚姻法〉若干问题的解释（二）的补充规定》，针对司法实践中出现的涉及夫妻共同债务的新问题和新情况，强调虚假债务、非法债务不受法律保护。

必知法规

一、《中华人民共和国婚姻法》

第十九条　夫妻可以约定婚姻关系存续期间所得的财产以及婚前财产归各自所有、共同所有或部分各自所有、部分共同所有。约定应当采用书面形式。没有约定或约定不明确的，适用本法第十七条、第十八条的规定。

夫妻对婚姻关系存续期间所得的财产以及婚前财产的约定，对双方具有约束力。

夫妻对婚姻关系存续期间所得的财产约定归各自所有的，夫或妻一方对外所负的债务，第三人知道该约定的，以夫或妻一方所有的财产清偿。

第三十九条　离婚时，夫妻的共同财产由双方协议处理；协议不成时，由人民法院根据财产的具体情况，照顾子女和女方权益的原则判决。

夫或妻在家庭土地承包经营中享有的权益等，应当依法予以保护。

第四十一条　离婚时，原为夫妻共同生活所负的债务，应当共同偿还。共同财产不足清偿的，或财产归各自所有的，由双方协议清偿；协议不成时，由人民法院判决。

二、最高人民法院《关于适用〈中华人民共和国婚姻法〉若干问题的解释（二）》

第二十四条　债权人就婚姻关系存续期间夫妻一方以个人名义所负债务主张权利的，应当按夫妻共同债务处理。但夫妻一方能够证明债权人与债务人明确约定为个人债务，或者能够证明属于《婚姻法》第十九条第三款规定情形的除外。

第二十五条　当事人的离婚协议或者人民法院的判决书、裁定书、调解书已经对夫妻财产分割问题作出处理的，债权人仍有权就夫妻共同债务向男女双方主张权利。

三、最高人民法院关于适用《中华人民共和国婚姻法》若干问题的解释（二）的补充规定

在《最高人民法院关于适用〈中华人民共和国婚姻法〉若干问题的解释（二）》第二十四条的基础上增加两款，分别作为该条第二款和第三款：

夫妻一方与第三人串通，虚构债务，第三人主张权利的，人民法院不予支持。

夫妻一方在从事赌博、吸毒等违法犯罪活动中所负债务，第三人主张权利的，人民法院不予支持。

虚构夫妻共同债务，虚假诉讼受处罚

婚姻问题，一直以来是人一生当中最为慎重和敏感的话题，也受到法律关于人与人之间在人身权益和财产等法律方面的约束。婚姻本是神圣而纯洁的，但是近年来，一些人为了达到某些目的，在离婚案件分割财产的过程中，单独或者联合第三方通过虚构夫妻共同债务的方式进行诉讼欺诈，钻法律程序的空子。更有甚者，很多夫妻离婚并不是真正的感情破裂，而是以假离婚的手段来规避法律、逃避执行，这些离婚中的虚假诉讼行为在近年来屡见不鲜，且逐渐呈上升趋势，不能不引起我们的重视。虚假诉讼行为一旦得逞，不仅会严重侵害案外人合法权益，更会破坏社会诚信、扰乱正常社会秩序，进而造成一些不可挽回的影响和损失。当事人企图通过恶意诉讼侵害他人合法权益的，必定会受到法律的制裁。

【案例介绍】

一、夫妻离婚，巨额财产引纠纷

杨某媚与黄某鸿原系夫妻，他们名下拥有大量夫妻共有房产。因夫妻感情破裂，杨某媚决意离婚，其自 2000 年 10 月起先后三次提起离婚诉讼，并要求分割夫妻共同财产，但直至 2008 年 8 月，广州市增城区人民法院才最终判决准予二人离婚，但由于夫妻共同财产所涉数额巨大、背后经济关系较为复杂，二人对于如何分割共同财产各持己见、不肯让步，导致关于分割共同财产的诉讼陷入僵局之中。

二、一波未平一波起，巨额债务来搅局

在杨某媚与黄某鸿离婚争议期间，案外人黄某金以民间借贷为由将黄某鸿诉至人民法院，要求其承担一笔 6187424.66 元借款。增城区人民法院审理认为，该借款有《借据》和《还款计划》（落款时间均为 2001 年）为据，且双方对该债务的存在又无异议，遂判决黄某鸿应给付黄某金 6187424.66 元。判决作出后，双方当事人均未上诉。随后，黄某金持生效判决书申请参与对杨某媚与黄某鸿夫妻共同财产的分配。

三、妻子终觉异常，检察院提请抗诉

2013年9月，增城区人民法院就夫妻二人的财产分割作出判决，但妻子杨某媚不服财产分割方案，向广州市中级人民法院提起上诉。原来，在财产分割诉讼中，其小姑黄某金突然拿出了一份法院判决，称黄某鸿必须偿还向妹妹黄某金借的618万余元债务，这笔款项必须在夫妻共同财产中予以扣除，但直至法院审理夫妻二人财产分割案件时，小姑黄某金才提交了这份判决，杨某媚此时才知道这笔巨额债务的存在。杨某媚认为其中有"猫腻"，所以其一方面坚决不服增城区人民法院就夫妻二人财产的分割所作判决，并向广州市中级人民法院提起上诉；另一方面向增城区人民检察院申请了法律监督。

检察机关经过多方调查核实后认为，由于黄某金与黄某鸿系亲兄妹，且二人之间的这笔借贷诉讼发生于黄某鸿与其妻离婚诉讼期间，此外，经查询相关银行账户、税务等相关账目后，发现黄某金所谓的银行账户中的资金都来自其哥哥黄某鸿，综上，检察机关认为，黄某金出借巨款给哥哥黄某鸿，事实不清，证据不足，动机可疑，涉嫌虚假诉讼。增城区人民检察院向广州市检察院提请抗诉，广州市人民检察院依法支持抗诉并向广州市中级人民法院提出抗诉。很快，广州市中级人民法院采纳了检察机关的监督意见，裁定"提审本案、中止原判决执行"。

四、再审查明真相，造假者受到训诫

再审庭审中，相关承办人员对依职权调取的证据予以了出示和说明，有感于法庭庄严的气氛以及检察机关有力而准确的法律监督，黄某鸿主动提出与杨某媚和解，虽然该案涉嫌虚假诉讼，但毕竟属于婚姻家庭纠纷，社会危害性不大，另考虑到当事人的两个儿子均希望父母能达成和解，出于"家和万事兴"的考虑，愿意促成该案最终能以调解撤诉方式结案。其后，双方当事人在检察机关见证下就巨额夫妻共有财产的分割达成了和解协议，对于黄某金提出的618万余元"债务"也不再偿还，后又同时向检法两院提出了撤诉申请。

虽然本案中当事人以和解撤诉的方式结案，但毕竟该案涉及了虚假诉讼，因此在主持和解的同时，检察机关对黄某鸿虚构债务进行民事诉讼的行为进行了严厉训诫。

案例分析

一、黄某鸿与黄某金之间存在“关联关系”

所谓“关联关系”，原本是《公司法》对公司法人之间关系样态的一种法律界定，《公司法》第二百一十七条规定：“关联关系，是指公司控股股东、实际控制人、董事、监事、高级管理人员与其直接或间接控制的企业之间的关系，以及可能导致公司利益转移的其他关系。但是，国家控股的企业之间不仅因为同受国家控股而具有关联关系。”由上可知，关联关系指的是公司股东之间相互控股、控制，并有可能发生不正当转移利益的关系，对于自然人来说，这种“紧密联系”同样是存在的，而最高人民法院在2016年发布的《关于防范和制裁虚假诉讼的指导意见》第二条第一款中明确指出，“实践中，要特别注意以下情形：（一）当事人为夫妻、朋友等亲近关系或者关联企业等共同利益关系”。

本案中，借贷双方黄某鸿与黄某金之间系亲兄妹关系，属近亲属，应当被认定为存在亲近关系或者“关联关系”，而这种关系的存在，正是可能产生虚假诉讼的信号。

二、黄某鸿与黄某金之间不存在真实的借贷关系

《最高人民法院关于防范和制裁虚假诉讼的指导意见》第二条除明确要特别注意当事人之间的“关联关系”外，还指出要注意以下情况：①原告诉请司法保护的标的额与其自身经济状况严重不符；②原告起诉所依据的事实和理由明显不符合常理；③当事人双方无实质性民事权益争议；④案件证据不足，但双方仍然主动迅速达成调解协议，并请求人民法院出具调解书。

本案中，增城区人民检察院经调查发现，黄某金为增城某医院的护士，还是临时工，月收入不足3000元，在发生借贷行为的期间，黄某金也没有继承遗产、接受馈赠、开立账户掌控资金等情形存在，应该没有借贷600多万元的能力。此外，经查询相关银行账户、税务等相关账目后，发现黄某金所谓的银行账户中的资金都来自其哥哥黄某鸿。而且在调查过程中，黄某金对借款过程的言辞前后不一致，出现矛盾之处，作为主要借贷依据的借据和还款计划均有作旧的痕迹，因此，从证据视角来看，黄某金未继承遗产、无经济能力、没有开立账户和掌控资金、对借款过程言辞矛盾、无法证明借据的真实性，综上应当可以认定黄某金出借巨款给黄某鸿，事实不清，证据不足，动机可疑，双方之间不存在真实的借贷关系，另外，从案件发生的时间进程来看，黄某金到法院起诉要求黄某鸿偿还借款的时间刚好为黄某鸿与杨某媚进行夫妻财产分

割诉讼时期，且直至法院对夫妻财产分割作出判决之时，妻子杨某媚才得知该笔债务的相关情况，这一切都促使法官对黄某金与黄某鸿之间的借贷关系产生合理怀疑，最终结合调查所得证据，不难断定二人之间是不存在真实借贷关系的，其行为涉嫌虚假诉讼。

虽然该案牵涉虚假诉讼，但由于属婚姻家庭纠纷，社会危害性不大，且双方当事人均主动要求和解，最终检察机关只是对涉案当事人进行了训诫。

【大律支招】

一、如何识别离婚案件中的“虚假诉讼”

最高人民法院《关于防范和制裁虚假诉讼的指导意见》第二条已经明确指出了在审判实践中需要注意的可能涉及虚假诉讼的相关情形，具体到离婚案件的虚假诉讼行为，主要应当注意以下几个方面：

第一，离婚诉讼多为身份关系的案件，通常涉及当事人的隐私。此类案件中串通进行虚假诉讼的当事人很少是毫不知情的外人，一般都是存在着亲属、朋友、同事等特殊关系的知情人。究其原因：一是离婚的事情涉及当事人的私生活，不方便让更多的外人来参与；二是找亲戚或朋友来造假进行诉讼，成本较低，而且操作方便；三是虚假诉讼成功后，分得利益返还问题更让造假者放心，避免出现黑吃黑的现象。

第二，在离婚诉讼中伪造债务有可能同时冒出来几个或十几个同类型案件。十几个债权人同时或是先后向一个债务人主张债权，通常委托代理的是同一个诉讼代理人，且提供的证据非常类似。在律师实务中，也经常有律师事务所的某些律师明知此行为的违法性，却为了非法的利益接受当事人的委托，协助当事人铤而走险。

第三，从当事人在庭审上的表现来看，不像一般诉讼中存在激烈对抗的场面，当事人相互配合，一般较默契。即使是在法庭辩论阶段，也只是以假乱真地相互指责一番，最后都以某一方早早认输收场。有些当事人为了不露出破绽，干脆委托诉讼代理人单独参加诉讼，本人回避出现在庭审现场。有的虚假诉讼当事人为了早日拿到法院生效的裁判文书，甚至会为虚假诉讼的另一方当事人缴纳本应由其自行缴纳的保全费、诉讼费等费用，来推进诉讼的进程。

第四，从庭审表象上来分析，在法庭庄严的庭审气氛中，面对法官的威严询问，作假者一般表情都可能不太自然，容易紧张。特别是对于证据不足或是证据存在重要可疑之处的地方，如果法官多加询问，作假者经常会答非所问，漏洞百出，或是百般搪塞，含糊其词。

第五，在虚假诉讼中，当事人一般都会主动地在庭审时接受法庭的调解，以调解结案的方式居多。此类案件的调解显示出调解协议的达成和履行都异常容易。

二、离婚中“虚假诉讼”的防范和规制方法

近年来，离婚案件中的虚假诉讼行为屡见不鲜，要从根本上解决该问题，需要的是一整套包括诉前预防、诉中审查、诉后提供被侵权人救济方式，以及对虚假诉讼作假人严惩的规制办法。下面将结合这几个方面来谈谈如何更好地防范和规制离婚中“虚假诉讼”现象。

（一）立法层面法律规制的完善

由于我国现阶段在民事实体法中对于虚假诉讼的界定和救济方法并未进行明文规定，仅在民事诉讼法和其他相关法律中规定了相关原则。因此，我国的民事立法中应积极地对虚假诉讼进行明确的定义，并对虚假诉讼的范围予以界定。例如，正在修订的民法典中，如果能将虚假诉讼加入侵权行为法编进行具体规定，确立虚假恶意诉讼侵权责任制度，将是规制虚假诉讼最为直接和有效的方法。同时，不仅是民事领域，在刑事领域中也应对虚假诉讼予以重视。对于情节严重，涉及金额巨大的虚假诉讼案件，必须严格依照刑法予以否定性评价，追究与其对应的法律责任。事实上，也只有加大对虚假诉讼者的严惩力度，才能让作假者望而却步，起到真正的威慑作用。

（二）在法院审查环节中应对“虚假诉讼”的建议

首先，从立案环节就应建立立案警示和虚假诉讼嫌疑的报告制度。法院在立案大厅或是立案窗口设立醒目的有关虚假诉讼的警示宣传，同时在诉讼告知中明确告知虚假诉讼的法律后果，合理地引导当事人进行诚信诉讼。立案法官应该认真审查前来立案案件的证据材料及双方当事人之间的关系，特别是对于第三人只起诉夫妻一方的债务案件更是要着重审查。对于已经确认属于虚假诉讼的案件，应在法院的内网立案系统中予以警示，以防作假者钻空子予以立案。同时，在案件审理过程中，承办法官如发现有虚假诉讼嫌疑的案件，应及时向法院领导进行报告，在审理的各环节予以特别关注，对于证据的链条予以着重要求，审查的过程及情况也应详细记录并附卷，使以后可能产生的再审有据可查。上述制度建议在2016年最高人民法院发布的《关于防范和制裁虚假诉讼的指导意见》中已经有所体现，例如，其中的第三条规定：“各级人民法院应当在立案窗口及法庭张贴警示宣传标识，同时在《人民法院民事诉讼风险提示书》中明确告知参与虚假诉讼应当承担的法律责任，引导当事人依法行使诉权，诚信诉讼。”

其次，做好庭审阶段的审理把关工作。庭审阶段是查处虚假诉讼案件最为重要的

阶段，有时在立案阶段无从发现的案件，到了庭审阶段，法官通过细心的审理，也能发现蛛丝马迹。在庭审阶段，无论是走正常的案件审理程序还是调解程序，法官都应以查清事实为目的进行审理。对于虚假诉讼的查处可以从当事人之间的关系、委托代理的情况、相关证据的提供、当事人的庭审表现、案件与证据之间的逻辑关系是否衔接等方面着手。主审法官可以采取以下几点措施：①要求当事人到庭接受法庭调查或出庭参加诉讼；②要求当事人出示原始证据，而且证据的链条必须完善，如果有证人，证人必须出庭作证；③及时追加共同被告或是向利害关系人通报，必要时可以通知其参加诉讼；④依职权主动调查取证。尤其对于涉及夫妻共同债务的案件，不能单凭一张简单的借条就予以确认，还应对债务产生的时间、地点、原因、用途、支付方式、支付凭据、基础协议以及债权人的经济能力等方面予以综合考虑，当借款人配偶提出异议时，出借人（原告）负有进一步举证的责任，应提交补强证据以佐证借贷事实的发生。

最后，应做好可疑虚假诉讼的案卷备案工作。对于在庭审中发现可疑虚假诉讼的案件，一定要详细地记录当事人在庭上的陈述，包括在法庭调查环节、质证环节的表现。如果是调解结案，不能只是单纯地记录调解的结果，对于在达成调解过程中双方的表现和陈述也应该详细记入调解笔录，做到有据可查。

（三）加大对虚假诉讼的打击力度，给虚假诉讼被侵害人有力救济

增加虚假诉讼的作假人诉讼风险，对于蓄意提起虚假诉讼侵害他人合法权益的人在法律上给予否定性评价，进行严厉的制裁。这不仅需要从民事诉讼领域进行罚款或是拘留处罚，对于情节严重的还应从刑事领域以虚假诉讼罪起诉，使其承担相应的刑事责任。其目的都是让虚假诉讼作假人意识到严重的违法后果，权衡利弊后，不敢以身试法。

对于被虚假诉讼侵害的受害者，必须给予法律上有效的救济途径。首先，做好普法宣传，应该让受害者知晓根据一般法律原则对所受的损害是可以提起侵害侵权之诉的，同时也可以提起再审；其次，对于案外人提起的由于虚假诉讼所受到的损害之诉，人民法院应当予以受理；最后，对于虚假诉讼侵权赔偿责任的范围应予以明确，虚假诉讼受害人所遭受的损害应包括财产损害和精神损害。在财产损害方面，一是受害人为了应诉必须参加相关的诉讼活动，会支出一定的费用；二是由于虚假诉讼而造成的财产的直接损失；三是受害人因为虚假诉讼而产生的误工费等其他费用。以上这些都与虚假诉讼侵权行为存在因果关系，应由侵权人负责赔偿或返还。在精神损害方面，主要是由于虚假诉讼对于受害人的名誉或精神上的刺激，造成一定的损害，这也符合

我国法律上关于精神损害赔偿的相关规定，也应由虚假诉讼人承担精神损害的赔偿责任。

必懂知识点

一、何为虚假诉讼

理论上认为，狭义的虚假诉讼是指当事人双方或多方，或者当事人与案外人相互勾结，通过篡改、伪造证据，虚构证言等方式获得相应裁判，以此得到非法利益；广义的虚假诉讼即恶意诉讼，指当事人之间并不存在合法有效的法律关系，一方为获取不法利益而恶意诉讼或者当事人之间虽有合法有效法律关系，但一方当事人为不执行裁判结果而滥用诉讼权利如管辖异议、执行异议等以实现拖延诉讼的目的。

而在法律实践中，最高人民法院《关于防范和制裁虚假诉讼的指导意见》第一条认为虚假诉讼一般包含以下要素：①以规避法律、法规或国家政策谋取非法利益为目的；②双方当事人存在恶意串通；③虚构事实；④借用合法的民事程序；⑤侵害国家利益、社会公共利益或者案外人的合法权益。

二、虚假诉讼行为人的法律责任

（一）虚假诉讼的民事责任

《中华人民共和国民事诉讼法》第一百一十二条和第一百一十三条分别对虚假诉讼当事人以及被执行人与他人恶意串通以逃避执行的法律责任进行了规定，法院可以根据情节轻重采取罚款、拘留等处罚措施。

虚假诉讼一般是以谋取不法利益为目的，恶意串通，虚构事实，伪造证据，通过诉讼的形式，侵害案外人的合法权益，其本质上应当是一种侵权行为，依据《中华人民共和国侵权责任法》的规定，侵害民事权益，依法应当承担侵权责任，侵权责任的一般构成要件包括过错、违法行为、损害事实、因果关系，只要虚假诉讼符合侵权责任的一般构成要件，受害人就可据此向法院提起虚假诉讼侵权赔偿诉讼，而法院在查明案件事实、综合考虑案情的基础之上，应当给予受害人相应补偿，该补偿应以受害人实际损失为限。

（二）虚假诉讼的刑事责任

《中华人民共和国刑法》新增第三百零七条专门对具有严重社会危害性的虚假诉讼行为进行了犯罪化规制，其中规定：对于实施虚假诉讼行为的自然人，妨害司法秩序或者严重侵害他人合法权益的，处三年以下有期徒刑、拘役或管制，并处或单处罚金，情节更为严重的处三年以上七年以下有期徒刑，并处罚金。

对于单位犯虚假诉讼罪的实行双罚制，而司法人员知法犯法的，应当从重处罚。

必知法规

一、《中华人民共和国民法典》

第七条　民事主体从事民事活动，应当遵循诚信原则，秉持诚实，恪守承诺。

二、《中华人民共和国民法总则》

第七条　民事主体从事民事活动，应当遵循诚信原则，秉持诚实，恪守承诺。

三、《中华人民共和国民法通则》

第四条　民事活动应当遵循自愿、公平、等价有偿、诚实信用的原则。

四、《中华人民共和国民事诉讼法》

第十三条第一款　民事诉讼应当遵循诚实信用原则。

第一百一十二条　当事人之间恶意串通，企图通过诉讼、调解等方式侵害他人合法权益的，人民法院应当驳回其请求，并根据情节轻重予以罚款、拘留；构成犯罪的，依法追究刑事责任。

第一百一十三条　被执行人与他人恶意串通，通过诉讼、仲裁、调解等方式逃避履行法律文书确定的义务的，人民法院应当根据情节轻重予以罚款、拘留；构成犯罪的，依法追究刑事责任。

五、《中华人民共和国刑法》

第三百零七条　以暴力、威胁、贿买等方法阻止证人作证或者指使他人作伪证的，处三年以下有期徒刑或者拘役；情节严重的，处三年以上七年以下有期徒刑。

帮助当事人毁灭、伪造证据，情节严重的，处三年以下有期徒刑或者拘役。

司法工作人员犯前两款罪的，从重处罚。

第三百零七条之一　以捏造的事实提起民事诉讼，妨害司法秩序或者严重侵害他人合法权益的，处三年以下有期徒刑、拘役或者管制，并处或者单处罚金；情节严重的，处三年以上七年以下有期徒刑，并处罚金。

单位犯前款罪的，对单位判处罚金，并对其直接负责的主管人员和其他直接责任人员，依照前款的规定处罚。

有第一款行为，非法占有他人财产或者逃避合法债务，又构成其他犯罪的，依照处罚较重的规定定罪从重处罚。

司法工作人员利用职权，与他人共同实施前三款行为的，从重处罚；同时构成其他犯罪的，依照处罚较重的规定定罪从重处罚。

六、《最高人民法院关于防范和制裁虚假诉讼的指导意见》

第一条 虚假诉讼一般包含以下要素：（1）以规避法律、法规或国家政策谋取非法利益为目的；（2）双方当事人存在恶意串通；（3）虚构事实；（4）借用合法的民事程序；（5）侵害国家利益、社会公共利益或者案外人的合法权益。

第二条 实践中，要特别注意以下情形：（1）当事人为夫妻、朋友等亲近关系或者关联企业等共同利益关系；（2）原告诉请司法保护的标的额与其自身经济状况严重不符；（3）原告起诉所依据的事实和理由明显不符合常理；（4）当事人双方无实质性民事权益争议；（5）案件证据不足，但双方仍然主动迅速达成调解协议，并请求人民法院出具调解书。

循环做账假证据，虚假陈述涉犯罪

【案例介绍】

甲系旭升公司、安徽汽工贸公司、星通公司的实际控制人。2018 年 8 月 7 日，福州中院在淘宝司法拍卖网上拍卖案涉的位于安徽省合肥市包河区巢湖路 143 号 8 幢一、二、三、四、五、八、九、十层的房产。同日，该房产以 1551 万元的价格被乙买走（该房产建筑面积为 4645.6 平方米，评估价为 2214.6 万元）。2018 年 8 月 21 日，福州中院作出《执行裁定书》裁定：位于安徽省合肥市包河区巢湖路某处一、二、三、四、五、八、九、十层的房产归买受人乙所有。2018 年 9 月 13 日，乙办理上述房产的过户登记手续。

根据甲调取到的银行交易凭证，及一审庭审笔录、证人证言等，本案的当事人及借款资金循环走账关联人员之间存在亲属关系，具体为：出借人乙，委托代理人丙，其二人系父子关系；丁系丙的姐夫；丁与戊系叔侄关系。

2500 万元的付款凭证系由戊提供 1000 万元的资金，通过在众多账户之间循环走账的方式制造的 2500 万元资金走账流水，甲并未收到讼争借款，且其中的 500 万元最终又回到戊本人账户。2500 万元借款资金，分别由戊和丙的账户汇给薛某，其中，戊 2014 年 7 月 14 日 500 万元 2 笔，7 月 15 日 200 万元、300 万元各 1 笔；丙 2014 年 7 月 14 日 500 万元 2 笔。

在一审庭审中，甲的代理人指出上述借款系由循环走账形成，丙对此表示否认，从上述出借款项的交易流程来看，丙在庭审中作了虚假陈述。

甲曾向二审法院申请追加案外人薛某为本案的第三人参加诉讼，并向法院申请调取三个涉案账户丙工商银行卡号 955888130200025××××、戊工商银行卡号 622208130200078××××、薛某建设银行卡号 434062287076××××自 2014 年 6 月 1 日起至 7 月 31 日的交易明细账，二审法院均未予以准许。

本案中，乙、丙以非法占有为目的，在与甲等人签订《借款合同》及相关担保抵押合同后，在向甲提供借款资金时与薛某、戊、陈某、陈某某、薛某某等人恶意串通，通过循环走账的方式制造 2500 万元的资金走账流水，伪造证据，并据此提起民事诉讼。在民事诉讼程序中作虚假陈述，致使人民法院基于捏造的事实作出裁判文书、立案执行，并已实际取得甲提供抵押的房产，已造成甲约8000万元的经济损失，乙、丙等人的行为已涉嫌虚假诉讼罪。

案例分析

自2008年3月起，甲与丙、薛某等人陆续有债权、债务往来，其中部分借款无协议。2012年8月，安徽通瑞投资管理有限公司（以下简称安徽通瑞公司）、甲设立大理通瑞汽车部件有限公司。2013年3月，甲以安徽通瑞公司名义转让各15%股权作价900万元给何某秀、薛某恩（系薛某儿子），此后，何某秀、薛某恩分别以何某秀、薛某恩、薛某、薛某根名义分12次在2013年3—9月汇给甲合计1884万元。2013年12月16日，何某秀、薛某恩与安徽通瑞公司签订《股权回购协议书》，约定由安徽通瑞公司分别以1050万元、1050万元回购何某秀、薛某恩分别持有的15%的大理通瑞公司股权。根据该《股权回购协议书》第三条、第四条约定，甲应于2013年12月31日偿还薛某款项1050万元。

2014年7月15日，丙、乙父子及戊、薛某、丁等人纠集在一起，将甲与前述人员之间的债务及安徽通瑞公司应付的股权回购款，通过债权转让、高息结算的方式，结算为甲欠薛某25516145元，并威胁甲“要么还钱、要么签字”，逼迫甲签订一份《结算证明书》。后丙、乙父子及戊、薛某、丁等人根据《结算证明书》，通过循环走账的方式制造2500万元的资金走账流水，企图坐实甲向乙借款2500万元用于归还薛某欠款2500万元的事实。

《结算证明书》上共计6笔债权债务，其中，第1笔至第3笔债权系虚增债务，甲与薛某之间并不存在上述借款。第4笔35万元债权，系2014年4月11日由甲向薛某恩借款35万元，甲对此予以确认。第5笔1050万元债权，系安徽通瑞公司应支付给薛某恩的大理通瑞公司的股权回购款，因合资办厂期间甲另外向薛某借款254万元，甲于2013年12月20日向薛某偿还400万元，其中部分用于偿还254万元借款至还款当日的本息合计278万元，剩余122万元部分用于支付股权回购款，因此未支付的股权回购款为928万元，且根据回购协议的约定，回购款里已含投资回报，不应当再计算利息。同时，《结算证明书》上此笔债权的利息为日息0.00117，年息为42.12%，远远超过法定利息。第6笔50万元，系偿还薛某借款无异议。

经检索最高人民法院裁判文书网，发现丙、戊、丁等人贷款对象主体众多，除了本案债务人旭升公司以外，丙于2013—2017年分别向安徽新成铁薄板有限公司、张某兴、饶某设、张某陆、绿宝电缆（集团）有限公司、许某银、王某兴、薛某明等人出借资金。戊于2011—2018年向合肥网天数码技术发展有限公司、安徽创元人置业有限公司、许某银、梅某宝等人出借资金。丁于2014年向绿宝电缆（集团）有限公司、安徽省绿源工艺品有限责任公司、安徽快乐大本营科技发展有限公司等人出借资金。在安徽省高级人民法院（2014）皖民二终字《民事裁定》中查明，合肥市公安局2014年2月25日作出的《补充起诉意见书》载明“丙在2010年前后以月息4～6分向江伟出借资金”。该等证据证实，丙、乙父子及戊、薛某、丁等人形成组织，通过向社会不特定对象提供资金以赚取高额利息，出借行为具有反复性、经常性、营业性，是典型的职业放贷人团伙。

【大律支招】

民间借贷的成立，双方有合意和款项交付这两点缺一不可，缺少其中一项，就会造成民间借贷关系不成立。其中，关于借贷合意的审查，出借人仅提供款项交付的凭证，未提供借贷合意凭证，借款人以双方不存在借贷关系抗辩的，出借人应当就双方就借贷事实达成合意承担举证责任，借款人就其抗辩的理由承担举证责任。有证据证明双方存在借贷关系的，则按照民间借贷纠纷处理，出借人不能证明双方存在借贷合意的，可另行提起不当得利返还之诉；关于款项交付的审查，对于现金交付借贷关系，出借人仅凭借据但未提供付款凭证而要求借款人还款，借款人对款项交付提出合理异议的，可要求出借人到庭陈述现金交付的时间、地点、款项来源、用途等交易事实和交易经过，并接受借款人和法庭的询问。法官则根据现金交付的金额、出借人经济能力、交易习惯等因素，结合出借人的陈述和法庭辩论情况以及在案的其他间接证据，运用逻辑推理，综合审查判断借贷事实是否实际发生。综上，民间借贷纠纷的出借人不仅要提供款项来源的证据，还应当提供双方有借贷合意的证据，当只能证明双方存在款交付事实，却不能证明双方有借贷合意的，应认定民间借贷关系不成立。

必懂知识点

在民间借贷纠纷中，对于自然人与企业之间借贷行为的效力认定，主要法律依据是《最高人民法院关于如何确认公民与企业之间借贷行为效力问题的批复》。根据该批复的规定，自然人以个人身份与非金融企业之间的民间借贷行为，只要双方当事人意思表示真实即认定为有效。其中，意思表示真实的规定主要是考虑自然人与企业之间在人力、资源等信息上的不对等，避免公民因弱势地位而受到胁迫、欺诈或因其他不利因素而作出违背真实意思表示的行为。司法实践中，即使自然人系出于真实意思表示，自愿签订的借贷协议，但具有下列情形之一的，仍应当认定借贷协议无效：①企业因自身资金流转和发展问题，为在短时间内快速有效地募集资金，以借贷名义非法向职工集资而签订的借贷协议。具体形式通常表现为发放员工股、企业债券。②基于非法募集资金的目的，以借贷名义非法向社会集资而与自然人签订的借贷协议。具体形式通常表现为企业为了推销其新产品而向自然人借款，或者向自然人募集生产经营活动所需的资金。③企业以借贷名义向社会公众发放贷款而签订的借贷协议。④其他违反法律、行政法规规定而签订的借贷协议。

必知法规

一、《中华人民共和国刑法》

第三百零七条 以捏造的事实提起民事诉讼，妨害司法秩序或者严重侵害他人合法权益的，处三年以下有期徒刑、拘役或者管制，并处或者单处罚金；情节严重的，处三年以上七年以下有期徒刑，并处罚金。

单位犯前款罪的，对单位判处罚金，并对其直接负责的主管人员和其他直接责任人员，依照前款的规定处罚。

有第一款行为，非法占有他人财产或者逃避合法债务，又构成其他犯罪的，依照处罚较重的规定定罪从重处罚。

司法工作人员利用职权，与他人共同实施前三款行为的，从重处罚；同时构成其他犯罪的，依照处罚较重的规定定罪从重处罚。

二、《最高人民法院关于审理民间借贷案件适用法律若干问题的规定》

第十九条 人民法院审理民间借贷纠纷案件时发现有下列情形，应当严格审查借贷发生的原因、时间、地点、款项来源、交付方式、款项流向以及借贷双方的关系、经济状况等事实，综合判断是否属于虚假民事诉讼：

（一）出借人明显不具备出借能力；

（二）出借人起诉所依据的事实和理由明显不符合常理；

（三）出借人不能提交债权凭证或者提交的债权凭证存在伪造的可能；

（四）当事人双方在一定期间内多次参加民间借贷诉讼；

（五）当事人一方或者双方无正当理由拒不到庭参加诉讼，委托代理人对借贷事实陈述不清或者陈述前后矛盾；

（六）当事人双方对借贷事实的发生没有任何争议或者诉辩明显不符合常理；

（七）借款人的配偶或合伙人、案外人的其他债权人提出有事实依据的异议；

（八）当事人在其他纠纷中存在低价转让财产的情形；

（九）当事人不正当放弃权利；

（十）其他可能存在虚假民间借贷诉讼的情形。

第二十条　经查明属于虚假民间借贷诉讼，原告申请撤诉的，人民法院不予准许，并应当根据民事诉讼法第一百一十二条之规定，判决驳回其请求。

诉讼参与人或者其他人恶意制造、参与虚假诉讼，人民法院应当依照民事诉讼法第一百一十一条、第一百一十二条和第一百一十三条之规定，依法予以罚款、拘留；构成犯罪的，应当移送有管辖权的司法机关追究刑事责任。

单位恶意制造、参与虚假诉讼的，人民法院应当对该单位进行罚款，并可以对其主要负责人或者直接责任人员予以罚款、拘留；构成犯罪的，应当移送有管辖权的司法机关追究刑事责任。

三、《中华人民共和国民事诉讼法》

第一百一十二条　当事人之间恶意串通，企图通过诉讼、调解等方式侵害他人合法权益的，人民法院应当驳回其请求，并根据情节轻重予以罚款、拘留；构成犯罪的，依法追究刑事责任。

第一百一十三条　被执行人与他人恶意串通，通过诉讼、仲裁、调解等方式逃避履行法律文书确定的义务的，人民法院应当根据情节轻重予以罚款、拘留；构成犯罪的，依法追究刑事责任。

四、《最高人民法院关于防范和制裁虚假诉讼的指导意见》

第二条　实践中，要特别注意以下情形：（1）当事人为夫妻、朋友等亲近关系或者关联企业等共同利益关系；（2）原告诉请司法保护的标的额与其自身经济状况严重不符；（3）原告起诉所依据的事实和理由明显不符合常理；（4）当事人双方无实质性民事权益争议；（5）案件证据不足，但双方仍然主动迅速达成调解协议，并请求人民法院出具调解书。

第十二条　对虚假诉讼参与人，要适度加大罚款、拘留等妨碍民事诉讼强制措施的法律适用力度；虚假诉讼侵害他人民事权益的，虚假诉讼参与人应当承担赔偿责任；虚假诉讼违法行为涉嫌虚假诉讼罪、诈骗罪、合同诈骗罪等刑事犯罪的，民事审判部门应当依法将相关线索和有关案件材料移送侦查机关。

五、《关于办理虚假诉讼刑事案件适用法律若干问题的解释》

第一条　采取伪造证据、虚假陈述等手段，实施下列行为之一，捏造民事法律关系，虚构民事纠纷，向人民法院提起民事诉讼的，应当认定为刑法第三百零七条之一第一款规定的“以捏造的事实提起民事诉讼”：

（一）与夫妻一方恶意串通，捏造夫妻共同债务的；

（二）与他人恶意串通，捏造债权债务关系和以物抵债协议的；

（三）与公司、企业的法定代表人、董事、监事、经理或者其他管理人员恶意串通，捏造公司、企业债务或者担保义务的；

（四）捏造知识产权侵权关系或者不正当竞争关系的；

（五）在破产案件审理过程中申报捏造的债权的；

（六）与被执行人恶意串通，捏造债权或者对查封、扣押、冻结财产的优先权、担保物权的；

（七）单方或者与他人恶意串通，捏造身份、合同、侵权、继承等民事法律关系的其他行为。

隐瞒债务已经全部清偿的事实，向人民法院提起民事诉讼，要求他人履行债务的，以“以捏造的事实提起民事诉讼”论。

向人民法院申请执行基于捏造的事实作出的仲裁裁决、公证债权文书，或者在民事执行过程中以捏造的事实对执行标的提出异议、申请参与执行财产分配的，属于刑法第三百零七条之一第一款规定的“以捏造的事实提起民事诉讼”。

第二条 以捏造的事实提起民事诉讼，有下列情形之一的，应当认定为刑法第三百零七条之一第一款规定的“妨害司法秩序或者严重侵害他人合法权益”：

（一）致使人民法院基于捏造的事实采取财产保全或者行为保全措施的；

（二）致使人民法院开庭审理，干扰正常司法活动的；

（三）致使人民法院基于捏造的事实作出裁判文书、制作财产分配方案，或者立案执行基于捏造的事实作出的仲裁裁决、公证债权文书的；

（四）多次以捏造的事实提起民事诉讼的；

（五）曾因以捏造的事实提起民事诉讼被采取民事诉讼强制措施或者受过刑事追究的；

（六）其他妨害司法秩序或者严重侵害他人合法权益的情形。

第三条 以捏造的事实提起民事诉讼，有下列情形之一的，应当认定为刑法第三百零七条之一第一款规定的“情节严重”：

（一）有本解释第二条第一项情形，造成他人经济损失一百万元以上的；

（二）有本解释第二条第二项至第四项情形之一，严重干扰正常司法活动或者严重损害司法公信力的；

（三）致使义务人自动履行生效裁判文书确定的财产给付义务或者人民法院强制执

行财产权益，数额达到一百万元以上的；

（四）致使他人债权无法实现，数额达到一百万元以上的；

（五）非法占有他人财产，数额达到十万元以上的；

（六）致使他人因为不执行人民法院基于捏造的事实作出的判决、裁定，被采取刑事拘留、逮捕措施或者受到刑事追究的；

（七）其他情节严重的情形。

六、福建省人民检察院牵头制定并联合省高级人民法院、公安厅发布的《关于防范和查办虚假诉讼的若干意见》

2019 年年初，福建省检察院牵头制定并联合省高级法院、公安厅下发《关于防范和查办虚假诉讼的若干意见》（以下简称《意见》），对什么是虚假诉讼，在履职中如何注意发现线索及在查办虚假诉讼案件中的协作配合等方面作出规定。

据介绍，9 类多发的虚假诉讼案件被写入《意见》，提醒法院、检察院、公安机关在履职中要“特别关注”。而列为前三位的案件是，“民间借贷纠纷”“以离婚案件一方当事人为被告的财产纠纷”“以拆迁区划范围内的自然人为诉讼主体的离婚、分家析产、继承、房屋买卖合同纠纷”。

2018 年，福建省检察机关针对民间借贷、以物抵债、劳动争议等领域为获取非法利益而虚构事实打“假官司”问题，常态化开展专项监督，对 55 件虚假诉讼向法院提出抗诉或检察建议，涉案金额约 1.5 亿元。对涉嫌犯罪的，移送公安机关立案侦查 38 人。龙岩市两级检察院对 17 名炮制虚假官司的被告人提起公诉，法院分别以虚假诉讼罪、妨害作证罪等罪名追究刑事责任。

第三部分

民间借贷——刑民交叉案例

民间借贷涉犯罪，刑民交叉疑难复杂

李某通与杨某俊、张某祥民间借贷、抵押合同纠纷一案，涉及实体问题包括民间借贷和抵押合同效力的认定、非法吸收公众存款罪的认定；涉及程序问题包括民事案件的审理、判决与执行和刑民交叉案件的处理机制；涉及证据和事实问题包括民间借贷抵押合同纠纷案件的证据收集、质证、审核认定和涉嫌非法吸收公众存款罪的事实与证据等问题。

【案例介绍】

2013 年 1 月 15 日，张某祥的弟弟张某某向杨某俊提出借款要求。次日上午，杨某俊找到李某通，以自己的名义向李某通提出借款 70 万元的要求，李某通表示同意借款 70 万元，定月利率 2%，同时要求杨某俊提供两处房产抵押。随即，杨某俊将出借人要求提供房产抵押的情况告知了张某某，经张某某与其哥张某祥联系，张某祥将自己的房产证交给了杨某俊。当天下午，李某通给付杨某俊借款本金 70 万元，杨某俊将自己的房产证及张某祥的房产证交给了李某通，同时给李某通写下借据，该借据载明："现由杨某俊借用李某通现金 70 万元，两个房产证抵押，利息 2 分，抵押人张某祥、杨某俊，2013 年 1 月 16 日"。杨某俊称，当日自己即将该 70 万元转借给张某祥的弟弟张某某。后经李某通多次催要，杨某俊拒绝偿还。2013 年 5 月 13 日，李某通向 M 县人民法院起诉杨某俊、张某祥。

鉴于河北省 M 县公安局已对犯罪嫌疑人张某某以涉嫌诈骗一案立案侦查，张某某在逃，河北省 M 县人民法院于 2013 年 8 月 31 日上午将该案移送 M 县公安局，建议 M 县公安局以杨某俊涉嫌非法吸收公众存款罪对杨某俊立案侦查。M 县公安局刑警队答复如下：①不接收 M 县人民法院所移送的案卷；②M 县公安局办案人员曾就杨某俊是否涉嫌非法吸收公众存款，能否对杨某俊立案侦查向市公安局请示，市局答复杨某俊涉嫌非法吸收公众存款罪，同意立案侦查；③M 县公安局办案人员就杨某俊是否涉嫌非法吸收公众存款还与河北省 M 县检察院进行沟通，检察院意见与市局基本一致。

2013 年 9 月 25 日，河北省 M 县人民法院以（2013）民初字 496 号民事判决书对该民事案件作出了判决并发生法律效力。

2013 年 10 月 28 日，河北省 M 县公安局以涉嫌非法吸收公众存款罪对杨某俊采取了刑事拘留的强制措施。2013 年 12 月 3 日，经河北省 M 县人民检察院批准，杨某俊被 M 县公安局执行逮捕。M 县公安局侦查终结，以杨某俊涉嫌非法吸收公众存款罪移送 M 县人民检察院审查起诉。M 县人民检察院经依法审查查明：2011 年 11 月至 2013 年 2 月，杨某俊多次以个人身份向多人借款 500 多万元并许诺 1.5～2 分的利息；杨某俊将此款借贷给张某某，从中赚取利息差；后张某某因涉嫌诈骗罪被 M 县公安局逮捕，而杨某俊向他人所借贷的 500 多万元，张某某至今不能归还，杨某俊亦没有能力偿还。2013 年 12 月 30 日，河北省 M 县人民检察院指控杨某俊犯非法吸收公众存款罪，向 M 县人民法院提起公诉。2014 年 1 月 24 日，M 县人民检察院因事实、证据有变化，要求撤回起诉。2014 年 1 月 27 日，河北省 M 县人民法院裁定准许 M 县人民检察院撤诉。

案例分析

最高人民法院于 2015 年颁布了《最高人民法院关于审理民间借贷案件适用法律若干问题的规定》（以下简称《民间借贷规定》），在民间借贷纠纷当中，此类案件往往与非法吸收公众存款、集资诈骗、非法经营等案件交织在一起，出现由同一法律事实或相互交叉的两个法律事实引发的、一定程度上交织在一起的刑事案件和民事案件，即民刑交叉案件。

本案中，单个的借款行为仅仅是引起民间借贷这一民事法律关系的民事法律事实，并不构成非法吸收公众存款的刑事法律事实，因为非法吸收公众存款的刑事法律事实是数个“向不特定人借款”行为的总和，从而从量变到质变。当事人在订立民间借贷合同时，主观上可能确实基于借贷的真实意思表示，但存在违反法律行政法规的强制性规定的行为或以合法形式掩盖非法目的。根据《合同法》中“借款合同”规定，建立在真实意思基础上的民间借贷合同受法律保护。

另外，从维护诚信原则和公平原则的法理上分析，将与涉嫌非法吸收公众存款罪交叉的民事借贷合同认定为无效会造成实质意义上的不公，导致担保人以无效为由抗辩其承担担保责任，这更不利于保护不知情的债权人。涉嫌非法吸收公众存款的犯罪嫌疑人（或被告人）进行民间借贷时，债权人往往要求债务人提供抵押或者保证，这是降低贷款风险的一种方法。根据《担保法》第五条“主合同无效，担保合同无效”和《物权法》第一百七十二条“主债权债务合同无效，担保合同无效”的规定，若因债务人涉嫌非法吸收公众存款罪而认定民间借贷合同无效，担保合同也无效，担保人可以免除担保责任。债权人旨在降低贷款风险的努力没有产生任何效果，会造成事实上的不公。因此，被告杨某俊向原告李某通借款后，理应按约定及时归还借款及利息。杨某俊未按其承诺归还所欠原告借款，是引起本案纠纷的原因，杨某俊应承担民事责任。

《物权法》第十五条规定："当事人之间订立有关设立变更、转让和消灭不动产物权的合同，除法律另有规定或者合同另有约定外，自合同成立时生效；未办理物权登记的，不影响合同效力。"《物权法》第一百八十五条第一款规定"设立抵押权，当事人应当采取书面形式订立抵押合同"。《物权法》第一百八十七条规定："以房产抵押的，应当办理抵押登记，抵押权自登记时设立。"

房屋产权证书是记载房产权属、进行房产交易及设置抵押等行为的重要凭证，通常会由权利人妥善保管，不会轻易转借他人。被告张某祥辩称的自己把房产证交给杨某俊只是用于证明自己在城里住，2013 年 4 月才知道自己的房产证交给原告李某通做了抵押的理由不符合一般人对待房屋产权证书的谨慎态度。《合同法》第四十九条规定："行为人没有代理权、超越代理权或者代理权终止后以被代理人名义订立合同，相对人有理由相信行为人有代理权的，该代理行为有效。"被告张某祥虽然没有在借据上签名，但其将房产证交给杨某俊的行为表明自己默示同意杨某俊的代理行为，原告李某通亦有理由相信被告杨某俊是有代理权的，被告张某祥作为房产登记的户主应当对杨某俊以自己名义与李某通订立的抵押合同承担民事责任，故原告李某通与被告张某祥之间抵押合同关系依法成立。依据物权法原理，以发生物权变动为目的的原因行为（抵押合同属于原因行为），自合法成立之日生效，在不能发生物权变动的结果时，有过错的当事人应当承担违约责任。至于抵押权能否生效，则取决于是否存在处分行为即登记。在设定不动产抵押权场合，抵押合同签订后，若抵押人违背诚实信用原则拒绝办理抵押登记，则当事人可以请求法院判决抵押人补办抵押登记，或者判决抵押人承担违约责任或损害赔偿责任。

所以，因原告与被告未进行房产抵押登记，故被告的房产抵押不发生物权效力，但原被告之间的抵押合同关系有效。被告杨某俊系借款人，其应承担借款本息的偿还责任，不足部分由被告张某祥承担因未办理抵押登记给原告造成的损失的赔偿责任。关于刑民交叉案件的处理机制，存在四种方式：先刑后民、刑民并行、先民后刑和刑民合一。所谓"先刑后民"，是指法院受理的民商事纠纷案件涉及刑事犯罪嫌疑时，由法院视民商事纠纷案件与刑事犯罪嫌疑案件是否因不同法律事实产生而决定将民商事纠纷案件全案移送或者部分移送侦查机关。部分移送的，民商事纠纷案件一般中止审理，等待刑事判决结果作出后再恢复审理。如果刑事案件已经受理，则民商事案件不应受理，已受理的应裁定驳回起诉。"先刑后民"在相关司法解释和规范性文件中可以找到根据，但其并非审理刑民交叉案件的基本原则，而只是审理刑民交叉案件的一种处理方式。先刑后民应区别情形适用，不应绝对化和扩大化，应注意解决因刑事案件久拖不决民商事纠纷案件当事人的合法权益无法得到保护的问题。

刑事附带民事诉讼是一种特殊的民事诉讼，其特殊性体现在附带的民事诉讼由犯罪行为而引起，在刑事诉讼过程中提起，犯罪行为造成物质损害是提起刑事附带民事诉讼的实质条件，该被告人的同一犯罪行为，造成一个侵害后果，其犯罪行为同时触犯了刑事法律规范和民事法律规范，在刑事上须处以刑罚，同时在民事上需要赔偿被害人物质损失，该刑事被告人同时也是依法承担民事赔偿责任案件的被告。刑事附带民事诉讼案件具有刑民交叉案件中刑民互涉的特点，其归属于刑民交叉案件，是刑民交叉案件中的一种特殊处理方式，相对于“先刑后民”“刑民并行”等方式而言，可以称为“刑民合一”的处理方式。刑民交叉案件中“刑民并行”“先刑后民”“先民后刑”等其他处理方式实行刑事诉讼与民事诉讼分开进行，相互独立，只是在诉讼时间上存在先后。

本案中，法院在审理民间借贷纠纷时，对涉嫌非法吸收公众存款犯罪行为是否影响合同效力这一问题进行审查。对于被告杨某俊的涉嫌犯罪行为不影响民间借贷合同效力的刑民交叉案件，适用“刑民并行”，刑事案件与民事案件分开处理，即民事案件继续审理；如果认为被告杨某俊的涉嫌犯罪行为影响民间借贷合同效力认定，适用“先刑后民”，裁定中止诉讼，将案件移送公安机关，待刑事案件对行为人的犯罪事实作出认定后，再对民事案件恢复审理。

非法吸收公众存款罪，是指违反国家金融管理法律法规的规定非法吸收公众存款或者变相吸收公众存款，扰乱金融秩序的行为。根据《刑法》及相应司法解释的规定，本罪的要件如下：①本罪侵犯的客体是国家对吸收公众存款的管理秩序。根据金融法规的规定，只有银行或者经批准的其他金融机构才可以吸收社会资金作为存款。而非法吸收或者变相吸收公众存款，就是通过不正当手段，与银行等金融机构争夺社会闲散资金，扰乱金融秩序。②本罪在客观上表现为违反国家金融管理法律规定，未经有关部门依法批准或者借用合法经营的形式吸收资金，通过媒体、推介会、传单、手机短信等途径向社会公开宣传，承诺在一定期限内以货币、实物、股权等方式还本付息或者给付回报，向社会公众（包括单位和个人）即社会不特定对象吸收资金，扰乱金融秩序的行为。具体表现为两种类型：非法吸收公众存款和变相吸收公众存款。所谓“变相吸收公众存款”，是指行为人不是以存款的名义而是以其他形式吸收公众资金，从而达到吸收公众存款的目的。所谓“公众存款”，是指社会上不特定的人群的储蓄。如果存款人是特定的少数人，如仅限于亲友或本单位人员，不构成本罪。③本罪的主体是一般主体，包括自然人和单位。④本罪在主观上表现为故意，且不要求将吸收的存款用于信贷的目的。但必须没有非法占有的目的，否则，本罪不成立。另外，非法吸收或者变相吸收公众存款，主要用于正常的生产经营活动，能够及时清退所吸收资金，可以免予刑事处罚；情节显著轻微的，不作犯罪处理。

【大律支招】

原、被告的借贷关系成立且合法有效，应受法律保护。根据合同法，建立在真实意思基础上的民间借贷合同受法律保护。本案被告杨某俊即使最终认定犯非法吸收公众存款罪，并不必然导致借款合同无效，因为其订立没有违反法律行政法规效力性的强制性规定。另外，从维护诚信原则和公平原则的法理上分析，将与涉嫌非法吸收公众存款罪交叉的民事借贷合同认定为无效会造成实质意义上的不公，导致担保人以无效为由抗辩其承担担保责任，这更不利于保护不知情的债权人。因此，被告杨某俊向原告借款后，理应按约定及时归还借款及利息。杨某俊未按其承诺归还所欠原告借款，是引起本案纠纷的原因，应承担民事责任。

根据《物权法》第十五条、第一百八十七条规定，因原告与被告杨某俊、张某祥未进行房产抵押登记，故而被告的房产抵押不发生物权效力，但原被告的抵押合同关系有效，应受法律保护。被告杨某俊系借款人，其应承担借款本息的偿还责任，不足部分由被告张某祥承担因未办理抵押登记给原告造成的损失的赔偿责任。

刑民交叉案件的处理机制有四种，即先刑后民、刑民并行、先民后刑和刑民合一。本案中，法院在审理民间借贷纠纷时，对涉嫌非法吸收公众存款犯罪行为是否影响合同效力这一问题进行审查。对于被告杨某俊的涉嫌犯罪行为不影响民间借贷合同效力的刑民交叉案件，适用“刑民并行”，刑事案件与民事案件分开处理，也就是说民事案件继续审理；如果认为被告杨某俊的涉嫌犯罪行为影响民间借贷合同效力认定，适用“先刑后民”，裁定中止诉讼，将案件移送公安机关，待刑事案件对行为人的犯罪事实作出认定后，再对民事案件恢复审理。

必懂知识点

一、《民间借贷规定》关于合同效力的规定

民间借贷合同的效力判断，在司法实践中有着重要的意义。只有基于有效的民间借贷合同，一方当事人才能向另一方当事人主张其按照合同约定履行义务，也才能涉及违约责任的承担以及合同的解除等问题。鉴于民间借贷合同的特殊性，《民间借贷规定》在这一部分主要规定了以下内容：

《民间借贷规定》第九条规定了自然人之间民间借贷合同的生效要件。

《民间借贷规定》第十一条规定，企业之间为了生产、经营需要签订的民间借贷合

同，只要不违反《合同法》第五十二条和本司法解释第十四条规定内容的，应当认定民间借贷合同的效力，这也是本司法解释最重要的条款之一。

《民间借贷规定》第十四条规定企业因生产、经营的需要在单位内部通过借款形式向职工筹集资金签订的民间借贷合同有效。

《民间借贷规定》第十三条规定，借款人或者出借人的借贷行为涉嫌犯罪，或者生效的判决认定构成犯罪，民间借贷合同并不当然无效；而应当根据《合同法》第五十二条和本司法解释第十四条规定的内容确定民间借贷合同的效力。

《民间借贷规定》第十四条具体列举了民间借贷合同应当被认定为无效的情形，包括：套取金融机构信贷资金又高利转贷给借款人，且借款人事先知道或者应当知道的；以向其他企业借贷或者向本单位职工集资取得的资金又转贷给借款人牟利，且借款人事先知道或者应当知道的；出借人事先知道或者应当知道借款人借款用于违法犯罪活动仍然提供借款的；违背社会公序良俗的；其他违反法律行政法规效力性强制性规定的。

《民间借贷规定》第二十六条规定，借贷双方约定的利率未超过年利率24%，出借人请求借款人按照约定的利率支付利息的，人民法院应予支持。借贷双方约定的利率超过年利率36%，超过部分的利息约定无效。借款人请求出借人返还已支付的超过年利率36%部分的利息的，人民法院应予支持。关于利率的规定有两个特点：一是规定的利率是一个固定利率，而不是像以前是参照央行同期贷款基准利率。二是划了“两线三区”，第一条线是民事法律应予保护的固定利率为年利率的24%，第二条线是年利率36%以上的借贷合同为无效；划分了三个区域，无效区是年利率36%以上，司法保护区是年利率24%以下，自然债务区是年利率24%～36%。自然债务是指如果要提起诉讼要求法院保护，法院不会保护，但是当事人愿意自动履行，法院也不反对。

二、《民间借贷规定》关于刑民交叉案件处理机制的规定

2014年3月25日，最高人民法院、最高人民检察院和公安部共同颁布了《关于办理非法集资刑事案件适用法律若干问题的意见》，人民法院在审理民事案件中如果发现有非法集资的犯罪，应当将案件移送公安机关或者检察机关。2015年8月6日，《民间借贷规定》对这个问题进行了重申，也就是重新把它规定到该民事司法解释里面。《民间借贷规定》根据不同情形规定了以下四种处理方式：一是只要是涉及非法集资犯罪的案件，民事案件审理发现了就要移送。对于这类案件的起诉怎么处理呢？就不能再审理了。二是如果在审理民间借贷案件的过程中，涉及非法集资等这种犯罪的线索与材料，在这种情况下怎么办？比如有人非法集资，把非法集资来的钱又转贷给他人形

成民间借贷的案件，应将涉及非法集资线索的材料移送到公安机关或者是检察机关，但是对于后面的民间借贷的那部分案件还要继续审理。三是在审理非法集资的案件过程中，可能会涉及担保人对这个案件的担保，在审理这个案件时不因为一部分当事人的非法集资犯罪就认定整个合同无效，担保人的担保责任也没了。遇到这种情况，只要当事人要起诉担保人，人民法院是应当予以受理的。四是如果民间借贷的案件审理过程中间，民事基本案件事实需要刑事案件查清以后才能继续审理的，应当中止审理，因为犯罪事实的行为可能涉及民间案件的基本案件事实，基本案件事实可能涉及主体、权利义务的确定等，这一类要先刑后民，先把刑事案件结案，犯罪事实认定以后民事案件才能恢复审理。

三、违法犯罪行为对民事合同效力的影响

涉嫌或构成犯罪行为对民事合同效力的影响。犯罪行为对民事合同效力的影响，不存在影响大小的问题，只存在有无影响的问题，体现在两个方面：一方面是有影响，犯罪事实必然会导致合同无效；另一方面是没有影响，无论是否构成犯罪均不导致合同无效。是否产生影响，应当根据《合同法》第五十二条、《民法总则》等有关合同效力的相关法律规范进行确认。比如，单位工作人员在职务或授权范围之内，以单位名义对外签订合同，并将依合同关系取得的财产非法占为己有，行为人可能构成贪污罪，应当依法承担相应的刑事责任，行为人的单位对外也应当承担相应的民事责任。此种情形，就不应当认定合同无效。如果行为人一开始便以非法占有公私财产为目的，并通过捏造事实或隐瞒真相的手段骗取当事人的财物，签订合同仅仅是犯罪的一个手段，此种情形，则以行为人所签的民事合同“以合法形式掩盖非法目的”为由认定其无效。

司法实践中，常见的可能影响合同效力的几类案件包括：涉嫌合同诈骗的合同纠纷；涉嫌保险诈骗的保险合同纠纷；涉嫌侵犯商业秘密罪的商业秘密纠纷；涉嫌信用卡诈骗罪的储蓄合同纠纷；涉嫌金融诈骗犯罪的存单纠纷；涉嫌非法集资的民间借贷纠纷；主合同涉嫌诈骗的担保纠纷；等等。上述案件中，可能对一些事实和问题的认识不同导致在合同效力的认定上存在影响，如合同法上的表见代理，借用盗用、私刻单位公章签订合同，虚构被保险人的年龄签订保险合同，采取欺诈手段签订合同，合同一方对约定的标的物无权处分，扰乱市场秩序和金融秩序的行为等。

四、如何正确适用刑民交叉案件中的移送处理

刑民交叉案件中的移送处理，是指法院在民事案件处理中发现犯罪嫌疑，将有关

犯罪嫌疑线索、材料予以移送，交由公安机关或检察机关予以查处的程序。《最高人民法院关于在审理经济纠纷案件中涉及经济犯罪嫌疑若干问题的规定》第十条规定“人民法院在审理经济纠纷案件中，发现与本案有牵连，但与本案不是同一法律关系的经济犯罪嫌疑线索、材料，应将犯罪嫌疑线索、材料移送有关公安机关或检察机关查处，经济纠纷案件继续审理”；第十一条规定“人民法院作为经济纠纷受理的案件，经审理认为不属经济纠纷案件而有经济犯罪嫌疑的，应当裁定驳回起诉，将有关材料移送公安机关或检察机关”。

关于移送处理对法院审理民事案件的影响。对有经济犯罪嫌疑的，法院经审查应当将案件移送公安机关或检察机关，并书面通知当事人。法院将犯罪线索、材料移送侦查机关后，侦查机关是否立案处理存在两种结果。对于不予立案侦查的，对法院审理民事案件没有影响。对于予以立案侦查的，对法院审理民事案件在程序和实体上均会存在一定的影响：①民事案件的处理可能需要以刑事案件处理结果为依据。对于该类案件，法院可以中止民事诉讼审理程序，待刑事诉讼程序终结后，再恢复民事案件的审理。②刑事案件处理结果对民事案件的处理可能没有影响。对于该类案件，法院应当继续审理民事案件，在审限内结案。③对于当事人的民事诉讼请求事项不属于民事诉讼审理范围，而只能通过刑事案件解决的，法院应当裁定驳回起诉，移送侦查机关处理，并退还诉讼费。本案的特殊性在于，在民事案件开庭审理后，法院以被告涉嫌非法吸收公众存款罪移送公安机关，但公安机关不予立案侦查，法院民庭继续审理后作出民事判决，判决生效后，公安机关又以被告杨某俊涉嫌非法吸收公众存款罪采取刑事拘留的强制措施，后经检察院批准转逮捕，检察院提起公诉后，又决定撤回起诉，法院刑事审判部门作出裁定准许检察院撤诉。最高人民检察院、公安部《关于公安机关办理经济犯罪案件的若干规定》第二十二条规定：“涉嫌经济犯罪的案件与人民法院正在审理或者作出生效裁判文书以及仲裁机构作出裁决的民事案件有关联但不属同一法律事实的，公安机关可以立案侦查，但是不得以刑事立案为由要求人民法院移送案件、裁定驳回起诉、中止诉讼、判决驳回诉讼请求、中止执行或者撤销判决、裁定，或者要求人民法院撤销仲裁裁决。”本案杨某俊可能涉嫌非法吸收公众存款的犯罪行为与民间借贷合同纠纷，不属同一法律事实，公安机关对杨某俊进行立案侦查是在法院作出的民事判决生效之后，其不得要求法院撤销该民事判决。生效的民事判决书认定民间借贷合同合法有效，但如果法院的刑事判决认定被告人杨某俊构成非法吸收公众存款罪，而与已生效的民事判决产生一定的冲突，有关再审启动主体认为生效民事判决有错误，可以依照《民事诉讼法》规定的审判监督程序进行再审。

民间借贷成本高，调控资金渡难关

众所周知，一个企业的生产经营以及其后续的发展壮大都需要庞大的资金支持。一些资金并不十分雄厚的中小企业因不受银行等金融机构青睐，纷纷转向民间融资。这种融资方式游离于官方正规的金融机构之外，虽然能快速地获得资金，解决燃眉之急，但是资金成本高，手续不规范，很容易产生纠纷甚至涉及刑事风险，使得这些企业的处境更加艰难。这些企业要兼顾“开源”和“节流”两大难题：一方面，企业要积极寻找融资渠道，保证资金流顺畅；另一方面，企业要面对市场竞争压力，应对企业自身资金周转问题，以及资金使用成本问题。另外，企业如果无法按期还本付息，还会面临诉讼风险，可谓举步维艰。

【案例介绍】

因国家对房地产业的调控，A 公司多次向银行申请贷款都被拒之门外。无奈之下，A 公司只好将目光转向民间融资。民间融资虽然借贷门槛低，资金到位快，但是其贷款利息要远远高于同期银行贷款利息，虽然解了公司燃眉之急，但也给 A 公司带来了沉重的负担。公司因资金流不足，多笔民间借贷没有办法按照合同约定及时支付利息，A 公司因此涉及很多民间借贷的诉讼，给公司的运营造成很大压力。

A 公司在处理这些民间借贷纠纷时曾向几位律师咨询，多数律师的意见是公司当前是有困难，但是欠债还钱天经地义，没有任何转圜办法。本所律师在了解公司的困难和当前的处境后，综合考量公司各方面情况，提出了自己的观点：欠钱当然要还，这是毋庸置疑的。但是我们也要具体情况具体分析，讲究技巧，在法律允许的范围内合理规划还款计划，用时间换空间。既要尽快履行公司的还款义务，降低公司的资金使用成本，也要保证公司能有足够的资金流正常运行。否则一旦公司经营瘫痪，将会面临破产风险，对债权人的权益也会有所损害。

争议与问题

A 公司当前可使用的资金有限，资金使用成本过高，无力偿还所有民间借款本息，如何在保持公司持续经营的情况下妥善解决诉讼纠纷？

案例分析

在处理与多位贷款人的债权债务纠纷的过程中，律师运用自身的技能协助公司解决问题，渡过难关。经过对A公司当时签订的借款合同的仔细审查，并通过与公司高管谈话，我们了解到公司在外有5亿多元的债务。而当前公司在短时间内根本无法筹集到如此大额的资金清偿债务。即便法院审理并作出判决，生效判决也无法得到执行。

为此，我们也制定了一系列方案。在诉讼阶段积极应诉，但最关键的是在执行阶段上下功夫。律师在执行过程中做了很多工作，多次与贷款人沟通，组织谈判，动之以情晓之以理，就判决执行方案多次协商，或还一部分债务，或用房产抵偿，不断地谈判、和解，再谈判、再和解，争取贷款人理解与信任，将公司的还款期限尽量拉长，给公司争取时间，以时间换空间。

在这段时间内，公司一直在循环运作，正常经营，稳步发展。一来，债权人看到公司发展势头良好，恢复了对公司的信任，更加容易沟通。二来，经过一段时间的缓冲，债权人也不像刚刚开始起诉时那样急迫，能够平复心情，冷静下来好好与公司沟通，如此，事情自然就比较好处理了。

【大律支招】

所谓民间借贷，是指自然人、法人、其他组织之间及其相互之间进行资金融通的行为。经金融监管部门批准设立的从事贷款业务的金融机构及其分支机构开展发放贷款等相关金融业务则不属于民间借贷的范畴。由于民间借贷本身的特点，其在社会上需求量极大。但是由于借贷双方法律意识不强，或者监管不严等各方面原因，出现了非常多的纠纷，以下就对民间借贷中常见的纠纷做个简单的梳理。

一、借贷合同的效力问题

从《合同法》角度讲，在认定合同效力的问题上，可以从正反两面进行论述。首先，从积极角度看，一份有效的合同需要符合以下构成要件：①当事人缔约时有缔约能力；②合同双方意思表示真实；③合同内容不违反公序良俗或法律强制性规定。

从消极角度看，合同无效主要有以下几种情形：①一方以欺诈、胁迫的手段订立合同，损害国家利益；②恶意串通，损害国家、集体或者第三人利益；③以合法形式掩盖非法目的；④损害社会公共利益；⑤违反法律、行政法规的效力性强制性规定。

在实践中常常会涉及这样一个问题，即在非法吸收公众存款罪中民间借贷合同效力的认定，关于这个问题，一直存在争议，众说纷纭，主要包括以下几种观点：

观点一，民间借贷合同在债权人善意的前提下应当认定合同有效。犯罪行为人非法吸收公众存款的行为会受到刑法的否定性评价。签订民间借贷合同的行为虽然是非法吸收公众存款罪的一部分，但刑法并没有直接针对这个合同行为，签订借贷合同属于民事法律的评价范畴。因此，只要双方意思表示一致，合同本身没有无效情形，就应该按照有效合同来处理。从社会效果的角度出发，刑法如果丧失了封闭性而肆意延伸，反而会给社会带来更多不安定因素。因此对合同有效的认定更加有利于保障交易安全，保护受害人的合法权益，维护民法诚实信用原则。

观点二，民间借贷合同认定无效。这种观点认为应当将刑法的制裁范围外延到民间借贷的行为上，从而达到严厉打击犯罪行为的目的。在司法实践中，2013 年浙江省高级人民法院、浙江省人民检察院、浙江省公安厅下发的《关于办理当前集资类刑事案件适用法律若干问题的会议纪要（三）》规定：“审理民间借贷纠纷案件时，如果相关刑事判决已经生效，且讼争借款已被刑事裁判认定为非法集资犯罪事实的，为避免刑事、民事判决矛盾冲突，原则上应认定借贷合同无效。根据担保法的精神，涉及非法集资类犯罪的借贷合同无效的，担保合同一般应认定为无效，担保人承担的责任应根据案件实际情况按以下原则区别对待：（一）刑事被告人以其实际控制的财产为非法集资提供担保的，一般不认定出借人对担保财产享有优先受偿权。（二）第三人提供担保的，可依照《担保法司法解释》第八条的规定，在主合同无效导致担保合同无效的情形下，根据担保人的过错使其在债务人不能清偿债务的三分之一限额内承担责任。（三）第三人提供担保，担保人属于明知借款人从事非法集资，或存在其他严重过错导致担保合同无效的，担保人的连带赔偿责任可不受前述三分之一限额责任的限制，构成共犯的，还应依法承担刑事责任。”这就相当于对犯罪行为人的刑事评价也直接否定了其与债权人之间的借贷合同效力，同时如果中间涉及抵押担保，那么由于借贷合同这份主合同无效，抵押担保合同也随之无效。这就对债权人的保护造成了极大的影响。

观点三，借贷合同是否有效要根据具体案情具体判断。有学者提出，针对这类案件，必须综合强制性规定的规范意旨，衡量包括立法目的、交易安全、交易成本、交易效率等在内的诸项法益，根据不同的案情来决定。但是如此一来，就等于增加了法律的不确定性，扩大了法官的自由裁量权，很容易导致法律适用不统一，造成同案异判的不良后果。

《最高人民法院关于审理民间借贷案件适用法律若干问题的规定》第十四条规定：具有下列情形之一，人民法院应当认定民间借贷合同无效：

（一）套取金融机构信贷资金又高利转贷给借款人，且借款人事先知道或者应当知道的；（二）以向其他企业借贷或者向本单位职工集资取得的资金又转贷给借款人牟利，且借款人事先知道或者应当知道的；（三）出借人事先知道或者应当知道借款人借款用于违法犯罪活动仍然提供借款的；（四）违背社会公序良俗的；（五）其他违反法律、行政法规效力性强制性规定的。

针对《最高人民法院关于审理民间借贷案件适用法律若干问题的规定》第十四条第三款的规定，最高人民法院在2015年12月发布了一个典型案例："2008年5月至2009年4月，李某陆续出借700万元给陈某某用于发放高利贷，每月从陈某某处获取4%或5%的利息。自借款时起，陈某某先后向李某、王某支付了利息共计233万元。2009年6月后，陈某某未再支付利息，亦未归还700万元借款本金。2014年7月25日，李某与其妻王某起诉至法院，请求判决陈某某归还借款700万元并按中国人民银行同期同类贷款基准利率支付利息。重庆市第五中级人民法院经审理认为，李某、王某明知陈某某借款系用于对外发放高利贷，但仍然向其提供借款资金，该行为损害了社会公共利益，根据合同法的相关规定，该借款行为应认定为无效。借款被认定无效后，陈某某虽应返还借款本金及按中国人民银行同期同类贷款基准利率计算的利息，但对于陈某某已支付的233万元利息中超过中国人民银行同期同类贷款基准利率计算的部分，应冲抵借款本金。对于冲抵后尚欠本息，陈某某应予返还。"

最高院选取该案作为典型的意义在于出借人明知或应当知道借款人借款用于违法犯罪活动，但为了谋取高息仍然提供借款，此现象在社会上时有发生，但在证据上能够认定出借人明知借款用于违法犯罪活动的案件并不多见，法院在该类案件中认定民间借贷合同无效，对当事人之间约定的高额利息、违约金等不予保护，在维护正常民间融资秩序方面起到了积极作用。

在民间借贷过程中，无论是作为借方还是贷方，企业或个人都应该注意对对方及借贷意图的审查，不要被高利所诱惑，随意轻信他人，更不能知法犯法，明知对方的非法意图仍然提供资金或者为了实施违法犯罪行为而借贷资金。

二、以买卖合同担保借贷合同问题

在民间借贷过程中，债权人为了保证自己的债权能够实现，通过签订一份买卖合同来担保债权的实现，如果借款人到期不能还本付息，则按照买卖合同履行相应的权利义务。在这种交易模式下，债权人通过买卖合同在债务到期前就固定了担保物的价值，买卖合同事实上造成了流押的效果，违反了"禁止流押"的强制性规定。从意思表示瑕疵的角度理解，双方买卖合同的合意其实是一个虚假的意思表示，而借贷的合意才是双方真实意思表示。应当按照双方真实合意对合同性质进行认定，双方应当按照民间借贷合同行使权利履行义务。

《最高人民法院关于审理民间借贷案件适用法律若干问题的规定》第二十四条对此

也作出了相应的规定：“当事人以签订买卖合同作为民间借贷合同的担保，借款到期后借款人不能还款，出借人请求履行买卖合同的，人民法院应当按照民间借贷法律关系审理，并向当事人释明变更诉讼请求。当事人拒绝变更的，人民法院裁定驳回起诉。按照民间借贷法律关系审理作出的判决生效后，借款人不履行生效判决确定的金钱债务，出借人可以申请拍卖买卖合同标的物，以偿还债务。就拍卖所得的价款与应偿还借款本息之间的差额，借款人或者出借人有权主张返还或补偿。”

最高人民法院在2015年发布了一起该类型的典型案例：“2015年2月5日，被告向原告借款，原告为保证其到期能实现债权，与被告签订了一份《房屋买卖合同》。合同约定，原告以100万元的价格向被告购买位于曲靖市的别墅，被告于2015年5月6日前到房屋产权登记机关配合原告办理产权过户登记手续。同日，原告向被告汇款94.5万元，被告向原告出具收条一份。收条载明，被告已收到原告支付的别墅转让款100万元，其中转账支付94.5万元，现金支付5.5万元。另查明，原、被告双方未出具书面借条，未约定利息及还款时间，被告为购买本案诉争房屋交纳房款183万余元。原告的原诉请为由被告于判决生效后立即为原告办理房屋过户手续，经法庭释明后，原告诉请变更为由被告偿还原告借款本金100万元。法院最后判决由被告段某于判决生效后三十日内偿还原告李某借款本金100万元。”

这个规定使得双方当事人能够按照自己的真实意思表示履行权利义务，同时也对债权人的合法权益进行保护，保证其债权得以实现。在现实生活中，合同双方当事人要遵守诚实信用原则，不实施欺诈和规避法律的行为。

必懂知识点

一、借贷合同中的利息、利率

利率是在一定时期内资本使用权的市场价格。由于中国的借贷需求活跃，正规借贷融资渠道不畅，一些急需资金的企业或个人将眼光放到民间融资上。众所周知，民间融资门槛低，手续简便，资金到账快，但是利息却远远高于银行等金融机构。即便如此，还是有很多人为了解决燃眉之急而趋之若鹜。

《最高人民法院关于审理民间借贷案件适用法律若干问题的规定》对此作出了相关规定：“借贷双方约定的利率未超过年利率24%，出借人请求借款人按照约定的利率支付利息的，人民法院应予支持。借贷双方约定的利率超过年利率36%，超过部分的利息约定无效。借款人请求出借人返还已支付的超过年利率36%部分的利息的，人民法院应予支持。没有约定利息但借款人自愿支付，或者超过约定的利率自愿支付利息或违约金，且没有损害国家、集体和第三人利益，借款人又以不当得利为由要求出借人返还的，人民法院不予支持，但借款人要求返还超过年利率36%部分的利息除外。”

从规定中可以看出，国家对年利率24%以下的利率绝对保护，对24%～36%的年利率相对不保护，即没有支付的不再强制执行，已支付的也不强制返还，高于36%绝对不保护，已经支付的利息也要返还。这样的规定既否定了对高利贷的保护，规范了民间融资行为，同时也给了借贷双方很大的意思自治空间，维护民法意思自由原则。因此，在民间借贷活动中，借贷双方应当注意，要在法律规定范围内对利率作出约定。

二、借款证据

在民间借贷活动中，借贷双方有很大的自治空间，在订立借款合同以及相应的担保合同过程中也常常是按照双方意思组织合同的文字语言，设定相应的条款。更有甚者，因双方关系十分要好，对对方过于信任，没有一点书面凭证，直接通过口头形式订立合同，发生纠纷时只能百口莫辩，对纠纷的处理极为不利。

根据《最高人民法院关于审理民间借贷案件适用法律若干问题的规定》第二条：“出借人向人民法院起诉时，应当提供借据、收据、欠条等债权凭证以及其他能够证明借贷法律关系存在的证据。当事人持有的借据、收据、欠条等债权凭证没有载明债权人，持有债权凭证的当事人提起民间借贷诉讼的，人民法院应予受理。被告对原告的债权人资格提出有事实依据的抗辩，人民法院经审理认为原告不具有债权人资格的，裁定驳回起诉。”

2015年12月最高人民法院发布的19起合同纠纷典型案例中有一起类似案例：“被告冉某以急需资金为其堂哥买房，而自己存款未到期无法取出为由，于2011年12月31日晚，在参加原告郑某父亲的丧礼时，找到原告郑某借款人民币20000元。原告因与被告夫妻相熟，了解被告的家庭情况，便从当时在场之案外人杨某江处借取1200元后，凑齐20000元交付被告本人。并且，原告出于借款金额不大，丧礼上宾客众多，当众拟写借据会有伤双方颜面的考虑，未要求被告出具书面的借条，亦未约定具体的还款时间及利息的计算标准，仅是由被告口头承诺短时期内便能偿还。时隔半年，原告见被告仍无还款意向，便多次找其催收，被告却均是以各种理由搪塞。近期，被告又以避而不见的方式躲避债务，因此原告于2014年8月6日向重庆市酉阳土家族苗族自治县人民法院提起诉讼，要求被告归还借款及利息，并承担本案诉讼费用。庭审中原告方明确资金利息从借款之日后一个月后开始计算至实际清偿之日止，并自愿选择该利息以当地农村商业银行贷款利率作为参考。因被告没有出庭，未能调解。法院审理后认为，虽然双方都无直接证据，但原告提交的间接证据来源合法，内容符合客观事实，证据真实有效，且各证据之间能形成证据锁链，能相互印证，足以认定原、被告之间的债权债务关系。故判决由被告归还原告借款本金2万元，并按照重庆农村商业银行同期同类贷款利率支付原告从法院受理之日起至实际清偿之日止的利息。日前，该判决已生效。”

该案中，原告虽然没有提供借条、收据等直接证据证明借款事实，但是各方提供的间接证据能够相互印证形成有效的证据锁链。因此法官在作出判决时对借款事实予以认定。但是这也给我们一定的警示。在现实中，即便是熟人之间，当事人也一定要严谨地设定相关合同条款，尤其是合同主体、借款金额、利率、还款期限、违约责任、担保条款等合同款项，谨慎签订合同，最好有专业的人员对合同条款进行逐项审查。不能出于面子、人情等因素的考虑含糊过去。合同签订后要妥善保管，不要随意遗失或损毁。以免在发生纠纷时无力举证，导致败诉。款项的交付则尽量用银行转账的形式进行，保留好必要的凭证。如果是面对面现金交付，则要求收款人写好收据，且收款人要和借贷合同上的主体一致。一旦对方违约，出借人就能拿出有效的直接证据来认定借款行为成立的事实，维护自身合法权益。

必知法规

一、《中华人民共和国合同法》

第一百九十六条　借款合同是借款人向贷款人借款，到期返还借款并支付利息的合同。

第一百九十七条　借款合同采用书面形式，但自然人之间借款另有约定的除外。

借款合同的内容包括借款种类、币种、用途、数额、利率、期限和还款方式等条款。

第一百九十八条　订立借款合同，贷款人可以要求借款人提供担保。担保依照《中华人民共和国担保法》的规定。

第一百九十九条　订立借款合同，借款人应当按照贷款人的要求提供与借款有关的业务活动和财务状况的真实情况。

第二百条　借款的利息不得预先在本金中扣除。利息预先在本金中扣除的，应当按照实际借款数额返还借款并计算利息。

第二百零一条　贷款人未按照约定的日期、数额提供借款，造成借款人损失的，应当赔偿损失。

借款人未按照约定的日期、数额收取借款的，应当按照约定的日期、数额支付利息。

第二百零二条 贷款人按照约定可以检查、监督借款的使用情况。借款人应当按照约定向贷款人定期提供有关财务会计报表等资料。

第二百零三条 借款人未按照约定的借款用途使用借款的，贷款人可以停止发放借款、提前收回借款或者解除合同。

第二百零四条 办理贷款业务的金融机构贷款的利率，应当按照中国人民银行规定的贷款利率的上下限确定。

第二百零五条 借款人应当按照约定的期限支付利息。对支付利息的期限没有约定或者约定不明确，依照本法第六十一条的规定仍不能确定，借款期间不满一年的，应当在返还借款时一并支付；借款期间一年以上的，应当在每届满一年时支付，剩余期间不满一年的，应当在返还借款时一并支付。

第二百零六条 借款人应当按照约定的期限返还借款。对借款期限没有约定或者约定不明确，依照本法第六十一条的规定仍不能确定的，借款人可以随时返还；贷款人可以催告借款人在合理期限内返还。

第二百零七条 借款人未按照约定的期限返还借款的，应当按照约定或者国家有关规定支付逾期利息。

第二百零八条 借款人提前偿还借款的，除当事人另有约定的以外，应当按照实际借款的期间计算利息。

第二百零九条 借款人可以在还款期限届满之前向贷款人申请展期。贷款人同意的，可以展期。

第二百一十条 自然人之间的借款合同，自贷款人提供借款时生效。

第二百一十一条 自然人之间的借款合同对支付利息没有约定或者约定不明确的，视为不支付利息。自然人之间的借款合同约定支付利息的，借款的利率不得违反国家有关限制借款利率的规定。

二、《最高人民法院关于审理民间借贷案件适用法律若干问题的规定》（法释〔2015〕18号）

第一条 本规定所称的民间借贷，是指自然人、法人、其他组织之间及其相互之间进行资金融通的行为。

经金融监管部门批准设立的从事贷款业务的金融机构及其分支机构，因发放贷款等相关金融业务引发的纠纷，不适用本规定。

第二条 出借人向人民法院起诉时，应当提供借据、收据、欠条等债权凭证以及其他能够证明借贷法律关系存在的证据。

当事人持有的借据、收据、欠条等债权凭证没有载明债权人，持有债权凭证的当事人提起民间借贷诉讼的，人民法院应予受理。被告对原告的债权人资格提出有事实依据的抗辩，人民法院经审理认为原告不具有债权人资格的，裁定驳回起诉。

第三条　借贷双方就合同履行地未约定或者约定不明确，事后未达成补充协议，按照合同有关条款或者交易习惯仍不能确定的，以接受货币一方所在地为合同履行地。

第四条　保证人为借款人提供连带责任保证，出借人仅起诉借款人的，人民法院可以不追加保证人为共同被告；出借人仅起诉保证人的，人民法院可以追加借款人为共同被告。

保证人为借款人提供一般保证，出借人仅起诉保证人的，人民法院应当追加借款人为共同被告；出借人仅起诉借款人的，人民法院可以不追加保证人为共同被告。

第五条　人民法院立案后，发现民间借贷行为本身涉嫌非法集资犯罪的，应当裁定驳回起诉，并将涉嫌非法集资犯罪的线索、材料移送公安或者检察机关。

公安或者检察机关不予立案，或者立案侦查后撤销案件，或者检察机关作出不起诉决定，或者经人民法院生效判决认定不构成非法集资犯罪，当事人又以同一事实向人民法院提起诉讼的，人民法院应予受理。

第六条　人民法院立案后，发现与民间借贷纠纷案件虽有关联但不是同一事实的涉嫌非法集资等犯罪的线索、材料的，人民法院应当继续审理民间借贷纠纷案件，并将涉嫌非法集资等犯罪的线索、材料移送公安或者检察机关。

第七条　民间借贷的基本案件事实必须以刑事案件审理结果为依据，而该刑事案件尚未审结的，人民法院应当裁定中止诉讼。

第八条　借款人涉嫌犯罪或者生效判决认定其有罪，出借人起诉请求担保人承担民事责任的，人民法院应予受理。

第九条　具有下列情形之一，可以视为具备合同法第二百一十条关于自然人之间借款合同的生效要件：

（一）以现金支付的，自借款人收到借款时；

（二）以银行转账、网上电子汇款或者通过网络贷款平台等形式支付的，自资金到达借款人账户时；

（三）以票据交付的，自借款人依法取得票据权利时；

（四）出借人将特定资金账户支配权授权给借款人的，自借款人取得对该账户实际支配权时；

（五）出借人以与借款人约定的其他方式提供借款并实际履行完成时。

第十条 除自然人之间的借款合同外，当事人主张民间借贷合同自合同成立时生效的，人民法院应予支持，但当事人另有约定或者法律、行政法规另有规定的除外。

第十一条 法人之间、其他组织之间以及它们相互之间为生产、经营需要订立的民间借贷合同，除存在合同法第五十二条、本规定第十四条规定的情形外，当事人主张民间借贷合同有效的，人民法院应予支持。

第十二条 法人或者其他组织在本单位内部通过借款形式向职工筹集资金，用于本单位生产、经营，且不存在合同法第五十二条、本规定第十四条规定的情形，当事人主张民间借贷合同有效的，人民法院应予支持。

第十三条 借款人或者出借人的借贷行为涉嫌犯罪，或者已经生效的判决认定构成犯罪，当事人提起民事诉讼的，民间借贷合同并不当然无效。人民法院应当根据合同法第五十二条、本规定第十四条之规定，认定民间借贷合同的效力。

担保人以借款人或者出借人的借贷行为涉嫌犯罪或者已经生效的判决认定构成犯罪为由，主张不承担民事责任的，人民法院应当依据民间借贷合同与担保合同的效力、当事人的过错程度，依法确定担保人的民事责任。

第十四条 具有下列情形之一，人民法院应当认定民间借贷合同无效：

（一）套取金融机构信贷资金又高利转贷给借款人，且借款人事先知道或者应当知道的；

（二）以向其他企业借贷或者向本单位职工集资取得的资金又转贷给借款人牟利，且借款人事先知道或者应当知道的；

（三）出借人事先知道或者应当知道借款人借款用于违法犯罪活动仍然提供借款的；

（四）违背社会公序良俗的；

（五）其他违反法律、行政法规效力性强制性规定的。

第十五条 原告以借据、收据、欠条等债权凭证为依据提起民间借贷诉讼，被告依据基础法律关系提出抗辩或者反诉，并提供证据证明债权纠纷非民间借贷行为引起的，人民法院应当依据查明的案件事实，按照基础法律关系审理。

当事人通过调解、和解或者清算达成的债权债务协议，不适用前款规定。

第十六条 原告仅依据借据、收据、欠条等债权凭证提起民间借贷诉讼，被告抗辩已经偿还借款，被告应当对其主张提供证据证明。被告提供相应证据证明其主张后，原告仍应就借贷关系的成立承担举证证明责任。

被告抗辩借贷行为尚未实际发生并能作出合理说明，人民法院应当结合借贷金额、款项交付、当事人的经济能力、当地或者当事人之间的交易方式、交易习惯、当事人财产变动情况以及证人证言等事实和因素，综合判断查证借贷事实是否发生。

第十七条　原告仅依据金融机构的转账凭证提起民间借贷诉讼，被告抗辩转账系偿还双方之前借款或其他债务，被告应当对其主张提供证据证明。被告提供相应证据证明其主张后，原告仍应就借贷关系的成立承担举证证明责任。

第十八条　根据《关于适用〈中华人民共和国民事诉讼法〉的解释》第一百七十四条第二款之规定，负有举证证明责任的原告无正当理由拒不到庭，经审查现有证据无法确认借贷行为、借贷金额、支付方式等案件主要事实，人民法院对其主张的事实不予认定。

第十九条　人民法院审理民间借贷纠纷案件时发现有下列情形，应当严格审查借贷发生的原因、时间、地点、款项来源、交付方式、款项流向以及借贷双方的关系、经济状况等事实，综合判断是否属于虚假民事诉讼：

（一）出借人明显不具备出借能力；

（二）出借人起诉所依据的事实和理由明显不符合常理；

（三）出借人不能提交债权凭证或者提交的债权凭证存在伪造的可能；

（四）当事人双方在一定期间内多次参加民间借贷诉讼；

（五）当事人一方或者双方无正当理由拒不到庭参加诉讼，委托代理人对借贷事实陈述不清或者陈述前后矛盾；

（六）当事人双方对借贷事实的发生没有任何争议或者诉辩明显不符合常理；

（七）借款人的配偶或合伙人、案外人的其他债权人提出有事实依据的异议；

（八）当事人在其他纠纷中存在低价转让财产的情形；

（九）当事人不正当放弃权利；

（十）其他可能存在虚假民间借贷诉讼的情形。

第二十条　经查明属于虚假民间借贷诉讼，原告申请撤诉的，人民法院不予准许，并应当根据民事诉讼法第一百一十二条之规定，判决驳回其请求。

诉讼参与人或者其他人恶意制造、参与虚假诉讼，人民法院应当依照民事诉讼法第一百一十一条、第一百一十二条和第一百一十三条之规定，依法予以罚款、拘留；构成犯罪的，应当移送有管辖权的司法机关追究刑事责任。

单位恶意制造、参与虚假诉讼的，人民法院应当对该单位进行罚款，并可以对其主要负责人或者直接责任人员予以罚款、拘留；构成犯罪的，应当移送有管辖权的司法机关追究刑事责任。

第二十一条　他人在借据、收据、欠条等债权凭证或者借款合同上签字或者盖章，但未表明其保证人身份或者承担保证责任，或者通过其他事实不能推定其为保证人，出借人请求其承担保证责任的，人民法院不予支持。

第二十二条 借贷双方通过网络贷款平台形成借贷关系，网络贷款平台的提供者仅提供媒介服务，当事人请求其承担担保责任的，人民法院不予支持。

网络贷款平台的提供者通过网页、广告或者其他媒介明示或者有其他证据证明其为借贷提供担保，出借人请求网络贷款平台的提供者承担担保责任的，人民法院应予支持。

第二十三条 企业法定代表人或负责人以企业名义与出借人签订民间借贷合同，出借人、企业或者其股东能够证明所借款项用于企业法定代表人或负责人个人使用，出借人请求将企业法定代表人或负责人列为共同被告或者第三人的，人民法院应予准许。

企业法定代表人或负责人以个人名义与出借人签订民间借贷合同，所借款项用于企业生产经营，出借人请求企业与个人共同承担责任的，人民法院应予支持。

第二十四条 当事人以签订买卖合同作为民间借贷合同的担保，借款到期后借款人不能还款，出借人请求履行买卖合同的，人民法院应当按照民间借贷法律关系审理，并向当事人释明变更诉讼请求。当事人拒绝变更的，人民法院裁定驳回起诉。

按照民间借贷法律关系审理作出的判决生效后，借款人不履行生效判决确定的金钱债务，出借人可以申请拍卖买卖合同标的物，以偿还债务。就拍卖所得的价款与应偿还借款本息之间的差额，借款人或者出借人有权主张返还或补偿。

第二十五条 借贷双方没有约定利息，出借人主张支付借期内利息的，人民法院不予支持。

自然人之间借贷对利息约定不明，出借人主张支付利息的，人民法院不予支持。除自然人之间借贷的外，借贷双方对借贷利息约定不明，出借人主张利息的，人民法院应当结合民间借贷合同的内容，并根据当地或者当事人的交易方式、交易习惯、市场利率等因素确定利息。

第二十六条 借贷双方约定的利率未超过年利率24%，出借人请求借款人按照约定的利率支付利息的，人民法院应予支持。

借贷双方约定的利率超过年利率36%，超过部分的利息约定无效。借款人请求出借人返还已支付的超过年利率36%部分的利息的，人民法院应予支持。

第二十七条 借据、收据、欠条等债权凭证载明的借款金额，一般认定为本金。预先在本金中扣除利息的，人民法院应当将实际出借的金额认定为本金。

第二十八条 借贷双方对前期借款本息结算后将利息计入后期借款本金并重新出具债权凭证，如果前期利率没有超过年利率24%，重新出具的债权凭证载明的金额可认定为后期借款本金；超过部分的利息不能计入后期借款本金。约定的利率超过年利率24%，当事人主张超过部分的利息不能计入后期借款本金的，人民法院应予支持。

按前款计算，借款人在借款期间届满后应当支付的本息之和，不能超过最初借款本金与以最初借款本金为基数，以年利率24%计算的整个借款期间的利息之和。出借人请求借款人支付超过部分的，人民法院不予支持。

第二十九条　借贷双方对逾期利率有约定的，从其约定，但以不超过年利率24%为限。

未约定逾期利率或者约定不明的，人民法院可以区分不同情况处理：

（一）既未约定借期内的利率，也未约定逾期利率，出借人主张借款人自逾期还款之日起按照年利率6%支付资金占用期间利息的，人民法院应予支持；

（二）约定了借期内的利率但未约定逾期利率，出借人主张借款人自逾期还款之日起按照借期内的利率支付资金占用期间利息的，人民法院应予支持。

第三十条　出借人与借款人既约定了逾期利率，又约定了违约金或者其他费用，出借人可以选择主张逾期利息、违约金或者其他费用，也可以一并主张，但总计超过年利率24%的部分，人民法院不予支持。

第三十一条　没有约定利息但借款人自愿支付，或者超过约定的利率自愿支付利息或违约金，且没有损害国家、集体和第三人利益，借款人又以不当得利为由要求出借人返还的，人民法院不予支持，但借款人要求返还超过年利率36%部分的利息除外。

第三十二条　借款人可以提前偿还借款，但当事人另有约定的除外。

借款人提前偿还借款并主张按照实际借款期间计算利息的，人民法院应予支持。

第三十三条　本规定公布施行后，最高人民法院于1991年8月13日发布的《关于人民法院审理借贷案件的若干意见》同时废止；最高人民法院以前发布的司法解释与本规定不一致的，不再适用。

三、《浙江省高级人民法院、浙江省人民检察院、浙江省公安厅关于办理当前集资类刑事案件适用法律若干问题的会议纪要（三）》（浙高法〔2013〕241号）

一、依靠当地党委领导和政府支持，形成合力共同化解矛盾纠纷。

各级公安机关、人民检察院和人民法院在查办集资类案件过程中，应认真贯彻国家有关文件精神，积极依靠当地党委领导和政府支持，协调和推动有关部门，综合应用经济、行政、法律手段，合力化解集资行为引发的各类社会矛盾纠纷，要根据政府负责统一处置、行业主（监）管部门一线把关、联席会议负责组织协调等精神，推动建立健全协同处置工作机制，积极推广全省各地在非法集资案件的预防和性质认定、案件的查办、资产的追缴、清退和被害人及涉案企业员工的安抚等工作方面积累的丰富经验。

二、坚持宽严相济刑事政策，正确处理打击和保护的关系。

各级公安机关、人民检察院和人民法院在查办非法集资类案件过程中，既要坚持打击严重的非法集资犯罪活动，又要坚持依法惩处，严格入罪标准，防止把经济、金融纠纷当作犯罪处理，扩大刑事犯罪打击面，影响正常的生产经营活动。

对于涉嫌非法集资类犯罪案件，如涉及企业在正常生产经营中，要在保护债权人合法权益的前提下，从有利于企业生产发展、促进社会和谐稳定出发，依法慎重适用查封、冻结、扣押措施，对于该企业主涉嫌非法集资犯罪的，要在采取刑事强制措施的同时，协同相关部门做好员工及其他债权人的工作，避免因刑事强制措施引发恐慌性诉讼或职工情绪不稳，导致企业倒闭，从而损害被害人及相关债权人的利益。

重视和加强公安机关、检察机关对企业、企业主及相关人员涉嫌非法集资类犯罪的查处和法院依法审理企业破产案件工作的沟通、协调工作，妥善解决已进入破产程序的企业财产的查封、扣押和冻结问题。

三、根据集资犯罪的本质特征，准确把握具体案件定性。

非法集资的核心内涵和本质特征在于未经依法批准，以高息为诱饵，向社会公众即社会不特定对象募集资金。

实践中，对于行为人按生产经营规模所需吸收资金，并用于生产经营活动的，可不以非法吸收公众存款罪处理。

对行为人前期吸取资金用于生产经营活动，因生产经营不善导致亏损或者生产经营活动停止后，演变为向社会不特定对象吸收资金的，对后期行为可以认定为非法吸收公众存款罪。

行为人在严重负债的情况下，明知自己无法偿还，仍以生产经营为幌子，以高息为诱饵，大肆非法集资，造成巨额集资款无法归还的，应当认定其主观上具有非法占有目的，以集资诈骗罪定罪处罚。

四、围绕集资犯罪构成要件，严格区分刑、民界限。

刑法对非法吸收公众存款罪、集资诈骗罪等所作的法律规定是对相关集资类犯罪构成要件的高度概括，《最高人民法院关于审理非法集资刑事案件具体应用法律若干问题的解释》（下称《司法解释》）第一条所规定的“非法性、公开性、利诱性、社会性”四大特征，是判定非法集资犯罪的具体标准。《司法解释》第三条所规定的定罪数额和人数要求，是在集资行为人同时符合第一条规定的“四大特征”前提下，所必须具备的定罪标准，在实践中不应脱离刑法规定的犯罪构成要件，将《司法解释》第一条和第三条割裂开来，仅以具体集资的人数或数额作为区分民间借贷与非法集资犯罪的界限，机械地理解和执行刑事立案标准。

五、坚持主客观相统一原则，准确界定“不特定对象”“亲友”对不特定对象的认定，要严格贯彻《纪要（二）》的有关精神，根据主客观相统一的原则整体加以把握。

对涉及“亲友”的案件，应当针对案件具体情况具体对待，如果行为人先期仅向亲友“借款”，没有扩大，后来再转为向不特定对象集资，该亲友的“借款”可不认定为犯罪数额。如系通过亲友向社会集资，或者被告人主观上产生了非法集资的目的后，在向社会不特定对象集资的同时，亦向亲友集资，则亲友的集资数额不应从犯罪数额中删除。

六、注重查实资金的来源及去向，合理界定“资金用于生产经营活动”。资金的来源、用途和去向，是判定行为人是否向社会不特定对象吸收资金、主观上有无非法占有目的的主要依据之一。办案机关应当特别注重对行为人所吸收资金来源、用途和去向的调查取证。

“资金用于生产经营活动”是指将募集的资金用于企业因生产经营活动所需的正常合理支出。对于将募集资金用于购车、购房等情形，是否属于“资金用于生产经营”不宜一概而论。在实践中，应结合其主观动机、实际用途等因素综合分析后加以判定，如行为人将资金用于购买运输等正常的生产经营所需的工作用车或者购买生产经营所需的房产等，可认定其将资金用于生产经营活动。如明显不属于生产经营所需，不能认定其将资金用于生产经营活动。

行为人为弥补亏损，无视自身实力和抗风险能力，滥用他人资金盲目博弈，将集资款用于高风险投资（如期货、股票）的，一般不能认定为用于生产经营活动。

七、建立立案相互通报制度，确保信息畅通。

公安机关对非法集资类犯罪案件立案后，一般情况下应在七日内将相关情况函告同级人民法院、人民检察院。

人民法院在受理、审理和执行民间借贷案件过程中，如发现同一被告涉及众多原告，可能涉嫌非法集资犯罪，应函告有管辖权的公安机关及同级人民检察院，建议有关部门查处。接到函告的公安机关应当及时核查，并将核查结果，及时函告人民法院和人民检察院。

八、做好刑民交叉案件的立案审查、移送等程序衔接与处置工作。

在处置集资类案件过程中，对于涉及的相关刑民交叉问题，应当按以下几个原则区别对待：

（一）对于公安机关已立案侦查的涉嫌非法集资类犯罪事实，债权人以相同的事实向人民法院提起民事诉讼的，法院原则上不予受理。

（二）对于人民法院已经作为民事案件受理，尚在审理之中的借款纠纷事实，如公安机关认为该事实已涉嫌非法集资，有必要作为犯罪事实予以追究的，公安机关应及时函告相关法院，法院经审查认为该民事诉讼事实涉嫌非法集资犯罪的，可裁定驳回起诉，并将相关资料移送公安机关。

（三）对于民事裁判已生效，尚在执行中的涉案事实，公安机关审查认为该民事裁判确认的事实涉嫌非法集资犯罪，须纳入刑事追究范围的，应当及时函告相关法院。相关法院核查后，应对民事裁判中止执行，与刑事案件一并执行。

（四）对于民事裁判已经生效并已执行到位的涉案事实，除涉及虚假诉讼，非法转移赃款等严重侵害其他债权人利益依法应当撤销生效裁判文书的情形外，可视为当事人在案发前已经归还的借款，可不再将相关事实纳入刑事追究的范围，公安机关不再立案侦查，检察机关不再立案监督。

上述涉及刑民交叉问题的生效民事法律文书，除涉及虚假诉讼，非法转移赃款等严重侵害其他债权人利益情形，依法应当撤销外，一般不宜再提起审批监督程序予以撤销。

九、加强协调配合，妥善处理遗漏罪行。

针对集资类犯罪容易不断出现“漏罪漏诉”情况等特殊性，为实现刑事司法公正与效率的统筹兼顾，公、检、法三机关应当加强沟通协调，妥善处置集资类犯罪中的“漏罪”现象。一般情况下，公安机关立案侦查后，可在行为人非法集资区域发出公告，通知相关被害人及时报案。对于被害人不愿报案或不配合的，有犯罪嫌疑人如实供述并有其他证据予以印证的，即使被害人不配合，也应当计入犯罪数额，移送审查起诉。

十、审慎认定刑民交叉情形下民间借贷合同和担保合同的效力。

审理民间借贷纠纷案件时，如果相关刑事判决已经生效，且讼争借款已被刑事裁判认定为非法集资犯罪事实的，为避免刑事、民事判决矛盾冲突，原则上应认定借贷合同无效。

根据担保法的精神，涉及非法集资类犯罪的借贷合同无效的，担保合同一般应认定为无效，担保人承担的责任应根据案件实际情况按以下原则区别对待：

（一）刑事被告人以其实际控制的财产为非法集资提供担保的，一般不认定出借人对担保财产享有优先受偿权。

（二）第三人提供担保的，可依照担保法司法解释第八条的规定，在主合同无效导致担保合同无效的情形下，担保人有过错的，在债务人不能清除债务的三分之一限额内承担责任。

（三）第三人提供担保，担保人属于明知借款人从事非法集资，或存在其他严重过错导致担保合同无效的，担保人的连带赔偿责任可不受前述三分之一限额责任的限制，构成共犯的，还应依法承担刑事责任。

十一、加大追赃力度，最大限度挽回被害人的损失。

对涉及众多被害人的集资类犯罪案件，司法机关应积极配合地方党委和政府做好善后工作，尽量将犯罪造成的不良后果降到最低限度，确保社会稳定，在处置集资类刑民交叉案件的财产过程中，应当遵循以下几个原则：

（一）刑事立案后，公安机关应及时查实集资款的去向，对涉案财物依法查封和冻结，并予以证据固定。

（二）人民法院已经启动民事程序并采取保全措施的相关涉案财产，因当事人行为涉嫌犯罪而将案件移送公安机关侦查的，或公安机关立案并采用查封、扣押、冻结措施后，经审查不构成犯罪，当事人再提起民事诉讼的，人民法院和公安机关应做好民事财产保全与扣押、冻结和查封转换的沟通、衔接工作，以避免行为人利用刑事和民事程序交接失控而转移财产。

（三）对于已经扣押和冻结的涉案财产，办案机关应当随案及财产移送，如冻结、扣押的财物系易腐败、变质、贬值财物，可以根据具体情况，经履行批准手续，由扣押和冻结单位通过拍卖等方式予以处理，处理后的价款暂予保存，待诉讼终结后一并处理。

（四）对于案件既涉及非法集资犯罪，又涉及行为人以自有财产提供担保向他人合法融资的，在有确凿证据证明担保财产不属于非法集资犯罪所得，如担保财产系在非法集资犯罪行为发生前购置等情况下，应当允许合法融资行为的债权人依法实行担保物权。

（五）人民法院对移送的所有涉案财产应明确判决处理，避免因法院判决书不明确，导致相关涉案财产得不到及时合法处理。

十二、本纪要下发后，各级人民法院、检察院、公安机关要认真贯彻执行，如上级有新的规定，按照新的规定执行。

民间借贷需谨慎，资金断链有风险

资金对企业来说就像身体里流动的血液，是维持一个企业正常运转的关键要素，对于房地产公司来说更是如此。房地产公司属于资金密集型企业，其项目标的额一般都比较大，因此资金回笼的周期较长，安全性也难以保证。而一旦资金链断裂，企业就会陷入僵局，如果不能及时有效解决，甚至会给企业带来破产倒闭的风险。同时，在当前房地产企业市场竞争愈演愈烈，资金紧张的矛盾日益加深的大环境下，如何通过合法正规的渠道进行融资，确保资金的良性运转，从而保证企业的正常运营亦成了一大难题。

【案例介绍】

2011 年浙江 A 房地产有限公司（以下简称 A 公司）以受让的方式取得坐落于浙江某县的国有土地，受让土地面积 85. 25 亩，土地的出让价共计人民币 4. 17 亿多元，项目总开发建筑面积 191488. 26 平方米，其中，商业面积共计 48107. 71 平方米（含地下层），住宅建筑面积共计 96132. 9 平方米。整个项目已投入资金共计人民币 7. 5 亿元，施工进度已经达到总工程量的 82%。商业建筑面积已完工 48107. 71 平方米，住宅建筑面积已完工 70124. 37 平方米。A 公司已取得预售许可证的可销售商业建筑面积为 28777. 12 平方米，住宅建筑面积 67872. 39 平方米。该项目项下的商品房市场价值可达人民币 17. 8 亿元。

为保证项目前期的正常运行，A 公司向基金公司融资人民币 2. 3 亿元，A 公司的法定代表人陈总向社会融资人民币 1 亿多元。截止到 2014 年底，A 公司也已经销售房屋 137 余套，部分资金已经回笼。但是由于该项目商品房的销售量不断下滑，资金链开始紧张，而该项目后期仍需要投入大量的资金进行施工，公司开始陷入僵局。

2015 年 1 月份春节即将来临，A 公司法定代表人陈总看到了公司隐藏的潜在危险，意识到公司即将陷入严重的困境。为了能够安然度过这次危机，陈总跑了很多家律师事务所，咨询了很多律师，先后拜访了五家律师事务所的主任。

争议与问题

A公司法定代表人1亿多元人民币的民间借贷是否存在非法吸收公众存款的刑事风险？企业后期资金来源匮乏，经营发生困难，如何克服？

案例分析

一、审阅信息与资料，厘清头绪是关键

律所与A公司签订合同后，立刻指派律师进驻企业开展工作。要解决问题就要先找到问题的根源所在，对症下药才能药到病除。因此，律师调出来A公司成立至今的所有档案资料，仔细审阅所有的工商登记资料、现任股东信息以及股权演变的相关资料、法定代表人个人借款相关资料、财务资料、公司重大债权债务合同等，重点审阅问题项目涉及的有关文件，如购置土地的相关文件、商品房销售相关文件、建设施工相关文件等。将问题层层梳理，有的放矢，深入分析，分类整理，建立了相应档案。以A公司法定代表人陈总的意见作为问题导向，着力解决A公司当前面临的风险。

二、层层梳理作分析，对症下药解难题

（一）A公司法定代表人1亿多元人民币的民间借贷是否存在非法吸收公众存款的刑事风险

A公司法定代表人陈总为保证项目前期有足够资金投入施工，曾经以个人名义以民间借贷的方式向社会融资1亿多元人民币。而现在年关将至，公司项目运行困难，商品房销售情况不容乐观，没有多余的资金来偿还这1亿多元人民币的到期债务。这批通过民间借贷的资金是否存在非法吸收公众存款的刑事风险？

单纯地从陈总借款数额和借款的对象分析，其民间借贷行为构成非法吸收公众存款。在实践中，非法吸收公众存款罪事实上是不告不理的，即没人报案、不出现社会问题、没人信访不给政府造成压力一般不被追究。并且陈总的资金用于企业正常生产经营，依据《最高人民法院关于审理非法集资刑事案件具体应用法律若干问题解释》："非法吸收或者变相吸收公众存款，主要用于正常的生产经营活动，能够及时清退所吸收资金，可以免予刑事处罚，情节显著轻微的，不作为犯罪处理。"因此这1亿多元人民币的民间借贷，如何才能变成情节显著轻微，律师必须提供相应的解决方案。

（二）企业后期资金来源匮乏，经营发生困难，如何克服

企业面临经营不下去的风险，主要原因是后期施工没有资金来源。主要可以通过

以下方式解决：

1. A 公司拥有价值人民币 18 亿元左右的商品房可以预售，可以用其中的部分商品房抵偿债务，使债权人的债权得到保障。一方面提高了商品房的销售量，而且价格都是高于市场销售价的；另一方面债务得到清偿，减少了利息损失，节约资金成本，一举两得。而且在当前的客观条件下，这个方案对双方都非常有利，对方也比较容易接受。

2. 能使项目正常施工，给债权人信心，同时保证项目继续运行才能解决所有的问题。

项目为什么不能走下去，其原因表面是资金短缺，其实不然。国家对房地产市场的调控是 A 公司发生困难的导火线。但是我们也看到这种调控并不是导致房地产企业困难的必然原因，有很多房地产公司紧跟政策积极调整经营方案顺利度过了困难期。而 A 公司对国家政策调控把握不准才是导致其发生困难的根本原因。在具体操作上，A 公司项目前期投入太大，第一期建造的房屋可预售房屋价值人民币约 18 亿元，因此前期向基金公司融资人民币 2.3 亿元，由该基金公司对 A 公司的财务进行监管。但是由于双方对市场未来走向的把握不准，预售房屋资金回笼达不到预期的目标，进而引起双方发生矛盾。

更为严重的是，公司发生困难的信息对外扩散，最终导致施工队伍和市场对整个项目失去了信心和信任，施工队伍担心自己拿不到工程款而不敢继续施工，想买房屋的人担心公司不能按期交房不敢买房，项目没有流动资金，施工队伍马上要停工，施工一旦停止更加没有人敢买房，这就形成了一个恶性循环，最终使这个项目彻底瘫痪。实际上，A 公司拥有价值 18 亿元人民币的房屋可以预售，下一阶段公司的建设资金不需要对外融资，而是通过房屋销售达到回笼资金支持施工队继续施工。而且项目当前的状况以及国家对房地产政策的调控使项目再融资几乎成为不可能。

因此怎样将房屋卖出去是解决所有问题的关键。项目不施工，A 公司和基金公司之间的矛盾不解决，是不可能得到市场信任的。因此这里有三个问题亟待解决：①A 公司和基金公司之间的矛盾怎么解决？②怎么才能让市场恢复对 A 公司项目的信心？③继续施工有没有人愿意垫资？

律师为此提供了一些解决方案。房地产公司获得土地向国家缴付了巨额的土地出让金，项目又要向国家缴纳大量的税收，如果项目成为烂尾楼，A 公司将不能向 100 多位购房者按约交房，造成社会稳定问题，当地政府也会损失一大笔财政税收，因此政府对此不可能坐视不理，最终必定要出面妥善解决这个问题。因此 A 公司可以主动向政府汇报情况详细阐述公司当前面临的困境，请求政府出面对公司项目进行监管。有政府的介入，所有公司的债权人从心理上就不会太过恐慌，市场因为有政府的“背书”而愿意信任A公司，有了市场的信任，项目的资金就指日可待了。

因此，A公司曾多次向政府汇报项目的进展，也将其中的重点难点进行深入探讨分析，项目也因此取得了重大突破。特别是在2015年5月，A公司的高管向本县的县长提交了一份报告，之后县政府委托审计机构对项目进行了审计。在审计报告的基础上，当地政府于2015年10月26日成立了帮扶工作小组。

首先解决项目开工问题，A公司开始和原施工企业谈判，经过多次谈判和原施工单位达成协议，2016年3月原施工企业退场，新的施工企业垫资进场，项目开始正常施工。与此同时市场找回了信心，该项目的房屋开始销售，目前项目已经正常并良性运作，A公司也安然度过了这次危机。A公司的项目是当地房地产最大项目之一，这次危机的安然度过给当事人化解了刑事风险，解决了企业经营过程中的困境，消除了社会不稳定的因素。

【大律支招】

一、正确认识非法吸收公众存款罪的概念特征

在一些民营企业发达的地区，一方面，活跃的民间融资活动对我国经济社会的发展起到了很大的促进作用。但是，另一方面，我们也看到，由于非法吸收公众存款罪的边界不清，罪与非罪模糊化，很多民营企业因资金链断裂导致民间借贷无法归还，从而被认定成非法吸收公众存款罪的情况持续多发，阻碍社会主义市场经济的健康发展。为了避免此类风险的发生，我们需要对非法吸收公众存款罪有一个客观正确的认识。

根据《中华人民共和国刑法》第一百七十六条，非法吸收公众存款或者变相吸收公众存款，扰乱金融秩序的，处三年以下有期徒刑或者拘役，并处或者单处二万元以上二十万元以下罚金；数额巨大或者有其他严重情节的，处三年以上十年以下有期徒刑，并处五万元以上五十万元以下罚金。单位犯前款罪的，对单位判处罚金，并对其直接负责的主管人员和其他直接责任人员，依照前款的规定处罚。

为了惩治非法吸收公众存款罪的犯罪行为，最高人民法院于2010年12月发布《关于审理非法集资刑事案件具体应用若干问题的解释》（以下简称《解释》）。《解释》对非法吸收公众存款或者变相吸收公众存款的行为方式作出了具体规定，即违反国家金融管理法律规定，向社会公众（包括单位和个人）吸收资金的行为，同时具备下列四个条件的，除刑法另有规定的以外，应当认定为刑法第一百七十六条规定的“非法吸收公众存款或者变相吸收公众存款”：

（一）未经有关部门依法批准或者借用合法经营的形式吸收资金；

（二）通过媒体、推介会、传单、手机短信等途径向社会公开宣传；

（三）承诺在一定期限内以货币、实物、股权等方式还本付息或者给付回报；

（四）向社会公众即社会不特定对象吸收资金。

未向社会公开宣传，在亲友或者单位内部针对特定对象吸收资金的，不属于非法吸收或者变相吸收公众存款。

未经有关部门依法批准或者借用合法经营的形式吸收资金，实施下列行为之一，应当以非法吸收公众存款罪定罪处罚：

（一）不具有房产销售的真实内容或者不以房产销售为主要目的，以返本销售、售后包租、约定回购、销售房产份额等方式非法吸收资金的；

（二）以转让林权并代为管护等方式非法吸收资金的；

（三）以代种植（养殖）、租种植（养殖）、联合种植（养殖）等方式非法吸收资金的；

（四）不具有销售商品、提供服务的真实内容或者不以销售商品、提供服务为主要目的，以商品回购、寄存代售等方式非法吸收资金的；

（五）不具有发行股票、债券的真实内容，以虚假转让股权、发售虚构债券等方式非法吸收资金的；

（六）不具有募集基金的真实内容，以假借境外基金、发售虚构基金等方式非法吸收资金的；

（七）不具有销售保险的真实内容，以假冒保险公司、伪造保险单据等方式非法吸收资金的；

（八）以投资入股的方式非法吸收资金的；

（九）以委托理财的方式非法吸收资金的；

（十）利用民间“会”“社”等组织非法吸收资金的；

（十一）其他非法吸收资金的行为。

《解释》对正确认识非法吸收公众存款罪起到了重要的指导作用。从《解释》中我们可以看到，非法吸收公众存款或者变相吸收公众存款主要具备以下几个要件：

第一，非法性。犯罪主体在没有经过有关部门依法审查并批准的前提下，擅自吸收公众存款或者借用其他合法形式非法吸收资金。

第二，公开性。为了能达到大量吸收社会资金的目的，行为人往往会借助各种工具向社会公开宣传。

第三，有偿性。行为人为了吸引社会不特定对象的资金，往往会许诺一定期限内给付一定的回报，而且回报率往往会高于社会正常水平。

第四，公众性。非法吸收公众存款的对象是社会不特定对象，社会危害性较大，需要纳入刑法制裁的范畴。

由于非法吸收公众存款罪的以上特点，这类案件大多涉案金额巨大，受害人人数多、范围广。很多受害人在案发后为了拿回自己的本金，往往会通过聚众闹事、群体性上访等方式去解决问题，扰乱了国家机关的正常办公秩序，影响当前社会稳定，给社会带来了极大的不安定因素。

在实践中，这类案件也往往处于一种“不告不理”的状态，不出事就是民间借贷，出了事就是非法吸收公众存款。行为人如果能够在约定时间内将所借的本金以及预期回报及时返还给出借人，则行为人往往不会被追究刑事责任。但是如果行为人经营失败或者由于其他原因不能按期返还本金及利息，为了维持资金周转又不得不向更多人借贷资金，雪球越滚越大，最终导致本利都无力支付。而出借人在多次催讨无果或者认为行为人已经没有能力归还借款本息的情况下，往往会选择报案或者上访等方式，政府为了维稳而出面调解，组织双方谈判。在谈判破裂的情况下就由公安机关立案侦查。当公安机关介入调查时损失已经造成，款项也难以追回。

二、如何预防非法吸收公众存款的刑事风险？

企业在生产经营过程中不可避免地会遇到资金短缺的问题。向银行等金融机构贷款难度较大，程序烦琐，从申请到审查再到放贷要经历漫长的等待，尤其是一些资本实力不强的中小企业，审查尤为严格。有些企业还没等到贷款就已经濒临破产了。在这种情况下，更多的企业更愿意通过民间融资的途径来解决困难。不可否认，民间融资放贷快、门槛低，确实为中小企业发展做出很大贡献，但是在融资过程中也存在很多刑事风险。稍有不慎，就可能会踩上非法吸收公众存款的红线。为规避此类风险，笔者在此提出以下意见：

第一，企业在融资过程中要慎重选择融资对象。企业在有能力有条件的情况下尽量选择银行等正规金融机构融资贷款。找自然人借贷尽量找自己的亲友同事等有一定基础关系的人，将融资对象锁定在一个相对封闭的范围，严格把控资金来源。更不要为了融资随意通过短信、微信等媒体公开宣传许以高利吸收资金。

第二，准确把握融资数额，在一定程度内确保融资规模与资金缺口相匹配。企业在经营过程中需要资金周转而对外借贷是在所难免的，但是具体需要向外借贷多少资金都是能够估算出来的，确定科学的融资结构和适当的负债比例，企业融资的金额不能过度高于实际真正需要的资金，否则一方面给融资增加困难，另一方面会让出借人怀疑企业融资的真正意图，是真的生产经营需要还是打着生产经营的旗号吸收资金从事非法活动。

第三，在融资过程中按照正规程序办理相关手续，签订借款合同，在法律允许的范围内明确双方权利义务。一方面，企业要对外融资时内部程序要严格走完，如召开股东（大）会、董事会、监事会等，签订同意对外借贷以及授权委托书等相关的文件。另一方面，企业对外融资，与出借方沟通、协商、谈判、签订借款合同等过程中，最好要有律师等专业人员提供指导协助，避免其中的法律风险。

第四，严格按照借款用途使用资金。企业在融资后要合理安排资金用途，用于企业正常的生产经营中，能够对每一笔资金的去向作出合理说明。对企业而言，条理清晰、真实合法的账目是保护企业的一道护身符，既可以在必要时随时查阅，又可以在涉及刑事风险时作为有利的证据进行举证。

第五，企业应当本着诚实信用原则，严格按照合同约定行使权利履行义务，按期还本付息，提高自身的信用度。在经营过程中也可以及时发布相关经营情况，或者和当地政府部门沟通，汇报情况，赢取市场的信任。

必懂知识点

民间借贷和非法吸收公众存款罪

民间借贷，是指自然人、法人、其他组织之间及其相互之间进行资金融通的行为。经金融监管部门批准设立的从事贷款业务的金融机构及其分支机构，因发放贷款等相关金融业务引发的纠纷，不属于民间借贷的范畴。

在客观表现形式上，民间借贷与非法吸收公众存款罪有相似之处，二者都“未经有关部门批准擅自向社会公众吸收资金，出具凭证并承诺到期还本付息”。这就导致了两者在一定程度上容易被混淆。

在司法实践中，在严厉打击非法集资活动期间个别地区甚至将一些民间借贷的活动也归入非法吸收公众存款的犯罪范畴，给一些正常经营的企业带来了毁灭性的打击，同时也不利于对债权人的保护。明确民间借贷的安全界限，使公众能够作出正确的判断，才能从根本上减少非法吸收公众存款的发生，保障民间金融有序发展。因此，正确界定两者之间的区别，意义重大。

第一，二者借款用途不同。民间借贷行为多用于在生活、生产经营等特定情况下急需资金而向他人借贷资金暂时周转，有明确的实体经济做支撑，因此借款的数额会与资金缺口相匹配。而非法吸收公众存款多是为了通过充当银行或其他金融机构的角色吸收公众存款，将其吸收的款项进行货币、资本经营牟利活动，地下钱庄就是非常典型的非法吸收公众存款的组织。

第二，二者持续时间不同。民间借贷多是未来在生产生活中没有周转资金而对外进行借贷，在筹集到需要数额的资金后便停止借贷活动，一般是一种偶发性的一次活动。而非法吸收公众存款则将借款行为作为一种经常性的经营行为，持续时间较长，且对筹集资金的数额不设上限。

第三，二者行为对象不同。民间借贷是针对特定对象吸收资金的行为，其对象一般是与行为人有一定特殊关系的人，如行为人的亲戚、朋友、同学、同事、职工或者其他熟人。但是如果行为人在向亲友或者单位内部人员吸收资金的过程中，明知自己的亲友或者单位内部人员向不特定对象吸收资金而予以放任的，或者为了吸收资金而将社会人员吸收为单位内部人员，并向其吸收资金的，则应当认定为向社会公众吸收资金。非法吸收公众存款的行为对象则比较广泛，行为人将提供款项的人当作一个抽象的交易客户。行为人会通过媒体、推介会、传单、手机短信等途径向社会公开宣传并许以高息进行利诱。因此借款人大多是和行为人没有基础关系的不特定人群。

第四，二者侵害的客体不同。民间借贷行为人无力还款或逃避还款属于合同违约，其所侵害的客体是一种债权。而非法吸收公众存款侵害的客体是国家正常金融管理制度，有严重的社会危害性。行为人不论能否还款，从其行为开始就侵害了国家的金融管理制度。

必知法规

一、《中华人民共和国刑法》

第一百七十六条 非法吸收公众存款或者变相吸收公众存款，扰乱金融秩序的，处三年以下有期徒刑或者拘役，并处或者单处二万元以上二十万元以下罚金；数额巨大或者有其他严重情节的，处三年以上十年以下有期徒刑，并处五万元以上五十万元以下罚金。

单位犯前款罪的，对单位判处罚金，并对其直接负责的主管人员和其他直接责任人员，依照前款的规定处罚。

二、《最高人民法院关于审理非法集资刑事案件具体应用法律若干问题的解释》（法释〔2010〕18号）

为依法惩治非法吸收公众存款、集资诈骗等非法集资犯罪活动，根据刑法有关规定，现就审理此类刑事案件具体应用法律的若干问题解释如下：

第一条 违反国家金融管理法律规定，向社会公众（包括单位和个人）吸收资金的行为，同时具备下列四个条件的，除刑法另有规定的以外，应当认定为刑法第一百七十六条规定的“非法吸收公众存款或者变相吸收公众存款”：

（一）未经有关部门依法批准或者借用合法经营的形式吸收资金；

（二）通过媒体、推介会、传单、手机短信等途径向社会公开宣传；

（三）承诺在一定期限内以货币、实物、股权等方式还本付息或者给付回报；

（四）向社会公众即社会不特定对象吸收资金。

未向社会公开宣传，在亲友或者单位内部针对特定对象吸收资金的，不属于非法吸收或者变相吸收公众存款。

第二条 实施下列行为之一，符合本解释第一条第一款规定的条件的，应当依照刑法第一百七十六条的规定，以非法吸收公众存款罪定罪处罚：

（一）不具有房产销售的真实内容或者不以房产销售为主要目的，以返本销售、售后包租、约定回购、销售房产份额等方式非法吸收资金的；

（二）以转让林权并代为管护等方式非法吸收资金的；

（三）以代种植（养殖）、租种植（养殖）、联合种植（养殖）等方式非法吸收资金的；

（四）不具有销售商品、提供服务的真实内容或者不以销售商品、提供服务为主要目的，以商品回购、寄存代售等方式非法吸收资金的；

（五）不具有发行股票、债券的真实内容，以虚假转让股权、发售虚构债券等方式非法吸收资金的；

（六）不具有募集基金的真实内容，以假借境外基金、发售虚构基金等方式非法吸收资金的；

（七）不具有销售保险的真实内容，以假冒保险公司、伪造保险单据等方式非法吸收资金的；

（八）以投资入股的方式非法吸收资金的；

（九）以委托理财的方式非法吸收资金的；

（十）利用民间“会”“社”等组织非法吸收资金的；

（十一）其他非法吸收资金的行为。

第三条 非法吸收或者变相吸收公众存款，具有下列情形之一的，应当依法追究刑事责任：

（一）个人非法吸收或者变相吸收公众存款，数额在20万元以上的，单位非法吸收或者变相吸收公众存款，数额在100万元以上的；

（二）个人非法吸收或者变相吸收公众存款对象30人以上的，单位非法吸收或者变相吸收公众存款对象150人以上的；

（三）个人非法吸收或者变相吸收公众存款，给存款人造成直接经济损失数额在10万元以上的，单位非法吸收或者变相吸收公众存款，给存款人造成直接经济损失数额在50万元以上的；

（四）造成恶劣社会影响或者其他严重后果的。

具有下列情形之一的，属于刑法第一百七十六条规定的“数额巨大或者有其他严重情节”：

（一）个人非法吸收或者变相吸收公众存款，数额在100万元以上的，单位非法吸收或者变相吸收公众存款，数额在500万元以上的；

（二）个人非法吸收或者变相吸收公众存款对象100人以上的，单位非法吸收或者变相吸收公众存款对象500人以上的；

（三）个人非法吸收或者变相吸收公众存款，给存款人造成直接经济损失数额在50万元以上的，单位非法吸收或者变相吸收公众存款，给存款人造成直接经济损失数额在250万元以上的；

（四）造成特别恶劣社会影响或者其他特别严重后果的。

非法吸收或者变相吸收公众存款的数额，以行为人所吸收的资金全额计算。案发前后已归还的数额，可以作为量刑情节酌情考虑。

非法吸收或者变相吸收公众存款，主要用于正常的生产经营活动，能够及时清退所吸收资金，可以免予刑事处罚；情节显著轻微的，不作为犯罪处理。

第四条 以非法占有为目的，使用诈骗方法实施本解释第二条规定所列行为的，应当依照刑法第一百九十二条的规定，以集资诈骗罪定罪处罚。

使用诈骗方法非法集资，具有下列情形之一的，可以认定为“以非法占有为目的”：

（一）集资后不用于生产经营活动或者用于生产经营活动与筹集资金规模明显不成比例，致使集资款不能返还的；

（二）肆意挥霍集资款，致使集资款不能返还的；

（三）携带集资款逃匿的；

（四）将集资款用于违法犯罪活动的；

（五）抽逃、转移资金、隐匿财产，逃避返还资金的；

（六）隐匿、销毁账目，或者搞假破产、假倒闭，逃避返还资金的；

（七）拒不交代资金去向，逃避返还资金的；

（八）其他可以认定非法占有目的的情形。

集资诈骗罪中的非法占有目的，应当区分情形进行具体认定。行为人部分非法集资行为具有非法占有目的的，对该部分非法集资行为所涉集资款以集资诈骗罪定罪处罚；非法集资共同犯罪中部分行为人具有非法占有目的，其他行为人没有非法占有集资款的共同故意和行为的，对具有非法占有目的的行为人以集资诈骗罪定罪处罚。

第五条 个人进行集资诈骗，数额在10万元以上的，应当认定为“数额较大”；数额在30万元以上的，应当认定为“数额巨大”；数额在100万元以上的，应当认定为“数额特别巨大”。

单位进行集资诈骗，数额在50万元以上的，应当认定为“数额较大”；数额在150万元以上的，应当认定为“数额巨大”；数额在500万元以上的，应当认定为“数额特别巨大”。

集资诈骗的数额以行为人实际骗取的数额计算，案发前已归还的数额应予扣除。行为人为实施集资诈骗活动而支付的广告费、中介费、手续费、回扣，或者用于行贿、赠与等费用，不予扣除。行为人为实施集资诈骗活动而支付的利息，除本金未归还可予折抵本金以外，应当计入诈骗数额。

第六条 未经国家有关主管部门批准，向社会不特定对象发行、以转让股权等方式变相发行股票或者公司、企业债券，或者向特定对象发行、变相发行股票或者公司、企业债券累计超过200人的，应当认定为刑法第一百七十九条规定的“擅自发行股票、公司、企业债券”。构成犯罪的，以擅自发行股票、公司、企业债券罪定罪处罚。

第七条 违反国家规定，未经依法核准擅自发行基金份额募集基金，情节严重的，依照刑法第二百二十五条的规定，以非法经营罪定罪处罚。

第八条 广告经营者、广告发布者违反国家规定，利用广告为非法集资活动相关的商品或者服务作虚假宣传，具有下列情形之一的，依照刑法第二百二十二条的规定，以虚假广告罪定罪处罚：

（一）违法所得数额在10万元以上的；

（二）造成严重危害后果或者恶劣社会影响的；

（三）二年内利用广告作虚假宣传，受过行政处罚二次以上的；

（四）其他情节严重的情形。

明知他人从事欺诈发行股票、债券，非法吸收公众存款，擅自发行股票、债券，集资诈骗或者组织、领导传销活动等集资犯罪活动，为其提供广告等宣传的，以相关犯罪的共犯论处。

第九条　此前发布的司法解释与本解释不一致的，以本解释为准。

三、最高人民法院、最高人民检察院、公安部关于办理非法集资刑事案件适用法律若干问题的意见（公通字〔2014〕16号）

一、关于行政认定的问题

行政部门对于非法集资的性质认定，不是非法集资刑事案件进入刑事诉讼程序的必经程序。行政部门未对非法集资作出性质认定的，不影响非法集资刑事案件的侦查、起诉和审判。

公安机关、人民检察院、人民法院应当依法认定案件事实的性质，对于案情复杂、性质认定疑难的案件，可参考有关部门的认定意见，根据案件事实和法律规定作出性质认定。

二、关于“向社会公开宣传”的认定问题

《最高人民法院关于审理非法集资刑事案件具体应用法律若干问题的解释》第一条第一款第二项中的“向社会公开宣传”，包括以各种途径向社会公众传播吸收资金的信息，以及明知吸收资金的信息向社会公众扩散而予以放任等情形。

三、关于“社会公众”的认定问题

下列情形不属于《最高人民法院关于审理非法集资刑事案件具体应用法律若干问题的解释》第一条第二款规定的“针对特定对象吸收资金”的行为，应当认定为向社会公众吸收资金：

（一）在向亲友或者单位内部人员吸收资金的过程中，明知亲友或者单位内部人员向不特定对象吸收资金而予以放任的；

（二）以吸收资金为目的，将社会人员吸收为单位内部人员，并向其吸收资金的。

四、关于共同犯罪的处理问题

为他人向社会公众非法吸收资金提供帮助，从中收取代理费、好处费、返点费、佣金、提成等费用，构成非法集资共同犯罪的，应当依法追究刑事责任。能够及时退缴上述费用的，可依法从轻处罚；其中情节轻微的，可以免除处罚；情节显著轻微、危害不大的，不作为犯罪处理。

五、关于涉案财物的追缴和处置问题

向社会公众非法吸收的资金属于违法所得。以吸收的资金向集资参与人支付的利息、分红等回报，以及向帮助吸收资金人员支付的代理费、好处费、返点费、佣金、提成等费用，应当依法追缴。集资参与人本金尚未归还的，所支付的回报可予折抵本金。

将非法吸收的资金及其转换财物用于清偿债务或者转让给他人，有下列情形之一的，应当依法追缴：

（一）他人明知是上述资金及财物而收取的；

（二）他人无偿取得上述资金及财物的；

（三）他人以明显低于市场的价格取得上述资金及财物的；

（四）他人取得上述资金及财物系源于非法债务或者违法犯罪活动的；

（五）其他依法应当追缴的情形。

查封、扣押、冻结的易贬值及保管、养护成本较高的涉案财物，可以在诉讼终结前依照有关规定变卖、拍卖。所得价款由查封、扣押、冻结机关予以保管，待诉讼终结后一并处置。

查封、扣押、冻结的涉案财物，一般应在诉讼终结后，返还集资参与人。涉案财物不足全部返还的，按照集资参与人的集资额比例返还。

六、关于证据的收集问题

办理非法集资刑事案件中，确因客观条件的限制无法逐一收集集资参与人的言辞证据的，可结合已收集的集资参与人的言辞证据和依法收集并查证属实的书面合同、银行账户交易记录、会计凭证及会计账簿、资金收付凭证、审计报告、互联网电子数据等证据，综合认定非法集资对象人数和吸收资金数额等犯罪事实。

七、关于涉及民事案件的处理问题

对于公安机关、人民检察院、人民法院正在侦查、起诉、审理的非法集资刑事案件，有关单位或者个人就同一事实向人民法院提起民事诉讼或者申请执行涉案财物的，人民法院应当不予受理，并将有关材料移送公安机关或者检察机关。

人民法院在审理民事案件或者执行过程中，发现有非法集资犯罪嫌疑的，应当裁定驳回起诉或者中止执行，并及时将有关材料移送公安机关或者检察机关。

公安机关、人民检察院、人民法院在侦查、起诉、审理非法集资刑事案件中，发现与人民法院正在审理的民事案件属同一事实，或者被申请执行的财物属于涉案财物的，应当及时通报相关人民法院。人民法院经审查认为确属涉嫌犯罪的，依照前款规定处理。

八、关于跨区域案件的处理问题

跨区域非法集资刑事案件，在查清犯罪事实的基础上，可以由不同地区的公安机关、人民检察院、人民法院分别处理。对于分别处理的跨区域非法集资刑事案件，应当按照统一制定的方案处置涉案财物。

国家机关工作人员违反规定处置涉案财物，构成渎职等犯罪的，应当依法追究刑事责任。

民间借贷夫妻一方举债，是否为夫妻共同债务

民间借贷纠纷中，有很大一部分涉及以夫妻一方名义举债的问题，而这里面相当一部分案件涉及需要审查该笔债务是否属于夫妻共同债务。夫妻共同债务一般发生在婚姻关系存续期间，既属于财产法的范畴，又脱离不了身份法的性质，既是身份之债也是财产之债，同时涉及夫妻双方和第三方债权人的利益，就使得在立法设计上不仅要考虑保护夫妻双方的合法权益，同时也要考虑保护第三人的合法权益。而且在司法实践中，随着社会生活日益复杂，夫妻债务形式也多样化，对其种类的列举无法穷尽，唯有确立一个判断标准，以不变应万变，才能解决这些问题。

【案例介绍】

一、为证明被告举债，原告出示6张借条

原告马某澎诉涂某、郭某妍民间借贷纠纷一案中，原告与涂某系同学关系，两被告系夫妻关系，原告称自2009年开始，涂某陆续向其借款，为证明事实，原告提交了借条6张。

借条1：落款日期是2009年8月30日，借条内容是：因本人购买单位集资房丰台区梅市口路10号院楼房号5-1208，分多次向马某澎借款壹拾捌万元整（18万元），用于购房首付款，定于2009年12月31日前全部还清。

借条2：落款日期是2011年5月2日，借条内容是我妻子郭某霞身体有病，急需用钱，向马某澎借现金叁万元整（3万元），保证在2011年8月31日前还完欠款。

借条3：落款日期是2014年12月31日，借条内容是本人资金周转需要，2010—2014年陆续向马某澎借款，截至2014年年底尚有肆拾万伍仟元整（40.5万元）借款未还，双方商定于2015年底前全部还清。

借条4：落款日期是2015年5月20日，借条内容是为了还银行信用卡债务，同马某澎商量，由其本人向平安银行贷款壹拾贰万元整（12万元），并全部借给本人，本人负责按月还银行本息，同时定于当年之内将本金还于马某澎。

借条5：落款日期是2015年8月26日，借条内容是本人为还他人借款及利息，还有请律师费用，向马某澎商量借钱事宜，但当时马某澎本人在外地，委托其朋友给我

转账伍拾万元整（50万元），定于三个月内将借款全部还清。

借条6：落款日期是2015年9月30日，借条内容是为还银行信用卡欠款，本人向马某澎借款，马某澎以个人名义向宜人贷公司贷款玖万元整（9万元），借给我，定于2015年底前连本带息全部还清。注：年底前按月由本人还本付息。

二、妻子主张已经分居，对以上借款不知情，亦不予认可

被告系夫妻关系，于2007年1月16日登记结婚。郭某妍曾用名郭某霞。涂某认可上述借条的真实性，郭某妍则不予认可。郭某妍称，其与涂某自2010年7月开始分居，对分居期间涂某所借款项全不知情，至于2009年8月30日的借款，涂某所述用途也并不真实。为证明分居事实，郭某妍提交了延庆县香水园街道办事处新兴西社区出具的居住证明，证明自己自2010年至今连续一个人同父母郭某夫妇居住在北京市延庆区新兴小区39号楼101室。郭某妍还提交了2009年8月15日自己向案外人王某华借款14万元，用于购买北京市丰台区梅市口路建设三期住宅1208房屋的借条，证明涂某向原告借款18万元用于购买梅市口房屋的陈述不属实。后原告与涂某自认2009年8月15日的借条为后补的借条。涂某自述与郭某妍自2011年5月开始分居。

三、朝阳法院积极查明事实，核实真相

经查，郭某妍于2011年4月23日至5月23日因“未分化型精神分裂症”在首都医科大学附属北京安定医院住院治疗。出院当日，经北京市朝阳区左家庄街道三源里社区人民调解委员会调解，郭某妍的监护权由涂某变更为郭某。2015年7月，郭某妍将涂某诉至法院，要求离婚。法院于2015年12月作出（2015）朝民初字第39697号民裁定，认为无法确认郭某妍具有完全的民事行为能力，亦无法确认此次诉讼系其真实意思表示，故裁定驳回郭某妍的起诉。2015年9月，涂某向法院提出申请，要求宣告郭某妍为无民事行为能力，因无法进行相关鉴定，故判决驳回涂某的申请。本案在审理过程中，郭某妍在2016年4月6日的庭审中坚持主张自己具备完全民事行为能力，但在2016年7月12日的庭审中，其又称根据上述的民事裁定和民事判决，无法判断自己是否具备完全民事行为能力。经法院释明，郭某妍表示不同意进行鉴定。

又查，涂某于2014年1—3月，利用职务便利多次挪用公款共计134.50万元归个人使用，超过三个月未归还。2015年4月将所挪用款项全部退赔其单位。后涂某因挪用公款罪，被判处有期徒刑三年，缓刑三年（缓刑考验期限，从判决确定之日起计算）。郭某妍称，从涂某向原告借款的时间和金额来看，涂某所借款项应当是用于偿还所挪用的公款，目的在于减轻处罚。

上述事实，有各方当事人提交的结婚证、借条、录音证据、民事判决书、民事裁定书、刑事判决书、银行交易记录、居住证明、诊断证明、调解协议、开庭笔录等证据及当事人陈述意见在案佐证。

四、法院经审理认定，该债务应属于丈夫个人债务

从举债的期间来看，本案涉及的借款，有5笔款项发生于2011年5月2日至2015年9月30日，而根据双方所交证据，可以认定双方自2010年起即开始分居，郭某妍与其父母共同居住在延庆，原告提交的证据不能证明郭某妍在主观上与涂某有共同举债的合意，也不能证明所借款项被用于涂某与郭某妍的家庭生活，且结合涂某因挪用公款被判处刑罚及挪用公款具体数额的客观事实，郭某妍所述涂某所借款项用于退赔单位的可能性极高，故法院认为在此期间的举债并非夫妻共同债务。至于2009年8月26日的借款，涂某称此款项用于购买位于丰台区梅市口的房屋。此系原告与涂某系列借款中的第一笔，且数额较大，但原告与涂某却都承认此借条系后补，结合郭某妍提交诸方面往来证据的情况，法院认为该笔借款应属于涂某的个人债务，最后判决由涂某个人偿还所欠马某澎的全部款项。

争议与问题

在民间借贷纠纷中，以夫妻一方名义举债的债务，发生在夫妻关系存续期间，能否认定为夫妻共同债务？未举债一方是否应该承担连带偿还责任？即本案中的争议焦点在于：涂某所借款项是否为夫妻共同债务？郭某妍对借款是否应付偿还义务？

【大律支招】

一、夫妻共同债务的认定

1. 如果夫妻有共同举债的合意，不论是否共享其带来的利益，均应当视为夫妻共同债务。

《最高人民法院关于审理涉及夫妻债务纠纷案件适用法律有关问题的解释》（以下简称《解释》）〔2018〕第一条规定：“夫妻双方共同签字或者夫妻一方事后追认等共同意思表示所负的债务，应当认定为夫妻共同债务。”这是根据民法总则、婚姻法和合同法的相关规定，按照合同相对性原则和订立合同的基本要求制定的。从夫妻共同债务的形成角度，明确和强调了夫妻双方共同签字或者夫妻一方事后追认以及其他共同意思表示形式（如电话、短信、微信、邮件等）所负的债务，应认定为夫妻共同债务的基本原则。这条规定既充分尊重了民商事法律确定的一般交易规则，又对夫妻之间

特殊的身份关系给予了充分关注。夫妻虽然存在紧密的身份联系，以及由于共同生活而在法律规定的家庭日常生活范围内享有互相代理的权限，但双方独立的民事主体地位并不因婚姻的缔结而丧失。《解释》第一条的规定，进一步完善了婚姻法司法解释（二）第二十四条规定的夫妻共同债务认定标准。作为《解释》的开篇规定，强调夫妻共同债务形成时的“共债共签”原则，具有引导民商事主体主动规范交易行为，加强风险防范的深刻用意。这种制度安排，一方面，可以从债务形成源头上尽可能杜绝夫妻一方“被负债”现象发生，另一方面，可以有效避免债权人因事后无法举证证明债务属于夫妻共同债务而遭受不必要的损失，对于保障交易安全和夫妻一方合法权益，都具有积极意义。

2. 如果夫妻事先并无举债的合意，但事后能证明用于夫妻共同生活，其共享利益，应当视为夫妻共同债务。

《最高人民法院关于审理涉及夫妻债务纠纷案件适用法律有关问题的解释》〔2018〕第二条规定：夫妻一方在婚姻关系存续期间以个人名义为家庭日常生活需要所负的债务，债权人以属于夫妻共同债务为由主张权利的，人民法院应予支持。也就是说，在夫妻双方对婚姻关系存续期间所得财产未约定归各自所有，或者虽有约定但债权人不知道该约定的情况下，夫妻一方以个人名义为家庭日常生活需要所负的债务，都应认定为夫妻共同债务。如果未具名举债的夫妻另一方认为该债务不属于夫妻共同债务，应当承担相应的举证证明责任。婚姻法虽然没有明确规定“家庭日常生活”，即日常家事这一概念，但根据《中华人民共和国婚姻法》第十七条第二款的规定，“夫妻对共同所有的财产，有平等的处理权”。“平等的处理权”既应包括对积极财产的处理，也应包括对消极财产即债务的处理。《最高人民法院关于适用〈中华人民共和国婚姻法〉若干问题的解释（一）》第十七条根据婚姻法的这一规定，明确了夫妻之间的日常家事代理权，即“夫或妻在处理夫妻共同财产上的权利是平等的。因日常生活需要而处理夫妻共同财产的，任何一方均有权决定”。日常家事代理制度也得到了民法学界、婚姻法学界的普遍支持和认可。婚姻作为夫妻生活的共同体，在处理日常家庭事务的范围内，夫、妻互为对方代理人，享有家事代理权。夫妻因配偶身份关系的确立依法享有家事代理权，是婚姻的当然效力。根据上述法律、司法解释规定，参考学理通说，《解释》作出了上述规定。

二、在此类纠纷中各方如何举证和收集证据

对于债权人来讲，债权人对基础的债权债务关系需要尽到举证责任，例如，举证借条、《借款协议》，并且夫妻双方均作为债务人签字，或者虽然在签订借条、《借款协

议》时仅有夫妻一方签字，但事后夫妻另一方通过其他形式追认，例如出具《还款承诺书》等。另需特别注意《最高人民法院关于审理涉及夫妻债务纠纷案件适用法律有关问题的解释》〔2018〕第三条规定：夫妻一方在婚姻关系存续期间以个人名义超出家庭日常生活需要所负的债务，债权人以属于夫妻共同债务为由主张权利的，人民法院不予支持，但债权人能够证明该债务用于夫妻共同生活、共同生产经营或者基于夫妻双方共同意思表示的除外。这条规定与《解释》第二条相呼应，从合同相对性原则出发，强调在夫妻一方名义举债的情况下，当债务超出家庭日常生活需要范围时，尤其是大额债务，债权人主张该债务属于夫妻共同债务的，应当承担举证证明责任。

对于举债人一方，为明确债务由个人承担还是夫妻共同承担，在借款时就应当对举债用途和借款流转明细作出详细安排。若债务已经形成，为避免该债务被认定为夫妻共同债务，尽快收集证据证明借款并非用于夫妻共同生活、共同生产经营，要求另一方配偶谨慎对待该债务，避免另一方配偶被债权人通过某些形式如电话录音、短信等固定追认债务的意思表示；为避免该债务被认定为个人债务，举债人则可以用书面协议、电话、微信、短信或邮件等方式将所负债务取得另一方配偶的追认。

对于夫或妻非举债人一方，实务中非举债人往往面临债主逼债、因对债务一无所知而惊慌失措等窘境，处于相对弱势一方，也应主动作为，收集证据，依法行使自己的抗辩权，为否定夫妻共同债务认定提供更多有力支撑，避免自己对债务承担连带责任。要证明内容：不存在夫妻共同举债的事实，非举债人没有参与举债人对外举债的合意，举债金额超过一般常理对于“家庭日常支出”的认知。可提供举债人银行流水，证明不存在借款用于家庭日常开支、夫妻共同生活的事实；可提供夫妻家庭日常生活情况，通过夫妻家庭日常生活情况、收入情况、开支情况等证据，进一步证明举债超过家庭日常生活所需，夯实法官的内心确信。可提供举债人债务用途证据，直接举证证明举债人举债用途，如赌博、高利贷等用途；可提供证人证言、社区人民调解委员会调解记录，证明夫妻关系不和（是否处于分居状态），以佐证债权人向举债人出借涉案款项，非举债人不知情且没有用于家庭开支和共同生活。

必懂知识点

一、婚前个人因民间借贷形成的借款是否转化为夫妻共同债务

夫妻一方婚前所负个人债务是其与债权人之间因特定法律事实而形成的债权债务关系。根据债权相对性原理，债权人只能向特定的债务人主张权利，而不能在债务人结婚后向其配偶主张权利，因为债的发生必须基于当事人之间的意思或法律规定，债

的相对性不会因为其他事由而发生移转。夫妻一方在婚前所负的个人债务，如另一方在婚后没有向债权人作出承诺，便不会在原债务人的配偶与债权人之间产生合意，债权人就没有向债务人的配偶主张权利的合法理由和依据。因此，夫妻一方婚前个人所负债务不能因婚姻关系的发生而转移，债权人亦不得就一方婚前个人债务向债务人配偶主张债权。但是，作为例外，如果一方婚前所负债务与婚后夫妻共同生活具有必然的联系，即若一方债务或婚前所负债务中的资金、财物已转化为婚后夫妻共同财产或已成为婚后夫妻共同的物质生活条件的，则婚前一方所负债务即转化为夫妻共同债务，应当由夫妻共同连带偿还，这也符合权利义务相一致的原则和为夫妻共同生活所负的夫妻共同债务的判定。

在日常司法实践中，婚前个人债务转化为婚后共同债务的有以下几种类型：①一方婚前按揭贷款买房，婚后夫妻双方共同还贷、居住共同使用的，可以转化为婚后共同债务；②一方婚前举债购置大量结婚用品，婚后为夫妻双方共同生活所需要的，可以转化为婚后共同债务；③一方婚前借款装修房屋，该房屋供夫妻婚后共同居住或共同使用的。

另外，夫妻一方的婚前个人债务转化为夫妻共同债务之后，债务人的配偶应该只在其实际接受财产或者受益的范围之内承担清偿责任，这更符合公平负担的原则。

二、分居期间个人举债所形成的债务是否为夫妻共同债务

分居期间一方对外借贷所形成的债务，应首先推定为个人债务，除非能证明债务确实基于夫妻合意或为共同生活所负，或债权人有合理理由信赖这债务属于一般家事代理范围。理由是，判断是否为夫妻债务的原则就是是否有共同举债的合意，夫妻是否分享了债务带来的利益。分居使夫妻双方所得的财产处于分离状态，双方在经济上、财产上的联系逐渐减少，对各自所占有的财产和收入的处理由各自独立行使，对外经济交往也均以自己的名义行使，夫妻双方长期分居逐渐形成两个相互独立的生活、经济单位，其财产状态类似于分别财产制。因此，夫妻分居期间所发生的债务，双方没有共同的合意，多为一方占有、使用、收益和处分，这种债务的自用性很强，而让完全未分享利益的一方承担责任，有违权利与义务相一致的原则。同时，这也说明了一点，不能单纯从债务发生的时间来认定夫妻共同债务，即便双方处于婚姻存续期间，但感情已经破裂，已经分居或者存在起诉离婚的情况，是否认定为夫妻共同债务应该按照实际情况分析确定，也可以运用日常生活经验来综合判断。

必知法规

一、最高人民法院关于适用《中华人民共和国婚姻法》若干问题的解释（二）

第二十三条　债权人就一方婚前所负个人债务向债务人的配偶主张权利的，人民法院不予支持。但债权人能够证明所负债务用于婚后家庭共同生活的除外。

第二十四条　债权人就婚姻关系存续期间夫妻一方以个人名义所负债务主张权利的，应当按夫妻共同债务处理。但夫妻一方能够证明债权人与债务人明确约定为个人债务，或者能够证明属于婚姻法第十九条第三款规定情形的除外。

第二十五条　当事人的离婚协议或者人民法院的判决书、裁定书、调解书已经对夫妻财产分割问题作出处理的，债权人仍有权就夫妻共同债务向男女双方主张权利。

一方就共同债务承担连带清偿责任后，基于离婚协议或者人民法院的法律文书向另一方主张追偿的，人民法院应当支持。

二、《最高人民法院关于审理涉及夫妻债务纠纷案件适用法律有关问题的解释》（2018）

第一条　夫妻双方共同签字或者夫妻一方事后追认等共同意思表示所负的债务，应当认定为夫妻共同债务。

第二条　夫妻一方在婚姻关系存续期间以个人名义为家庭日常生活需要所负的债务，债权人以属于夫妻共同债务为由主张权利的，人民法院应予支持。

第三条　夫妻一方在婚姻关系存续期间以个人名义超出家庭日常生活需要所负的债务，债权人以属于夫妻共同债务为由主张权利的，人民法院不予支持，但债权人能够证明该债务用于夫妻共同生活、共同生产经营或者基于夫妻双方共同意思表示的除外。

第四条　本解释自 2018 年 1 月 18 日起施行。

本解释施行后，最高人民法院此前作出的相关司法解释与本解释相抵触的，以本解释为准。

三、《中华人民共和国婚姻法》

第十七条　夫妻在婚姻关系存续期间所得的下列财产，归夫妻共同所有：

（一）工资、奖金；

（二）生产、经营的收益；

（三）知识产权的收益；

（四）继承或赠与所得的财产，但本法第十八条第三项规定的除外；

（五）其他应当归共同所有的财产。

夫妻对共同所有的财产，有平等的处理权。

第十九条 夫妻可以约定婚姻关系存续期间所得的财产以及婚前财产归各自所有、共同所有或部分各自所有、部分共同所有。约定应当采用书面形式。没有约定或约定不明确的，适用本法第十七条、第十八条的规定。

夫妻对婚姻关系存续期间所得的财产以及婚前财产的约定，对双方具有约束力。

夫妻对婚姻关系存续期间所得的财产约定归各自所有的，夫或妻一方对外所负的债务，第三人知道该约定的，以夫或妻一方所有的财产清偿。

第四十一条 离婚时，原为夫妻共同生活所负的债务，应当共同偿还。共同财产不足清偿的，或财产归各自所有的，由双方协议清偿；协议不成时，由人民法院判决。

四、《中华人民共和国民事诉讼法》

第六十四条第一款 当事人对自己提出的主张，有责任提供证据。

五、《最高人民法院关于民事诉讼证据若干问题的规定》

第二条 当事人对自己提出的诉讼请求所依据的事实或者反驳对方诉讼请求所依据的事实有责任提供证据加以证明。

没有证据或者证据不足以证明当事人的事实主张的，由负有举证责任的当事人承担不利后果。

民间借贷纠纷多，大律支招破难题

自改革开放以来，我国经济飞速发展，人们的生活水平不断提高，经济全球化携不可阻挡之势影响着每一个国家，市场经济主体间交往活跃，不仅存在纵向交往还存在横向联系，交易活动呈网状铺开。

房地产行业蓬勃发展，随之而来的就是大面积的企业融资，借贷规模不断扩大。由于我国金融和法律体系还有不完善之处，民间借贷纠纷诉讼案件的数量飞速增长，为了使经济保持状态平稳甚至呈上升趋势，保证网状经济模式健康循环，规范民间借贷尤为重要。

【案例介绍】

2012年12月25日，夏某与白某签订《公司股权收购协议》，双方约定夏某与白某出资，整体收购港某公司股权及油墨厂房地产开发项目（蓝爵国际）。夏某出资5000万元购买港某公司全部股权，白某出资2710万元购买该项目前期投资，购买后白某出任公司名义股东，双方按实际投资比例享受权利承担义务，公司做重大决策时需要双方先协商一致再做决定。2012年12月26日，港某公司召开股东会、董事会，将白某选举为公司董事长、总经理、法定代表人。同日，甲方港某公司与乙方刘某签订《购房协议书》，其主要内容为：刘某预定由港某公司开发的港某商业用房10700平方米（暂定面积），待签订《商品房买卖合同》时，以房产部门实际测量面积为准，并约定刘某有权优先选择房屋位置。该房屋每平方米建筑面积单价为4000元，总房款4280万元。刘某于签订协议后一次性支付给港某公司3350万元，剩余房款930万元应在2013年开工之日一次性支付。预定于2014年12月底交付房屋，港某公司不得将该部分商业用房另行转让及出售他人。如违约，按房屋总价款双倍赔付给刘某8000万元。白某、刘某双方在协议书上签字，并加盖港某公司公章。次日，刘某向白某账户汇入3000万元，白某给刘某出具金额为600万元、2400万元、350万元三张收据，收据载明系门市房预付款，有白某签字，并加盖港某公司财务专用章。2012年12月29日，刘某与港某公司签订《协议书》，约定刘某将三辆车出售给港某公司，价值共计350万元，刘某、白某签字并加盖港某公司印章。2012年12月31日，港某公司在工商行政管理机关变更登记，港某公司法定代表人为白某。2013年1月1日，冯某将港某公司公章、合同专用章、财务专用章等印章移交给白某。2013年1月15日，吉林省某市工商局下发了核准变更登记通知书。2013年4月17日，刘某与港某公司签订《补充协议书》，约定2012年12月26日《购房协议书》中约定的余款在港某公司施工队伍进驻场地、施工现场达到三通一平后由刘某一次性支付。刘某、白某签字并加盖港某公司印章。2013年8月27日白某向刘某汇款800万元，8月28日白某向刘某汇款200万元，刘某于当日向白某出具二份收据共计1000万元。2013年10月1日，王某建设银行账户向刘某汇款700万元，刘某于当日向白某出具700万元收据一份。2013年10月27日，刘某向白某出具欠据“刘某向港某公司借款2200万元”。2013年10月29日，港某公司、刘某再次签订《补充协议书》，约定剩余930万元待港某公司办理竣工决算、交付使用后一次性支付。白某、刘某签字，并加盖港某公司印章。2013年12月8日，刘某、港某公司签订《借款协议》，约定刘某替港某公司偿还吉林省跃某小额贷款公司到期借款500万元，借款期限6个月，月利5分。

案例分析

另案中，刘某就其与港某公司签署的《购房协议书》以买卖合同纠纷向一审法院提起诉讼，诉请法院判令港某公司交付商业用房共计10037.49平方米，对不能交付的662.51平方米按照约定的违约责任赔偿530.0008万元。刘某主张2012年12月26日签订的协议为房屋买卖关系，而港某公司与白某主张双方签订的协议名义上是买卖房屋关系，实际上是高利贷借贷关系。一审法院驳回刘某的诉讼请求后，刘某上诉到吉林省高级人民法院。另案中，法院认为的争议焦点是刘某与港某公司之间是否存在房屋买卖法律关系。

刘某与港某公司、白某对法律关系的认定并不相同，刘某认为其与港某公司之间是房屋买卖关系，港某公司认为刘某与白某之间是民间借贷关系，该案的双方当事人应当是刘某与白某，与本公司无关。白某亦主张其与刘某之间是借贷关系，签订购房协议只是对借款的一种保证。

刘某与白某签订的《购房协议书》中，双方就房屋的面积、价款、交付时间等做了明确的约定，并加盖了港某公司的印章，从外观上来看，具备房屋买卖合同的客观要件。但从主观方面来看，合同的签订需要双方当事人真实的意思表示。本案中刘某提供了《购房协议书》，上面盖有港某公司的印章。证人王某陈述白某最初是让他找融资人，然后把刘某介绍给白某。双方表示沟通过，刘某有意借钱给白某，但是白某没有抵押物。白某和夏某2012年12月25日签订《公司股权收购协议》，白某出资2710万元购买港某公司开发项目，前期投资需要大量资金，在第二天白某就与刘某签订了

《购房协议书》。2012 年 12 月 27 日，将收到的刘某的汇款汇给港某公司原股东冯某，用于购买前期开发项目。

刘某与白某在签订的《购房协议书》中约定每平方米价格 4000 元，明显低于当时通化地区的房屋价格。签订协议时该地块尚未拆迁完毕，港某公司能否取得开发权不得而知。且双方约定了刘某有权参与项目的整体规划及设计方案，并有优先选择权，选择商业用房的位置。但刘某并未举证说明其与港某公司就房屋位置等后续事宜进行过磋商。在港某公司资金短缺的情况下，双方签订了两次《补充协议书》推迟剩余 930 万元购房款的给付时间。港某公司从小额贷款公司融资，借给刘某使用，从行为上来看，有悖于一般的房屋买卖合同。

二审法院作出 339 号裁定撤销一审法院的民事判决，驳回刘某的起诉，告知刘某应当按照民间借贷法律关系另行主张民事权利。随后刘某以民间借贷为案由将港某公司、白某诉至吉林省高级人民法院，港某公司、白某不服吉林省高级法院作出的一审民事判决，上诉到最高人民法院。

本案中，借贷纠纷二审的争议焦点分别为：①《购房协议书》是否对港某公司具有约束力，港某公司应否承担相应的民事责任；②案涉借款本金数额应如何认定；③案涉借款利息应如何认定。

关于港某公司是否承担责任的问题，最高人民法院进行以下分析。港某公司主张白某与刘某双方恶意串通签订《购房协议书》来损害公司利益，但并未提供充分有效的证据来证实，无法达到排除合理怀疑的证明标准。港某公司主张《购房协议书》无效的理由不成立，法院不予支持。

就时间顺序来看，2012 年 12 月 25 日，夏某与白某签订《公司股权收购协议》，双方约定由夏某与白某出资整体收购港某公司股权及油墨厂房地产开发项目（蓝爵国际），夏某出资 5000 万元购买港某公司全部股权，白某出资 2710 万元购买该项目前期投资。购买后由白某担任公司的名义股东，双方按实际投资比例享受权利承担义务，公司做重大决策时需要双方先协商一致再做决定。2012 年 12 月 26 日，港某公司召开股东会、董事会，选举白某为公司董事长、总经理、法定代表人。同日，甲方港某公司与乙方刘某签订《购房协议书》。2012 年 12 月 27 日，刘某向白某账户打款 3000 万元，白某出具加盖港某公司财务专用章的三张收据。2013 年 4 月 17 日、2013 年 10 月 29 日，港某公司和刘某签订两份《补充协议书》，对之前所签订的《购房协议书》的余下款项等进行约定。在查明的事实中，可以明确地看出，白某以港某公司名义与刘某签订《购房协议书》时已经是港某公司的法定代表人，该协议加盖了港某公司公章，白某签字，三张收据也有港某公司公章，之后的两份《补充协议书》上也有港某公司加盖的公章，表明对《补充协议书》的确认。另案339号裁定认定了《购房协议书》名为房屋买卖实为借贷，签订《购房协议书》实际上是对民间借贷的担保。因此根据民间借贷规定第二十四条，在白某不履行义务时，刘某有权申请拍卖港某公司位于吉林省蓝爵国际小区10700平方米范围内的商业用房。

关于涉案民间借贷款项数额和利息的认定问题。2012年12月27日，刘某向白某账户汇入3000万元；2012年12月29日，刘某与港某公司签订《协议书》，将刘某的三辆车作价350万元出售给港某公司，白某表示承认。2012年12月27日，白某向刘某出具三张共计3350万元的收据。白某在一审中认可借款本金是3350万元。虽然在2012年12月27日，刘某向白某汇款2400万元，白某收到后将600万元反汇款给刘某，刘某再将600万元汇入白某账户。白某承认他汇给刘某的600万元系归还刘某此前的借款，不是涉案借款。白某对自认事实进行否认，且又无法提供相应证据来推翻不利己方的事实和认可，法院将借款本金认定为3350万元并无不当。2013年8月27日白某向刘某汇款800万元。8月28日白某向刘某汇款200万元。2013年10月1日，王某建设银行账户向刘某汇款700万元，刘某都向白某出具了收据。先后汇款金额为1700万元，双方没有约定是偿还本金还是利息，法院依照《合同法解释（二）》第二十一条认定为优先偿还利息并无不当。在一审庭审中白某曾承认其与刘某约定“期限最长两年，利息按4分利”，此后白某反言仍缺乏证据支持。因此法院认定双方约定利息为4分，较为合理。但月息4分超过民间借贷规定第二十六条，超过年利率36%的部分应认定为无效，在24%之内的约定应当支持，24%～36%为自然债务，可以认定白某偿还的1700万元利息以年利率36%来计算。剩余偿还本金25608194.5元按照年利率24%的标准计算，符合法律规定。

【大律支招】

在现实生活中，“名为买卖，实为借贷”中最常见的类型是房屋买卖。在民间借贷中，出借人为了保证自己的利益，往往会与借款人签订房屋买卖合同，但并不办理产权变更手续，来保证在借款人无法还本付息时自己可以享有不动产的产权，避免“竹篮打水一场空”的局面。最高院2015年8月6日公布的《最高人民法院关于审理民间借贷案件适用法律若干问题的规定》中第二十四条规定“当事人以签订买卖合同作为民间借贷合同的担保，借款到期后借款人不能还款，出借人请求履行买卖合同的，人民法院应当按照民间借贷法律关系审理，并向当事人释明变更诉讼请求。当事人拒绝变更的，人民法院裁定驳回起诉。按照民间借贷法律关系审理作出的判决生效后，借款人不履行生效判决确定的金钱债务，出借人可以申请拍卖买卖合同标的物，以偿还债务。就拍卖所得的价款与应偿还借款本息之间的差额，借款人或者出借人有权主张返还或补偿”。事实上双方签订买卖合同并非真实的意思表示，双方真实法律关系是民间借贷关系，签订买卖合同则是为民间借贷合同提供担保。但从法律上来看，这种“双保险”显然是不可靠的。法院在审理案件时，会按民间借贷关系进行审理，双方签订的买卖合同被认定为提供的担保，我们可以理解为是物的普通担保。由于双方未办理抵押登记，一方面不产生不动产抵押的公示效力，只能作为普通债权清偿。另一方面也无法履行买卖合同，取得房屋所有权。在此情况下，这种签订买卖合同的行为并不能产生排他性的法律效力，债权人对担保物没有优先受偿的权利。出借人当然可以就标的物进行拍卖受偿。但如果债务人的房屋还有已经登记的其他抵押，案外人提出受偿请求，办理了抵押登记的其他债权人对此房屋有优先受偿权，签订合同的债权人只能在其他有优先受偿权的债权人受偿后再进行受偿，此时债权人的债权可能无法得到完全清偿，权益得不到完全的保障。

由此可见，出借人在与借款人订立合同时，应当避免签订以房屋买卖为外观的借款合同。如果想为借款合同添加一份保障，最稳妥的方法是以借款人的房屋作为抵押，并按照《物权法》办理不动产抵押登记手续。或者接受第三人提供的担保或保证，并依法进行公示。这样才能在债务人无法偿还借款时，有效地通过法律的手段切实保障自己的利益。

必懂知识点

一、让与担保与典型担保的区别

从理论上来看“名为买卖，实为借贷”本质上是让与担保。在最高人民法院主编的《最高人民法院民间借贷司法解释理解与适用》中也将“名为买卖，实为借贷”界定为让与担保。买卖合同实际上应当被视为类似担保合同，效力依附于作为主合同的民间借贷法律关系。当事人应就双方真实意思表示的法律关系提起诉讼，不能以买卖合同法律关系提起诉讼。

何为让与担保？让与担保是一种非典型担保，有广义和狭义之分，我们现在所提到的让与担保大多指狭义的让与担保，是指债务人（或第三人）为担保债务清偿，将担保标的物之整体权利（通常是所有权）移转给债权人，在债务履行完毕后，标的物的整体权利又回归于担保人。在债务届时未能得到清偿时，债权人有就担保物优先受偿的权利。民法典所规定的典型担保有抵押权、质权、留置权，依据物权法定原则，让与担保不属于法定的形式，是在社会交易中发展起来的。让与担保与典型担保有以下区别：

1. 制度构造上的不同：

典型担保系限制物权的设定之构成，为“定限性”权利。典型担保是通过设定债权人对担保物的担保物权，如抵押权、留置权、质权，来保证债权人的权利得到实现，是法定的担保物权。换言之，典型担保不转移担保物的所有权，仍为原所有人享有。例如办理抵押登记后，债务人仍享有抵押物的所有权及使用权。出质人只是将出质物交付于质权人，仍未丧失对出质物的所有权。与典型担保不同的是，让与担保是将担保物的整体权利让与债权人，将财产所有权转移给债权人，一旦让与担保合同成立，债务人对担保物丧失所有权，须将所有权转移给债权人。

2. 是否公示上的不同：

典型担保以公示为必要条件，不动产抵押以登记为生效要件，质权以交付或登记为生效要件。而让与担保不以公示为必要条件，取决于双方当事人的约定，是介于债权与物权之间的一种权利。没有登记，只具有债权效力。

从实践上来看，法院审判中将“名为买卖，实为借贷”的合同认定为一种让与担保，如果当事人以买卖合同向法院提起诉讼，法院则应释明当事人应当变更诉讼请求，以民间借贷法律关系提起诉讼。担保权人可以将买卖合同中的标的物拍卖来清偿债权，如拍卖后不能清偿所有债权，债权人依旧享有追偿剩余债权的权利。如拍卖后仍有剩余财产，应当归还债务人。

二、关于民间借贷的司法解释

《最高人民法院关于审理民间借贷案件适用法律若干问题的规定》（以下简称《规定》）为正确审理民间借贷纠纷案件，根据《中华人民共和国民法通则》《中华人民共和国物权法》《中华人民共和国担保法》《中华人民共和国合同法》《中华人民共和国民事诉讼法》《中华人民共和国刑事诉讼法》等相关法律之规定，结合审判实践，制定本规定。已于2015年6月23日经最高人民法院审判委员会第1655次会议通过并于8月6日予以公布，于2015年9月1日起施行。

《规定》是在党的十八大提出依法治国，深化金融体制改革，支持实体经济特别是中小微企业的发展等各项重大战略决策的背景下出台的。民商事审判中民间借贷纠纷呈迅速增长趋势，双方以签订买卖合同来规避高额利息等现象时有发生，为了维护经济社会和谐发展，规范金融行业秩序，避免损害司法权威，增强司法公信力，《规定》应运而生。

《规定》确定了民间借贷主体的范围，仅在自然人、法人、其他组织之间及其相互之间。在第二十六条中明确了借贷双方的利率范围，“借贷双方约定的利率未超过年利率24%，出借人请求借款人按照约定的利率支付利息的，人民法院应予支持。借贷双方约定的利率超过年利率36%，超过部分的利息约定无效。借款人请求出借人返还已支付的超过年利率36%部分的利息的，人民法院应予支持”。以及第二十四条“名为买卖，实为借贷”的合同按民间借贷法律关系来审理，“当事人以签订买卖合同作为民间借贷合同的担保，借款到期后借款人不能还款，出借人请求履行买卖合同的，人民法院应当按照民间借贷法律关系审理，并向当事人释明变更诉讼请求。当事人拒绝变更的，人民法院裁定驳回起诉。按照民间借贷法律关系审理作出的判决生效后，借款人不履行生效判决确定的金钱债务，出借人可以申请拍卖买卖合同标的物，以偿还债务。就拍卖所得的价款与应偿还借款本息之间的差额，借款人或者出借人有权主张返还或补偿”。

但并不是所有双方签订的买卖合同都应按照民间借贷法律关系来处理。最高人民法院指导案例72号：汤某、刘某龙、马某太、王某刚诉新疆鄂尔多斯彦海房地产开发有限公司商品房买卖合同纠纷案中生效裁判认为，争议商品房买卖合同在签订前，当事人之间存在借款合同关系，且为了履行借款合同签订了相应的商品房预售合同。债务人在未偿还本息的情况下，与债权人重新协商并对账，将借款合同关系转变为商品房买卖合同关系，双方已经将借款本息转化为已经支付的购房款，并对后续权利义务作出了约定。在这种情况下，应当认为是民事法律关系基于参与主体的意思表示而发生变更，在没有违反法律禁止性规定的情况下，均应当被允许，不应适用《最高人民法院关于审理民间借贷案件适用法律若干问题的规定》第二十四条的规定。人民法院应当对基于借款合同的履行情况进行审查，避免通过转化买卖商品房合同的手段掩盖高额利息。

必知法规

一、《中华人民共和国民法典》

第七条　民事主体从事民事活动，应当遵循诚信原则，秉持诚实，恪守承诺。

二、《中华人民共和国民法总则》

第七条　民事主体从事民事活动，应当遵循诚信原则，秉持诚实，恪守承诺。

三、《中华人民共和国民法通则》

第四条　民事活动应当遵循自愿、公平、等价有偿、诚实信用的原则。

四、《中华人民共和国合同法》（1999）

第一百九十六条 借款合同是借款人向贷款人借款，到期返还借款并支付利息的合同。

第一百九十八条 订立借款合同，贷款人可以要求借款人提供担保。担保依照《中华人民共和国担保法》的规定。

第二百一十一条 自然人之间的借款合同对支付利息没有约定或者约定不明确的，视为不支付利息。自然人之间的借款合同约定支付利息的，借款的利率不得违反国家有关限制借款利率的规定。

五、《最高人民法院关于审理民间借贷案件适用法律若干问题的规定》

第一条 本规定所称的民间借贷，是指自然人、法人、其他组织之间及其相互之间进行资金融通的行为。

经金融监管部门批准设立的从事贷款业务的金融机构及其分支机构，因发放贷款等相关金融业务引发的纠纷，不适用本规定。

第二条 出借人向人民法院起诉时，应当提供借据、收据、欠条等债权凭证以及其他能够证明借贷法律关系存在的证据。

当事人持有的借据、收据、欠条等债权凭证没有载明债权人，持有债权凭证的当事人提起民间借贷诉讼的，人民法院应予受理。被告对原告的债权人资格提出有事实依据的抗辩，人民法院经审理认为原告不具有债权人资格的，裁定驳回起诉。

第三条 借贷双方就合同履行地未约定或者约定不明确，事后未达成补充协议，按照合同有关条款或者交易习惯仍不能确定的，以接受货币一方所在地为合同履行地。

第四条 保证人为借款人提供连带责任保证，出借人仅起诉借款人的，人民法院可以不追加保证人为共同被告；出借人仅起诉保证人的，人民法院可以追加借款人为共同被告。

保证人为借款人提供一般保证，出借人仅起诉保证人的，人民法院应当追加借款人为共同被告；出借人仅起诉借款人的，人民法院可以不追加保证人为共同被告。

第五条 人民法院立案后，发现民间借贷行为本身涉嫌非法集资犯罪的，应当裁定驳回起诉，并将涉嫌非法集资犯罪的线索、材料移送公安或者检察机关。

公安或者检察机关不予立案，或者立案侦查后撤销案件，或者检察机关作出不起诉决定，或者经人民法院生效判决认定不构成非法集资犯罪，当事人又以同一事实向人民法院提起诉讼的，人民法院应予受理。

第六条 人民法院立案后，发现与民间借贷纠纷案件虽有关联但不是同一事实的涉嫌非法集资等犯罪的线索、材料的，人民法院应当继续审理民间借贷纠纷案件，并将涉嫌非法集资等犯罪的线索、材料移送公安或者检察机关。

第七条　民间借贷的基本案件事实必须以刑事案件审理结果为依据，而该刑事案件尚未审结的，人民法院应当裁定中止诉讼。

第八条　借款人涉嫌犯罪或者生效判决认定其有罪，出借人起诉请求担保人承担民事责任的，人民法院应予受理。

第九条　具有下列情形之一，可以视为具备合同法第二百一十条关于自然人之间借款合同的生效要件：

（一）以现金支付的，自借款人收到借款时；

（二）以银行转账、网上电子汇款或者通过网络贷款平台等形式支付的，自资金到达借款人账户时；

（三）以票据交付的，自借款人依法取得票据权利时；

（四）出借人将特定资金账户支配权授权给借款人的，自借款人取得对该账户实际支配权时；

（五）出借人以与借款人约定的其他方式提供借款并实际履行完成时。

第十条　除自然人之间的借款合同外，当事人主张民间借贷合同自合同成立时生效的，人民法院应予支持，但当事人另有约定或者法律、行政法规另有规定的除外。

第十一条　法人之间、其他组织之间以及它们相互之间为生产、经营需要订立的民间借贷合同，除存在合同法第五十二条、本规定第十四条规定的情形外，当事人主张民间借贷合同有效的，人民法院应予支持。

第十二条　法人或者其他组织在本单位内部通过借款形式向职工筹集资金，用于本单位生产、经营，且不存在合同法第五十二条、本规定第十四条规定的情形，当事人主张民间借贷合同有效的，人民法院应予支持。

第十三条　借款人或者出借人的借贷行为涉嫌犯罪，或者已经生效的判决认定构成犯罪，当事人提起民事诉讼的，民间借贷合同并不当然无效。人民法院应当根据合同法第五十二条、本规定第十四条之规定，认定民间借贷合同的效力。

担保人以借款人或者出借人的借贷行为涉嫌犯罪或者已经生效的判决认定构成犯罪为由，主张不承担民事责任的，人民法院应当依据民间借贷合同与担保合同的效力、当事人的过错程度，依法确定担保人的民事责任。

第十四条　具有下列情形之一，人民法院应当认定民间借贷合同无效：

（一）套取金融机构信贷资金又高利转贷给借款人，且借款人事先知道或者应当知道的；

（二）以向其他企业借贷或者向本单位职工集资取得的资金又转贷给借款人牟利，

且借款人事先知道或者应当知道的；

（三）出借人事先知道或者应当知道借款人借款用于违法犯罪活动仍然提供借款的；

（四）违背社会公序良俗的；

（五）其他违反法律、行政法规效力性强制性规定的。

第十五条 原告以借据、收据、欠条等债权凭证为依据提起民间借贷诉讼，被告依据基础法律关系提出抗辩或者反诉，并提供证据证明债权纠纷非民间借贷行为引起的，人民法院应当依据查明的案件事实，按照基础法律关系审理。

当事人通过调解、和解或者清算达成的债权债务协议，不适用前款规定。

第十六条 原告仅依据借据、收据、欠条等债权凭证提起民间借贷诉讼，被告抗辩已经偿还借款，被告应当对其主张提供证据证明。被告提供相应证据证明其主张后，原告仍应就借贷关系的成立承担举证证明责任。

被告抗辩借贷行为尚未实际发生并能作出合理说明，人民法院应当结合借贷金额、款项交付、当事人的经济能力、当地或者当事人之间的交易方式、交易习惯、当事人财产变动情况以及证人证言等事实和因素，综合判断查证借贷事实是否发生。

第十七条 原告仅依据金融机构的转账凭证提起民间借贷诉讼，被告抗辩转账系偿还双方之前借款或其他债务，被告应当对其主张提供证据证明。被告提供相应证据证明其主张后，原告仍应就借贷关系的成立承担举证证明责任。

第十八条 根据《关于适用〈中华人民共和国民事诉讼法〉的解释》第一百七十四条第二款之规定，负有举证证明责任的原告无正当理由拒不到庭，经审查现有证据无法确认借贷行为、借贷金额、支付方式等案件主要事实，人民法院对其主张的事实不予认定。

第十九条 人民法院审理民间借贷纠纷案件时发现有下列情形，应当严格审查借贷发生的原因、时间、地点、款项来源、交付方式、款项流向以及借贷双方的关系、经济状况等事实，综合判断是否属于虚假民事诉讼：

（一）出借人明显不具备出借能力；

（二）出借人起诉所依据的事实和理由明显不符合常理；

（三）出借人不能提交债权凭证或者提交的债权凭证存在伪造的可能；

（四）当事人双方在一定期间内多次参加民间借贷诉讼；

（五）当事人一方或者双方无正当理由拒不到庭参加诉讼，委托代理人对借贷事实陈述不清或者陈述前后矛盾；

（六）当事人双方对借贷事实的发生没有任何争议或者诉辩明显不符合常理；

（七）借款人的配偶或合伙人、案外人的其他债权人提出有事实依据的异议；

（八）当事人在其他纠纷中存在低价转让财产的情形；

（九）当事人不正当放弃权利；

（十）其他可能存在虚假民间借贷诉讼的情形。

第二十条　经查明属于虚假民间借贷诉讼，原告申请撤诉的，人民法院不予准许，并应当根据民事诉讼法第一百一十二条之规定，判决驳回其请求。

诉讼参与人或者其他人恶意制造、参与虚假诉讼，人民法院应当依照民事诉讼法第一百一十一条、第一百一十二条和第一百一十三条之规定，依法予以罚款、拘留；构成犯罪的，应当移送有管辖权的司法机关追究刑事责任。

单位恶意制造、参与虚假诉讼的，人民法院应当对该单位进行罚款，并可以对其主要负责人或者直接责任人员予以罚款、拘留；构成犯罪的，应当移送有管辖权的司法机关追究刑事责任。

第二十一条　他人在借据、收据、欠条等债权凭证或者借款合同上签字或者盖章，但未表明其保证人身份或者承担保证责任，或者通过其他事实不能推定其为保证人，出借人请求其承担保证责任的，人民法院不予支持。

第二十二条　借贷双方通过网络贷款平台形成借贷关系，网络贷款平台的提供者仅提供媒介服务，当事人请求其承担担保责任的，人民法院不予支持。

网络贷款平台的提供者通过网页、广告或者其他媒介明示或者有其他证据证明其为借贷提供担保，出借人请求网络贷款平台的提供者承担担保责任的，人民法院应予支持。

第二十三条　企业法定代表人或负责人以企业名义与出借人签订民间借贷合同，出借人、企业或者其股东能够证明所借款项用于企业法定代表人或负责人个人使用，出借人请求将企业法定代表人或负责人列为共同被告或者第三人的，人民法院应予准许。

企业法定代表人或负责人以个人名义与出借人签订民间借贷合同，所借款项用于企业生产经营，出借人请求企业与个人共同承担责任的，人民法院应予支持。

第二十四条　当事人以签订买卖合同作为民间借贷合同的担保，借款到期后借款人不能还款，出借人请求履行买卖合同的，人民法院应当按照民间借贷法律关系审理，并向当事人释明变更诉讼请求。当事人拒绝变更的，人民法院裁定驳回起诉。

按照民间借贷法律关系审理作出的判决生效后，借款人不履行生效判决确定的金钱债务，出借人可以申请拍卖买卖合同标的物，以偿还债务。就拍卖所得的价款与应偿还借款本息之间的差额，借款人或者出借人有权主张返还或补偿。

第二十五条　借贷双方没有约定利息，出借人主张支付借期内利息的，人民法院不予支持。

自然人之间借贷对利息约定不明，出借人主张支付利息的，人民法院不予支持。除自然人之间借贷的外，借贷双方对借贷利息约定不明，出借人主张利息的，人民法院应当结合民间借贷合同的内容，并根据当地或者当事人的交易方式、交易习惯、市场利率等因素确定利息。

第二十六条 借贷双方约定的利率未超过年利率24%，出借人请求借款人按照约定的利率支付利息的，人民法院应予支持。

借贷双方约定的利率超过年利率36%，超过部分的利息约定无效。借款人请求出借人返还已支付的超过年利率36%部分的利息的，人民法院应予支持。

第二十七条 借据、收据、欠条等债权凭证载明的借款金额，一般认定为本金。预先在本金中扣除利息的，人民法院应当将实际出借的金额认定为本金。

第二十八条 借贷双方对前期借款本息结算后将利息计入后期借款本金并重新出具债权凭证，如果前期利率没有超过年利率24%，重新出具的债权凭证载明的金额可认定为后期借款本金；超过部分的利息不能计入后期借款本金。约定的利率超过年利率24%，当事人主张超过部分的利息不能计入后期借款本金的，人民法院应予支持。

按前款计算，借款人在借款期间届满后应当支付的本息之和，不能超过最初借款本金与以最初借款本金为基数，以年利率24%计算的整个借款期间的利息之和。出借人请求借款人支付超过部分的，人民法院不予支持。

第二十九条 借贷双方对逾期利率有约定的，从其约定，但以不超过年利率24%为限。

未约定逾期利率或者约定不明的，人民法院可以区分不同情况处理：

（一）既未约定借期内的利率，也未约定逾期利率，出借人主张借款人自逾期还款之日起按照年利率6%支付资金占用期间利息的，人民法院应予支持；

（二）约定了借期内的利率但未约定逾期利率，出借人主张借款人自逾期还款之日起按照借期内的利率支付资金占用期间利息的，人民法院应予支持。

第三十条 出借人与借款人既约定了逾期利率，又约定了违约金或者其他费用，出借人可以选择主张逾期利息、违约金或者其他费用，也可以一并主张，但总计超过年利率24%的部分，人民法院不予支持。

第三十一条 没有约定利息但借款人自愿支付，或者超过约定的利率自愿支付利息或违约金，且没有损害国家、集体和第三人利益，借款人又以不当得利为由要求出借人返还的，人民法院不予支持，但借款人要求返还超过年利率36%部分的利息除外。

第三十二条 借款人可以提前偿还借款，但当事人另有约定的除外。

借款人提前偿还借款并主张按照实际借款期间计算利息的，人民法院应予支持。

第三十三条 本规定公布施行后，最高人民法院于1991年8月13日发布的《关于人民法院审理借贷案件的若干意见》同时废止；最高人民法院以前发布的司法解释与本规定不一致的，不再适用。

六、《中华人民共和国公司法》

第十六条　公司向其他企业投资或者为他人提供担保，依照公司章程的规定，由董事会或者股东会、股东大会决议；公司章程对投资或者担保的总额及单项投资或者担保的数额有限额规定的，不得超过规定的限额。

七、《最高人民法院关于适用〈中华人民共和国担保法〉若干问题的解释》

第十一条　法人或者其他组织的法定代表人、负责人超越权限订立的担保合同，除相对人知道或者应当知道其超越权限的以外，该代表行为有效。

八、最高人民法院关于适用《中华人民共和国民事诉讼法》的解释

第九十条　当事人对自己提出的诉讼请求所依据的事实或者反驳对方诉讼请求所依据的事实，应当提供证据加以证明，但法律另有规定的除外。

在作出判决前，当事人未能提供证据或者证据不足以证明其事实主张的，由负有举证证明责任的当事人承担不利的后果。

第九十二条　一方当事人在法庭审理中，或者在起诉状、答辩状、代理词等书面材料中，对于己不利的事实明确表示承认的，另一方当事人无举证证明。

对于涉及身份关系、国家利益、社会公共利益等应当由人民法院依职权调查的事实，不适用前款自认的规定。自认的事实与查明的事实不符的，人民法院不予确认。

第一百零九条　当事人对欺诈、胁迫、恶意串通事实的证明，以及对口头遗嘱或者赠与事实的证明，人民法院确信该待证事实存在的可能性能够排除合理怀疑的，应当认定该事实存在。

九、《最高人民法院关于适用〈中华人民共和国合同法〉若干问题的解释（二）》

第二十一条　债务人除主债务之外还应当支付利息和费用，当其给付不足以清偿全部债务时，并且当事人没有约定的，人民法院应当按照下列顺序抵充：

（一）实现债权的有关费用；

（二）利息；

（三）主债务。

职业放贷构犯罪，虚假诉讼需惩罚

民间借贷作为一种经济现象，在中国至少已有三千年的历史。公元前1世纪即有记载：战国时期齐国孟尝君通过放债取息，奉养三千门客。唐代国内商业及对外贸易繁荣，形成了中国最早的金融市场，有提供抵押借贷的质库，有提供普通借贷的公廨。以后各朝各代，民间借贷都是社会经济生活中不可缺少的一部分，现在的纠纷已经不再拘泥于传统意义上的民间借贷，而是通过各种各样的形式表现出来，如民间借贷主体的认定、民间借贷合同效力的认定、借贷事实的审查、虚假诉讼的认定与处理、民刑交叉案件的处理以及2019年4月22日浙江省高院发布的"职业放贷人"的4个标准的会议纪要，这些都值得我们法律人去学习探讨。

【案例介绍】

借款人借贷行为构成犯罪， 借贷合同并不当然无效

原告陆某与被告之一罗某系朋友关系。2007年4月12日，被告罗某、英某合作购进小劲酒，以资金不足为由向原告借款30万元。两被告共同出具借条一份，承诺十天归还。借款到期后，两被告仅归还10万元，余款20万元一直未还。原告向海曙法院起诉。请求：①判令两被告立即归还原告借款20万元，支付利息损失9324元（暂算至2008年11月30日，此后按日万分之二点一计算至本金清偿日止）；②本案的诉讼费由两被告负担。

被告罗某辩称，首先，借条已被宁波市中级人民法院刑事判决书认定为英某诈骗原告20万元的犯罪手段，以出具借条为名骗得该款项，英某也已受到法律的制裁。那么，罗某如果参与英某的诈骗，他应该属于共同犯罪，也应受到处罚，现宁波市中级人民法院已认定是被告英某的个人行为，并非两个人的共同行为，所以，被告罗某对原告的20万元不应该承担法律责任；其次，原告陆某要求被告罗某赔偿资金损失，本案不应采用无过错原则或者公平原则。如果原告系因被告英某的诈骗行为造成资金损失起诉的话，那么罗某也应受到刑事处罚，但实际上并不存在，所以借条是被告英某的诈骗手段，不应由案外人罗某来承担还款责任。

被告英某辩称，我与罗某是朋友关系，原告在借款给我之前，我不认识原告。借

款事情是我所做的，罗某不知道这个事情，没有得到好处，主要是罗某相信我，也不知道我骗原告的钱，我也因此坐牢。在借条上让罗某签名，是原告对我借款不放心。借款应由我归还，但目前我无能力归还。

案例分析

被告罗某、英某于2007年4月12日共同向原告陆某借款并出具金额为人民币30万元借条一张，约定于借款之日起10日内还清。此笔借款被告英某称用于支付他人利息、还债等用途，与约定的借款用途不符，被告英某已于2007年11月12日被浙江省宁波市中级人民法院以诈骗罪、合同诈骗罪判处有期徒刑二十年。被告英某的行为已构成欺诈，依照《中华人民共和国合同法》第五十四条第二款之规定，被告罗某、英某与原告签订的借款合同应为可撤销合同，但原告在法定期限内并未向法院起诉要求撤销此借款合同，此借款合同继续有效，故法院对原告的诉讼请求予以支持。被告罗某认为本案原告诉求的依据即借款合同，已被生效的刑事判决书认定为英某实施诈骗的犯罪手段，而其并未与被告英某构成共同犯罪，故不应承担还款责任。两被告与原告间的借款合同虽属可撤销合同，在原告陆某未行使撤销权的情况下，该借款合同继续有效。被告英某虽因其诈骗行为而承担刑事责任，但其所承担的刑事责任并不能作为免除被告罗某、英某应承担清偿原告陆某20万元借款的理由。因为刑事责任与民事责任是两种相互独立的责任形式，其承担责任的方式、目的、处理方式也不相同，两者不能相互替代。故被告罗某提出的抗辩缺乏法律依据，难以被采纳。关于利息损失，因原、被告双方就支付利息约定不明，视为不支付利息，则原告要求被告支付利息损失的，可以参照银行同类同期贷款利率计息，但原告要求利息损失按日万分之二点一计算，高于法律规定的标准，对超额部分不予支持。关于利息损失的起算时间，原告要求自2008年4月19日起算应予支持。

海曙法院经过审理，依照《中华人民共和国合同法》第五十四条第二款、第一百零七条、第二百零六条、第二百一十一条第一款，《最高人民法院关于人民法院审理借贷案件的若干意见》第九条之规定，判决如下：被告罗某、英某应在本判决法律生效之日起十日内一次性归还原告陆某借款本金20万元，利息损失9324元（利息损失按照中国人民银行同类同期贷款利率自2008年4月19日起暂计至2009年2月14日），共计209324元，自2009年2月15日起至判决确定的履行之日止的利息损失按中国人民银行同类同期贷款利率计算。如果未按本判决指定的期间履行给付金钱义务，应当依照《中华人民共和国民事诉讼法》第二百二十九条之规定，加倍支付迟延履行期间的债务利息。案件受理费4440元、保全费1615元，共计6055元，由被告罗某、英某承担。一审宣判后，双方当事人均未上诉，一审判决已经发生法律效力。

【大律支招】

本案中被告英某以出具借条的形式达到诈骗原告陆某20万元的目的，共同借款人罗某与英某并无诈骗的意思联络。此时，原告陆某与被告罗某、英某签订的借款协议是否有效？在被告英某无力偿还借款的情况下，被告罗某是否须对原告承担还款责任？从充分尊重合同相对人意思、实现对其合法权益最佳保护的角度出发，将此类合同定性为可撤销合同的做法比较妥当，也符合《合同法》第五十四条第二款的立法宗旨。《民法通则》第五十八条规定："下列民事行为无效：……（三）一方以欺诈、胁迫的手段或者乘人之危，使对方在违背真实意思的情况下所为的……"其对欺诈的态度是认定为无效。而《合同法》第五十四条第二款规定，一方以欺诈、胁迫的手段或者乘人之危，使对方在违背真实意思的情况下订立的合同，受损害方有权请求人民法院或者仲裁机构变更或者撤销。这又赋予了合同相对人撤销权，只是行使撤销权须采取向人民法院起诉的方式。《最高人民法院关于审理民间借贷案件适用法律若干问题的规定》第十三条规定："借款人或者出借人的借贷行为涉嫌犯罪，或者已经生效的判决认定构成犯罪，当事人提起民事诉讼的，民间借贷合同并不当然无效。人民法院应当根据合同法第五十二条、本规定第十四条之规定，认定民间借贷合同的效力。担保人以借款人或者出借人的借贷行为涉嫌犯罪或者已经生效的判决认定构成犯罪为由，主张不承担民事责任的，人民法院应当依据民间借贷合同与担保合同的效力、当事人的过错程度，依法确定担保人的民事责任。"此是对司法实践的总结，更是符合《合同法》第五十四条的立法宗旨。

必懂知识点

一、何为诈骗罪

诈骗罪，是以非法占有为目的，使用欺骗方法（虚构事实、隐瞒真相），骗取数额较大的公私财物的行为。诈骗罪的对象有二：一是对象是具有处分（转移占有）权限的人，二是最终对象是他人占有的财物。诈骗罪的本质是骗取他人处分（转移占有），仅有欺骗行为，尚不一定构成诈骗罪，只有当有处分权利的人因欺骗而作出处分（转移占有），才是诈骗罪。从而，诈骗罪是骗人的犯罪，准确地说，是骗取他人处分的犯罪。刑法中的"处分"，指的是转移占有，而不限于转移所有，这与民法有所不同。

二、诈骗罪构成要件

诈骗罪中的诈骗行为由以下五个环环相扣的环节组成：

（1）行为人实施欺骗行为：虚构事实、隐瞒真相。虚构事实指虚构不存在的事实，隐瞒真相指的是有揭示真相的义务而不揭示，利用其骗人。欺骗行为无须达到一般人误信的程度，只需足以使欺骗对象产生认识错误即可。例如，冒充孙中山诈骗，也是诈骗行为。

（2）被骗人（有处分权限、能力的人）因行为人的欺骗，而产生认识错误，或者被强化、维持原有认识错误。首先，被骗人是人，机器不能被骗，但司法解释规定冒用信用卡在ATM机上提款可构成信用卡诈骗罪。《最高人民检察院关于拾得他人信用卡并在自动柜员机（ATM机）上使用的行为如何定性问题的批复》：拾得他人信用卡并在自动柜员机（ATM机）上使用的行为，属于刑法第一百九十六条第一款第（三）项规定的“冒用他人信用卡”的情形，构成犯罪的，以信用卡诈骗罪追究刑事责任。其次，被骗人是具有财物处分（转移占有）权限和能力的人。“骗取”幼儿、严重精神病患者等没有财物处分能力人的财物的，可能成立盗窃罪。最后，被骗人只要具有财物处分权限，既可与受害人是同一人，也可能是不同的人。亦即被骗人可以是财物的原占有人（所有人、管理人，受害人），也可以是其他在法律或者事实上具有处分财产的权限或者处于可以处分财产地位的人（处分人）。这里的处分权限，指的是具有转移占有的权限。

（3）被骗人基于认识错误，而处分（转移占有）财物。首先，处分即转移占有。这里的转移占有，指使被骗人不再占有财物，而由行为人独立占有该财物。无论被骗人是基于放弃所有权意思（如售出、赠与），还是基于保留所有权意思而转移占有，都是刑法中的处分。但是，仅仅转移持有而不会使行为人独立占有该财物的，不认为有处分。其次，被骗人有处分财产的意识，并不要求被骗人对于特定物品的真实价值有认识。被骗人认识到了特定物品的性质和数量，但没有认识到其真实价值而交付的，也认为有处分。

（4）行为人取得财物，或使第三人取得财物。取得财物有两种情况：第一，积极财产的增加，如将被害人的财物转移为行为人或第三者占有；第二，消极财产的减少，如使对方免除或者减少行为人应当支付的债务，骗免规费等。

（5）被害人财物损失。首先存在欺骗，但未使被害人财物损失，不构成诈骗罪。例如，甲打算从丙处购买汽车，而乙冒充自己是丙，将自己的汽车出售给甲。甲并无财物损失，乙不构成诈骗罪。其次骗取被害人的劳务，不构成诈骗罪。例如，甲假称自己是大款，骗取卖淫女的卖淫服务，之后未支付性交易费用而溜走，甲不构成诈骗罪。最后，骗取被害人同意延缓债务，而不是免除债务，不构成诈骗罪。

三、何为合同诈骗罪

合同诈骗罪是指以非法占有为目的，在签订、履行合同过程中，采取虚构事实或者隐瞒真相等欺骗手段，骗取对方当事人的财物，数额较大的行为。

《刑法》第二百二十四条规定：有下列情形之一，以非法占有为目的，在签订、履行合同过程中，骗取对方当事人财物，数额较大的，处三年以下有期徒刑或者拘役，并处或者单处罚金；数额巨大或者有其他严重情节的，处三年以上十年以下有期徒刑，并处罚金；数额特别巨大或者有其他特别严重情节的，处十年以上有期徒刑或者无期徒刑，并处罚金或者没收财产。

《刑法修正案（七）》第四条规定：在刑法第二百二十四条后增加一条，作为第二百二十四条之一："组织、领导以推销商品、提供服务等经营活动为名，要求参加者以缴纳费用或者购买商品、服务等方式获得加入资格，并按照一定顺序组成层级，直接或者间接以发展人员的数量作为计酬或者返利依据，引诱、胁迫参加者继续发展他人参加，骗取财物，扰乱经济社会秩序的传销活动的，处五年以下有期徒刑或者拘役，并处罚金；情节严重的，处五年以上有期徒刑，并处罚金。"

四、诈骗罪与合同诈骗罪的区别与关系

（1）合同诈骗罪与诈骗罪的关系。合同诈骗罪应当说是诈骗罪的一种特殊形式，其特征在合同诈骗罪中也应当具备。从逻辑学角度讲，合同诈骗罪也是诈骗罪，二者是一种包含与被包含的关系。

（2）合同诈骗罪和票据诈骗、贷款诈骗等犯罪的关系。如果符合刑法对合同诈骗罪第二项规定的情况，"以伪造、变造、作废的票据或者其虚假的产权证明作担保"进行诈骗的，应当按照合同诈骗罪处理。除此之外，符合其他特殊诈骗罪的情况，应当按照其他特别法处理。

（3）合同诈骗罪与民事上的合同欺诈行为的关系。合同诈骗是刑事犯罪的一种，应受刑罚惩罚。民事欺诈是经济纠纷的一种，只能承担民事责任，法律后果不同。刑法规定的合同诈骗手段是"虚构事实或者隐瞒事实真相"，合同法和民法通则规定的民事欺诈的是"以欺诈、胁迫手段"，两种行为的相同点是"制造虚假的事实，使用了欺骗手段"和非法（违反刑法和民法之别）获取了财物。二者的不同点是，在主观故意上合同诈骗者在签订合同或履行合同时根本就不希望履行合同，只想享有合同约定的

权利，没想承担合同规定的义务；而民事欺诈则恰恰相反是希望合同被履行，通过合同的履行实现骗得非法钱财的目的，如通过产品质量有瑕疵、合同延期履行、拖欠货款等方式实现非法获利的目的。这是罪与非罪的界限，应在实践中掌握，凡符合合同诈骗的几种形式的行为，如果没有证明其确实是真诚履行合同的证据，就应当确认为合同诈骗，如果有证据证明行为人有履行合同的故意，则不能认定为合同诈骗。

（4）合同诈骗与普通诈骗的区别即犯罪主体，合同诈骗的犯罪主体既包括自然人，也包括单位。而普通诈骗的犯罪主体只能是自然人，不包括单位。

必知法规

一、《中华人民共和国民法通则》

第五十八条　下列民事行为无效：

（一）无民事行为能力人实施的；

（二）限制民事行为能力人依法不能独立实施的；

（三）一方以欺诈、胁迫的手段或者乘人之危，使对方在违背真实意思的情况下所为的；

（四）恶意串通，损害国家、集体或者第三人利益的；

（五）违反法律或者社会公共利益的；

（六）经济合同违反国家指令性计划的；

（七）以合法形式掩盖非法目的的。

无效的民事行为，从行为开始起就没有法律约束力。

二、《中华人民共和国合同法》

第五十二条　有下列情形之一的，合同无效：

（一）一方以欺诈、胁迫的手段订立合同，损害国家利益；

（二）恶意串通，损害国家、集体或者第三人利益；

（三）以合法形式掩盖非法目的；

（四）损害社会公共利益；

（五）违反法律、行政法规的强制性规定。

第五十四条　下列合同，当事人一方有权请求人民法院或者仲裁机构变更或者撤销：

（一）因重大误解订立的；

（二）在订立合同时显失公平的。

一方以欺诈、胁迫的手段或者乘人之危，使对方在违背真实意思的情况下订立的合同，受损害方有权请求人民法院或者仲裁机构变更或者撤销。

三、《最高人民法院关于审理民间借贷案件适用法律若干问题的规定》

第十三条 借款人或者出借人的借贷行为涉嫌犯罪，或者已经生效的判决认定构成犯罪，当事人提起民事诉讼的，民间借贷合同并不当然无效。人民法院应当根据合同法第五十二条、本规定第十四条之规定，认定民间借贷合同的效力。

担保人以借款人或者出借人的借贷行为涉嫌犯罪或者已经生效的判决认定构成犯罪为由，主张不承担民事责任的，人民法院应当依据民间借贷合同与担保合同的效力、当事人的过错程度，依法确定担保人的民事责任。

第四部分

民间借贷——『套路贷』案例

穷凶极恶“套路贷”，家破人亡何时休

近日上海电视台曝光的一起高利贷索命事件引起了社会的关注。许女士于2013年向一家“小额贷款公司”借款4万元，经过“阴阳欠条”“平账”等一系列运作，欠款额飙升到了150万元。最后“小额贷款公司”将她告上了法庭，连房子也被查封。这类高利贷大家应该都有所了解，目前网络上有一个新词形容这种诈骗套路——“套路贷”！“套路贷”究竟是什么，它又是如何让被害人乖乖就范的呢？

【案例介绍】

一、合法借贷难获得，唯有套路能解渴

由于我国目前金融开放程度不高，正规金融机构对于发放贷款还是持审慎态度。普通人也好生意人也好，如果没有足够的抵押一般来说很难从金融机构获得贷款。然而，在正常的经济活动中，总会有人急需资金，需要民间借贷来弥补资金的不足，而民间借贷中最重要的风险评估，决定了普通的民间借贷只能在熟人之间做。比如各地的老乡会、同学会，就是一些民间借贷的重要介绍场所。而熟人对于借款人的风险评估是有一定依据的。另外，中国的银行贷款利率偏低，所以很难获得，也是民间借贷市场繁荣的原因之一。

可以说这些民间借贷是目前金融体系下的重要补充，再加之借款人与出借人之间往往彼此熟识，风控评判的准确度要比银行高一些，成为很多急需用钱老百姓的首选。

二、民间借贷需规范，借款人处劣势任人宰

近年来，以担保、信托、咨询为名的各类资金经营公司发展十分迅猛。这些公司大多打着民间借贷的旗号，行高息放贷（俗称高利贷）之实，并由此引发了一系列的社会和法律问题，引起了政府和法学界的高度重视。由于现行《刑法》并未明确规定高利贷行为的法律责任，致使一些公司和个人以“民间借贷”的名义打“擦边球”，逃避司法机关打击和法律的制裁。

上文中提到的许女士在半年里，债务就从4万元变成150万元。其间许女士还被对方软禁十多天，直到媒体介入才将她解救，但是她和父母居住的房产已经被法院查封，

连遭打击的许女士于2016年突发心脏病去世。

三、借条数额翻倍，“套路贷”是何套路？

“套路贷”团伙挑选受害人的主要途径是各种主动找上门继续借款的人们，一般找“套路贷”的基本可判断出缺乏融资渠道和社会关系，在城市也属于社会底层，在一线城市房价不断暴涨的今天，一些缺乏社会经验，却突然暴富的拆迁户更是他们的最佳选择。

比如，曾有新闻报道，2014年年底，上海市祝桥镇政府工作人员向浦东公安分局治安部门反映：近期收到该镇多户动迁居民的联名求助，不知如何应对。这些家庭有两个共同特点：一是动迁不久；二是家中有尚未就业的子女。困扰着这些家庭的噩梦是赌博。根据2013年年初的公开资料，祝桥镇近几年迎来了大开发、大建设，一大批农民进行了动迁安置。从早期的千汇苑、祝和苑等小区开始，祝桥镇造了一个又一个动迁安置小区。承办民警指出，在此次发案的惠南镇、三林镇、祝桥镇，动迁安置社区都“特别多”。这些“迁二代”是怎样一群人？他们大多20岁出头，最小的出生于1994年，普遍没有受过高等教育；他们没有工作，也没有找过工作；他们和家庭的关系疏离，以本地同学圈子为主要社交活动范围，不少人长期不在家生活，甚至警方也找不到他们。

办案民警还告诉记者，“迁二代”被高利贷盯上，除了自甘沉沦，还因为放贷公司看中动迁户家中有房，一旦难以还款，还可以卖房还债，放贷“得手”的可能性更大。

四、明知套路深，受害人为何肯签字？

债务人在借款不久后，一般会发现违法分子的“套路”，但是，如果拒绝对新的借条签字，出借人就会组织地痞流氓来到借款人家中实施破坏，严重影响借款人及其家人的正常生活状况，甚至有些“套路贷”分子一边哄骗，一边逼迫借款人去签一个《房屋买卖全委托公证书》，再逼迫其交出房产证，最终目的是将借款人房产出卖，使借款人沦落街头。

案例分析

一、套路贷借条为何能得到法律承认？

看似合法，正是“套路贷”的可怕之处，人民法院对民间借贷的案子的审查，着重审查两方面，一是借条签名是否为本人所签，二是银行流水单。

“套路贷”骗局通常分两步走。第一步就是先诱使借款人借贷，随后以行规为由，哄骗借款人签下高于所借款项一倍甚至数倍的欠条。比如借5万元，欠条写的却是10万元。此时骗子最常见的话术是“不会真让你还这么多，按期还就没事”。第二步是伪造银行流水。借款人签下欠条之后，“小额贷款公司”会哄骗借款人前往银行转账取款并拿走现金，留下银行流水作为证据。比如“小额贷款公司”会与借款人一同到银行转账，他们先将欠条上允诺的金额10万元打入借款人卡中，接着让借款人取出，然后拿走其中的5万元，而借款人却没有拿到还款单。最后借款人实际到手的钱只有5万元，但是银行流水却显示有10万元进账。

二、“小额贷款公司”怎样保证自己获得受害人财产?

如果借款人真的还不上钱，会面临什么后果?他们可能会被迫失去房产、失去人身自由，家人朋友也要遭受无止境的骚扰。

一些非法的小额贷款公司非常懂得“规避风险”。他们往往会要求有房的借款人网签房产，房产一旦网签就不能再交易，这对借款人是一大制约。同时签署20年的房屋租赁协议，这样就可以“合法”地占据借款人的房产，转租以牟利。对待借款人，讨债人通常会把其非法拘禁在住处内。上文中提到的许女士，就曾在出差途中被讨债人胁迫返沪，并被软禁在自己家中10多天，讨债人也跟着住了进来。讨债人的行为已经涉嫌非法拘禁罪、非法侵入他人住宅罪。对待借款人的亲朋好友，采取胡搅蛮缠、语言威胁、跟踪盯梢、油漆刷墙、堵钥匙孔等“软暴力”手段。惩治“套路贷”的一大难题是——法律讲究证据，而骗子把证据链条做成了完美的闭环。

【大律支招】

俗话说，自古深情留不住，唯有套路得人心。现在随着人民防骗意识的不断增强，一些原本常见的骗局已经无法获得成功，犯罪分子也越来越注重法律风险，在此情况下，“套路贷”应运而生，给人民群众带来了极大的困扰，并且严重扰乱我国的社会秩序。

“套路贷”行为已危害到国家金融秩序和社会的稳定，社会反映强烈，成为一个社会热点问题，不但不能促进经济发展，反而严重阻碍了经济的发展，借款人往往借新债，还旧债，恶性循环，最终家破人亡。放款人动用各种手段向受害人索取不正当利益比比皆是，“套路贷”的借款人或担保人不能按时还款，行为人索要，采取威逼、勒索、恐吓、拘禁等手段的情况很多，特别是把债卖给一些黑恶势力，发生威逼、勒索、恐吓、拘禁借款人或担保人等情况也屡见不鲜。非法经营资金行为引起的债权，特别是超期任意加罚，强加于用款人、担保人，应是一种无效债权，它违背了合同应遵循的基本原则，即公平、自愿，应当是当事人真实意愿的表达。构成非法经营罪的应视为赃款。由于“套路贷”的手段都比较隐蔽，几乎都是以借条的形式出现，往往行为人进行民事诉讼，在借款人或担保人陈述事实后，应慎重判决，在实践中判决的也不是少数。借条形式只是高息放贷的手段，要透过现象看本质。应当着重审查案件是否涉及暴力讨债、非法限制人身自由、非法侵入住宅、合同诈骗等犯罪行为，不能仅仅凭据借条和银行流水单简单判定为民间借贷案件。

必懂知识点

首先，“套路贷”往往披着看似合法的外衣，令受害人认为法律并不能帮其解决问题。其次，更加深层次的原因是非法小额贷款公司的证据链条往往看起来十分完备——借条、银行流水，甚至拥有当事人提款的视频监控，而借款人往往不懂得保留证据。而公安机关往往无法及时区分正常的经济纠纷与违法犯罪行为，使受害人权益得不到及时保障。

“套路贷”与正常民间借贷的区别：

民间借贷始自何时，历史久远无从考证，但它是社会生产生活中的必然。民间借贷的标的物也表现出各种形态，明显带有生存发展的需求性。随着社会经济的进步、发展的需要，逐步上升到国家行为，民间借贷在经济生活中占的比重就很小了。传统的民间借贷应该既有借也有贷，有偿与无偿是共存的，无论是有偿还是无偿都存在着情和理。而“套路贷”往往隐藏在民间借贷身后，甚至在表现形式上也与民间借贷大致相同，比如有的借款利息在8%～20%，为规避法律，借款协议中的利息只填2.5%或根本不填数或者在借款时直接扣除利息，给人造成民间借贷的假象。基本上所有的“套路贷”都采用复利计息的方法，以牟取利润最大化。一旦借款人到期无力还款，出借人要么组织黑恶势力上门暴力追讨，要么一纸诉状将其告上法庭。但是，无论“套路贷”以何种面目出现，其与真正意义上的民间借贷在性质方面有本质区别。

必知法规

一、《中华人民共和国合同法》

第三条 合同当事人的法律地位平等，一方不得将自己的意志强加给另一方。

第四条 当事人依法享有自愿订立合同的权利，任何单位和个人不得非法干预。

第五条 当事人应当遵循公平原则确定各方的权利和义务。

第六条 当事人行使权利、履行义务应当遵循诚实信用原则。

第七条 当事人订立、履行合同，应当遵守法律、行政法规，尊重社会公德，不得扰乱社会经济秩序，损害社会公共利益。

第一百零一条 有下列情形之一，难以履行债务的，债务人可以将标的物提存：

（一）债权人无正当理由拒绝受领；

（二）债权人下落不明；

（三）债权人死亡未确定继承人或者丧失民事行为能力未确定监护人；

（四）法律规定的其他情形。

（五）数人就同一债权主张权利，债权人一时无法确定，致使债务人一时难以履行债务。

二、《中华人民共和国刑法》

第二百二十五条 违反国家规定，有下列非法经营行为之一，扰乱市场秩序，情节严重的，处五年以下有期徒刑或者拘役，并处或者单处违法所得一倍以上五倍以下罚金；情节特别严重的，处五年以上有期徒刑，并处违法所得一倍以上五倍以下罚金或者没收财产：

（一）未经许可经营法律、行政法规规定的专营、专卖物品或者其他限制买卖的物品的；

（二）买卖进出口许可证、进出口原产地证明以及其他法律、行政法规规定的经营许可证或者批准文件的；

（三）未经国家有关主管部门批准，非法经营证券、期货或者保险业务的；

（四）其他严重扰乱市场秩序的非法经营行为。

暴力胁迫“套路贷”，虚假流水显端倪

【案例介绍】

李某某系龙口市某纸业有限公司的法定代表人兼总经理。2015 年 2 月正值农历的年末，李某某的公司面临发放工人工资及还银行贷款的资金压力与困难。2015 年 2 月 10 日，自称是小额贷款公司员工的姚某某来到李某某的公司，称自己能帮李某某办理小额贷款。2015 年 2 月 12 日，李某某因急需用钱便打电话给姚某某，提出借款 13 万元的需求。姚某某当即表示借款当日即可到账。果然，李某某当日即收到了银行汇款 13 万元。2 月 14 日，姚某某带领七个身上“文龙画虎”的人来到李某某的公司，声称该笔借款为其朋友刘某某所有，要求李某某找一些抵押物进行抵押。这伙人在办公楼内四处找寻，最后选定了一套李某某早年收藏的龙椅和一套紫檀家具作为抵押物，此时，他们拿出了一份事先准备好的《借款抵顶协议》要求李某某签字。李某某发现协议中约定借款金额为 30 万元，当场拒绝签字，这伙人便以暴力相威胁，此时，姚某某称自己愿作李某某与刘某某的保证人，将抵押物存放自己处，自己与李某某签订协议书，承诺下个月底前帮李某某办理大额贷款，以贷款还刘某某的 30 万元，如贷不出来则由自己还刘某某的 30 万元。李某某出于畏惧，便在《借款抵顶协议》及姚某某手写的协议书上签上了字。

此后不久，这伙人经常到李某某的公司暴力催收，堵住厂门限制出入，强行拉下车间的电闸造成停产，强收厂内承租人的租金，到厂内盗窃。2015 年 4 月 1 日，刘某某以虚增的 30 万元债务向蓬莱市人民法院提起民事诉讼。在庭审中，刘某某向法庭出示了《借款抵顶协议》、银行转账 13 万元的凭证，虚假陈述了自己向李某某交付现金 17 万元的经过，申请证人刘某某出庭证明 30 万元借款的来源并出示了自己的银行取款证明。李某某主张借款本金只有 13 万元，17 万元为虚增债务，且借款有抵押物抵押，还有刘某某到公司强行拉走数件收藏品的证明。2016 年 1 月 12 日，蓬莱市法院出具了（2015）蓬北民初字第 120 号民事判决书，支持了刘某某的诉求，从此虚假债务变成合法化债务。

此时，李某某的公司已无力运转，刘某某拿到法院的胜诉判决之后更是把李某某的公司当成了自己的家，三天两头到李某某的公司里看好什么拿走什么，并与当地民警玩起躲猫猫的游戏。此时，李某某苦不堪言，丈夫也与其离了婚，原本夫妻二人以厂为家，因不堪刘某某团伙的骚扰，二人各自离开一起经营了 15 年的工厂。2018 年 1 月，李某某在登上烟台的客轮时被当地民警刑拘，这才知道原来自己公司的设备在被蓬莱法院查封期间遭到盗窃，蓬莱市公安局怀疑是李某某伙同其前夫处置的，于是以拒不执行判决、裁定罪上网通缉了二人。

李某某的前夫孙某某得知此事后，委托北京市京师律师事务所的王朝勇律师在第一时间会见了李某某，了解基本案情并到蓬莱市人民法院调取了李某某与刘某某的卷宗材料。在经过一番调查后，王朝勇律师锁定了证人刘某某的银行取款凭证是伪造的，经过调查比对确认该凭证为虚假证据材料。王朝勇律师果断启动了申诉程序，2019 年 4 月 28 日，蓬莱市人民法院出具了（2019）鲁 0684 民监 8 号民事裁定书：原审原告刘某某与原审被告李某某、孙某某、龙口市日东纸业有限公司民间借贷纠纷一案，于 2016 年 1 月 12 日作出（2015）蓬北民初字第 120 号民事判决书，已发生法律效力。经蓬莱市法院院长提交审委会讨论认为，该判决确有错误，应予再审，裁定本案由蓬莱市法院再审。蓬莱市公安局于 2019 年 4 月 26 日出具蓬公（北沟）撤案字〔2019〕27 号撤销案件决定书，因没有犯罪事实决定撤销此案。虽然此时李某某和其前夫已沉冤得雪，但这起“套路贷”案件给李某某和她的家人造成的伤害，是需要很长一段时间才能平复的。同时，这起案件给企业家们带来了深刻的警示。

案例分析

一、借贷纠纷中如何准确把握民事诉讼证据的“三性”问题

民事诉讼证据是能够证明案件真实情况的客观事实，亦是人民法院查明案件事实、分清是非，正确作出裁判的基础。司法实践中，人民法院审理双方当事人的纠纷，应当准确把握民事诉讼证据的三性：①真实性，也称证据的客观性或确实性。不仅包括证据本身的形成过程是客观真实的，亦包括证据所反映的内容是真实的，客观存在的。因此，一切证据材料必须经过查证属实，才能作为定案的依据。②关联性，即证据必须与待证事实有内在和必然的联系。与待证事实没有联系的证据，不能起到证明案件真实情况的作用，不能作为定案的依据。证据与待证事实的关联性表现形式较多，包括但不限于因果联系、时间联系、空间联系、条件联系、偶然联系等。③合法性，即证据的主体形式、来源等符合法律的有关规定。主要表现在：第一，证据必须具备合法的形式，即属于我国《民事诉讼法》规定的书证、物证、鉴定意见等八种之一。第二，证据的来源合法，包括出具证据的主体适格，取证程序合法等。第三，证据符合

形式上的要件。如合同应当有单位印章、个人签名，出具证言的证人具有作证能力和资格等。

证据应当具有真实性、合法性和关联性才能作为有效的证据。原告向法院提起诉讼，要求被告归还借款本金及利息。但本案中原告提交的证据材料欠缺证据的形式要件，不具有证据的真实性、关联性和合法性，不能有效地证明其与被告之间具有债权债务关系，应驳回其诉讼请求。且原告刘某某、姚某某等人从事“套路贷”，以小额贷款公司名义许诺快速贷款为诱饵，迫使李某某签订借款金额为30万元的《借款抵顶协议》，以13万元借款虚增债务17万元，拆分角色，以姚某某作为抵押权人占有申请人的抵押物。在“索债”过程中，刘某某经常伙同一群身上“文龙画虎”之人到李某某的公司滋扰，强行收取厂内承租人的租金，多次带人到李某某公司的办公楼内行窃，2017年刘某某团伙洗劫了李某某公司办公楼内物品（其中包括数件收藏品）。在诉讼过程中，刘某某以虚高的协议金额提起诉讼，提交虚假银行流水，导致法院作出错误判决。刘某某的行为涉嫌虚假诉讼罪、伪造证据罪、伪造公司印章罪、妨害作证罪、帮助伪造证据罪、寻衅滋事罪、诈骗罪等。刘某某向法庭作虚假陈述、出示虚假银行流水，刘某某的行为涉嫌妨害作证罪、伪造公司印章罪等。

二、借条的证明力瑕疵

通常情况下，借条是证明债权债务关系存在最直接的证据。但若借条的存在与其他证据发生了矛盾和冲突，则不能直接认定该借条具有较高的证明力，而是应当将证据规则的规定作为依据，结合其他证据，全面、准确地对借条的证明效力进行分析。

借条的证明效力问题是民间借贷纠纷中普遍存在的问题，通常情况下，借条往往成为证明借贷关系的唯一依据。在传统民间借贷纠纷中，因借款数额较小，借条一般能够反映真实的借贷关系；然而随着经济的发展，借条作为证明借贷关系唯一依据的效力越来越弱，瑕疵借条、借条暗藏高利贷、虚假诉讼的现象也越来越多。司法实践中，分析借条的证明力应当注意以下几点：①借条本身具有较强的证明力，只有条件充分才能否定借条的证明力。一般来说，借条是一种证明借贷关系成立的直接有效和有力的证据，在其他证据不充分的情形下，不能否定借条在民间借贷中的基础作用。②在出借人提供借条主张权利，而借款人否认借贷关系或辩称借贷关系与借条所载事实不符的情况下，人民法院不能简单地适用举证责任判断案件事实，而应当围绕借条的形成过程、记载内容依职权查明事实，在案件事实确实无法查清的情况下，再判定由出借人承担举证不力的后果。③根据借款金额的大小适用不同规则分析借条的证明力。借款金额较小的，可以直接认定借条的证明效力。借款金额较大的，应当审慎审查借条的证明力，结合银行凭证及其他辅助证据综合认定。其中，对于借款金额大小的区分标准，应结合借贷双方的资金能力、交易习惯、地方经济发展水平等综合分析。

【大律支招】

民间借贷纠纷涉及虚假诉讼时处理方式

人民法院在再审中查明原审诉讼为虚假诉讼，应当判决驳回原审原告的诉讼请求，并对其妨害民事诉讼的行为依法予以制裁。虚假民间借贷诉讼，是指当事人为了获取非法利益，通过采取恶意串通、捏造事实、伪造变造证据、虚构法律关系等方式提起民间借贷民事诉讼，意图使人民法院作出错误裁判和执行，侵害第三人、集体或者国家利益的行为。对虚假民间借贷诉讼的认定和处理，最高人民法院《关于依法妥善审理民间借贷纠纷案件促进经济发展维护社会稳定的通知》第七条明确规定：人民法院在审理民间借贷纠纷案件过程中，要依法全面、客观地审核双方当事人提交的全部证据，从各证据与案件事实的关联程度、各证据之间的联系等方面进行综合审查判断。对形式有瑕疵的“欠条”或者“收条”，要结合其他证据认定是否存在借贷关系；对现金交付的借贷，可根据交付凭证、支付能力、交易习惯、借贷金额的大小、当事人之间关系以及当事人陈述的交易细节经过等因素综合判断。发现有虚假诉讼嫌疑的，要及时依职权或者提请有关部门调查取证，查清事实真相。经查证确属虚假诉讼的，驳回其诉讼请求，并对其妨害民事诉讼的行为依法予以制裁；对于以骗取财物、逃避债务为目的实施虚假诉讼，构成犯罪的，依法追究刑事责任。

人民法院在审理民事案件中发现存在虚假诉讼可能时，应当依职权调取相关证据，并详细询问当事人，全面严格审查诉讼请求与相关证据之间是否存在矛盾，以及当事人诉讼中言行是否违背常理。经综合审查判断当事人存在虚构事实、恶意串通、规避法律或国家政策以谋取非法利益进行虚假民事诉讼情形的，应当依法予以制裁。

2016 年 6 月 20 日发布的《最高人民法院关于防范和制裁虚假诉讼的指导意见》（以下简称《指导意见》）对虚假诉讼的防范和制裁作出了明确规定。首先，指出人民法院在审理民间借贷、离婚析产、以物抵债、劳动争议、公司分立（合并）、企业破产等虚假诉讼高发领域的案件时，要加大证据审查力度。其次，《指导意见》对实践中经常出现的典型的虚假诉讼特征进行了梳理，主要包括：①当事人为夫妻、朋友等亲近关系或者关联企业等共同利益关系。②原告诉请司法保护的标的额与其自身经济状况严重不符，被告存在经济状况恶化意图转移有效资产等特殊情况。③原告起诉所依据的事实和理由明显不合常理。④诉讼参与人之间无实质性民事权益争议，被告主动应诉并同意原告诉讼请求。⑤诉讼参与人提供的证据单一，前后矛盾，不能形成证据链条；或者诉讼参与人提供的证据只能证明案件事实存在，但双方并不存在争议焦点。⑥案件证据不足，但双方仍然主动迅速达成调解协议，请求人民法院出具调解书。最后，《指导意见》对虚假诉讼规定了明确的制裁，主要体现在：①在制裁方式上，遵循从轻到重的原则，明确了制裁措施从民事赔偿到刑事制裁。②在制裁对象上，针对人民法院工作人员、诉讼代理人、鉴定人等主体分别规定了不同的处罚措施。③在制裁手段上，探索建立虚假诉讼失信人名单制度，以及多部门协调配合的综合治理机制。

必懂知识点

自然人之间的借款合同属于实践性合同，自贷款人提供借款时生效，借款人向贷款人出具借条、交付土地使用权证、交纳利息不能认定借款合同生效。从借贷金额大小、交付细节、经济能力、交易习惯、当事人关系及陈述等方面无法证实借贷事实发生的，应当认定借款合同未生效。

根据我国《合同法》第二百一十条规定，自然人之间的借款合同属于实践性合同，当事人之间的意思表示真实，合同的主要内容不违反法律、行政法规的强制性规定，符合上述条件的，合同成立，但仍需要贷款人交付借款方能生效，自然人不得约定借款合同自合同成立时生效。由于借款合同的生效以贷款人实际支付借款为标志，当贷款人是否支付借款的事实难以认定时，需要当事人举证，综合借款金额、款项交付、当事人的经济能力、当地或者当事人之间的交易方式、交易习惯、当事人财产变动等因素判断出借人是否实际支付借款。存在以下两种情况的，属于贷款人无充分证据证明借款已实际支付给借款人，应当认定无法证实借款关系存在，借款合同未生效，贷款人无权要求借款人偿还借款。第一，贷款人所主张的事实与其经济能力、交易习惯等方式存在矛盾，且无法提供其他证据相互印证的；第二，贷款人主张曾向借款人支付巨额借款，但其实际经济能力有限且与借款人互不相识，或者贷款人对相关交易的细节描述存在矛盾且无法作出合理解释。

必知法规

一、《中华人民共和国刑法》

第二百六十四条　盗窃公私财物，数额较大的，或者多次盗窃、入户盗窃、携带凶器盗窃、扒窃的，处三年以下有期徒刑、拘役或者管制，并处或者单处罚金；数额巨大或者有其他严重情节的，处三年以上十年以下有期徒刑，并处罚金；数额特别巨大或者有其他特别严重情节的，处十年以上有期徒刑或者无期徒刑，并处罚金或者没收财产。

第二百八十条　【伪造、变造、买卖国家机关公文、证件、印章罪】伪造、变造、买卖或者盗窃、抢夺、毁灭国家机关的公文、证件、印章的，处三年以下有期徒刑、拘役、管制或者剥夺政治权利，并处罚金；情节严重的，处三年以上十年以下有期徒刑，并处罚金。

【伪造公司、企业、事业单位、人民团体印章罪】伪造公司、企业、事业单位、人民团体的印章的，处三年以下有期徒刑、拘役、管制或者剥夺政治权利，并处罚金。

第二百九十三条　【寻衅滋事罪】有下列寻衅滋事行为之一，破坏社会秩序的，处五年以下有期徒刑、拘役或者管制：

（一）随意殴打他人，情节恶劣的；

（二）追逐、拦截、辱骂、恐吓他人，情节恶劣的；

（三）强拿硬要或者任意损毁、占用公私财物，情节严重的；

（四）在公共场所起哄闹事，造成公共场所秩序严重混乱的。

纠集他人多次实施前款行为，严重破坏社会秩序的，处五年以上十年以下有期徒刑，可以并处罚金。

第三百零七条　【妨害作证罪】以暴力、威胁、贿买等方法阻止证人作证或者指使他人作伪证的，处三年以下有期徒刑或者拘役；情节严重的，处三年以上七年以下有期徒刑。

【帮助毁灭、伪造证据罪】帮助当事人毁灭、伪造证据，情节严重的，处三年以下有期徒刑或者拘役。司法工作人员犯前两款罪的，从重处罚。

二、《中华人民共和国刑法修正案（九）》

【虚假诉讼罪】以捏造的事实提起民事诉讼，妨害司法秩序或者严重侵害他人合法权益的，处三年以下有期徒刑、拘役或者管制，并处或者单处罚金；情节严重的，处三年以上七年以下有期徒刑，并处罚金。

单位犯前款罪的，对单位判处罚金，并对其直接负责的主管人员和其他直接责任人员，依照前款的规定处罚。

有第一款行为，非法占有他人财产或者逃避合法债务，又构成其他犯罪的，依照处罚较重的规定定罪从重处罚。

司法工作人员利用职权，与他人共同实施前三款行为的，从重处罚；同时构成其他犯罪的，依照处罚较重的规定定罪从重处罚。

三、《最高人民法院、最高人民检察院关于办理虚假诉讼刑事案件适用法律若干问题的解释》

第一条 采取伪造证据、虚假陈述等手段，实施下列行为之一，捏造民事法律关系，虚构民事纠纷，向人民法院提起民事诉讼的，应当认定为刑法第三百零七条之一第一款规定的“以捏造的事实提起民事诉讼”：

（一）与夫妻一方恶意串通，捏造夫妻共同债务的；

（二）与他人恶意串通，捏造债权债务关系和以物抵债协议的；

（三）与公司、企业的法定代表人、董事、监事、经理或者其他管理人员恶意串通，捏造公司、企业债务或者担保义务的；

（四）捏造知识产权侵权关系或者不正当竞争关系的；

（五）在破产案件审理过程中申报捏造的债权的；

（六）与被执行人恶意串通，捏造债权或者对查封、扣押、冻结财产的优先权、担保物权的；

（七）单方或者与他人恶意串通，捏造身份、合同、侵权、继承等民事法律关系的其他行为。

隐瞒债务已经全部清偿的事实，向人民法院提起民事诉讼，要求他人履行债务的，以“以捏造的事实提起民事诉讼”论。

向人民法院申请执行基于捏造的事实作出的仲裁裁决、公证债权文书，或者在民事执行过程中以捏造的事实对执行标的提出异议、申请参与执行财产分配的，属于刑法第三百零七条之一第一款规定的“以捏造的事实提起民事诉讼”。

第二条 以捏造的事实提起民事诉讼，有下列情形之一的，应当认定为刑法第三百零七条之一第一款规定的“妨害司法秩序或者严重侵害他人合法权益”：

（一）致使人民法院基于捏造的事实采取财产保全或者行为保全措施的；

（二）致使人民法院开庭审理，干扰正常司法活动的；

（三）致使人民法院基于捏造的事实作出裁判文书、制作财产分配方案，或者立案执行基于捏造的事实作出的仲裁裁决、公证债权文书的；

（四）多次以捏造的事实提起民事诉讼的；

（五）曾因以捏造的事实提起民事诉讼被采取民事诉讼强制措施或者受过刑事追究的；

（六）其他妨害司法秩序或者严重侵害他人合法权益的情形。

第三条 以捏造的事实提起民事诉讼，有下列情形之一的，应当认定为刑法第三百零七条之一第一款规定的“情节严重”：

（一）有本解释第二条第一项情形，造成他人经济损失一百万元以上的；

（二）有本解释第二条第二项至第四项情形之一，严重干扰正常司法活动或者严重损害司法公信力的；

（三）致使义务人自动履行生效裁判文书确定的财产给付义务或者人民法院强制执行财产权益，数额达到一百万元以上的；

（四）致使他人债权无法实现，数额达到一百万元以上的；

（五）非法占有他人财产，数额达到十万元以上的；

（六）致使他人因为不执行人民法院基于捏造的事实作出的判决、裁定，被采取刑事拘留、逮捕措施或者受到刑事追究的；

（七）其他情节严重的情形。

第四条　实施刑法第三百零七条之一第一款行为，非法占有他人财产或者逃避合法债务，又构成诈骗罪，职务侵占罪，拒不执行判决、裁定罪，贪污罪等犯罪的，依照处罚较重的规定定罪从重处罚。

第五条　司法工作人员利用职权，与他人共同实施刑法第三百零七条之一前三款行为的，从重处罚；同时构成滥用职权罪，民事枉法裁判罪，执行判决、裁定滥用职权罪等犯罪的，依照处罚较重的规定定罪从重处罚。

第六条　诉讼代理人、证人、鉴定人等诉讼参与人与他人通谋，代理提起虚假民事诉讼、故意作虚假证言或者出具虚假鉴定意见，共同实施刑法第三百零七条之一前三款行为的，依照共同犯罪的规定定罪处罚；同时构成妨害作证罪，帮助毁灭、伪造证据罪等犯罪的，依照处罚较重的规定定罪从重处罚。

第七条　采取伪造证据等手段篡改案件事实，骗取人民法院裁判文书，构成犯罪的，依照刑法第二百八十条、第三百零七条等规定追究刑事责任。

第八条　单位实施刑法第三百零七条之一第一款行为的，依照本解释规定的定罪量刑标准，对其直接负责的主管人员和其他直接责任人员定罪处罚，并对单位判处罚金。

第九条　实施刑法第三百零七条之一第一款行为，未达到情节严重的标准，行为人系初犯，在民事诉讼过程中自愿具结悔过，接受人民法院处理决定，积极退赃、退赔的，可以认定为犯罪情节轻微，不起诉或者免予刑事处罚；确有必要判处刑罚的，可以从宽处罚。

司法工作人员利用职权，与他人共同实施刑法第三百零七条之一第一款行为的，对司法工作人员不适用本条第一款规定。

第十条　虚假诉讼刑事案件由虚假民事诉讼案件的受理法院所在地或者执行法院所在地人民法院管辖。有刑法第三百零七条之一第四款情形的，上级人民法院可以指定下级人民法院将案件移送其他人民法院审判。

第十一条　本解释所称裁判文书，是指人民法院依照民事诉讼法、企业破产法等民事法律作出的判决、裁定、调解书、支付令等文书。

第十二条　本解释自2018年10月1日起施行。

四、最高人民法院　最高人民检察院　公安部　司法部《关于办理“套路贷”刑事案件若干问题的意见》

为持续深入开展扫黑除恶专项斗争，准确甄别和依法严厉惩处“套路贷”违法犯罪分子，根据刑法、刑事诉讼法、有关司法解释以及最高人民法院、最高人民检察院、公安部、司法部《关于办理黑恶势力犯罪案件若干问题的指导意见》等规范性文件的规定，现对办理“套路贷”刑事案件若干问题提出如下意见：

一、准确把握“套路贷”与民间借贷的区别

1. “套路贷”，是对以非法占有为目的，假借民间借贷之名，诱使或迫使被害人签订“借贷”或变相“借贷”“抵押”“担保”等相关协议，通过虚增借贷金额、恶意制造违约、肆意认定违约、毁匿还款证据等方式形成虚假债权债务，并借助诉讼、仲裁、公证或者采用暴力、威胁以及其他手段非法占有被害人财物的相关违法犯罪活动的概括性称谓。

2. “套路贷”与平等主体之间基于意思自治而形成的民事借贷关系存在本质区别，民间借贷的出借人是为了到期按照协议约定的内容收回本金并获取利息，不具有非法占有他人财物的目的，也不会在签订、履行借贷协议过程中实施虚增借贷金额、制造虚假给付痕迹、恶意制造违约、肆意认定违约、毁匿还款证据等行为。司法实践中，应当注意非法讨债引发的案件与“套路贷”案件的区别，犯罪嫌疑人、被告人不具有非法占有目的，也未使用“套路”与借款人形成虚假债权债务，不应视为“套路贷”。因使用暴力、威胁以及其他手段强行索债构成犯罪的，应当根据具体案件事实定罪处罚。

3. 实践中，“套路贷”的常见犯罪手法和步骤包括但不限于以下情形：

（1）制造民间借贷假象。犯罪嫌疑人、被告人往往以“小额贷款公司”“投资公司”“咨询公司”“担保公司”“网络借贷平台”等名义对外宣传，以低息、无抵押、无担保、快速放款等为诱饵吸引被害人借款，继而以“保证金”“行规”等虚假理由诱使被害人基于错误认识签订金额虚高的“借贷”协议或相关协议。有的犯罪嫌疑人、被告人还会以被害人先前借贷违约等理由，迫使对方签订金额虚高的“借贷”协议或相关协议。

（2）制造资金走账流水等虚假给付事实。犯罪嫌疑人、被告人按照虚高的“借贷”协议金额将资金转入被害人账户，制造已将全部借款交付被害人的银行流水痕迹，随后便采取各种手段将其中全部或者部分资金收回，被害人实际上并未取得或者完全取得“借贷”协议、银行流水上显示的钱款。

（3）故意制造违约或者肆意认定违约。犯罪嫌疑人、被告人往往会以设置违约陷阱、制造还款障碍等方式，故意造成被害人违约，或者通过肆意认定违约，强行要求被害人偿还虚假债务。

（4）恶意垒高借款金额。当被害人无力偿还时，有的犯罪嫌疑人、被告人会安排其所属公司或者指定的关联公司、关联人员为被害人偿还“借款”，继而与被害人签订金额更大的虚高“借贷”协议或相关协议，通过这种“转单平账”“以贷还贷”的方式不断垒高“债务”。

（5）软硬兼施“索债”。在被害人未偿还虚高“借款”的情况下，犯罪嫌疑人、被告人借助诉讼、仲裁、公证或者采用暴力、威胁以及其他手段向被害人或者被害人的特定关系人索取“债务”。

中华人民共和国反有组织犯罪法

（2021 年 12 月 24 日第十三届全国人民代表大会常务
委员会第三十二次会议通过）

目录

第一章　总　则

第一条　为了预防和惩治有组织犯罪，加强和规范反有组织犯罪工作，维护国家安全、社会秩序、经济秩序，保护公民和组织的合法权益，根据宪法，制定本法。

第二条　本法所称有组织犯罪，是指《中华人民共和国刑法》第二百九十四条规定的组织、领导、参加黑社会性质组织犯罪，以及黑社会性质组织、恶势力组织实施的犯罪。

本法所称恶势力组织，是指经常纠集在一起，以暴力、威胁或者其他手段，在一定区域或者行业领域内多次实施违法犯罪活动，为非作恶，欺压群众，扰乱社会秩序、经济秩序，造成较为恶劣的社会影响，但尚未形成黑社会性质组织的犯罪组织。

境外的黑社会组织到中华人民共和国境内发展组织成员、实施犯罪，以及在境外对中华人民共和国国家或者公民犯罪的，适用本法。

第三条　反有组织犯罪工作应当坚持总体国家安全观，综合运用法律、经济、科技、文化、教育等手段，建立健全反有组织犯罪工作机制和有组织犯罪预防治理体系。

第四条 反有组织犯罪工作应当坚持专门工作与群众路线相结合，坚持专项治理与系统治理相结合，坚持与反腐败相结合，坚持与加强基层组织建设相结合，惩防并举、标本兼治。

第五条 反有组织犯罪工作应当依法进行，尊重和保障人权，维护公民和组织的合法权益。

第六条 监察机关、人民法院、人民检察院、公安机关、司法行政机关以及其他有关国家机关，应当根据分工，互相配合，互相制约，依法做好反有组织犯罪工作。

有关部门应当动员、依靠村民委员会、居民委员会、企业事业单位、社会组织，共同开展反有组织犯罪工作。

第七条 任何单位和个人都有协助、配合有关部门开展反有组织犯罪工作的义务。

国家依法对协助、配合反有组织犯罪工作的单位和个人给予保护。

第八条 国家鼓励单位和个人举报有组织犯罪。

对举报有组织犯罪或者在反有组织犯罪工作中作出突出贡献的单位和个人，按照国家有关规定给予表彰、奖励。

第二章 预防和治理

第九条 各级人民政府和有关部门应当依法组织开展有组织犯罪预防和治理工作，将有组织犯罪预防和治理工作纳入考评体系。

村民委员会、居民委员会应当协助人民政府以及有关部门开展有组织犯罪预防和治理工作。

第十条 承担有组织犯罪预防和治理职责的部门应当开展反有组织犯罪宣传教育，增强公民的反有组织犯罪意识和能力。

监察机关、人民法院、人民检察院、公安机关、司法行政机关应当通过普法宣传、以案释法等方式，开展反有组织犯罪宣传教育。

新闻、广播、电视、文化、互联网信息服务等单位，应当有针对性地面向社会开展反有组织犯罪宣传教育。

第十一条 教育行政部门、学校应当会同有关部门建立防范有组织犯罪侵害校园工作机制，加强反有组织犯罪宣传教育，增强学生防范有组织犯罪的意识，教育引导学生自觉抵制有组织犯罪，防范有组织犯罪的侵害。

学校发现有组织犯罪侵害学生人身、财产安全，妨害校园及周边秩序的，有组织犯罪组织在学生中发展成员的，或者学生参加有组织犯罪活动的，应当及时制止，采取防范措施，并向公安机关和教育行政部门报告。

第十二条 民政部门应当会同监察机关、公安机关等有关部门，对村民委员会、居民委员会成员候选人资格进行审查，发现因实施有组织犯罪受过刑事处罚的，应当依照有关规定及时作出处理；发现有组织犯罪线索的，应当及时向公安机关报告。

第十三条 市场监管、金融监管、自然资源、交通运输等行业主管部门应当会同公安机关，建立健全行业有组织犯罪预防和治理长效机制，对相关行业领域内有组织犯罪情况进行监测分析，对有组织犯罪易发的行业领域加强监督管理。

第十四条 监察机关、人民法院、人民检察院、公安机关在办理案件中发现行业主管部门有组织犯罪预防和治理工作存在问题的，可以书面向相关行业主管部门提出意见建议。相关行业主管部门应当及时处理并书面反馈。

第十五条 公安机关可以会同有关部门根据本地有组织犯罪情况，确定预防和治理的重点区域、行业领域或者场所。

重点区域、行业领域或者场所的管理单位应当采取有效措施，加强管理，并及时将工作情况向公安机关反馈。

第十六条 电信业务经营者、互联网服务提供者应当依法履行网络信息安全管理义务，采取安全技术防范措施，防止含有宣扬、诱导有组织犯罪内容的信息传播；发现含有宣扬、诱导有组织犯罪内容的信息的，应当立即停止传输，采取消除等处置措施，保存相关记录，并向公安机关或者有关部门报告，依法为公安机关侦查有组织犯罪提供技术支持和协助。

网信、电信、公安等主管部门对含有宣扬、诱导有组织犯罪内容的信息，应当按照职责分工，及时责令有关单位停止传输、采取消除等处置措施，或者下架相关应用、关闭相关网站、关停相关服务。有关单位应当立即执行，并保存相关记录，协助调查。对互联网上来源于境外的上述信息，电信主管部门应当采取技术措施，及时阻断传播。

第十七条 国务院反洗钱行政主管部门、国务院其他有关部门、机构应当督促金融机构和特定非金融机构履行反洗钱义务。发现与有组织犯罪有关的可疑交易活动的，有关主管部门可以依法进行调查，经调查不能排除洗钱嫌疑的，应当及时向公安机关报案。

第十八条 监狱、看守所、社区矫正机构对有组织犯罪的罪犯，应当采取有针对性的监管、教育、矫正措施。

有组织犯罪的罪犯刑满释放后，司法行政机关应当会同有关部门落实安置帮教等必要措施，促进其顺利融入社会。

第十九条 对因组织、领导黑社会性质组织被判处刑罚的人员，设区的市级以上公安机关可以决定其自刑罚执行完毕之日起，按照国家有关规定向公安机关报告个人财产及日常活动。报告期限不超过五年。

第二十条 曾被判处刑罚的黑社会性质组织的组织者、领导者或者恶势力组织的首要分子开办企业或者在企业中担任高级管理人员的，相关行业主管部门应当依法审查，对其经营活动加强监督管理。

第二十一条 移民管理、海关、海警等部门应当会同公安机关严密防范境外的黑社会组织入境渗透、发展、实施违法犯罪活动。

出入境证件签发机关、移民管理机构对境外的黑社会组织的人员，有权决定不准其入境、不予签发入境证件或者宣布其入境证件作废。

移民管理、海关、海警等部门发现境外的黑社会组织的人员入境的，应当及时通知公安机关。发现相关人员涉嫌违反我国法律或者发现涉嫌有组织犯罪物品的，应当依法扣留并及时处理。

第三章 案件办理

第二十二条 办理有组织犯罪案件，应当以事实为根据，以法律为准绳，坚持宽严相济。

对有组织犯罪的组织者、领导者和骨干成员，应当严格掌握取保候审、不起诉、缓刑、减刑、假释和暂予监外执行的适用条件，充分适用剥夺政治权利、没收财产、罚金等刑罚。

有组织犯罪的犯罪嫌疑人、被告人自愿如实供述自己的罪行，承认指控的犯罪事实，愿意接受处罚的，可以依法从宽处理。

第二十三条 利用网络实施的犯罪，符合本法第二条规定的，应当认定为有组织犯罪。

为谋取非法利益或者形成非法影响，有组织地进行滋扰、纠缠、哄闹、聚众造势等，对他人形成心理强制，足以限制人身自由、危及人身财产安全，影响正常社会秩序、经济秩序的，可以认定为有组织犯罪的犯罪手段。

第二十四条 公安机关应当依法运用现代信息技术，建立有组织犯罪线索收集和研判机制，分级分类进行处置。

公安机关接到对有组织犯罪的报案、控告、举报后，应当及时开展统计、分析、研判工作，组织核查或者移送有关主管机关依法处理。

第二十五条 有关国家机关在履行职责时发现有组织犯罪线索，或者接到对有组织犯罪的举报的，应当及时移送公安机关等主管机关依法处理。

第二十六条 公安机关核查有组织犯罪线索，可以按照国家有关规定采取调查措施。公安机关向有关单位和个人收集、调取相关信息和材料的，有关单位和个人应当如实提供。

第二十七条 公安机关核查有组织犯罪线索，经县级以上公安机关负责人批准，可以查询嫌疑人员的存款、汇款、债券、股票、基金份额等财产信息。

公安机关核查黑社会性质组织犯罪线索，发现涉案财产有灭失、转移的紧急风险的，经设区的市级以上公安机关负责人批准，可以对有关涉案财产采取紧急止付或者临时冻结、临时扣押的紧急措施，期限不得超过四十八小时。期限届满或者适用紧急措施的情形消失的，应当立即解除紧急措施。

第二十八条 公安机关核查有组织犯罪线索，发现犯罪事实或者犯罪嫌疑人的，应当依照《中华人民共和国刑事诉讼法》的规定立案侦查。

第二十九条 公安机关办理有组织犯罪案件，可以依照《中华人民共和国出境入境管理法》的规定，决定对犯罪嫌疑人采取限制出境措施，通知移民管理机构执行。

第三十条 对有组织犯罪案件的犯罪嫌疑人、被告人，根据办理案件和维护监管秩序的需要，可以采取异地羁押、分别羁押或者单独羁押等措施。采取异地羁押措施的，应当依法通知犯罪嫌疑人、被告人的家属和辩护人。

第三十一条 公安机关在立案后，根据侦查犯罪的需要，依照《中华人民共和国刑事诉讼法》的规定，可以采取技术侦查措施、实施控制下交付或者由有关人员隐匿身份进行侦查。

第三十二条 犯罪嫌疑人、被告人检举、揭发重大犯罪的其他共同犯罪人或者提供侦破重大案件的重要线索或者证据，同案处理可能导致其本人或者近亲属有人身危险的，可以分案处理。

第三十三条 犯罪嫌疑人、被告人积极配合有组织犯罪案件的侦查、起诉、审判等工作，有下列情形之一的，可以依法从宽处罚，但对有组织犯罪的组织者、领导者应当严格适用：

（一）为查明犯罪组织的组织结构及其组织者、领导者、首要分子的地位、作用提供重要线索或者证据的；

（二）为查明犯罪组织实施的重大犯罪提供重要线索或者证据的；

（三）为查处国家工作人员涉有组织犯罪提供重要线索或者证据的；

（四）协助追缴、没收尚未掌握的赃款赃物的；

（五）其他为查办有组织犯罪案件提供重要线索或者证据的情形。

对参加有组织犯罪组织的犯罪嫌疑人、被告人不起诉或者免予刑事处罚的，可以根据案件的不同情况，依法予以训诫、责令具结悔过、赔礼道歉、赔偿损失，或者由主管部门予以行政处罚或者处分。

第三十四条 对黑社会性质组织的组织者、领导者，应当依法并处没收财产。对其他组织成员，根据其在犯罪组织中的地位、作用以及所参与违法犯罪活动的次数、性质、违法所得数额、造成的损失等，可以依法并处罚金或者没收财产。

第三十五条 对有组织犯罪的罪犯，执行机关应当依法从严管理。

黑社会性质组织的组织者、领导者或者恶势力组织的首要分子被判处十年以上有期徒刑、无期徒刑、死刑缓期二年执行的，应当跨省、自治区、直辖市异地执行刑罚。

第三十六条 对被判处十年以上有期徒刑、无期徒刑、死刑缓期二年执行的黑社会性质组织的组织者、领导者或者恶势力组织的首要分子减刑的，执行机关应当依法提出减刑建议，报经省、自治区、直辖市监狱管理机关复核后，提请人民法院裁定。

对黑社会性质组织的组织者、领导者或者恶势力组织的首要分子假释的，适用前款规定的程序。

第三十七条 人民法院审理黑社会性质组织犯罪罪犯的减刑、假释案件，应当通知人民检察院、执行机关参加审理，并通知被报请减刑、假释的罪犯参加，听取其意见。

第三十八条 执行机关提出减刑、假释建议以及人民法院审理减刑、假释案件，应当充分考虑罪犯履行生效裁判中财产性判项、配合处置涉案财产等情况。

第四章 涉案财产认定和处置

第三十九条 办理有组织犯罪案件中发现的可用以证明犯罪嫌疑人、被告人有罪或者无罪的各种财物、文件，应当依法查封、扣押。

公安机关、人民检察院、人民法院可以依照《中华人民共和国刑事诉讼法》的规定查询、冻结犯罪嫌疑人、被告人的存款、汇款、债券、股票、基金份额等财产。有关单位和个人应当配合。

第四十条 公安机关、人民检察院、人民法院根据办理有组织犯罪案件的需要，可以全面调查涉嫌有组织犯罪的组织及其成员的财产状况。

第四十一条 查封、扣押、冻结、处置涉案财物，应当严格依照法定条件和程序进行，依法保护公民和组织的合法财产权益，严格区分违法所得与合法财产、本人财产与其家属的财产，减少对企业正常经营活动的不利影响。不得查封、扣押、冻结与案件无关的财物。经查明确实与案件无关的财物，应当在三日以内解除查封、扣押、冻结，予以退还。对被害人的合法财产，应当及时返还。

查封、扣押、冻结涉案财物，应当为犯罪嫌疑人、被告人及其扶养的家属保留必需的生活费用和物品。

第四十二条 公安机关可以向反洗钱行政主管部门查询与有组织犯罪相关的信息数据，提请协查与有组织犯罪相关的可疑交易活动，反洗钱行政主管部门应当予以配合并及时回复。

第四十三条 对下列财产，经县级以上公安机关、人民检察院或者人民法院主要负责人批准，可以依法先行出售、变现或者变卖、拍卖，所得价款由扣押、冻结机关保管，并及时告知犯罪嫌疑人、被告人或者其近亲属：

（一）易损毁、灭失、变质等不宜长期保存的物品；

（二）有效期即将届满的汇票、本票、支票等；

（三）债券、股票、基金份额等财产，经权利人申请，出售不损害国家利益、被害人利益，不影响诉讼正常进行的。

第四十四条 公安机关、人民检察院应当对涉案财产审查甄别。在移送审查起诉、提起公诉时，应当对涉案财产提出处理意见。

在审理有组织犯罪案件过程中，应当对与涉案财产的性质、权属有关的事实、证据进行法庭调查、辩论。人民法院应当依法作出判决，对涉案财产作出处理。

第四十五条 有组织犯罪组织及其成员违法所得的一切财物及其孳息、收益，违禁品和供犯罪所用的本人财物，应当依法予以追缴、没收或者责令退赔。

依法应当追缴、没收的涉案财产无法找到、灭失或者与其他合法财产混合且不可分割的，可以追缴、没收其他等值财产或者混合财产中的等值部分。

被告人实施黑社会性质组织犯罪的定罪量刑事实已经查清，有证据证明其在犯罪期间获得的财产高度可能属于黑社会性质组织犯罪的违法所得及其孳息、收益，被告人不能说明财产合法来源的，应当依法予以追缴、没收。

第四十六条 涉案财产符合下列情形之一的，应当依法予以追缴、没收：

（一）为支持或者资助有组织犯罪活动而提供给有组织犯罪组织及其成员的财产；

（二）有组织犯罪组织成员的家庭财产中实际用于支持有组织犯罪活动的部分；

（三）利用有组织犯罪组织及其成员的违法犯罪活动获得的财产及其孳息、收益。

第四十七条 黑社会性质组织犯罪案件的犯罪嫌疑人、被告人逃匿，在通缉一年后不能到案，或者犯罪嫌疑人、被告人死亡，依照《中华人民共和国刑法》规定应当追缴其违法所得及其他涉案财产的，依照《中华人民共和国刑事诉讼法》有关犯罪嫌疑人、被告人逃匿、死亡案件违法所得的没收程序的规定办理。

第四十八条 监察机关、公安机关、人民检察院发现与有组织犯罪相关的洗钱以及掩饰、隐瞒犯罪所得、犯罪所得收益等犯罪的，应当依法查处。

第四十九条 利害关系人对查封、扣押、冻结、处置涉案财物提出异议的，公安机关、人民检察院、人民法院应当及时予以核实，听取其意见，依法作出处理。

公安机关、人民检察院、人民法院对涉案财物作出处理后，利害关系人对处理不服的，可以提出申诉或者控告。

第五章 国家工作人员涉有组织犯罪的处理

第五十条 国家工作人员有下列行为的，应当全面调查，依法作出处理：

（一）组织、领导、参加有组织犯罪活动的；

（二）为有组织犯罪组织及其犯罪活动提供帮助的；

（三）包庇有组织犯罪组织、纵容有组织犯罪活动的；

（四）在查办有组织犯罪案件工作中失职渎职的；

（五）利用职权或者职务上的影响干预反有组织犯罪工作的；

（六）其他涉有组织犯罪的违法犯罪行为。

国家工作人员组织、领导、参加有组织犯罪的，应当依法从重处罚。

第五十一条 监察机关、人民法院、人民检察院、公安机关、司法行政机关应当加强协作配合，建立线索办理沟通机制，发现国家工作人员涉嫌本法第五十条规定的违法犯罪的线索，应当依法处理或者及时移送主管机关处理。

任何单位和个人发现国家工作人员与有组织犯罪有关的违法犯罪行为，有权向监察机关、人民检察院、公安机关等部门报案、控告、举报。有关部门接到报案、控告、举报后，应当及时处理。

第五十二条 依法查办有组织犯罪案件或者依照职责支持、协助查办有组织犯罪案件的国家工作人员，不得有下列行为：

（一）接到报案、控告、举报不受理，发现犯罪信息、线索隐瞒不报、不如实报告，或者未经批准、授权擅自处置、不移送犯罪线索、涉案材料；

（二）向违法犯罪人员通风报信，阻碍案件查处；

（三）违背事实和法律处理案件；

（四）违反规定查封、扣押、冻结、处置涉案财物；

（五）其他滥用职权、玩忽职守、徇私舞弊的行为。

第五十三条 有关机关接到对从事反有组织犯罪工作的执法、司法工作人员的举报后，应当依法处理，防止犯罪嫌疑人、被告人等利用举报干扰办案、打击报复。

对利用举报等方式歪曲捏造事实，诬告陷害从事反有组织犯罪工作的执法、司法工作人员的，应当依法追究责任；造成不良影响的，应当按照规定及时澄清事实，恢复名誉，消除不良影响。

第六章　国际合作

第五十四条　中华人民共和国根据缔结或者参加的国际条约，或者按照平等互惠原则，与其他国家、地区、国际组织开展反有组织犯罪合作。

第五十五条　国务院有关部门根据国务院授权，代表中国政府与外国政府和有关国际组织开展反有组织犯罪情报信息交流和执法合作。

国务院公安部门应当加强跨境反有组织犯罪警务合作，推动与有关国家和地区建立警务合作机制。经国务院公安部门批准，边境地区公安机关可以与相邻国家或者地区执法机构建立跨境有组织犯罪情报信息交流和警务合作机制。

第五十六条　涉及有组织犯罪的刑事司法协助、引渡，依照有关法律的规定办理。

第五十七条　通过反有组织犯罪国际合作取得的材料可以在行政处罚、刑事诉讼中作为证据使用，但依据条约规定或者我方承诺不作为证据使用的除外。

第七章　保障措施

第五十八条　国家为反有组织犯罪工作提供必要的组织保障、制度保障和物质保障。

第五十九条　公安机关和有关部门应当依照职责，建立健全反有组织犯罪专业力量，加强人才队伍建设和专业训练，提升反有组织犯罪工作能力。

第六十条　国务院和县级以上地方各级人民政府应当按照事权划分，将反有组织犯罪工作经费列入本级财政预算。

第六十一条　因举报、控告和制止有组织犯罪活动，在有组织犯罪案件中作证，本人或者其近亲属的人身安全面临危险的，公安机关、人民检察院、人民法院应当按照有关规定，采取下列一项或者多项保护措施：

（一）不公开真实姓名、住址和工作单位等个人信息；

（二）采取不暴露外貌、真实声音等出庭作证措施；

（三）禁止特定的人接触被保护人员；

（四）对人身和住宅采取专门性保护措施；

（五）变更被保护人员的身份，重新安排住所和工作单位；

（六）其他必要的保护措施。

第六十二条　采取本法第六十一条第三项、第四项规定的保护措施，由公安机关执行。根据本法第六十一条第五项规定，变更被保护人员身份的，由国务院公安部门批准和组织实施。

公安机关、人民检察院、人民法院依法采取保护措施，有关单位和个人应当配合。

第六十三条 实施有组织犯罪的人员配合侦查、起诉、审判等工作，对侦破案件或者查明案件事实起到重要作用的，可以参照证人保护的规定执行。

第六十四条 对办理有组织犯罪案件的执法、司法工作人员及其近亲属，可以采取人身保护、禁止特定的人接触等保护措施。

第六十五条 对因履行反有组织犯罪工作职责或者协助、配合有关部门开展反有组织犯罪工作导致伤残或者死亡的人员，按照国家有关规定给予相应的待遇。

第八章 法律责任

第六十六条 组织、领导、参加黑社会性质组织，国家机关工作人员包庇、纵容黑社会性质组织，以及黑社会性质组织、恶势力组织实施犯罪的，依法追究刑事责任。

境外的黑社会组织的人员到中华人民共和国境内发展组织成员、实施犯罪，以及在境外对中华人民共和国国家或者公民犯罪的，依法追究刑事责任。

第六十七条 发展未成年人参加黑社会性质组织、境外的黑社会组织，教唆、诱骗未成年人实施有组织犯罪，或者实施有组织犯罪侵害未成年人合法权益的，依法从重追究刑事责任。

第六十八条 对有组织犯罪的罪犯，人民法院可以依照《中华人民共和国刑法》有关从业禁止的规定，禁止其从事相关职业，并通报相关行业主管部门。

第六十九条 有下列情形之一，尚不构成犯罪的，由公安机关处五日以上十日以下拘留，可以并处一万元以下罚款；情节较重的，处十日以上十五日以下拘留，并处一万元以上三万元以下罚款；有违法所得的，除依法应当返还被害人的以外，应当予以没收：

（一）参加境外的黑社会组织的；

（二）积极参加恶势力组织的；

（三）教唆、诱骗他人参加有组织犯罪组织，或者阻止他人退出有组织犯罪组织的；

（四）为有组织犯罪活动提供资金、场所等支持、协助、便利的；

（五）阻止他人检举揭发有组织犯罪、提供有组织犯罪证据，或者明知他人有有组织犯罪行为，在司法机关向其调查有关情况、收集有关证据时拒绝提供的。

教唆、诱骗未成年人参加有组织犯罪组织或者阻止未成年人退出有组织犯罪组织，尚不构成犯罪的，依照前款规定从重处罚。

第七十条 违反本法第十九条规定，不按照公安机关的决定如实报告个人财产及日常活动的，由公安机关给予警告，并责令改正；拒不改正的，处五日以上十日以下拘留，并处三万元以下罚款。

第七十一条 金融机构等相关单位未依照本法第二十七条规定协助公安机关采取紧急止付、临时冻结措施的，由公安机关责令改正；拒不改正的，由公安机关处五万元以上二十万元以下罚款，并对直接负责的主管人员和其他直接责任人员处五万元以下罚款；情节严重的，公安机关可以建议有关主管部门对直接负责的主管人员和其他直接责任人员依法给予处分。

第七十二条 电信业务经营者、互联网服务提供者有下列情形之一的，由有关主管部门责令改正；拒不改正或者情节严重的，由有关主管部门依照《中华人民共和国网络安全法》的有关规定给予处罚：

（一）拒不为侦查有组织犯罪提供技术支持和协助的；

（二）不按照主管部门的要求对含有宣扬、诱导有组织犯罪内容的信息停止传输、采取消除等处置措施、保存相关记录的。

第七十三条 有关国家机关、行业主管部门拒不履行或者拖延履行反有组织犯罪法定职责，或者拒不配合反有组织犯罪调查取证，或者在其他工作中滥用反有组织犯罪工作有关措施的，由其上级机关责令改正；情节严重的，对负有责任的领导人员和直接责任人员，依法给予处分；构成犯罪的，依法追究刑事责任。

第七十四条 有关部门和单位、个人应当对在反有组织犯罪工作过程中知悉的国家秘密、商业秘密和个人隐私予以保密。违反规定泄露国家秘密、商业秘密和个人隐私的，依法追究法律责任。

第七十五条 国家工作人员有本法第五十条、第五十二条规定的行为，构成犯罪的，依法追究刑事责任；尚不构成犯罪的，依法给予处分。

第七十六条 有关单位和个人对依照本法作出的行政处罚和行政强制措施决定不服的，可以依法申请行政复议或者提起行政诉讼。

第九章 附 则

第七十七条 本法自2022年5月1日起施行。